ÉLECTRICITÉ

LE GUIDE COMPLET POUR LA MAISON

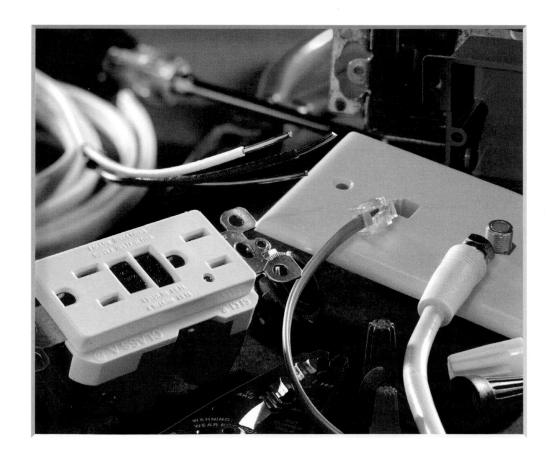

Broquet

97-B, Montée des Bouleaux
Saint-Constant (Qc) J5A 1A9
Tél.: (450) 638-3338 Téléc.: (450) 638-4338
Web: www.broquet.qc.ca / Courriel: info@broquet.qc.ca

CREATIVE HOMEOWNER®

est une marque déposée de Federal Marketing Corp.

Catalogage avant publication de Bibliothèque et Archives Canada

Vedette principale au titre :

Électricité : le guide complet pour la maison

Traduction de: Wiring : complete projects for the home.
Comprend un index.

ISBN 2-89000-714-6

1. Installations électriques intérieures - Manuels d'amateurs. 2. Installations électriques domestiques - Manuels d'amateurs. I. Bakke, Timothy O. II. Bourdon, Robert. III. Bélanger, Paul.

TK3285.W5614 2006   621.319'24   C2005-941477-4

Pour l'aide à la réalisation de son programme éditorial, l'éditeur remercie :
Le Gouvernement du Canada par l'entremise du Programme d'Aide au Développement de l'industrie de l'Édition (PADIÉ) ;
La Société de Développement des Entreprises Culturelles (SODEC) ;
L'Association pour l'Exportation du Livre Canadien (AELC);
Le Gouvernement du Québec - Programme de crédit d'impôt pour l'édition de livres - Gestion SODEC.

Les désignations Code national de l'électricité® et CNE® sont des marques déposées de la National Fire Protection Association.

V.-p./directeur de la rédaction : Timothy O. Bakke
Directrice de la production : Kimberly H. Vivas
Rédacteur principal : Fran J. Donegan
Rédacteur : Joseph Fucci, R.A.
Collaborateurs à la rédaction : John Calaggero, Rex Cauldwell
Réviseur : Ellie Sweeney
Assistants à la rédaction : Stanley Sudol, Dan Lane, Jennifer Doolittle
Recherche photo : Amla Sanghvi, Jennifer Ramcke
Conseillers techniques : Charles L. Rogers, Certified Instructor, National Center for Construction and Research ; Joseph A. Ross, Ross Electrical Assessments ; David Shapiro
Maquette et mise en page : David Geer
Photographie de la page couverture : John Parsekian
Illustrations : Clarke Barre, Robert Strauch, Charles Van Vooren, Ian Warpole

Traduction : Robert Bourdon, Paul Bélanger
Révision : Denis Poulet, Marcel Broquet

Pour l'édition en langue française
Copyright © Ottawa 2006 - Broquet inc.
Dépôt légal - Bibliothèque nationale du Québec
1er trimestre 2006

Imprimé en Chine

ISBN : 2-89000-714-6

Crédits photos

Photographies intérieures (sauf mention contraire) :
  Brian C. Nieves/CH
Photographies supplémentaires en studio : Hal Charms/CH
Directeur du studio de photographie : Christine Elasigue
Stagiaire du studio de photographie : James Umstead

Indications d'emplacement des photos : H – haut, B – bas,
D – droite, G – gauche, C - centre

p. 3: Comstock, Inc.
p. 14HG: Andy Pernick/Bureau of Reclamation
p. 76–77: Freeze Frame Studio/CH
p. 78–79: John Parsekian/CH
p. 141HD: Mark Samu, designer : Montlor Box, AIA
p. 142B: davidduncanlivingston.com
p. 144–145: John Parsekian/CH
p. 146H : Freeze Frame Studio/CH ; B : toutes deux offertes par Osram Sylvania
p. 147: all Freeze Frame Studio/CH
p. 148G : Jessie Walker ; D : offerte par Lindal Cedar Homes, concepteur : Feroe
p. 149H : Mark Samu, réimprimée avec la permission de House Beautiful Kitchens/Baths, 1998/The Hearst Corporation, styliste : Margaret McNicholas ; BG : Jessie Walker, designers : Kay McCarthy et Alfie McAdams ; BD : davidduncanlivingston.com
p. 150HG : offertes par Lindal Cedar Homes, HD : Brian Vanden Brink, concepteur : Jack Silverio ; BG : Mark Samu, réimprimée avec la permission de House Beautiful Kitchens/Baths, 1998/The Hearst Corporation, styliste : Margaret MacNicholas ; BD : Jessie Walker, concepteur : Linda Brown/LaRue Creatives
p. 151 : Melabee M Miller, concepteur : Ellen Brounstein
p. 152–153 : toutes offertes par Osram Sylvania
p. 154H : Holly Stickley
p. 168H : Tria Giovan
p. 170–171 : John Parsekian/CH
p. 193H : offerte par Malibu Lighting/Intermatic Inc. B : Crandall & Crandall
p. 198 John Parsekian/CH
p. 202B : John Parsekian/CH
p. 206HG : Stefan Lawrence/International Stock ; HD : offerte par Malibu Lighting/Intermatic Inc. ; B : offerte par California Redwood Association
p. 208–209 : toutes offertes par Osram Sylvania
p. 220, 221, et 222 : toutes de Malibu Lighting/Intermatic Inc.
p. 224 : offerte par Sharkline Pools
p. 225H : offerte par National Spa and Pool Institute ; B : offerte par Jacuzzi, Inc.
p. 226–227 et 229 : John Parsekian/CH
p. 232H : Scott Campbell/International Stock ; B : J. Shive/H. Armstrong Roberts p. 233H : K. Rice/H. Armstrong Roberts ; BG : Crandall & Crandall ; BD : Henry Mills/International Stock
p. 235 : Kent Wood/Peter Arnold
p. 246 : John Parsekian/CH
p. 250HC et BC : John Parsekian/CH
p. 270–275 : John Parsekian/CH

Remerciements

Des remerciements particuliers aux entreprises suivantes : DirecTV, US Electronics, Rainbird, Dave Houser pour les prises de piscines, Automatic Lightning Protection, Gen/Tran, Umberto Ciliberti pour les prises de génératrices de secours, Makita Tools, Ryobi Tools, Triple S, Home Intelligence, X-10, NuHeat et Leviton Integrated Networks Group. Leur collaboration a été essentielle à la réalisation de cet ouvrage.

Sécurité électrique

Même si toutes les méthodes décrites dans ce livre ont été élaborées en tenant compte des impératifs de sécurité, on n'insistera jamais assez sur l'importance de respecter les consignes de sécurité. Les énoncés qui suivent sont des rappels de choses à faire ou à éviter dans les travaux électriques de base. Toutefois, ils ne sauraient se substituer au bon sens.

◎ Faites toujours preuve de prudence et de bon jugement lorsque vous suivez les méthodes décrites dans ce livre.

◎ Assurez-vous toujours que l'installation électrique est sécuritaire; veillez à ce qu'aucun circuit ne soit surchargé et que tous les outils électriques et les prises électriques soient correctement mis à la terre. N'utilisez pas d'outils électriques dans des endroits mouillés.

◎ Ne modifiez jamais une prise en pliant ou en retirant des fiches. Lorsque des broches sont pliées, lâches ou manquantes, remplacez la fiche au complet.

◎ N'utilisez pas d'adaptateurs trois broches à deux broches pour remplacer les liaisons de terre.

◎ Assurez-vous que toutes les prises et tous les conducteurs électriques sont mis à la terre.

◎ Si une broche de fiche se brise dans une prise, n'essayez pas de la retirer. Désactivez le circuit et appelez un électricien qualifié.

◎ Veillez à ce que les prises soit installées de façon sécuritaire dans leurs boîtes et qu'elles ne bougent pas quand la fiche est insérée. Une prise lâche peut provoquer un court-circuit.

◎ N'utilisez pas de prise lâche ou d'équipement électrique défectueux tant qu'il n'a pas été réparé ou remplacé et inspecté par un électricien qualifié.

◎ Remplacez tous les boîtiers électriques endommagés tels les prises, les interrupteurs et les boîtes de connexion.

◎ Utilisez des rallonges électriques uniquement lorsque c'est nécessaire, et à court terme. N'utilisez jamais de rallonges électriques pour remplacer un câblage permanent.

◎ Assurez-vous que toutes les rallonges électriques sont de la dimension et de la catégorie appropriées à l'usage prévu.

◎ Gardez les cordons électriques à l'abri des zones où ils peuvent être piétinés, se coincer entre des montants de porte ou être endommagés autrement.

◎ N'utilisez pas d'appareils ou de rallonges électriques qui montrent des signes d'usure, par exemple un gainage effilé ou desséché, ou encore des fils exposés.

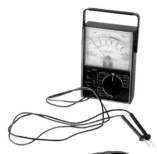

◎ Inspectez visuellement tout équipement et appareil électrique avant de l'utiliser.

◎ N'agrafez, ne clouez ou ne fixez jamais une rallonge électrique à une surface.

◎ Éteignez toujours les outils et les appareils avant de les débrancher.

◎ Ne débranchez jamais un outil ou un appareil en tirant sur le cordon; débranchez toujours le cordon à l'aide de la fiche.

◎ Gardez toujours la zone située devant le panneau principal propre et sèche. Travaillez sur un tapis de caoutchouc ou sur un panneau sec et maintenez une zone non obstruée d'au moins 3 pieds devant le panneau. Le panneau doit être facile d'accès.

◎ Gardez la saleté, la poussière et les autres matières combustibles à l'écart des panneaux, des prises et des appareils électriques.

◎ Gardez les portes des panneaux électriques fermées et verrouillées lorsque non utilisés.

◎ Gardez l'équipement électrique à l'écart des sources d'eau à moins que cet équipement ne soit conçu pour utilisation dans les endroits mouillés, par exemple un aspirateur d'atelier semi-humide.

◎ Utilisez des disjoncteurs de fuite à la terre dans la mesure du possible. Les disjoncteurs de fuite à la terre sont obligatoires dans les zones mouillées, humides et fraîches.

◎ Limitez l'utilisation des prises à un appareil. Si plus d'un appareil doit être alimenté à un circuit, utilisez une barre d'alimentation homologuée avec coupe-circuit intégré.

◎ Utilisez un éclairage adéquat dans les endroits où il y a risque électrique et gardez un éclairage d'urgence à la portée de la main en tout temps.

◎ Gardez toutes les pièces sous tension des circuits et équipements électriques dans des boîtiers et enceintes homologués.

◎ N'utilisez que des outils dotés d'un gainage à double isolation.

◎ Soyez toujours aux aguets des risques potentiels lorsque vous effectuez des travaux électriques, quels qu'ils soient.

◎ Veillez à utiliser l'équipement de protection approprié lorsque vous effectuez des travaux électriques (lunettes de sécurité, gants isolés, tapis de caoutchouc, etc.).

Table des matières

À propos de ce livre

Travailler de façon efficace et sécuritaire avec l'électricité requiert de bien connaître le fonctionnement de l'électricité. Ces connaissances semblent souvent inaccessibles au propriétaire de maison moyen, embrouillées par des codes qui sèment la confusion, des formules complexes et des symboles incompréhensibles. Pour compliquer les choses davantage, plusieurs livres soi-disant de niveau élémentaire tiennent pour acquis que vous possédez des connaissances fonctionnelles en électricité et êtes familier avec les codes de l'électricité. D'autres vont trop loin dans la direction opposée en présentant certaines exigences des codes sans pour autant expliquer comment et pourquoi ces normes affectent votre travail. *Électricité : le guide complet pour la maison* a été conçu pour que vous compreniez les principes de base du fonctionnement de l'électricité, comment elle alimente votre maison et comment vous pouvez travailler dans ce domaine de façon sécuritaire. Ce livre indique les câbles à utiliser, où les installer et leur raison d'être. Il vous propose également des outils et des matériaux pour exécuter différents travaux. Écrit dans un langage simple, ce livre explique en profondeur plusieurs méthodes de câblage; le câblage à basse tension et à haute tension, le câblage extérieur et l'équipement d'alimentation d'urgence. Il vous propose même une introduction à la domotique.

Électricité : le guide complet pour la maison vous apprendra à aborder vos projets de câblage résidentiels avec la confiance qui résulte de la connaissance. Vous verrez qu'il n'y a rien de mystérieux dans l'installation d'un gradateur ou le remplacement d'une prise. Tout comme changer une ampoule, le travail devient simple lorsque vous savez comment l'exécuter en toute sécurité.

À titre d'outil d'apprentissage, *Électricité : le guide complet pour la maison* donne des instructions claires et assure une facilité d'utilisation inégalée, grâce à une présentation attrayante. Voici quelques caractéristiques qui en témoignent :

○ **Photographies étape par étape.** Ces photographies illustrent comment câbler des boîtes électriques, des interrupteurs, des prises et même des appareils. D'importants efforts ont été faits pour inclure dans l'ouvrage des photos qui vous aident à mieux comprendre comment les circuits fonctionnent, qui vous montrent des composants et du câblage réels, et qui vous guident étape par étape tout au long des projets. Pour chaque projet, on trouve une cote de difficulté (ci-dessous), ainsi que la liste des outils et du matériel nécessaires.

○ **Illustrations informatives.** Incluant des schémas en coupe, ces illustrations clarifient les concepts difficiles à expliquer par des photographies.

○ **Graphiques et tableaux.** Ils fournissent des renseignements tels la taille et le type corrects de câbles pour un projet en particulier.

Conseil pratique

CONSEIL PRATIQUE

Sécurité des broyeurs à déchets

Les déchets à jeter dans le broyeur devraient se limiter à la nourriture non fibreuse tels la viande, les coquilles d'œuf, le café, les croûtes et les pelures. Évitez les nourriture fibreuse tels le céleri et les asperges, et les os ayant un diamètre de plus d'un demi-pouce.

○ Pour usage modéré, utilisez un broyeur de 1/2 HP. Pour usage intensif, utilisez un broyeur de 3/4 HP.

○ Ne jamais utiliser des nettoyeurs chimiques avec un broyeur à déchets.

○ Lors de l'utilisation du broyeur, faites couler l'eau pour vous assurer que les particules soient drainées jusqu'à l'égout.

○ Pour effectuer l'entretien de l'appareil, commencez par mettre le circuit hors tension au panneau principal.

○ Ne jamais placer les mains dans un broyeur; utilisez des pincettes pour retirer des objets.

Guide des niveaux de difficulté

Recherchez ces têtes de marteau pour avoir une idée du niveau de difficulté d'un projet.

🔨 Facile, même pour les débutants.

🔨🔨 Difficulté moyenne. Peut être réalisé par des débutants patients qui désirent apprendre.

🔨🔨🔨 Difficile. Peut être réalisé par les bricoleurs mais nécessite un investissement important de temps et de patience, ainsi que d'argent pour les outils spécialisés. Songez à consulter un spécialiste.

Ces cotes de difficulté ont pour objectif de vous aider à déterminer si vous devez ou non entreprendre un projet; vous ne vous retrouverez jamais au beau milieu d'un projet en réalisant que vous serez incapable de le mener à terme. À la suite du niveau de difficulté se trouve une liste des outils et du matériel nécessaires au projet. Des instructions par étape expliquent comment réaliser le travail et sont illustrées par des photographies explicatives.

Encadrés en marge

Réseaux informatiques

L'établissement d'un réseau informatique dans votre maison permettra à deux ordinateurs ou plus de partager des imprimantes, des dossiers, des numériseurs et un raccordement à l'Internet. Il y a quatre manières d'établir un réseau : le câble Ethernet, qui est le système présenté dans la section de réseautique résidentielle; les lignes téléphoniques qui sont déjà dans votre maison; le système électrique déjà dans votre maison; et les systèmes sans fil. Ils exigent tous une carte d'interface de réseau (NIC), qui est le matériel qui vous permet de relier un ordinateur aux autres; les logiciels qui permettent aux ordinateurs de parler entre eux; et, dans certains cas, un répartiteur ou un routeur pour lier des ordinateurs multiples en réseau.

Le plus rapide. Ethernet est de loin l'option de réseautique la plus rapide, échangeant des données à un taux jusqu'à 100 mégabits par seconde (Mbps). Un mégabit est égal à un million d'impulsions par seconde. Les réseaux existants de lignes téléphonique et électriques fonctionnent à des vitesses au-dessous de 10 Mbit. Il y a plusieurs types de systèmes sans fil. Les plus rapides fonctionnent à environ 25 à 50 Mbit, mais un certain nombre de facteurs peut affecter la qualité de la réception.

Un système sans fil se compose d'un routeur (la boîte argentée) qui envoie les données à partir de l'ordinateur principal ou un signal à partir d'un raccordement Internet à haute vitesse à un autre ordinateur, tel cet ordinateur portable.

◎ **Diagrammes de câblage détaillés.** Ils complètent les projets étape par étape et proposent souvent des variations et des approches différentes.

◎ **Conseils pratiques.** Ils présentent des détails d'intérêt et des renseignements pratiques à propos de différents sujets, souvent liés aux projets proposés.

◎ **Encadrés en marge.** Ils accompagnent les sujets fréquemment abordés en lien avec les étapes pratiques qui ne requièrent pas énormément de détails.

Bien sûr, même si vous apprenez bien tout ce que contient ce livre, vous ne deviendrez pas pour autant un électricien qualifié. Mais vous aurez suffisamment de connaissances sur les travaux électriques pour savoir quand une personne se trompe. Inévitablement, pour des raisons de sécurité ou tout simplement parce que c'est prévu dans le Code de l'électricité, vous aurez peut-être besoin des services d'un électricien qualifié, en particulier pour des travaux à votre entrée de service ou à l'intérieur de votre principal panneau électrique. Dans ces cas, vous devriez savoir non seulement ce qu'un électricien doit faire, mais aussi comment il doit le faire. *Électricité: le guide complet pour la maison* vous aidera en ce sens.

Électricité: le guide complet pour la maison est conforme au Code national de l'électricité. Toutefois, les codes d'électricité ne sont pas des manuels de conception. Les codes sont toujours rédigés pour établir des normes minimales. Il est toujours préférable d'être plus restrictif que les exigences du Code. Soyez également conscient des restrictions des codes locaux, qui peuvent s'avérer plus contraignantes que celles du Code national. Si vous n'êtes pas certain d'une exigence ou d'une norme, ne prenez pas de risque inutile! En cas de doute, téléphonez à un électricien qualifié ou adressez-vous à un inspecteur en électricité.

Photographies étape par étape

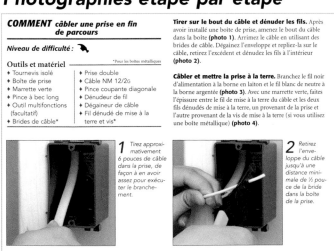

COMMENT câbler une prise en fin de parcours

Niveau de difficulté :

Outils et matériel
Pour les boîtes métalliques
- Tournevis isolé
- Boîte de prise
- Marrette verte
- Pince à bec long
- Outil multifonctions (facultatif)
- Brides de câble*
- Prise double
- Câble NM 12/2G
- Pince coupante diagonale
- Dénudeur de fil
- Dégaineur de câble
- Fil dénudé de mise à la terre et vis*

Tirer sur le bout du câble et dénuder les fils. Après avoir installé une boîte de prise, amenez le bout du câble dans la boîte (**photo 1**). Arrimez le câble en utilisant des brides de câble. Dégainez l'enveloppe et repliez-la sur le câble, retirez l'excédent et dénudez les fils à l'intérieur (**photo 2**).

Câbler et mettre la prise à la terre. Branchez le fil noir d'alimentation à la borne en laiton et le fil blanc de neutre à la borne argentée (**photo 3**). Avec une marrette verte, faites l'épissure entre le fil de mise à la terre du câble et les deux fils dénudés de mise à la terre, un provenant de la prise et l'autre provenant de la vis de mise à la terre (si vous utilisez une boîte métallique) (**photo 4**).

1 Tirez approximativement 6 pouces de câble dans la prise, de façon à en avoir assez pour exécuter le branchement.

2 Retirez l'enveloppe du câble jusqu'à une distance minimale de ½ pouce de la bride dans la boîte de la prise.

Illustrations informatives

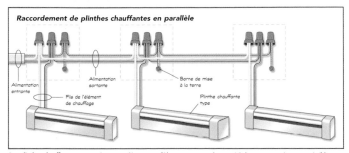

Raccordement de plinthes chauffantes en parallèle

Alimentation entrante

Alimentation sortante

Fils de l'élément de chauffage

Borne de mise à la terre

Plinthe chauffante type

Les plinthes chauffantes peuvent être raccordées en parallèle, en autant que la quantité de courant maximum permissible par circuit n'est pas excédée.

Diagrammes de câblage détaillés

Interrupteurs à trois voies et dispositif d'éclairage en fin de parcours

Dans ce circuit d'interrupteurs, l'alimentation est acheminée de la boîte du premier interrupteur à la seconde, et ensuite au dispositif d'éclairage. Un câble à trois fils avec fil de mise à la terre est passé entre les interrupteurs et un câble à deux fils est passé entre le deuxième interrupteur et le dispositif.

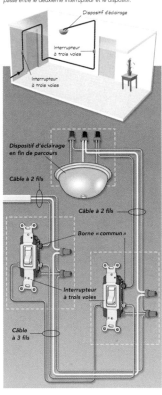

Dispositif d'éclairage
Interrupteur à trois voies
Interrupteur à trois voies
Dispositif d'éclairage en fin de parcours
Câble à 2 fils
Câble à 2 fils
Borne « commun »
Interrupteur à trois voies
Câble à 3 fils

Interrupteurs à trois voies et dispositif d'éclairage en début de parcours

Dans cette configuration, l'alimentation arrive au dispositif par un câble à deux fils avec mise à la terre. L'alimentation est acheminée ensuite aux interrupteurs à trois voies et retourne ensuite au dispositif. Le câble à deux fils relie le dispositif au premier interrupteur et le câble à trois fils relie les deux interrupteurs.

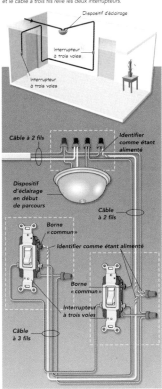

Dispositif d'éclairage
Interrupteur à trois voies
Interrupteur à trois voies
Câble à 2 fils
Identifier comme étant alimenté
Dispositif d'éclairage en début de parcours
Câble à 2 fils
Borne « commun »
Identifier comme étant alimenté
Borne « commun »
Interrupteur à trois voies
Câble à 3 fils

Graphiques et tableaux

Diagnostiquer les troubles des lampes incandescentes

Problème	Diagnostic	Solution
La lampe ne s'allume pas	La fiche n'est pas insérée dans la prise.	Insérer la fiche dans la prise.
	La lampe vacille et le contact avec la douille ne se fait pas.	Serrer la lampe.
	La lampe est grillée.	Remplacer la lampe.
	Le cordon est endommagé.	Remplacer le cordon.
	L'interrupteur est défectueux.	Remplacer l'interrupteur.
	La prise est défectueuse.	Remplacer la prise.
La lampe clignote	La lampe vacille et le contact avec la douille se fait à peine.	Serrer la lampe.
	Un fil est desserré sur une borne de la douille.	Mettre le circuit hors tension, ou débrancher l'appareil et resserrer le fil.
	L'interrupteur est défectueux.	Remplacer l'interrupteur.
	La prise est intermittente.	Remplacer la prise.
	Un fil sur la prise est desserré.	Reconnecter le fil ou faire une épissure.
	Le contact de la douille est sale ou corrodé.	Mettre hors tension et nettoyer le contact.
L'appareil fait sauter un fusible ou le disjoncteur se déclenche	Court-circuit dans le cordon.	Remplacer le cordon
	La fiche est défectueuse.	Remplacer la fiche.
	La douille est défectueuse.	Remplacer la douille.

Les problèmes des lampes incandescentes peuvent souvent être identifiés en suivant un guide de dépannage et en procédant par élimination.

Chapitre 1

Comprendre l'électricité

Posséder des connaissances de base en électricité peut ne pas sembler essentiel pour faire du travail électrique, spécialement si vous utilisez un livre « Comment le faire » avec des instructions pas à pas simples. Cependant, rien ne pourrait être plus loin de la vérité. Chaque étape dans un processus peut ne pas être évidente, et très souvent une connaissance de la théorie de base derrière une pratique peut vous permettre de comprendre comment faire quelque chose que vous n'avez jamais fait avant. Le but de ce chapitre est de vous donner une compréhension de base de l'électricité, ce que c'est, comment c'est produit, comment cela fonctionne et comment vous pouvez travailler avec d'une manière sécuritaire.

Principes de base de l'électricité

L'électricité : une définition

L'électricité n'est rien de plus qu'un flot organisé d'électrons et de protons, ayant une force d'attraction lorsqu'ils ont une charge opposée, et une force de répulsion lorsqu'ils ont une charge identique. Si assez d'électrons s'échappent de leurs orbites et commencent à circuler dans une direction ou une autre, un courant s'établit. Ce courant, ou puissance, s'appelle l'électricité Un appareil qui permet de libérer les électrons de leurs orbites s'appelle un générateur de courant. Pour pouvoir produire de l'électricité à grande puissance, une grande quantité de générateurs énormes doivent fonctionner en même temps (voir « Comment l'électricité est fournie », page 12).

Terminologie de l'électricité

Comme la plupart des sujets, l'électricité possède son propre vocabulaire. Pour ce livre cependant, il est important de connaître seulement la signification de ces quatre termes clés : ampère (courant), volt (tension), watt (puissance) et ohm (résistance). En maîtrisant la signification de ces termes, vous serez en mesure de bien comprendre l'électricité.

Ampère : un *ampère* mesure la quantité du débit de l'électricité. Par exemple, une résidence contemporaine moyenne pourra posséder un système électrique de 150 à 200 ampères. L'ampérage, par ailleurs, consiste en la mesure à un moment donné du courant circulant dans un circuit pour alimenter un appareil. Bien que cela peut être mesuré seulement lorsque le circuit est mis sous tension, les caractéristiques électriques d'un appareil, en volts et en ampères, ou en volts et en watts, sont exigées par le Code de l'électricité et inscrites sur la plaque signalétique de l'appareil. Les ampères sont indiqués par la lettre A.

Le *courant admissible* est la quantité de courant, en ampères, qu'un conducteur peut transporter de façon sécuritaire. La détermination exacte de ce courant est importante parce que l'utilisation d'un conducteur de taille incorrecte peut provoquer un incendie. Un conducteur ne peut transporter qu'une quantité déterminée de courant avant de surchauffer au point d'endommager son isolant. Par exemple, un conducteur de calibre 14 ne peut transporter qu'un courant maximum de 15 ampères, un conducteur de calibre 12, 20 ampères, etc. Si le câblage conducteur est trop petit pour un travail donné, la chaleur générée peut détruire son isolant, provoquant un incendie. Le calibre d'ampérage est aussi très important lors de l'achat de fusibles ou de disjoncteurs. L'ampérage des fusibles ou disjoncteurs, des circuits et des appareils doivent concorder. Un calibre insuffisant d'ampérage d'un fusible ou d'un disjoncteur causera le déclenchement de ces dispositifs de protection. Un calibre trop grand permettra le passage d'un débit de courant trop élevé, ce qui arrive lorsque trop d'appareils sont utilisés sur le même circuit ou lors d'une surtension. Cela causera la surchauffe du circuit, ce qui pourra créer un potentiel d'incendie.

Calibres de conducteurs (American Wire Calibres, ou AWG)

Diamètre du conducteur (calibre)	Courant admissible	Voltage (quantité de tension)	Usage
18	7 ampères	**24 volts (134 watts)** Charge continue	**Conducteurs à basse tension** Cloches, carillons, minuteries, thermostats, etc.
16	10 ampères	**24 volts (192 watts)** Charge continue	**Conducteurs à usage léger** éclairage à basse tension, etc.
14	15 ampères	**120 volts (1440 watts)** Charge continue	**Conducteurs résidentiels** prises de courant, éclairage, certains appareils de climatisation
12	20 ampères	**120 volts (1920 watts)** **240 volts (3840 watts)** Charge continue	**Conducteurs résidentiels** prises de courant, éclairage, petits appareils électriques
10	30 ampères	**120 volts (2880 watts)** **240 volts (5760 watts)** Charge continue	**Gros appareils électriques** sécheuses à linge, appareils de climatisation de pièce
8	40 ampères	**240 volts (7680 watts)** Charge continue	**Gros appareils électriques** appareils de climatisation centrale, cuisinières électriques
6	60 ampères	**240 volts (9600 watts)** Charge continue	**Gros appareils électriques** appareils de climatisation centrale, cuisinières électriques, chaudières

Le Code de l'électricité requiert que tous les conducteurs soient identifiés avec leur calibre en AWG à des intervalles n'excédant pas 24 pouces. Chaque conducteur ne peut transporter qu'un courant limité à charge continue (80% de son maximum), c'est-à-dire fonctionnant durant une période de 3 heures ou plus. La quantité de courant qu'un conducteur peut transporter de façon sécuritaire est appelée courant admissible.

Volt : un volt mesure la pression exercée par une puissance électrique. Le voltage est la force électromotrice qui permet au courant de circuler dans un circuit électrique. Un générateur crée la pression qui permet au courant électrique de circuler continuellement dans les conducteurs, aussi connus sous le nom de câblage électrique.

Le *voltage* (ou tension), désigné par la lettre V, pousse un courant qui alterne entre des valeurs positives et négatives. C'est le courant alternatif. Ce courant alterne, ou change de direction en cycles, appelés Hertz. Un cycle requiert $1/60^e$ de seconde. C'est habituellement indiqué comme une proportion de 60 cycles par seconde. La tension sur ce cycle est mesurée à 120 volts sur le retour, ou neutre, et à 240 volts sur les deux conducteurs de service alimentant une résidence.

Une alimentation électrique à trois conducteurs d'une résidence contemporaine possède à la fois les tensions de 120 et 240 volts. Les gros appareils électriques tels que les appareils de climatisation, cuisinières électriques et sécheuses à linge,

utilisent généralement des circuits à 240 volts. La tension d'opération doit être identifiée sur chaque appareil électrique. Cela veut dire que le produit ne peut être utilisé qu'à la tension indiquée. Par exemple, ne jamais raccorder un appareil électrique calibré à 125 volts sur un circuit fournissant une tension de 220/240 volts, ce qui brûlerait l'appareil.

Watt, puissance : en termes pratiques, le *wattage*, ou puissance, est la quantité d'énergie utilisée pour faire fonctionner un appareil particulier. Le wattage d'un circuit est la quantité de puissance que ce circuit peut fournir sécuritairement, ce qui est déterminé par la capacité de transport de courant des câbles ou conducteurs. Le wattage est aussi un indicateur de la puissance dont une lampe ou un appareil électrique a besoin pour fonctionner correctement.

Pour calculer le wattage, ou puissance disponible dans un circuit, il faut premièrement déterminer son courant (ampérage). Le courant est indiqué sur le disjoncteur ou le fusible du circuit dans l'entrée de service, ou panneau électrique principal, soit 15-20 ampères pour la plupart des circuits des pièces, 30 à 50 ampères pour la plupart des circuits alimentant des grandes charges. Alors, watts = volts x ampères Un circuit de 15 ampères à une tension de 120 volts transporte 1800 watts (15 x 120), un circuit de 20 ampères transporte 2400 watts (mais pas sous une charge continue).

Résistance : la résistance électrique mesurée en ohms restreint le débit du courant. Plus grande est la résistance, plus bas est le courant. Cette résistance cause une transformation de l'énergie électrique en une autre forme d'énergie, généralement de la chaleur. Cette chaleur, par exemple, est utilisée pour chauffer l'eau dans le chauffe-eau de la résidence.

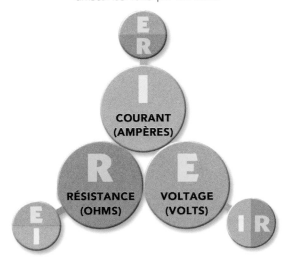

Pour déterminer le courant :
divisez les volts par les ohms

Pour déterminer la résistance :
divisez les volts par les ampères

Pour déterminer le voltage :
divisez les ampères par les ohms

CONSEIL PRATIQUE

Calculer le courant

Une manière rapide de calculer un courant à 240 volts est de prévoir 4 ampères pour chaque tranche de puissance de 1000 watts (8 ampères pour 120 volts). Dans l'exemple du chauffe-eau ci-dessous, divisez 4500 watts par 1000, pour une réponse de 4,5. Multiplier ce résultat par 4 ampères donne 18 ampères, ce qui se rapproche de la réponse exacte déterminée par la formule.

La loi d'Ohm précise que le courant dans un circuit électrique est directement proportionnel à la tension (voltage) et inversement proportionnel à la résistance. À partir de cela, nous pouvons établir des équations pour résoudre les trois composantes : courant, tension et résistance.

1 Comprendre l'électricité

Calculer la charge d'un chauffe-eau électrique

Avant d'installer un nouveau chauffe-eau électrique dans votre résidence, il faut premièrement déterminer sa charge. Supposons que vous avez une famille de quatre partageant une maison avec deux bains/ douches et une lessiveuse. En se référant au tableau ci-dessous, les « points d'utilisation » totalisent 8. Un chauffe-eau résidentiel adéquat aurait une capacité de 65 gallons. Un chauffe-eau standard de 65 gallons comporte des éléments chauffants calibrés à 4500 watts prévus pour un circuit en CA à 240 volts. À partir de ces informations, nous pouvons calculer le courant utilisé par le chauffe-eau pour pouvoir déterminer le calibre correct des conducteurs à utiliser lors de son installation. Parce que la puissance (wattage) est égale à la tension (volts) multipliée par le courant (ampères) et que nous connaissons la puissance et la tension, nous pouvons calculer le courant.

**4500 watts divisés par 240 volts
est égal à 18,75 ampères.**

Le tableau des calibres de conducteurs à la page 10 indique qu'un conducteur de calibre 12 serait suffisant pour une charge de 20 ampères. Par contre, le Code de

l'électricité requiert que les conducteurs alimentent le chauffe-eau supportent une charge équivalente à 125 pour cent de l'appareil (1,25 x 18,75 A = 23,4 ampères). Le tableau des calibres des conducteurs indique que la charge maximale sécuritaire pour un conducteur de calibre 12 à une tension de 240 volts est de 20 ampères. La charge de chauffe-eau excède cette capacité. Donc il faut utiliser le calibre supérieur, soit un conducteur de calibre 10 avec un courant admissible de 30 ampères.

Points d'utilisation

Si les points d'utilisation égalent	Alors il faut utiliser un
4 ou moins	chauffe-eau de 40 gal.
5 ou 6	chauffe-eau de 50 gal.
7 ou 8	chauffe-eau de 65 gal.
9 ou plus	chauffe-eau de 80 gal.

Pour choisir le chauffe-eau approprié pour votre maison, calculer un point d'utilisation pour chaque individu, bain ou douche, lave-vaisselle et laveuse à linge dans votre résidence, et consulter le tableau pour pouvoir déterminer la taille de chauffe-eau requise.

Comment l'électricité est fournie

Génération

Les compagnies productrices d'électricité génèrent de l'électricité de maintes façons. Une des méthodes les plus communes utilise l'énergie de l'eau courante pour alimenter un générateur. L'énergie électrique créée de cette façon s'appelle hydroélectricité. Pour harnacher l'énergie de l'eau courante à une échelle si énorme, un barrage peut être construit à travers une gorge étroite dans une rivière ou à la tête d'un lac artificiel. L'eau accumulée derrière ce barrage est alors dirigée de façon contrôlée vers un passage submergé. En descendant d'un niveau élevé, la puissance massive de cette eau fait tourner les turbines géantes du générateur, produisant ainsi de l'électricité. L'énergie électrique produite de cette façon est nommée électricité CA, ou courant alternatif.

Transmission

Une fois l'électricité générée par la compagnie productrice, elle doit être transmise aux utilisateurs via un système de distribution. Pour faciliter la transmission, la tension de l'énergie électrique doit être élevée de plusieurs milliers de volts et être acheminée par des lignes à haute tension à des postes de commutation, où elle est transformée à une tension moins élevée pour distribution aux sous-stations locales. Une transmission type débute à 230 000 volts, est transformée à 69 000 volts à une station de commutation et est ensuite réduite à 13 800 volts dans une sous-station pour permettre la distribution à un secteur local donné. Une fois l'électricité rendue à la résidence, la tension est encore une fois réduite à la tension d'utilisation de 240 volts.

Point d'utilisation

Pour être réduite, l'électricité résidentielle doit avoir été soumise à un transformateur du réseau de distribution. L'électricité est ensuite acheminé à la résidence via trois conducteurs raccordés à trois terminaux fixés à la sortie du transformateur. Ces conducteurs assurent l'alimentation en électricité de l'entrée de service de la résidence. Ceux-ci incluent deux conducteurs de phase et un conducteur de neutre mis à la terre. Chacun des deux conducteurs de phase peut donner 120 volts, ou fournir 240 volts lorsque la tension est mesurée entre chaque phase. Le conducteur de neutre est généralement nu en réseau aérien et isolé pour des branchements souterrains.

Un appareil de mesurage surmonté d'un globe de verre est raccordé aux deux conducteurs de phase provenant du trans-

Génération de puissance

Transmission de puissance

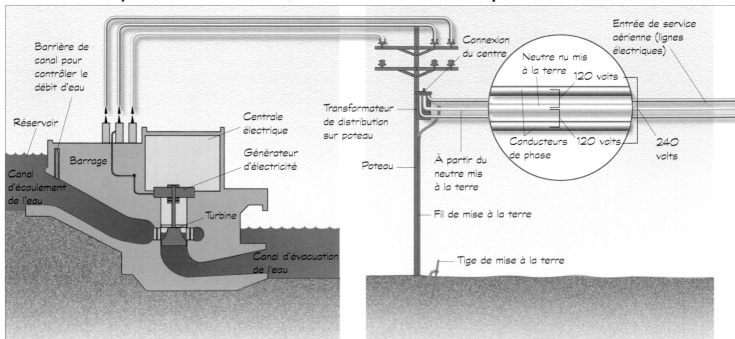

Dans une centrale hydroélectrique, la force cinétique massive de l'eau du niveau plus élevé descend de façon contrôlée par le canal d'écoulement pour faire tourner les turbines géantes produisant l'électricité. Le courant électrique voyage sur les lignes à haute tension vers un transformateur abaisseur près de votre maison. Le courant

quitte le transformateur et pénètre dans la résidence à une tension utilisable (120 volts et 240 volts), pour ensuite retourner au transformateur. Il est ensuite transmis au panneau de l'entrée de service (PES) par l'entremise de deux conducteurs de phase isolés et un conducteur de neutre nu mis à la terre.

formateur du réseau de distribution. Cet appareil de mesurage, généralement installé à l'extérieur de la maison, est fourni par la compagnie productrice d'électricité pour mesurer la consommation électrique de la résidence en kilowattsheures (kWh). Cette consommation consiste en l'énergie utilisée mesurée en kilowatts multipliés par le nombre d'heures d'utilisation. À partir de l'appareil de mesurage, les deux conducteurs de phase et le conducteur de mise à la terre continuent vers le panneau de l'entrée de service (PES), lequel distribue l'énergie à travers la maison. Le panneau de l'entrée de service comprend les disjoncteurs ou fusibles, lesquels ouvriront dans l'éventualité d'un court-circuit ou d'une surcharge.

Panneau de l'entrée de service

L'entrée de service, ou panneau principal, contrôle la distribution de l'électricité aux circuit individuels de la maison. Ces différents circuits peuvent être à 120 volts, 240 volts ou combiner les deux tensions (120/240 volts). Tous les appareils électrique fonctionnant à 240 volts prennent leur courant de chacune des deux phases. À tout instant, l'électricité sort d'un terminal du transformateur de distribution et retourne par l'autre. Le courant circule d'un terminal jusqu'au branchement de la résidence, pour ensuite aller à l'appareil de mesurage via les conducteurs de branchement. À partir de ce point, le courant circule à travers l'appareil de mesurage jusqu'au panneau principal et est distribué à chacun des circuits de la maison, circulant via le panneau principal par une ou deux phases ou conducteurs isolés, et retournant au panneau via un autre conducteur isolé, ensuite à travers l'appareil de mesurage et de retour au transformateur. Le résultat final est que nous ne « consommons » pas vraiment l'électricité, nous ne faisons que l'emprunter (même si nous en transformons une grande partie de son énergie, ce qui représente ce que nous achetons).

Tous les dispositifs à 120 volts tirent leur courant d'un des deux conducteurs de phase et utilisent le conducteur blanc mis à la terre comme retour de courant. Le conducteur mis à la terre est raccordé à la terre (via une électrode de mise à la terre) au transformateur de distribution et au panneau principal. Tous les appareils fonctionnant à 120/240 volts tirent leur courant des deux conducteurs de phase et utilisent aussi les conducteurs mis à la terre comme retour de courant. Par exemple, une sécheuse à linge utilise une tension de 240 volts pour faire chauffer l'élément mais utilise aussi une tension de 120 volts pour la minuterie, le moteur et les circuits d'alarme. Ce type de circuit achemine le courant sur les trois conducteurs en même temps.

Entrée de la résidence

- Entrée de service aérienne (lignes électriques)
- Point de branchement (épissures)
- Boucles d'expansion
- Appareil de mesurage
- Conduit
- Coude de type L.B.
- Niveau du sol
- Tête de branchement
- Conducteurs de l'entrée de service dans le mât de branchement
- Crochet boulonné
- Scellant à conduit
- Manchon
- Mise à la terre sur le tuyau de l'entrée d'eau
- Panneau de l'entrée de service (PES)
- Vers l'électrode de mise à la terre

Panneau de l'entrée de service

- Conducteur rouge vers le disjoncteur
- Conducteur noir vers le disjoncteur
- Conducteur blanc vers le bornier mis à la terre
- Conducteur nu ou vert vers le bornier de mise à la terre
- Sécheuse - circuit à 120/240 volts
- Prise de courant - circuit 120 volts
- Vers disjoncteur
- Vers bornier de neutre
- Vers bornier de mise à la terre
- Chauffe-eau électrique - 240 volts seulement
- Conducteur noir vers le disjoncteur
- Conducteur blanc vers le disjoncteur (ruban noir sur les bouts)
- Vers bornier de mise à la terre

L'électricité qui dessert une résidence doit d'abord être mesurée par l'appareil de mesurage de la compagnie productrice. Ensuite, l'électricité est acheminée vers le panneau principal, qui la distribue aux divers circuits de la maison. Un appareil fonctionnant à 120/240 volts, telle une sécheuse à linge, requiert deux conducteurs de phase isolés, un conducteur de neutre isolé et un conducteur de mise à la terre. Une prise de courant à 120 volts requiert un conducteur de phase isolé, un conducteur de neutre isolé et un conducteur vert ou nu de mise à la terre. Un appareil fonctionnant à 240 volts ne requiert que deux conducteurs de phase isolés et un conducteur de mise à la terre.

▲ **Les barrages hydroélectriques** utilisent l'énergie cinétique de l'eau en mouvement pour actionner des turbines immenses qui génèrent de l'énergie électrique utilisable.

Les transformateurs de distribution peuvent être situés sur un poteau (ci-dessus) ou installés sur un socle de béton au niveau du sol (ci-dessous). Avant que l'électricité puisse être utilisée dans une maison, un transformateur abaisse la tension de plusieurs milliers de volts à un niveau approprié pour l'utilisation résidentielle.

◄ **Les appareils de mesurage,** installés sur les murs extérieurs des maisons, mesurent la quantité d'électricité passant par le panneau de l'entrée de service, ce qui permet à la compagnie d'exploitation de facturer les clients selon l'énergie consommée.

Anatomie d'un circuit

120 volts, 20 ampères — broyeur d'ordures	240 volts, 20 ampères — radiateur du rez-de-chaussée
120/240 volts, 60 ampères — cuisinière	120/240 volts, 30 ampères — sécheuse
120 volts, 20 ampères — petits appareils	240 volts, 30 ampères — chauffe-eau
120 volts, 15 ampères — éclairage	mise à la terre

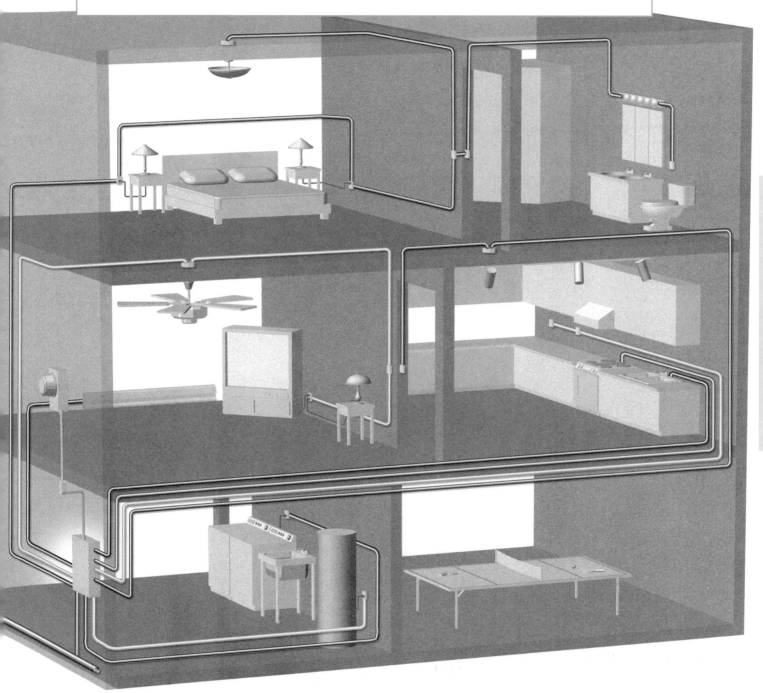

Ce schéma simplifié d'un système de câblage résidentiel *indique comment l'électricité est divisée en circuits à 120 et 240 volts au niveau du panneau de l'entrée de service (PES). Les conducteurs noirs et rouges des circuits de dérivation sont toujours sous tension (électricité présente). Les conducteurs blancs sont neutres (pas d'électricité présente) quand il n'y a pas de courant ; ils sont sous tension lorsque le circuit est allumé. Les disjoncteurs ou fusibles dans le panneau protègent les circuits de dérivation des surcharges. Le système de mise à la terre (non montré) pour des interrupteurs et boîtes en métal utilise des conducteurs nus ou de couleur verte, ou un conduit métallique. Ce système de mise à la terre est raccordé à l'électrode de mise à la terre.*

1 Comprendre l'électricité

Panneau de l'entrée de service

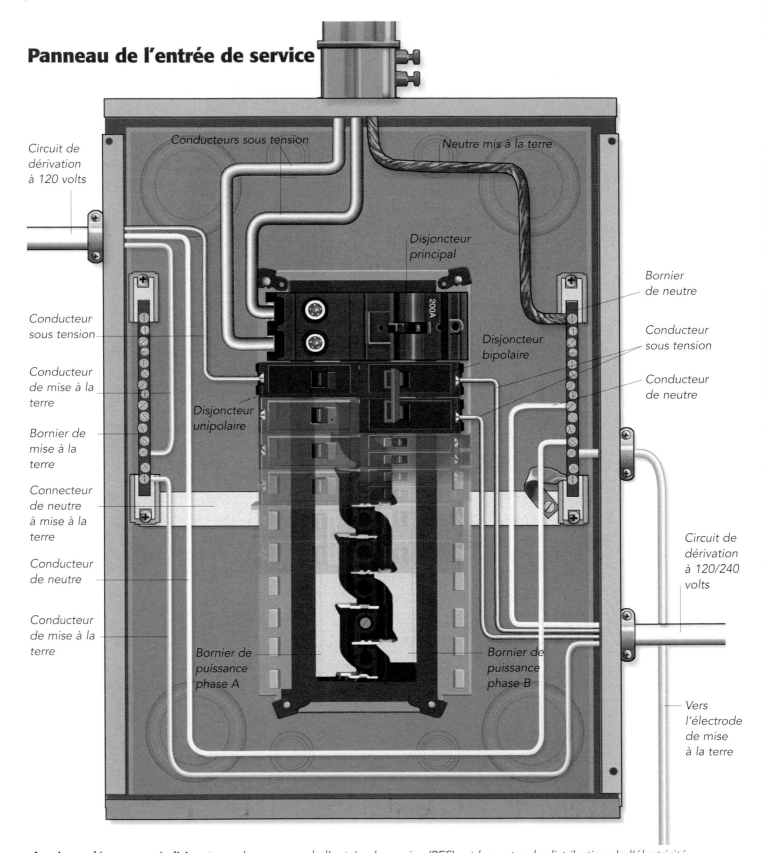

Conducteurs sous tension

Neutre mis á la terre

Circuit de
dérivation
à 120 volts

Disjoncteur
principal

Bornier
de neutre

Conducteur
sous tension

200A

Conducteur
de mise à la
terre

Disjoncteur
bipolaire

Conducteur
sous tension

Bornier de
mise à la
terre

Disjoncteur
unipolaire

Conducteur
de neutre

Connecteur
de neutre
à mise à la
terre

Conducteur
de neutre

Circuit de
dérivation
à 120/240
volts

Conducteur
de mise à la
terre

Bornier de
puissance
phase A

Bornier de
puissance
phase B

Vers
l'électrode
de mise
à la terre

Aussi appelé panneau à disjoncteurs, le panneau de l'entrée de service (PES) est le centre de distribution de l'électricité utilisée dans votre résidence. Les conducteurs sous tension rouge et noir entrants se raccordent au disjoncteur principal et énergisent les autres disjoncteurs fixés dans le panneau. Les conducteurs sous tension (noirs ou rouges) raccordés aux divers disjoncteurs de dérivation transportent le courant aux appareils, lampes et prises dans la maison. Les conducteurs blancs et en cuivre nu se raccordent respectivement aux borniers de neutre et de mise à la terre. (Des circuits représentatifs à 120 volts et 120/240 volts sont indiqués.)

CONSEIL PRATIQUE

Consommation des appareils

La majorité des appareils électroménagers d'aujourd'hui tels chauffe-eau, lave-vaisselle, laveuses, chaudières et air climatisé reçoivent une côte de consommation d'énergie (wattage). Cette information est fixée à l'appareil sur une étiquette jaune intitulée « Guide énergétique ». Les plus petit appareils peuvent ne pas comporter une telle étiquette, mais la consommation de puissance devrait être indiquée sur l'emballage. Cette indication de puissance peut ensuite être utilisée pour calculer les coûts exacts d'utilisation de l'appareil. Plus élevée est la cote de consommation de l'appareil, plus élevés seront les coûts d'utilisation. Par exemple, si une plinthe de chauffage de 4 pieds de long utilise 250 watts par pied, elle aura une consommation de puissance de 1000 watts. Une plinthe de chauffage de 8 pieds aurait une consommation de puissance de 2000 watts. À un tarif de 10 ¢ par kilowattheure (1000 watts utilisés par un appareil en une heure), il en coûterait 10 ¢ par heure pour faire fonctionner la plinthe de chauffage de 4 pieds et 20 ¢ par heure pour la plinthe de 8 pieds. Il est évident qu'il en coûtera deux fois plus pour la plinthe la plus longue. Si la puissance (wattage) de l'appareil n'est pas indiquée sur l'appareil ou sur l'emballage, cherchez une indication de la tension (volts) et du courant (ampères). Pour obtenir la puissance, multipliez les deux facteurs ensemble. Le voltage multiplié par le courant est égal à la puissance (wattage) (voir « Terminologie de l'électricité », pages 9-10).

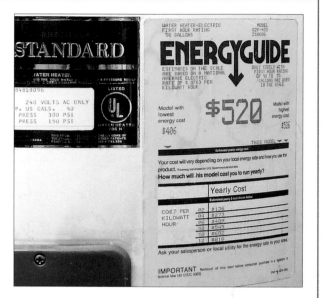

L'étiquette de consommation d'énergie sur le côté du chauffe-eau de 4500 watts indique à l'acheteur potentiel ce qu'il devra approximativement payer par année pour l'utilisation de l'appareil. Utiliser un chauffe-eau de 4500 watts pour une période d'une heure, à un tarif de 10 ¢ par kilowatt-heure coûterait 4.5 x 10 ¢, ou 45 ¢ par heure.

1 Comprendre l'électricité

Puissance des appareils

Appareil	Puissance moyenne (en watts)		
Air climatisé central	2500–6000	Imprimante au laser	1000
Air climatisé de pièce	800–2500	Laveuse à linge	500–1000
Broyeur d'ordures	500–900	Lave-vaisselle	1000–1500
Cafetière	600–1500	Machine à coudre	60–90
Chaudière au gaz	800	Malaxeur	400–1000
Chaudière au mazout	600–1200	Mélangeur	150–250
Chauffage d'appoint	1000–1500	Mijoteuse	200-275
Chauffe-eau électrique	2000–5500	Ordinateur avec écran	565
Congélateur	300–600	Ouvre-boîte	150
Couverture électrique	150–500	Plaque de cuisson	600–1000
Cuisinière avec four	3500–5000	Poêlon électrique	1000–1200
Cuisinière	4000–8000	Polisseuse à plancher	300
Déshumidificateur	500	Radio	40–150
Fer à repasser	600–1200	Réfrigérateur à dégivrage automatique	400–600
Four à micro-ondes	1000–1500	Réfrigérateur	150–300
Four grille-pain	500–1450	Rôtissoire	1200–1650
Friteuse	1200–1600	Sécheuse à linge	4000–5600
Gaufrier	600–1200	Séchoir à cheveux	400–1500
Gril	1400–1500	Stéréo/lecteur CD	50–140
Horloge	2–3	Téléviseur	50–450
		Ventilateur d'évacuation	75–200
		Ventilateur de grenier	400

De nos jours, les appareils électroménagers sont généralement étiquetés en fonction de leur puissance. Considérant que votre facture d'électricité est calculée en fonction de votre consommation en kilowattheures, cette information peut vous être utile pour calculer les coûts d'utilisation d'un appareil donné.

Comment l'électricité fonctionne

Débit d'un courant électrique

Le débit d'un courant électrique peut être défini comme le débit des électrons passant dans un conducteur (fil) ou circuit. Ce débit d'électrons est souvent comparé au débit de l'eau dans un tuyau ou un boyau. Par exemple, la pression force l'eau à circuler dans un tuyau. De façon similaire, la pression force un courant électrique dans un conducteur. Plus tôt, nous avons vu que la tension (voltage) était la pression, ou force électromotrice, qui force le courant (électrons) à circuler dans un circuit électrique (voir « Terminologie de l'électricité, » pages 9-10). De plus, de la même manière que le diamètre d'un tuyau ou d'un boyau peut affecter le degré de pression de l'eau, le diamètre d'un conducteur électrique peut affecter le débit du courant le traversant. La capacité porteuse de courant maximale d'un conducteur d'un diamètre particulier est appelée courant admissible (voir page 9).

Au fur et à mesure que le courant circule dans le réseau électrique de la maison, il atteint les prises et les interrupteurs ou, tel que l'eau, il devient disponible pour l'utilisation dès que l'interrupteur situé sur le mur ou sur l'appareil est commuté, de la même façon qu'on ouvrirait le robinet de l'évier. Et, tel que l'eau, une fois le courant électrique utilisé, il quitte le réseau. Au lieu de sortir via un tuyau de drainage, il ressort (ou retourne au réseau) via une électrode mise à la terre.

Résistance au débit

Le passage du courant dans un conducteur n'est pas déterminé seulement par le calibre du conducteur et la tension appliquée, mais aussi en fonction du matériau avec lequel le conducteur est fabriqué. En raison de leur composition chimique, certains matériaux résistent mieux au débit de l'électricité que d'autres. Imaginez un courant d'eau essayant de suivre une pente; si la pente descend, le débit de l'eau ne sera pas restreint; par contre, si la pente monte, le débit de l'eau résistera à la pente. Le degré d'inclinaison de la pente affectera la vitesse du débit de l'eau, et si la pression n'est pas suffisante ou l'inclinaison trop grande, alors le débit pourra même être arrêté. De plus, si la pente comporte des obstacles, comme le lit d'une rivière peut être rempli de pierres et de cailloux, alors le débit pourra être ralenti comme sur une pente lisse. La composition chimique d'un matériau détermine s'il est « lisse » ou « rempli de pierres et de cailloux ».

Les matériaux qui laissent circuler un courant d'une façon aisée s'appellent des conducteurs électriques, alors que les matériaux qui s'opposent au passage d'un courant sont appelés isolants. Les matériaux conducteurs communément utilisés pour la fabrication de câblage électrique incluent le cuivre et l'aluminium. La plupart des métaux sont des bons conducteurs d'électricité, mais même ceux-ci offrent une certaine résistance au passage d'un courant électrique. Cette propriété peut être mesurée en unités de résistance appelées ohms (voir « Terminologie de l'électricité, » pages 9-10). Les matériaux isolants les plus communs sont le verre, certains plastiques et le caoutchouc.

Débit de courant vs calibre de conducteur

Conducteur de calibre plus gros

Plus d'électrons

Moins d'électrons

Conducteur de calibre plus petit

Un conducteur de grand calibre permet le passage de plus d'électricité qu'un conducteur d'un plus petit calibre.

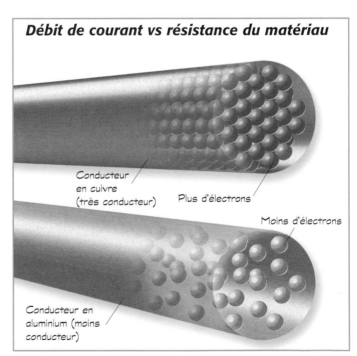

Débit de courant vs résistance du matériau

Conducteur en cuivre (très conducteur)

Plus d'électrons

Moins d'électrons

Conducteur en aluminium (moins conducteur)

Les matériaux conducteurs laissent passer plus de courant qu'un matériau moins conducteur du même diamètre.

Travailler sécuritairement avec l'électricité

Règles de sécurité de base

La sécurité est, au-delà de tout doute, l'aspect le plus important de tout travail électrique. Une erreur d'une fraction de seconde peut causer des blessures graves et même la mort. Plusieurs erreurs arrivent à cause de l'impatience, l'ignorance, ou à cause de risques inutiles. En considérant les coûts potentiels de ne pas suivre des règles sécuritaires, simples et pleines de bon sens, on réalise immédiatement l'importance d'éviter de telles erreurs.

La première règle lorsqu'on travaille avec l'électricité est de fermer le courant au panneau principal avant de travailler sur un circuit. Toujours garder une lampe de poche fonctionnelle près du panneau pour bien vérifier que le courant est interrompu. Aussi, il faut s'assurer d'avoir les pieds sur un tapis en caoutchouc ou sur des planches sèches, spécialement si la pièce est humide, et utiliser seulement une main pour enlever ou remplacer un fusible, ou actionner un disjoncteur.

Avant de commencer à travailler sur un circuit, testez-le pour vous assurer qu'il est hors tension. Testez les deux réceptacles d'une prise de courant double. Il pourrait s'agir d'une prise à alimentations séparées.

Après avoir fermé le courant, verrouillez le panneau pour vous assurer que personne ne réalimentera le circuit lorsque vous y travaillez. Tous les circuits devraient être clairement identifiés pour éviter la confusion sur le circuit à fermer. Néanmoins, il faut toujours vérifier le circuit avec un testeur pour s'assurer qu'il n'est pas sous tension.

Deuxièmement, il faut avoir planifié le travail minutieusement et connaître chaque étape à suivre, et que vous n'entrepreniez pas plus que vous en êtes capable. Pour cette raison, il est préférable de vous limiter à faire des travaux situés à l'extérieur du panneau électrique. Effectuer des réparations au panneau et ajouter des circuits sont des tâches qui devraient être laissées à un maître électricien.

Troisièmement, il faut utiliser les bons outils et équipements et connaître les bonnes techniques pour faire les travaux de câblage et les réparations électriques. Par exemple, ne jamais utiliser une échelle en métal ; utilisez plutôt des

1 Comprendre l'électricité

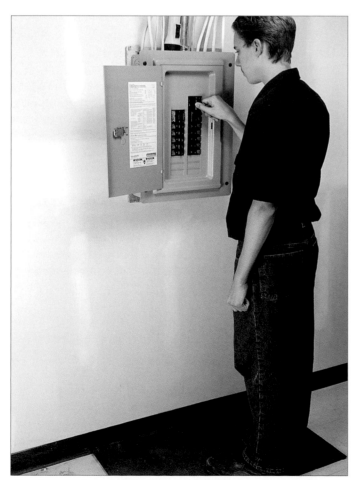

Gardez une lampe de poche *fonctionnelle près du panneau de l'entrée de service et tenez-vous sur un tapis de caoutchouc ou sur des planches sèches lorsque vous travaillez sur un panneau électrique.*

Pour empêcher qu'une échelle *se dérobe sous vos pieds lors d'un travail à l'extérieur, virez les pattes en position verticale et plantez-les dans le sol.*

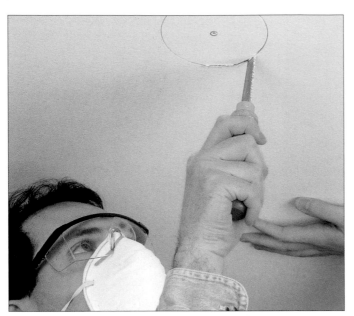

Portez toujours des lunettes de sûreté confortables et ajustables pour prévenir des blessures de débris ou des étincelles provenant du câblage électrique.

échelles en fibre de verre ou en bois. Portez toujours des lunettes de sûreté pour vous protéger des étincelles et des débris volants, et assurez-vous que les outils sont correctement isolés pour effectuer du travail électrique. Soyez minutieux et portez attention aux détails, tels que bien envelopper les borniers de câblage avec du ruban électrique et utiliser des boîtes électriques de dimensions adaptées au travail effectué. Surtout, si vous travaillez avec de l'équipement électrique à l'extérieur, assurez-vous que le circuit

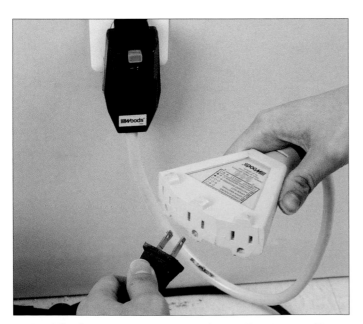

Les outils électriques AC ont une charge électrique suffisante pour provoquer l'électrocution. Pour assurer un maximum de sécurité, utilisez une rallonge électrique à usage industriel équipée d'un GFCI.

soit complètement protégé par un disjoncteur différentiel de faute à la terre (GFCI) ou utilisez une rallonge électrique munie d'un GFCI (voir page 21). Si un outil a une défaillance et cause une faute à la terre, ce genre de protection peut vous sauver la vie. Pour l'utilisation d'outils électriques portatifs, assurez-vous que le calibre de la rallonge électrique est de 12 au minimum. Les rallonges électriques d'un calibre inférieur inadéquat créent un potentiel d'incendie. De plus, tous les équipements électriques utilisés doivent porter le sigle soit ULC (Underwriters Laboratories of Canada) soit CSA (Canadian Standards Association), c'est votre assurance que l'appareil satisfait aux normes de sécurité minimales déterminées par ces agences et autres autorités compétentes.

Enfin, respectez les normes et règlements du Code de l'électricité, des Codes de construction et du Code de protection incendie en vigueur dans votre municipalité, province ou région. Ces divers codes sont conçus pour votre protection, votre santé, la sécurité et le bien-être du public en général. En fait, certains codes peuvent même interdire à un individu d'effectuer certains travaux électriques ou d'utiliser un certain type de câblage électrique. La plupart des critères sont basés sur le Code de l'électricité, qui détermine les conditions d'une installation électrique sécuritaire.

Courts-circuits

Lorsqu'une connexion accidentelle est faite entre deux conducteurs de phase ou un conducteur de phase et un conducteur de mis à la terre, un courant excessif appelé court-circuit circule dans la connexion. Entrer en contact avec un équipement court-circuité peut être dangereux pour la vie. Parce que le courant circule toujours sur le chemin offrant la moindre résistance, une personne peut littéralement devenir une partie intégrante du circuit — la partie du circuit à travers laquelle le courant cherche à retourner à la source. D'habitude, cela s'effectue par le conducteur de neutre du circuit. Par contre, pour fins de sécurité, un chemin alternatif est assuré par un conducteur de mise à la terre ou un circuit de terre, où le courant mal orienté est dissipé inoffensivement.

Mise à la terre

Le circuit de mise à la terre raccorde généralement tous les appareils électriques, incluant les appareils d'éclairage, les prises, les boîtes électriques, etc., à un terminal, ou bornier, situé dans le panneau principal. Ce bornier est ensuite raccordé au tuyau principal de l'entrée d'eau et une électrode de mise à la terre enfouie de façon à ce qu'un minimum de 8 pieds de l'électrode soit en contact avec la terre (voir illustration « Électrode de mise à la terre », page 22). Les appareils électriques ou outils recouverts de métal sont raccordés à ce réseau de mise à la terre à travers la troisième pointe d'une fiche à trois pointes. (Pour information supplémentaire, voir « Réseaux de mise à la terre », page 21.)

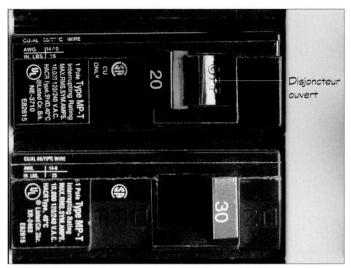

Un disjoncteur ouvre le circuit lorsque le débit du courant excède la capacité déterminée.

Protection contre les surcharges

Le courant excessif causé par un court-circuit ou raccorder un appareil dont la puissance surcharge le circuit peuvent causer des dommages irréparables à l'appareillage électrique. Un réseau électrique doit être muni d'un système de protection contre les surcharges. Cette protection est assurée par les fusibles et les disjoncteurs (voir « Panneaux de service », chapitre 3, page 48). Un fusible protège le circuit contre les surcharge en fondant lorsqu'un courant excessif cause une augmentation de la chaleur. Une fois le fil métallique du fusible fondu, le circuit est ouvert. Par contre, un disjoncteur est un commutateur automatique conçu pour interrompre le débit du courant lorsqu'il excède la quantité maximale prévue. Contrairement à un fusible, un disjoncteur n'a pas besoin d'être remplacé ; lorsque le circuit s'ouvre, il ne faut que réinitialiser la manette.

Disjoncteurs différentiels de faute à la terre (GFCI)

Alors qu'un courant excessif traversant un réseau de mise à la terre fera fondre un fusible ou fera ouvrir un disjoncteur, un courant moindre ne sera peut-être pas suffisant pour actionner les protections de circuit. Néanmoins, un tel courant pourra quand même être assez fort pour causer des blessures graves, ou même pire. Ces risques sont accentués dans les endroits humides, tels les salles de bains et à l'extérieur. Une manière de se protéger contre ce genre de choc électrique est d'utiliser un disjoncteur différentiel de faute à la terre, ou GFCI. Cet appareil peut détecter des fuites infimes de courant dans un circuit. Si l'ampérage traversant le fil noir et le fil blanc d'un circuit est identique, alors le circuit fonctionne correctement. Mais si le GFCI détecte une différence de courant entre les deux conducteurs aussi minime que 0,005 ampère, une fuite est présumée et le dispositif ouvre le circuit assez rapidement pour prévenir un choc dangereux.

Réseaux de mise à la terre
Mise à la terre du panneau principal

Tel qu'indiqué plus haut, un réseau de mise à la terre est essentiel pour la sécurité en électricité ; il procure la méthode fondamentale par laquelle un courant électrique irrégulier peut être mis à la terre sécuritairement, à une tension de zéro. Le Code de l'électricité le requiert pour tous les circuits de 120 et 240 volts.

La mise à la terre du panneau de l'entrée de service est la mise à la terre principale d'une résidence. Le conducteur en cuivre de mise à la terre, connu sous le nom de conducteur de l'électrode de mise à la terre, peut facilement être raccordé à un bornier dans le panneau principal. Deux conducteurs de ce genre sont visibles si l'entrée d'eau est en métal. Un conducteur de mise à la terre raccorde le bornier du panneau à l'électrode, tandis que l'autre est raccordé à l'entrée d'eau principale de la résidence. (Attention ! La tuyauterie de métal dépassant les premiers 5 pieds de l'entrée d'eau ne font pas partie du réseau de mise à la terre, mais sont plutôt mis à la terre via l'électrode.) Le calibre minimum pour les conducteurs reliant l'électrode de mise à la terre sont indiqués par le Code de l'électricité.

Conducteur de l'électrode de mise à la terre

La mise à la terre de l'entrée de service, connue sous le nom de conducteur de l'électrode de mise à la terre, est un conducteur en cuivre raccordé à un bornier dans le panneau principal. Si la tuyauterie d'eau est en métal, il y aura deux conducteurs — le premier partant du bornier vers l'électrode de mise à la terre, et le deuxième se raccordant au tuyau principal de l'entrée d'eau.

Tiges de mise à la terre

Les tiges de mise à la terre sont généralement en acier galvanisé ou en acier cuivré d'un diamètre de $5/8$ de pouce et ont une longueur habituelle de 8 pieds ou plus. Un bon réseau de mise à la terre peut inclure plusieurs tiges. Une électrode de mise à la terre composée d'une tige doit avoir une résistance au sol n'excédant pas 25 ohms, sinon des tiges additionnelles doivent être ajoutées. Des tiges multiples doivent être espacées d'un minimum de 6 pieds et être raccordées au bornier de neutre par un conducteur en cuivre sans épissure. Il ne faut jamais déroger à ces prescriptions du Code. Notez, par exemple, qu'une mise à la terre efficace est essentielle pour le bon fonctionnement d'un suppresseur de surtensions. Si une basse résistance à la terre n'est pas disponible, un suppresseur de surtensions sera incapable d'interrompre les pointes excessives ou les fluctuations intermittentes de tension et de courant retrouvées sur un circuit lors d'une surintensité.

▶ **À cause de leur longueur peu commode,** il est préférable de planter les tiges de mise à la terre en utilisant un marteau percuteur loué ou emprunté. Cet outil permet aux tiges de pénétrer dans le sol en vibrant, ignorant les petites roches sans difficulté.

Tiges de mise à la terre

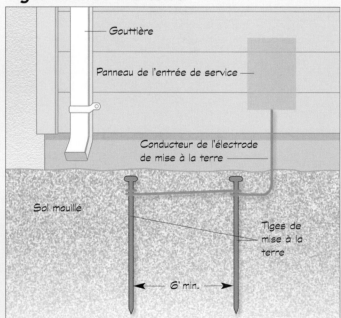

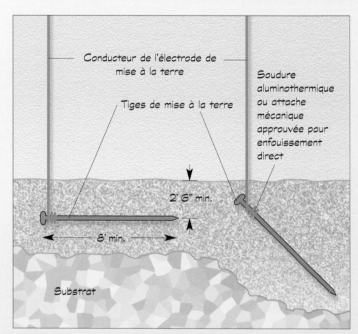

Réseau type de tiges de mise à la terre. Les tiges de mise à la terre dissipent au sol de façon inoffensive les courants provenant de l'électrode de mise à la terre. Dans les cas où le réseau de mise à la terre requiert plus d'une tige, celles-ci doivent être espacées d'au moins 6 pieds. L'eau de pluie déviée près d'une tige de mise à la terre aide à abaisser la résistance de la terre.

Installation d'une tige de mise à la terre. Si une tige de mise à la terre ne peut être enfouie directement à cause de la présence de rochers ou du substrat, le Code requiert qu'elle doit quand même avoir un contact avec le sol sur une longueur de 8 pieds. Pour y arriver, enfouissez la tige à un angle non inférieur à 45 degrés, ou placez-la horizontalement dans une tranchée dont la profondeur est d'au moins 2 pieds et demi.

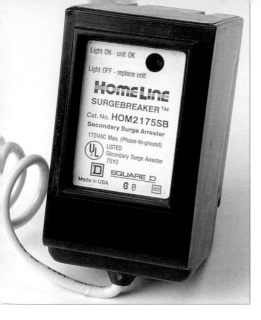

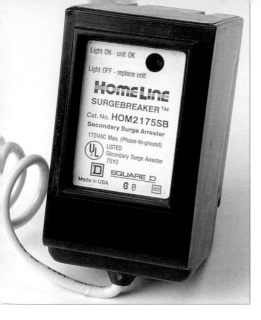

◄ *Un suppresseur de surtensions* peut être installé directement au panneau principal, tel un disjoncteur normal. Son efficacité, par contre, dépend entièrement de celle du réseau de mise à la terre.

Mise à la masse

Un équipement possédant des dispositifs électriques, tels un appareil électroménager, un appareil d'éclairage, etc., doit, selon le Code, être raccordé à un réseau de mise à la masse. Ces équipements utilisent un conducteur de mise à la masse. Ces conducteurs nus, trouvés dans les câbles non métalliques (NMD) utilisés couramment dans les résidences modernes, se raccordent au terminal de mise à la masse (vert) des prises de courant. Ils bouclent le circuit vers le bornier de neutre/mise à la terre localisé dans le panneau de l'entrée de service et servent comme conducteurs de mise à la masse pour assurer que l'appareil a une tension de zéro volt. Un conducteur de mise à la masse peut se raccorder (et se terminer) à une vis de mise à la masse d'une prise de courant et se raccorder à l'appareil

---

Fautes à la terre sur les appareils électriques

Une faute de terre peut se produire dans un appareil électrique chaque fois qu'un courant excessif ou mal orienté (un court-circuit tel que montré ci-dessous) occasionne une énergisation de l'appareil. Pour éviter un choc électrique ou même l'électrocution, un réseau de faute à la terre, incluant un conducteur de mise à la masse d'un appareil, est prévu pour assurer au courant un chemin de retour à la source à basse résistance.

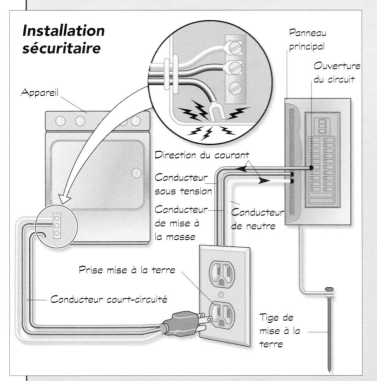

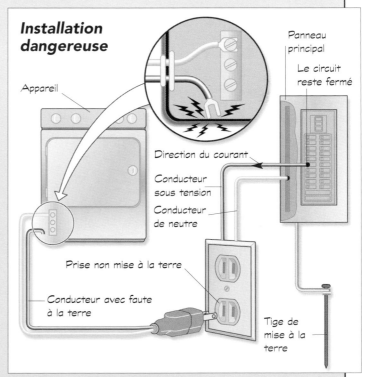

Appareil mis à la terre. *Si le bâti en métal d'un appareil mis à la terre devient énergisé électriquement, le courant de faute à la terre retournera au panneau de l'entrée de service via le conducteur de mise à la masse. Dans ce système, le courant ne quitte pas le réseau de câblage et fait ouvrir le disjoncteur dans le panneau, au lieu d'être dirigé vers une tige de mise à la terre.*

Appareil non mis à la terre. *Si la bâti en métal d'un appareil non mis à la terre devient énergisé électriquement, le courant de faute à la terre sera insuffisant pour faire ouvrir le disjoncteur localisé dans le panneau. En conséquence, le bâti de l'appareil conservera sa charge électrique, et une personne le touchant en même temps qu'une surface mise à la terre risque d'être électrocutée.*

via une fiche et une rallonge, ou il peut se raccorder directement à l'appareil. Prenez les précautions nécessaires lorsque vous travaillez avec les conducteurs en cuivre nu ou verts parce qu'il est impossible d'être sûr que l'installation originale a été faite correctement.

Vérification

Pour vérifier si votre résidence possède un réseau de mise à la terre correctement installé, commencez par tester les prises de courant. Vérifiez si elles sont raccordées par deux ou trois fils. Si la prise n'a pas de terminal de mise à la terre, il est évident que la prise n'est pas raccordée au réseau de mise à la terre. Si un adaptateur de fiche à deux ou trois fils est utilisé, il est probable que l'appareil n'est pas mis à la terre, à moins que la maison ne soit munie d'un câblage avec armure métallique et ne soit équipée de boîtes de métal. Dans ce cas, la prise ne sera pas mise à la terre à moins qu'elle ne soit une prise avec mise à la terre automatique pourvue d'une attache à ressort sur une de ses vis de fixation. Cette attache assure la mise à la terre de la prise avec n'importe quelle boîte électrique en métal qui est elle-même mise à la terre. Les prises standards ne sont pas approuvées pour une installation avec mise à la terre automatique. Par contre, si la boîte électrique est mise à la terre au panneau principal par un câble armé, alors une prise standard à trois pointes peut être installée en raccordant le terminal de mise à la terre à la boîte en métal.

Pour vérifier si une prise existante à trois pointes est mise à la terre, utilisez un testeur de circuit enfichable. Ne jamais présumer que la prise à trois pointes est mise à la terre. Si la mise à la terre est inexistante, la séquence de lumières sur le testeur l'indiquera. La mise à la terre peut même sembler correctement raccordée à la prise tout en étant déconnectée en amont.

Dans plusieurs cas, un conducteur de mise à la masse peut être raccordé directement à l'appareil.

Un adaptateur de prise à deux ou trois conducteurs ne peut assurer la mise à la masse de l'appareil si le chemin de mise à la terre vers le panneau principal est inexistant ; il ne permet que le branchement de l'appareil. Un court-circuit à l'appareil peut quand même causer un choc sévère ou l'électrocution.

L'intérieur non mis à la terre de cette boîte pour prise indique que le manque d'un conducteur de mise à la terre pour compléter le circuit de mise à la terre jusqu'au panneau principal.

Les prise de courant haut de gamme sont caractérisées par une pince de mise à la terre assurant automatiquement la mise à la terre par une des vis de fixation, ce qui complète le circuit de mise à la terre via une boîte électrique en métal.

Les problèmes les plus communs de mise à la terre fautive au panneau principal incluent les connexions aux tuyaux rouillés, des conducteurs de mise à la terre coupés ou desserrés, ou une connexion irrégulière sur une tige de mise à la terre. Assurez-vous que l'attache utilisée sur la tige est un connecteur approuvé en bronze, en laiton ou en fonte de fer malléable. Une soudure aluminothermique est une alternative acceptée par le Code de l'électricité. Une tige de mise à la terre en fer ou en acier doit avoir un diamètre

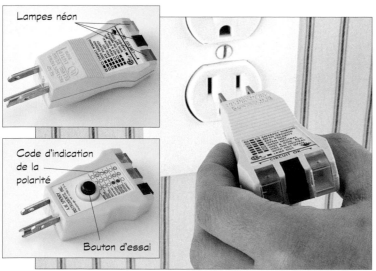

Un testeur-analyseur enfichable vérifie les connexions correctes et incorrectes dans une prise de mise à la terre. Les trois lampes néon s'allument selon des combinaisons prédéterminées pour indiquer une connexion correcte, une mise à la terre ouverte, un neutre ouvert, une phase ouverte, une phase et une mise à la terre inversées, ou une phase et un neutre inversés.

non inférieur à $5/8$ de pouce. Les tiges en acier inoxydable et en métaux non ferreux doivent avoir un diamètre minimum de $1/2$ pouce. L'utilisation de matériaux inappropriés peut occasionner la corrosion, résultant en une connexion à haute résistance.

Conducteur de liaison

Une erreur courante des propriétaires résidentiels consiste à penser qu'il est possible de faire la mise à la terre d'un appareil en le raccordant à un tuyau de plomberie en métal. Cette solution est loin d'être véridique ! Tous les tuyaux de plomberie en métal doivent eux-mêmes être raccordés au réseau de mise à la terre. Si la tuyauterie d'eau est raccordée au réseau de mise à la terre par une attache et un conducteur de liaison vers le bornier de mise à la terre/neutre, le disjoncteur ouvrira chaque fois qu'un conducteur nu touche un tuyau. Pour chaque manque de continuité dans la tuyauterie, tel un chauffe-eau fabriqué dans un matériau autre que le métal, un contournement, ou conducteur de liaison, doit être installé pour assurer la continuité entre la tuyauterie en amont et celle en aval. Ces conducteurs de liaison sont installés lorsque requis pour assurer la continuité électrique et la capacité du réseau de mise à la terre de détourner une faute de terre éventuelle. Le panneau principal doit lui-même être pourvu d'un conducteur de liaison entre le bornier de neutre et une vis localisée sur le cadre du panneau, pour ensuite être raccordé à la tige (électrode) de mise à la terre.

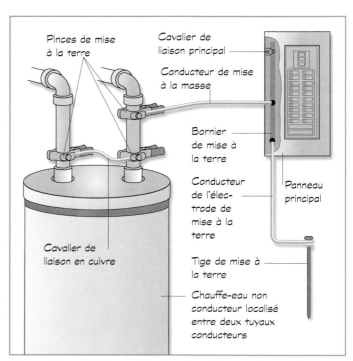

Un cavalier de liaison doit être installé pour chevaucher toute brèche potentielle dans un circuit de mise à la terre. Les cavaliers de liaison sont requis afin d'assurer la continuité électrique, ainsi que la capacité du réseau de mise à la terre de diriger sécuritairement une faute à la terre potentielle.

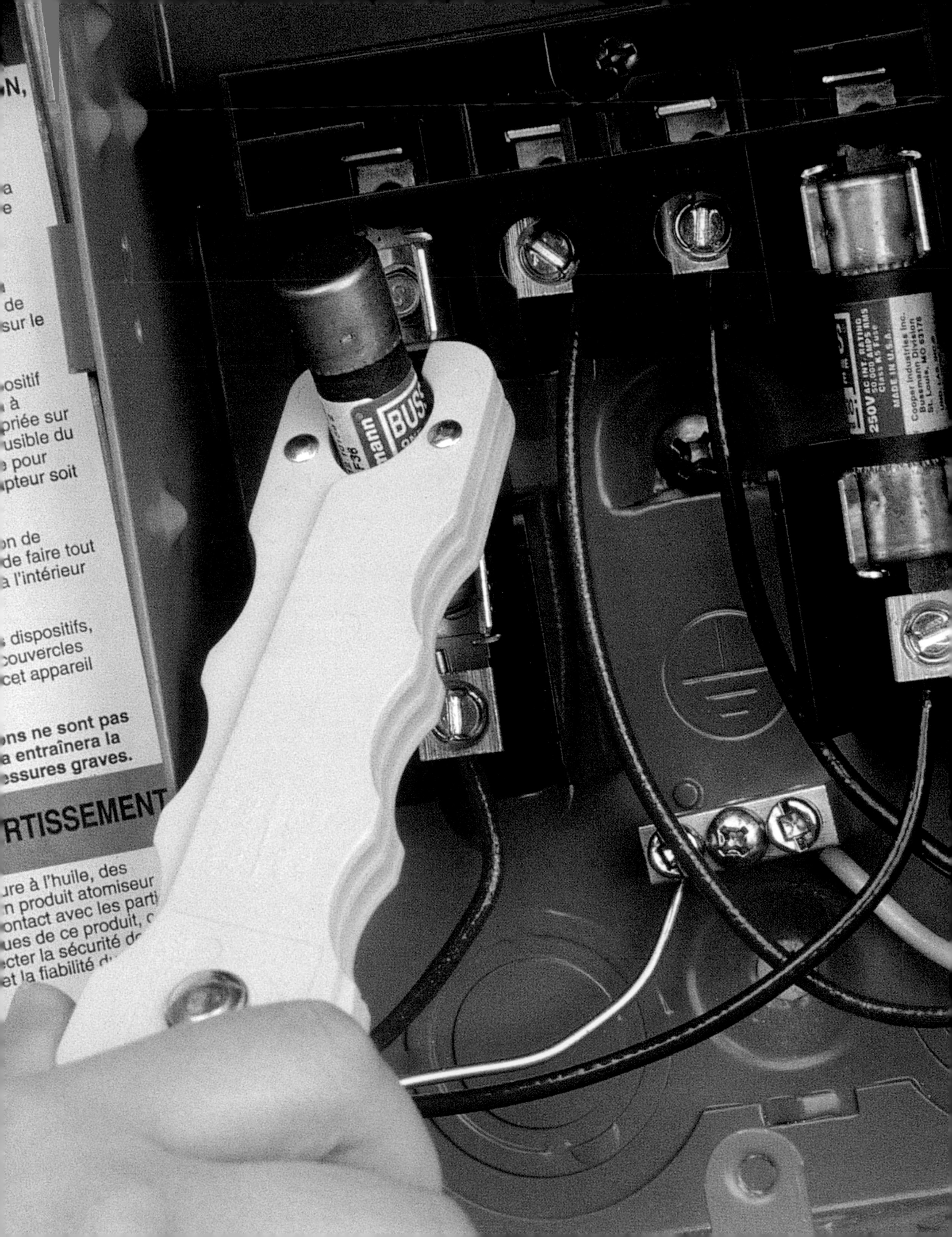

BUS

250V AC INT. RATING
50,000 AMPS RMS
Class K5 Fuse

MADE IN U.S.A.
Cooper Industries Inc.
Bussmann Division
St. Louis, MO 63178

Chapitre 2

Les outils et leurs utilisations

Plusieurs travaux d'électricité peuvent être fait en utilisant les outils que vous possédez probablement déjà dans votre coffre ou votre atelier. Par contre, la plupart des outils utilisés dans les travaux d'électricité sont spécialement conçus pour une tâche particulière. Ces outils rendent le travail à accomplir plus facile et plus sécuritaire. Ce qui est plus important, plusieurs outils communs que vous possédez probablement déjà tels marteaux, ciseaux à bois, couteaux utilitaires, rubans à mesurer, tournevis, etc. ne pourront être utilisés de façon sécuritaire. Par exemple, les tournevis, marteaux et autres outils en métal doivent être isolés pour empêcher la transmission du courant à l'utilisateur, ce qui causerait un choc. Le bon outil est requis pour tout travail spécialisé, que ce soit couper et dénuder le câblage ou mesurer le courant et la tension dans un circuit.

Des travaux d'électricité requièrent donc des outils spécialisés, mais encore faut-il que ces outils soient de bonne qualité. Il est préférable de se procurer ces outils d'un distributeur d'équipements électriques ou d'un centre de rénovation de bonne réputation plutôt que d'un magasin à escomptes. À la longue, une bonne affaire peut sembler moins bonne si elle met votre vie en danger. Des outils de qualité bien entretenus, en plus de durer une vie entière, peuvent augmenter la polyvalence et la fiabilité de votre collection d'outils.

Tirage de fil et fusibles

Câble de tirage. Un câble de tirage est un câble flexible utilisé par les électriciens pour passer du câblage électrique à travers les murs, les plafonds et autres endroits inaccessibles. Selon la technique utilisée, un ou deux câbles de tirage peuvent être utilisés (voir « Aiguiller un câble », page 86).

Les câbles de tirage sont disponibles en longueurs de 25 à 250 pieds et en largeurs de $^1/_8$ de pouce à $^1/_4$ de pouce. D'habitude, pour permettre une meilleure dextérité et une utilisation facile, le câble est enroulé sous tension dans un boîtier avec poignée. Le câble de tirage est généralement fabriqué d'acier, d'acier flexible, de nylon ou de fibre de verre. Certains câbles flexibles en acier sont constitués de multiples brins de fil d'acier plutôt que d'un seul brin, tandis que d'autres sont fabriqués d'acier avec un plus haut degré d'élasticité. L'inconvénient du câble de tirage en acier est sa conductibilité. Le câble de tirage en nylon, étant non conductible à part son embout en acier, est plus sécuritaire à l'utilisation. Le câble en fibre de verre, bien que coûteux, est de qualité supérieure parce qu'il est non conductible et parce que son enduit à basse friction accélère le tirage de fil de façon considérable. Des lubrifiants pour câbles de tirage peuvent être achetés séparément pour permettre de réduire la friction.

Câble de tirage et lubrifiant

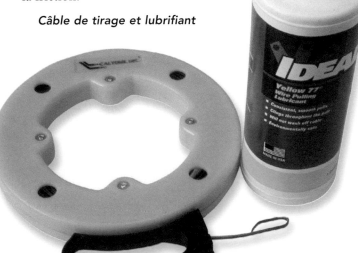

Tireur de fusible Un tireur de fusible est spécialement conçu pour enlever les fusibles à cartouche (voir « Fusibles et disjoncteurs », page 52). Les pinces sur un bout du tireur de fusible permettent d'enlever des fusibles à cartouche jusqu'à 60 ampères, tandis que celles de l'autre bout permettent d'enlever les fusibles plus gros. Pour enlever un fusible du boîtier, serrez le tireur de fusibles autour du centre d'un fusible à cartouche brûlé et arrachez fermement. Le tireur de fusible peut aussi être utilisé pour insérer des nouveaux fusibles. Cet outil doit être fabriqué d'un matériau non conductible tel le plastique, pour se protéger des pinces à ressort en métal qui peuvent acheminer un courant mortel. Toujours vous assurer que le boîtier à fusible est hors tension avant de retirer un fusible et ne jamais toucher aux pinces à ressort avec un outil en métal.

Pour enlever un fusible à cartouche, serrez-le fermement avec un tireur de fusible et retirez-le.

Tireur de fusible

Couper et toronner des fils

Pince de serrage. Utilisez une pince de serrage pour former, plier et toronner des fils, et pour tirer les câbles dans les boîtes électriques. Au besoin, utilisez-la à la place d'un perçoir pour enlever les pastilles des boîtes électriques. On devrait se procurer une pince à serrer de qualité chez un distributeur de matériaux électriques plutôt qu'à une quincaillerie.

Pince à bec. La pince à bec est utilisée pour accéder aux endroits exigus et pour façonner les bouts de fil en boucles pour insertion dans des borniers à vis. Elle est aussi utilisée pour enlever les agrafes et possède un bord acéré pour couper les fils.

Pince coupante diagonale. Cette pince est utilisée pour couper le câblage dans les espaces restreints telles les boîtes de prises et d'interrupteurs. Les bouts à angle et en forme de fuseau permettent d'y accéder et de couper le câblage non accessible à une pince à couper conventionnelle. Il est raisonnable et rentable d'acheter un outil polyvalent pouvant à la fois entailler, dénuder et pincer du câblage de différentes sortes et calibres.

Pince de serrage

Pince à bec

Pince coupante diagonale

Dénuder et serrer les fils

Dénudeur de fil. Cet outil est une nécessité pour enlever l'isolant du bout des fils. Par contre, un couteau universel peut être utilisé pour enlever les gaines de fil de gros calibre. Un dénudeur de fil est conçu avec des lames de grande précision de manière à couper et dénuder le fil en même temps. La pince a un gabarit pour dénuder la bonne quantité d'isolant sans couper le fil. Différents modèles sont disponibles, pour dénuder un fil solide, un fil tressé, ou des fils de petit calibre.

Dénudeur de fil automatique. Un dénudeur de fil automatique est conçu pour couper et dénuder les fils de type solide ou tressé en une opération. Une paire de mâchoires tient le fil tandis que l'autre coupe et enlève l'isolant, exposant le fil nu à l'intérieur.

Pince à serrer. La pince à serrer est utilisée avec des connecteurs spéciaux conçus pour la connexion des fils. Des exemples communs incluent les connecteurs à bêche, les connecteurs en anneau et les connecteurs à épissure (voir « Utilisation des connecteurs à épissure », page 32). Après avoir torsadé les fils avec une paire de pinces, les pincer à l'intérieur du connecteur à épissure en resserrant les mâchoires. Cela transforme les fils et le connecteur en une connexion permanente. Prendre note que le câblage d'aluminium est rarement connecté de cette manière.

Outil multifonctionnel. Évidemment, un outil multifonctionnel peut être utilisé à plusieurs fins. Il peut serrer, couper et dénuder les fils, et certains peuvent même couper et refileter les boulons. Tel un dénudeur de fil conventionnel, il a un gabarit de coupe pour le dénudement précis. Un outil multifonctionnel peut généralement être utilisé pour des fils de calibre 22 à calibre 10.

Dégaineur de câble. Lorsqu'un câble à gaine protectrice non métallique est composé de plusieurs fils, il est requis d'exposer les bouts des fils pour faire des épissures ou pour les connecter à des borniers. Il faut pouvoir couper la gaine extérieure en plastique sans endommager l'isolant de chaque fil individuel à l'intérieur du câble. Cela peut être fait facilement avec un dégaineur de câble, lequel possède une dent interne qui coupe la gaine lorsque l'outil est fixé sur le câble et ensuite serré. Lorsque la dent perce la gaine, tirez le dégaineur vers l'extrémité du câble pour déchirer la gaine sur toute la longueur. La gaine déchirée peut alors être retirée pour permettre l'accès aux fils intérieurs, lesquels peuvent maintenant être dénudés de façon individuelle, en utilisant un dénudeur de fil ou un outil multifonctionnel.

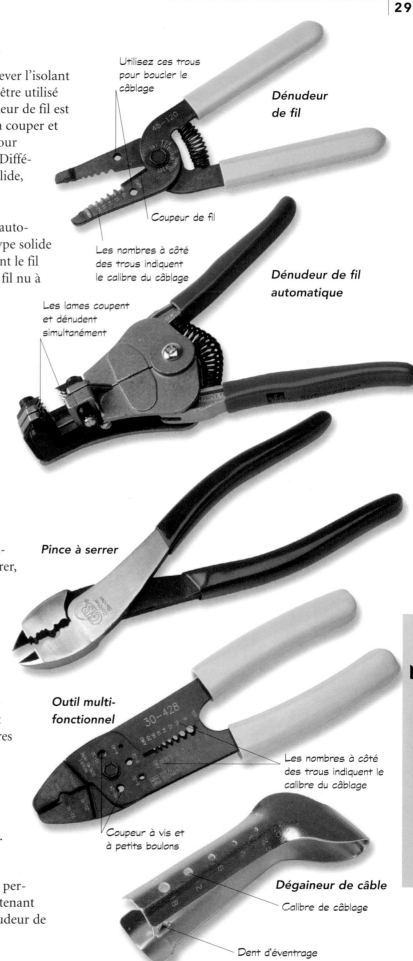

Utilisez ces trous pour boucler le câblage

Dénudeur de fil

Coupeur de fil

Les nombres à côté des trous indiquent le calibre du câblage

Dénudeur de fil automatique

Les lames coupent et dénudent simultanément

Pince à serrer

Outil multifonctionnel

Les nombres à côté des trous indiquent le calibre du câblage

Coupeur à vis et à petits boulons

Dégaineur de câble

Calibre de câblage

Dent d'éventrage

2 Les outils et leurs utilisations

Pince à tailler. Même si ce n'est pas un outil spécialisé pour les travaux d'électricité, la pince à tailler peut avoir son utilité. Après avoir déchiré et exposé la gaine autour du câble, elle peut être utilisée pour couper l'excédent de gaine. Elle est aussi très bonne pour couper des lattes de métal afin de permettre l'accès au câblage dans des murs de gypse ou de plâtre, ou pour couper d'autres pièces en métal tels boîtes ou appareils électriques.

Pince à tailler

Raccorder, soutenir et protéger le câblage

Tournevis isolés et tournevis à écrous. Les tournevis servent à plusieurs usages, que ce soit installer des plaques à prises ou serrer des vis à bornier. Il va sans dire que le manche d'un tournevis doit être isolé pour protéger l'utilisateur d'un choc électrique en cas de contact accidentel avec un circuit ou un conducteur sous tension. Il y a plusieurs sortes de tournevis, incluant les tournevis à tête plate, Phillips (en croix) et Robertson (carré). Certains tournevis ont des manches ou des tiges désaxées pour permettre à l'utilisateur de travailler dans des endroits difficiles d'accès. On peut utiliser un tournevis à écrous pour serrer les vis à tête hexagonales communément utilisées sur les appareils électriques.

Tournevis à tête plate

Tournevis Phillips

Tournevis Robertson

Tournevis à écrous

Une tige désaxée permet de tourner le manche rapidement en rond.

Tournevis désaxés

Agrafes à câble. Les agrafes à câble sont utilisées pour attacher les câbles aux éléments de structure à l'intérieur des murs, planchers, plafonds et autres endroits dissimulés. Il existe plusieurs sortes d'agrafes de métal recouvertes de plastique, prévues pour les fils de différents calibres et en quantités différentes. Le Code de l'électricité requiert que le câblage avec gaine non métallique soit supporté à des intervalles n'excédant pas 4 pieds et demi, et qu'il soit attaché à moins d'un pied d'une boîte électrique.

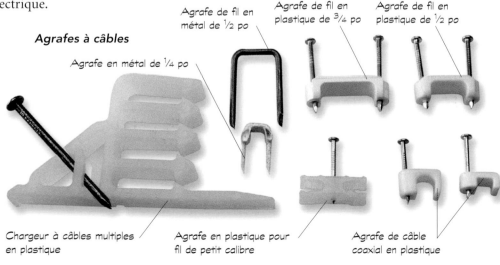

Agrafes à câbles

Agrafe de fil en métal de ½ po

Agrafe de fil en plastique de ¾ po

Agrafe de fil en plastique de ½ po

Agrafe en métal de ¼ po

Chargeur à câbles multiples en plastique

Agrafe en plastique pour fil de petit calibre

Agrafe de câble coaxial en plastique

Courroies. Les courroies à conduits vissées sont utilisées pour supporter les conduits en métal dans les endroits où le câblage est visible, tel un sous-sol. Les conduits en métal doivent être supportés à des intervalles n'excédant pas 10 pieds et doivent être attachés à moins de 3 pieds d'une boîte électrique ou d'un joint de conduit.

Crampons. Les crampons de mise à la terre et en forme de gland permettent de raccorder les conducteurs de mise à la terre aux électrodes, les connecteurs à boulon fissuré permettent de faire des connexions entre fils de calibres différents, et les connecteurs à câbles avec écrous autobloquants sont utilisés pour attacher les câbles à gaine isolée aux boîtes électriques. De cette façon, les conducteurs dégainés du câble ne peuvent s'effilocher contre les parois de la boîte de métal.

Connecteurs à fils ou marrettes. Lorsque deux fils ou plus sont dénudés pour être toronnés, les bouts nus sont exposés. Ils doivent être protégés et empêchés d'entrer en contact avec d'autres fils, connexions et surfaces en métal qui pourraient causer une faute à la terre ou un court-circuit. Les connecteurs à fils et les connecteurs à épissure sont généralement utilisés pour cet usage.

Il faut être conscient de plusieurs choses à propos des connecteurs filetés. Même si les codes de couleurs peuvent varier d'un fabricant à un autre, ils sont codés par couleur en fonction des quantités minimum et maximum de conducteurs pouvant être connectés ensemble de façon sécuritaire. Sauf indiqué, les connecteurs filetés ne devraient pas être utilisés pour connecter des fils de matériaux différents, et il devraient

Même s'ils varient d'un fabricant à l'autre, les connecteurs filetés sont généralement codés par couleur en fonction des quantités minimum et maximum de fils pouvant être connectés. Les connecteurs de toutes les couleurs peuvent être utilisés soit pour des conducteurs de phase soit pour des conducteurs de mise à la terre, mais les connecteurs de couleur verte ne devraient être utilisés que pour les connexions de conducteurs de mise à la terre.

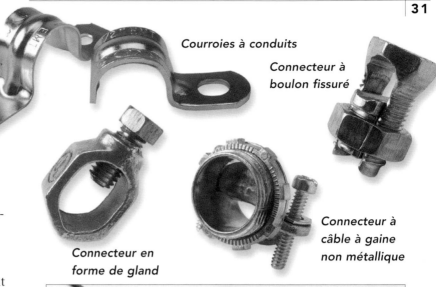

Courroies à conduits

Connecteur à boulon fissuré

Connecteur à câble à gaine non métallique

Connecteur en forme de gland

Crampon de mise à la terre

Code de couleurs des connecteurs filetés

Connecteurs filetés	Couleur	Minimum		Maximum	
		Calibre	Qté de fils	Calibre	Qté de fils
	Orange	18	2	14	2
	Jaune	16	2	14	4
	Rouge	14	2	12	4
				10	3
	Vert	Les connecteurs de couleur verte ne sont utilisés que pour les conducteurs de mise à la terre.			

2 Les outils et leurs utilisations

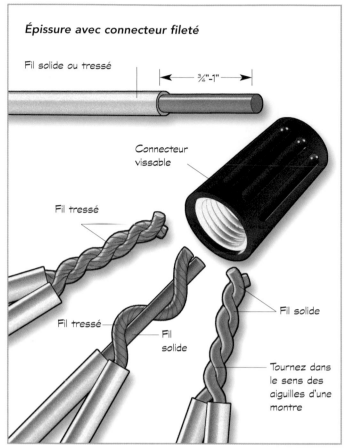

Épissure avec connecteur fileté

Fil solide ou tressé

¾"-1"

Connecteur vissable

Fil tressé

Fil tressé

Fil solide

Fil solide

Tournez dans le sens des aiguilles d'une montre

Utilisez un connecteur fileté pour joindre solidement plusieurs fils ensemble, en observant les quantités minimum et maximum de fils permises par connecteur. Tenez les fils fermement, glissez le connecteur sur les bouts dénudés et tournez dans le sens des aiguilles d'une montre pour faire la connexion.

complètement couvrir les bouts des fils connectés. Les connecteurs de couleur verte ne devraient être utilisés que pour connecter des conducteurs de mise à la terre.

Connecteurs à épissure. Il est possible que les fils connectés avec un connecteur fileté se desserrent. Les connecteurs à épissure assurent une connexion plus permanente, surtout lors du raccordement des conducteurs nus de mise à la terre. Après avoir torsadé les fils, insérez le connecteur à épissure, ou anneau à compression, sur les fils joints et serrez-les avec l'outil approprié (voir ci-dessous). Pour le câblage isolé, le connecteur doit être recouvert d'un capuchon à fil spécialement conçu.

Connecteurs à épissure

Outil poinçonneur. L'outil poinçonneur, ou à impact, est utilisé pour pousser les fils non dénudés de téléphone ou de transmission électronique dans un bornier de connexion. Une pince sur le bornier perce l'isolant pour compléter le circuit entre le bornier et le fil. Les bouts de lame sont disponibles pour soit 66 soit 100 borniers de connexion. Pour éviter les dommages aux connecteurs, ne jamais utiliser de pince ou d'autres outils à la place d'un outil poinçonneur.

Outil poinçonneur

CONSEIL PRATIQUE

Utiliser les connecteurs à épissure

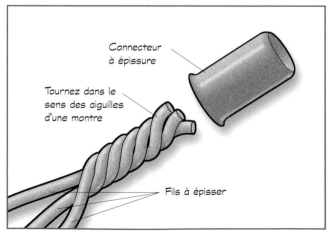

Connecteur à épissure

Tournez dans le sens des aiguilles d'une montre

Fils à épisser

Torsadez les fils à épisser dans le sens des aiguilles d'une montre, ensuite coupez les bouts uniformément.

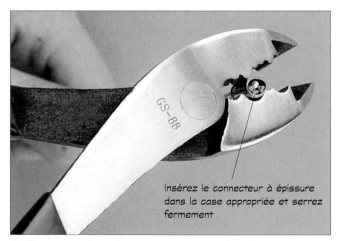

GS-88

Insérez le connecteur à épissure dans la case appropriée et serrez fermement

Utilisez une pince à serrer pour comprimer le connecteur à épissure autour des fils toronnés.

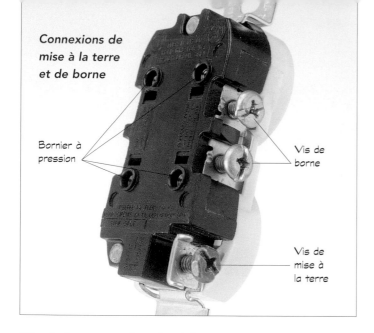

Connexions de mise à la terre et de borne

Bornier à pression

Vis de borne

Vis de mise à la terre

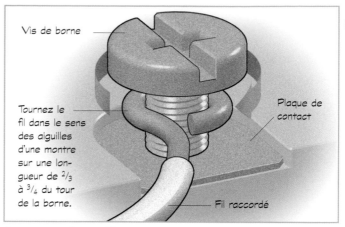

Vis de borne

Tournez le fil dans le sens des aiguilles d'une montre sur une longueur de ²/₃ à ³/₄ du tour de la borne.

Plaque de contact

Fil raccordé

Pour raccorder un fil correctement, dénudez le fil pour ensuite le tourner dans le sens des aiguilles d'une montre sur les deux tiers de la distance autour de la vis de borne. Serrez la vis jusqu'à ce que le fil soit fermement en contact avec la plaque de contact.

Vis de borne et de mise à la terre. Les vis de borne et de mise à la terre jouent le rôle d'outils, assurant une connexion sûre des conducteurs de phase et de mise à la terre. Les fils de mise à la terre doivent être raccordés à la vis de mise à la terre de la boîte électrique pour permettre la continuité du circuit de mise à la terre.

Les vis de borne permettent de raccorder les fils aux prises, interrupteurs et autres appareils électriques. Elles sont généralement codées par couleur ou par matériau pour éviter les erreurs de câblage. Les vis de couleur laiton indiquent des bornes pour conducteurs de phase, les vis blanches ou argent indiquent le neutre et la vis de mise à la terre est de couleur verte. Par exemple, sur un interrupteur à trois voies, une vis de couleur foncée indique la borne commune entre une paire d'interrupteurs. Le fil raccordé ne devrait être relocalisé sur aucune des deux autres bornes de couleur pâle. Toutes les connexions devraient être faites selon les prescriptions du Code de l'électricité.

Certains appareils ont des bornes de connexion qui permettent d'insérer un fil dans un orifice au lieu de le tourner autour d'une vis. Dans cette sorte de connexion, le fil nu doit être complètement inséré dans l'orifice. La partie nue du conducteur ne devrait pas être exposée. Cette sorte de connexion sans vis ne peut être faite qu'avec du fil en cuivre de calibre 14. Ces connexions peuvent présenter des problèmes et ne sont pas recommandées. Dans la mesure du possible, utilisez les bornes à vis.

Écran à fils. Même à la fin des travaux, le câblage peut être sujet à endommagement accidentel. Il est difficile de déterminer la localisation exacte du câblage dissimulé dans les murs. Une personne posant un clou dans un montant mural pourrait accidentellement toucher un conducteur sous tension et recevoir un choc mortel. Pour cette raison, lorsque le câblage acheminé dans des éléments de structure est sujet à la pénétration par des clous ou des vis, des écrans à fils doivent être installés sur les extrémités des montants au niveau du câblage (voir l'illustration, page 81). Si un clou frappe l'écran, l'impact se fera sentir et le clou sera dévié du câblage.

Brosse métallique et pâte antioxydante. Une brosse métallique peut être utilisée pour enlever la corrosion ou simplement nettoyer les fils. Le câblage en aluminium devrait être traité avec une pâte antioxydante pour empêcher la récurrence de la corrosion.

Ruban électrique. Le ruban électrique peut être utilisé pour les épissures ou connexions d'urgence, pour codifier les conducteurs de circuit et pour attacher les fils au câble de tirage. Il est sécuritaire d'appliquer du ruban électrique sur les bornes de côté d'une prise avant d'insérer la prise dans une boîte électrique.

Brosse métallique et pâte antioxydante

Écran à fils

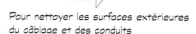

Pour nettoyer les surfaces extérieures du câblage et des conduits

Ruban électrique

Conduits et accessoires. Les tubes, ou conduits, de métal sont généralement utilisés pour protéger le câblage de l'endommagement et de l'humidité dans les endroits exposés, tels l'extérieur ou les sous-sols. Par contre, si le conduit est exposé à des conditions atmosphériques sévères, il devra être à l'épreuve de la corrosion. Il y a cinq sortes de conduits métalliques : TEM (tube électrique métallique), le conduit similaire CMI (conduit métallique intermédiaire), non montré, le conduit métallique rigide, le conduit métallique flexible recouvert de CPV anti-liquide, non montré, et le conduit métallique flexible hélicoïdal. Il y a aussi deux sortes de conduits non métalliques utilisés dans la construction électrique résidentielle, soit le tube non métallique (TNM) et le conduit rigide non métallique (cédule 40). Ces derniers sont fabriqués de chlorure de polyvinyle (CPV). Les diamètres de conduit permis par le Code vont d'un minimum de $^1/_2$ pouce à un maximum de 6 pouces, selon le type et l'utilisation du conduit. Similairement à la tuyauterie d'eau, plusieurs accessoires sont disponibles pour les interconnexions, incluant des coudes, des couplages, des connecteurs à vis et à compression, des corps de conduit et des supports à tuyau. Toujours vérifier les normes locales et les prescriptions du Code avant d'effectuer un travail électrique impliquant des conduits. Il faut noter, par exemple, que les épissures ne sont pas permises à l'intérieur des conduits ; seulement dans les boîtes électriques ou autres endroits accessibles. Il y a aussi une limite à la quantité et au calibre des fils installés dans les conduits. Le tableau à droite, par exemple, indique le nombre maximum de conducteurs permis dans les tubes électriques métalliques.

Les conduits sont utilisés pour protéger le câblage aux endroits susceptibles d'endommagement, tels une pièce du sous-sol ou à l'extérieur. Les articles ci-dessus représentent plusieurs accessoires utilisés pour prolonger et attacher les conduits, et pour protéger le câblage lors d'un changement de direction dans les conduits.

Quantité de fils dans les tubes électriques métalliques (TEM)

Type de fil	Calibre	Quantité maximum de fils permise dans les TEM				
		$^1/_2$ pouce	$^3/_4$ pouce	1 pouce	1 $^1/_4$ pouce	1 $^1/_2$ pouce
TW	14	8	15	25	43	58
	12	6	11	19	33	45
	10	5	8	14	24	33
	8	2	5	8	13	18
THW THHW THW-2	14	8	15	25	43	58
	12	6	11	19	33	45
	10	5	8	14	24	33
	8	2	5	8	13	18
THHN THWN	6	2	4	7	12	16
	4	1	2	4	7	10
	3	1	1	3	6	8
	2	1	1	3	5	7
	1	1	1	1	4	5

Le Code de l'électricité limite la quantité totale de fils de même calibre dans un conduit. *(Se référer aux tableaux du Code de l'électricité.)*

Localiser, mesurer et marquer

Détecteur électronique de montants. Un détecteur électronique de montants est utile pour localiser la structure de bois à l'intérieur d'un mur. Localiser les éléments de structure facilite la planification de la pose du câblage et permet de s'assurer que les attaches utilisées seront fixées dans le bois, et non seulement dans les panneaux de gypse. Connaître l'emplacement des montants de bois vous permettra de percer et de découper les trous aux bons endroits, et de savoir quand la structure interférera avec l'emplacement prévu des boîtes électriques. Un détecteur de montants peut aussi être utilisé pour localiser de la tuyauterie cachée et le câblage existant.

Ruban à mesurer. Un ruban à mesurer de 30 pieds de qualité industrielle est adéquat pour la plupart des travaux d'intérieur, que ce soit pour mesurer la longueur d'un circuit ou déterminer les dimensions d'une pièce.

Calculatrice de distances. Une calculatrice de distances électronique ultramoderne mesure les distances entre les murs en utilisant le son. Les dimensions ainsi trouvées peuvent servir à calculer les besoins en énergie.

Crayons/marqueur à l'encre. Un crayon de graphite n° 2, aussi appelé crayon de menuisier, est utile pour marquer des distances précises de toutes sortes sur toutes sortes de matériaux tels montants de bois, panneaux de gypse ou autres surfaces similaires. Un marqueur bleu ou noir de taille moyenne ou un crayon gras peut être utilisé pour les surfaces résistantes aux crayons de graphite. Les marqueurs sont pratiques pour étiqueter le câblage et les circuits pour éviter des erreurs dangereuses. Pour un travail électrique bien fait, il est très important de mettre hors tension le disjoncteur du circuit en cause et de raccorder les bons conducteurs.

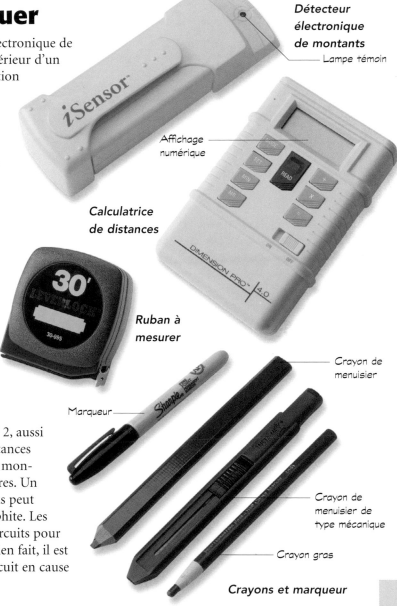

Détecteur
électronique
de montants

Lampe témoin

Affichage
numérique

Calculatrice
de distances

Ruban à
mesurer

Crayon de
menuisier

Marqueur

Crayon de
menuisier de
type mécanique

Crayon gras

Crayons et marqueur

Trouer, couper et frapper

Ciseaux à bois et à maçonnerie. Un ciseau à bois peut être utilisé pour entailler la face extérieure d'une planche ou un montant de bois pour permettre de passer le câblage entre un plafond et un mur ou le long d'un mur. Un ciseau à froid est efficace pour entailler, tailler et poinçonner des trous dans la maçonnerie, bien qu'une perceuse étoile soit plus utile pour faire des trous. Une perceuse étoile est un ciseau en acier trempé avec une pointe en forme d'étoile. C'est un outil à impact pouvant être utilisé avec une masse portative pour poinçonner des trous dans des blocs de béton ou d'autres types de maçonnerie.

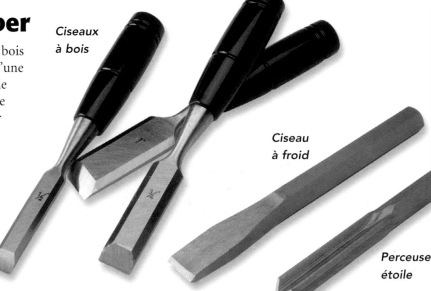

Ciseaux
à bois

Ciseau
à froid

Perceuse
étoile

Perceuse sans fil. Il est essentiel que la perceuse utilisée soit assez puissante et ait assez de couple pour percer des trous de câblage dans les montants de bois. Même une tâche simple comme installer une vis dans le bois peut être facilitée en pré-perçant les trous de vis. Si vous utilisez une perceuse de base avec un cordon, il est préférable de la brancher dans un circuit muni d'un dispositif de protection contre les fautes à la terre. Une perceuse sans fil est plus sécuritaire et plus pratique. Les perceuses portatives disponibles aujourd'hui sont assez puissantes pour la plupart des travaux électriques envisagés, et elles réduisent le risque associé aux outils avec des cordons d'alimentation tirés dans des endroits mouillés. Elles sont aussi très utiles pour le travail effectué en haut d'une échelle. Il peut être à la fois difficile et dangereux de tirer jusqu'en haut d'une échelle une perceuse à cordon rattachée à une longue rallonge. Le cordon peut être dans les jambes, enfarger l'utilisateur ou s'accrocher sur quelque chose. La connexion entre la prise et la fiche peut se défaire. Garder son équilibre pour percer un trou tout en s'accrochant à une échelle et en tenant une perceuse et une rallonge simultanément peut s'avérer très difficile, voire impossible. Une bonne solution est d'acheter une perceuse avec une ganse incorporée au manche, laquelle pourra être bouclée autour d'un crochet fixé à l'échelle. Cela libérera vos deux mains pour vous permettre de faire votre travail.

Acheter une perceuse portative d'un minimum de 12 volts avec une pile supplémentaire et un chargeur facilitera votre travail. Ces perceuses sont disponibles en deux grosseurs de mèches normalisées, soit $3/8$ de pouce et $1/2$ pouce. La perceuse de $1/2$ pouce est un meilleur choix, parce qu'elle permet de faire des trous d'un plus grand diamètre et qu'elle peut utiliser à la fois des grandes et des petites mèches.

Mèches de perceuse. Que vous utilisiez une perceuse portative ou une perceuse à cordon, il est pratique d'avoir une grande variété de mèches. Une mèche à maçonnerie est requise pour percer un trou pour un conduit dans un mur en béton ou en blocs de béton. (Il sera peut-être requis de louer une perceuse marteau.) Une mèche de type Forstner ou en forme de bêche est commode pour percer des trous dans des montants de mur en bois pour permettre de tirer les fils. Pour les espaces difficiles à atteindre, des rallonges spéciales flexibles pour perceuses sont disponibles.

Scies emporte-pièce. Un ensemble de scies emporte-pièce (accessoires coupe-trous) pour votre perceuse facilitera le travail de couper les trous pour le câblage ou les conduits. Les scies emporte-pièce sont aussi disponibles avec pointes en carbure, lesquelles restent acérées lors des usages extrêmes.

Perceuse sans fil

Mèche de Forstner

Mèche à maçonnerie

Mèche en acier à haute vitesse

Mèche en forme de bêche

Mèches flexibles

Scies emporte-pièce
Le mandrin et la mèche sont déboulonnés pour permettre l'utilisation avec les autres mèches

Chargeurs à piles

Les outils portatifs à piles sont plus sécuritaires et plus pratiques que les outils à cordon usuels. Les outils portatifs récents ont plus de couple et de puissance leur permettant d'accomplir la plupart des tâches. Grace à ces outils, il n'est plus requis d'avoir une prise toujours disponible ou de s'en faire avec le calibre du cordon de rallonge.

Les outils spécialisés à piles, des tournevis et scies circulaires aux scies alternatives et perceuses, sont devenus de plus en plus populaires et disponibles. Il est évident qu'un chargeur à piles de qualité est requis dans la trousse d'outils d'un bricoleur.

Pile et chargeur

Scie alternative portative. Une scie alternative peut couper la plupart des matériaux, incluant le bois et le métal. Les modèles portatifs sont idéaux pour effectuer du travail électrique sécuritaire sans avoir à traîner un cordon derrière soi. Il est important d'adapter la lame à utiliser au matériau à couper.

Marteau d'électricien. Un marteau d'électricien diffère des marteaux conventionnels à pannes incurvées sur quatre points importants. Premièrement, le manche est fabriqué en fibre de verre pour protéger contre les chocs électriques ; deuxièmement, la tête est plus étroite et plus longue pour un accès plus facile ; troisièmement, les pannes incurvées sont plus plates et plus longues telles celles d'un marteau d'arrachement ; et quatrièmement, la tête est conçue pour ne pas causer d'étincelles.

Perçoir à pastilles. Pour enlever les pastilles des boîtes électriques, il est possible d'utiliser une pince à serrer, mais un perçoir à pastilles est conçu spécifiquement pour les enlever proprement. Un modèle industriel vous permettra de faire des trous dans des feuilles de métal épaisses, dans l'acier inoxydable, le plastique, la fibre de verre et autres matériaux similaires.

Scie passe-partout et couteau. Les scies passe-partout et les couteaux universels sont idéaux pour couper dans ou à travers les panneaux de gypse. Un couteau universel pourra être utilisé pour couper dans un panneau de gypse pour atteindre les montants de bois devant être entaillés pour le passage du câblage.

Scie alternative

Marteau d'électricien

Manche isolé

Tête pare-étincelles allongée

Bord tranchant pour percer les trous

Perçoir à pastilles

Scie passe-partout et couteau universel

Travailler avec les conduits

Plieur manuel à conduits. Un plieur manuel à tuyaux et conduits permet de plier les conduits de métal doucement et efficacement. Un plieur à conduits peut être utilisé manuellement ou par pression du pied pour obtenir des coudes de 10, 22 $\frac{1}{2}$, 30, 45, 60 ou 90 degrés, tel qu'indiqué sur l'outil. Cet outil est essentiel pour faire des pliages de selle, des moignons et des coudes dos à dos, ainsi que pour faire des coudes simples vers le haut ou vers le bas, le tout avec précision et sans endommager le conduit.

Scie à métaux. Une scie à métaux sera requise pour couper les tuyaux de métal et les câbles à armure de métal. La quantité de dents de la lame détermine l'épaisseur du métal pouvant être coupé. De façon générale, les métaux plus épais requièrent des lames à dents plus rugueuses. Une vis papillon sur le manche de la scie à métaux permet d'enlever la lame ou d'ajuster l'angle de coupe ou la rigidité.

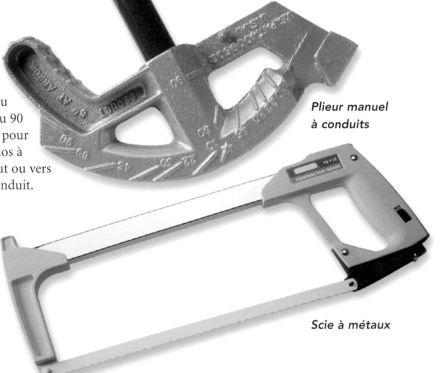

Plieur manuel à conduits

Scie à métaux

Connecteurs à conduits. Des connecteurs spéciaux sont requis pour assurer la sécurité des conduits aux points de jonction et de connexion.

*Ci-dessous des exemples de connecteurs pour des conduits métalliques rigides et intermédiaires. **A.** Couplage droit à compression. **B.** Compression droite pour le béton. **C.** Compression droite avec bout isolé. **D.** Pour le béton avec vis de positionnement. **E.** Vis de positionnement avec bout isolé.*

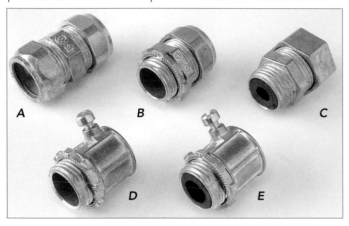

Pinces et clés

Clé combinée

Clé à bouts ouverts

Pince multiprises

Clé à molette

Pince-étau

Pinces et clés. Tel les tuyaux de plomberie, plusieurs des connecteurs à conduits sont des joints à compression. Des pinces et clés ajustables seront requises pour bien fixer ces connexions.

Tester les circuits

Testeur de circuit à lampe néon. Servez-vous des deux sondes du testeur pour vérifier la présence de courant dans un circuit. La lampe s'allumera si le circuit est sous tension. Il peut aussi être utilisé pour s'assurer que le circuit est hors tension avant de commencer à y travailler.

Vérificateur de prise. Le vérificateur de prise sert à identifier les erreurs dans le câblage des prises. Insérer l'appareil dans la prise à vérifier et prendre en note le motif des trois lumières sur le vérificateur. Des combinaisons différentes de lumières allumées ou éteintes indiquent un problème spécifique, tel des conducteurs de phase et de neutre inversés.

Multimètre. Un multimètre numérique ou analogique est requis pour prendre des mesures de courant et de tension, et pour vérifier la continuité et la résistance dans les interrupteurs, les appareils, les transformateurs à basse tension et autres équipement électriques.

Vérificateur de continuité. Un vérificateur de continuité est actionné par sa propre pile et est utilisé pour générer un courant électrique à travers une pince attachée à l'appareil. Il ne doit être utilisé que lorsque le circuit est mis hors tension. Cet appareil est utile

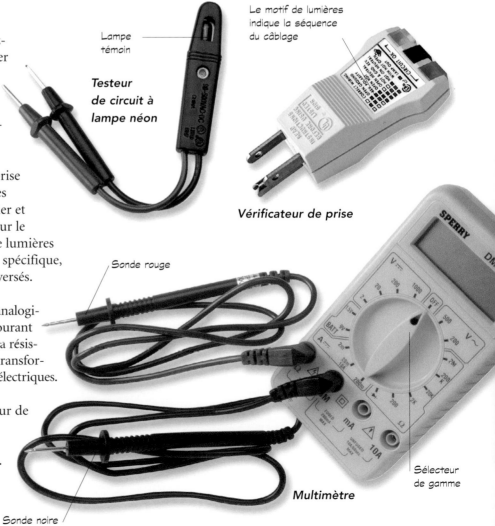

Lampe témoin

Testeur de circuit à lampe néon

Le motif de lumières indique la séquence du câblage

Vérificateur de prise

Sonde rouge

Sélecteur de gamme

Multimètre

Sonde noire

pour déterminer si un fusible cartouche a sauté. Pour l'utiliser, positionnez la pince et la sonde de l'appareil sur des côtés opposés du fusible. Une lampe allumée indique un fusible fonctionnel, et une lampe fermée indique que le fusible a sauté et doit être remplacé. Ce testeur peut aussi être utilisé pour détecter des erreurs et des interruptions de courant dans les interrupteurs et autres équipements électriques.

Vérificateur de circuit à basse tension. Un vérificateur de circuit à basse tension est similaire au testeur de circuit à lampe néon, mais il est limité à la vérification des circuits de moins de 50 volts, tels carillons, transformateurs, lampes à basse tension et prises, etc.

Testeur à ligne téléphonique. Utilisez un testeur à ligne téléphonique pour résoudre des problèmes de câblage téléphonique conventionnel. Un testeur à ligne téléphonique possède une prise de téléphone d'un côté et une diode lumineuse de l'autre. Certains testeurs sont disponibles avec un dénudeur permettant de dégainer le câblage en plus de le tester. Brancher le testeur dans une prise modulaire permet de vérifier si le câblage du circuit est inversé, mal serré ou déconnecté. Le testeur peut aussi être utilisé pour vérifier le fonctionnement et la présence de tonalité de votre appareil téléphonique.

Vérificateur de continuité

Ne jamais attacher à un circuit sous tension

Renversez cette pince pour les touches de contrôle

Vérificateur de circuit à basse tension

Testeur à ligne téléphonique

Lampe témoin

Sécurité

Gants d'électricien. Utilisez des gants isolés d'électricien pour les travaux électriques, et non des gants de travail ordinaires. Certains gants à haute tension peuvent protéger l'utilisateur jusqu'à une tension de 20 000 volts, et les gants à basse tension sont adéquats jusqu'à 1 000 volts.

Lunettes de sécurité. Portez toujours des lunettes de sécurité pour faire des travaux d'électricité. Une étincelle volante ou un morceau de fil coupé pourrait brûler ou égratigner vos yeux. Il est important de porter des lunettes de sûreté lorsqu'on utilise une perceuse au-dessus de sa tête pour empêcher les débris de tomber dans les yeux. Assurez-vous que les bras des lunettes sont extensibles pour un meilleur ajustement autour des oreilles.

Rallonges. Il ne faudrait jamais brancher un outil électrique dans un circuit sans protection de faute à la terre. Une rallonge protégée par un GFCI pourrait vous sauver la vie. Ce dispositif peut vous sauver la vie si une défaillance de l'outil cause un court-circuit pendant que vous l'utilisez. Il ne faut jamais croire que la prise dans laquelle vous êtes branché est protégée par un GFCI. Une rallonge de 3 pieds portative avec une protection par GFCI intégrée est idéale. Elles sont offertes par la plupart des distributeurs et détaillants électriques. Utilisez au minimum une rallonge de qualité industrielle de calibre 12 pour permettre la maximum de tension à vos outils, ce qui prolonge leur vie utile. Les rallonges de calibre inférieur peuvent présenter des risques d'incendie.

CONSEIL PRATIQUE
Utiliser les échelles

Toujours utiliser des échelles non conductrices en bois ou en fibre de verre. Les échelles en aluminium peuvent vite devenir un cauchemar d'électricien. Il faut être isolé de la terre en cas d'une coupure dans un fil sous tension, et non y rester connecté. Pour ajouter à la protection d'isolant, toujours porter des souliers avec semelles en caoutchouc et des gants d'électricien. En cas de doute sur la solidité de la base d'une échelle, insérez des piquets au sol pour la renforcer. Il est très important de garder son équilibre lorsqu'on travaille dans une échelle. Ne jamais se pencher trop à droite ou à gauche ni travailler à un angle difficile.

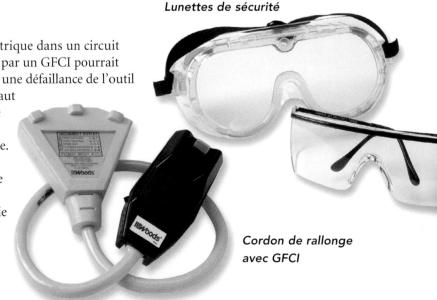

Lunettes de sécurité

Cordon de rallonge avec GFCI

Chapitre 3

Matériaux et équipement

Avoir les bons outils pour effectuer le travail électrique ne vous prépare qu'à moitié. Il faut aussi avoir les bons matériaux et équipement. Chaque prescription du Code doit être prudemment considérée avant même de commencer à acheter les matériaux. Planifiez méticuleusement le travail à effectuer et dressez une liste des articles à acheter, que ce soit le panneau de service, les boîtes électriques ou les prises, interrupteurs et appareils. En premier, déterminez quels appareils doivent être installés et leur puissance requise. Ensuite, vous pouvez décider la quantité et la sorte de câblage requis, le calibre et la quantité de disjoncteurs, l'utilisation des conduits ou des câbles, ainsi que les accessoires et menus accessoires tels connecteurs, attaches, etc. Identifier chaque article à l'avance épargne temps et argent, et évite des efforts inutiles.

Fils et câbles
Types et désignations

Techniquement, le matériau métallique à travers lequel le courant circule est appelé « conducteur ». Le terme « fil » est généralement utilisé. Un conducteur est classé comme nu ou isolé, tressé ou solide, simple ou multiple, gainé dans un câble ou recouvert dans un cordon isolé. Les fils utilisés pour le travail résidentiel sont fabriqués d'un matériau conducteur solide tel le cuivre, et sont recouverts et protégés par un isolant en plastique. Les fils peuvent être achetés en longueurs au choix ou dans des ensembles de longueurs pré-coupées. Les câbles sont généralement formés de deux fils isolés ou plus enveloppés ensemble dans une gaine protectrice en plastique. Si le câble comprend un conducteur de mise à la terre, celui-ci peut être en cuivre isolé, nu ou recouvert. Les câbles sont communément vendus en longueurs pré-coupées. Les fils tressés sont habituellement recouverts d'une gaine isolante appelée cordon. Les cordons flexibles peuvent être vendus pré-coupés mais sont généralement disponibles en longueurs au choix. Que ce soit en longueurs au choix ou en emballages pré-coupés, les conducteurs sont vendus au prix par pied linéaire.

Dans le passé, en plus du câblage de cuivre, les conducteurs d'aluminium et en acier cuivré pouvaient être utilisés. Il ne faut jamais utiliser le type de câblage déjà installé dans la résidence pour faire des améliorations électriques. Pour vérifier le type de câblage existant, lisez la désignation du câble sur la gaine des conducteurs de l'entrée de service au panneau principal. Il faut avoir un plan précis du circuit à vérifier. Un code abrévié inscrit sur la gaine identifie la tension, le type de fil ou de câble, et le calibre du fil selon la charte de « American Wire Gauge » (AWG) (voir tableau « Calibres de conducteurs », page 10).

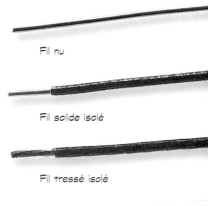

Fil nu

Fil solide isolé

Fil tressé isolé

Câble isolé à gaine non métallique (NM)

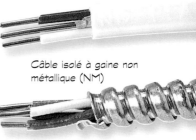

Il y a différentes sortes de fils : nu ou isolé, solide ou tressé, simple ou multiple, gainé de plastique ou de métal. Chaque sorte a un usage spécifique.

Câble isolé armé (AC)

Calibre   Quantité de fils   Étiquette de mise à la terre   Type   Cote de tension   Inscription ULC

L'identification sur la gaine d'un câble comprend le calibre et la quantité de fils dans le câble, la certification ULC, la cote de tension et l'indication de présence d'un conducteur de mise à la terre.

Prenons par exemple la désignation suivante : 14/3 WITH GROUND, TYPE NM-B, 600 volts (UL). Le premier nombre indique que les fils isolés dans le câble sont de calibre 14 (AWG). Le second nombre indique que le câble est formé de trois fils. « With ground » indique qu'un quatrième fil en cuivre, soit isolé soit nu, est incorporé dans le câble pour assurer la mise à la terre. Ce peut aussi être indiqué par l'inscription d'un « G » à la suite du nombre de fils. « Type NM-B » indique que le fil est prévu pour un fonctionnement à 90 degrés Celsius (194 degrés Fahrenheit) et est pourvu d'une gaine non métallique (en plastique). Ensuite, l'indication 600 volts désigne la tension maximale pouvant être appliquée au câble. Finalement, la certification ULC assure que le câble est sûr pour l'usage auquel il est destiné.

Calibres de fils. Les types de fils les plus utilisés dans la construction résidentielle sont les conducteurs en cuivre de calibre 14, 12 et 10. Encore une fois, le terme fil désigne un seul conducteur. Les fils à l'intérieur d'un même câble seront tous du même calibre. Le système de normalisation AWG codifie en nombre entier le diamètre du fil. Plus petit est le nombre, plus grand est le diamètre et la capacité du fil à porter le courant. Considérant que les recommandations indiquées s'appliquent aux fils en cuivre, la désignation AWG doit être vérifiée pour les fils en aluminium ou en acier cuivré en fonction des chartes applicables (les fils de calibres 12 et 10 en aluminium et en acier cuivré ne sont plus fabriqués ou disponibles).

Préoccupations au sujet de l'aluminium. Il faut être extrêmement prudent lors de l'utilisation du câblage en aluminium. Bien qu'il soit d'usage courant dans les appareils électroménagers, le câblage en aluminium requiert une attention spéciale lors de l'utilisation avec les interrupteurs et les prises. Ne jamais utiliser du câblage en aluminium lorsque du câblage en cuivre est requis ou indiqué. Si le câblage en aluminium est utilisé dans un appareil prévu pour le câblage en cuivre, le fil prendra de l'expansion lorsqu'il chauffera et se contractera lorsqu'il se refroidira, causant éventuellement un desserrement des connexions aux vis des borniers. Cela engendrera une situation dangereuse et pourra causer un incendie. Si le système électrique de votre résidence est à base de cuivre, ne jamais utiliser de câblage d'aluminium pour des réparations ou des ajouts. Continuez l'utilisation de câblage en cuivre. S'il y a du câblage en aluminium, assurez-vous que les prises et

les interrupteurs sont identifiés CO/ALR (prévus pour les raccordement à l'aluminium). Remplacez les prises et les interrupteurs ne portant pas cette identification. De plus, portez une attention particulière aux conducteurs solides en aluminium. Ceux-ci ont tendance à se briser facilement. Ne jamais utiliser les connecteurs à poussoir dans les prises et les interrupteurs avec le câblage en aluminium. Le câblage en aluminium doit toujours être utilisé avec des connecteurs à vis. Prenez note que des connecteurs à pincer et à torsader approuvés ULC peuvent être utilisés spécifiquement pour les connexions cuivre-aluminium. Ces dispositifs sont recommandés par l'Agence de la sécurité des produits de consommation.

Le câblage en aluminium est quelquefois utilisé comme conducteur d'entrée de service et pour les gros électroménagers tels cuisinières électriques et chaudières. Si des câbles tressés en aluminium de gros calibre sont utilisés, les bouts doivent être enduits d'un composé anti-corrosif (voir le Code de l'électricité).

Capacité de la connexion

Ne raccorder le câblage d'aluminium qu'aux prises et interrupteurs approuvés pour cet usage et clairement identifiés par les lettres CO/ALR.

Code de couleurs

En plus de l'identification sur la gaine isolante, les fils sont codés par couleur. Les fils noirs, rouges, bleus et jaunes sont toujours sous tension. Les fils blancs et gris sont généralement des conducteurs de neutre (mis à la terre), sauf exceptions ci-dessous. Les fils de couleur verte sont utilisés seulement pour la mise à la terre. Les conducteurs de mise à la terre peuvent être soit isolés soit en cuivre nu. Une exception : lorsqu'un fil blanc est combiné avec un fil noir dans un câble à deux fils, le fil blanc peut être utilisé comme conducteur sous tension dans une boucle d'interrupteur ou pour le raccordement d'une prise simple d'un appareil fonctionnant à 240 volts. Dans ce cas, les bouts visibles du fil blanc doivent être identifiés comme conducteurs sous tension en les

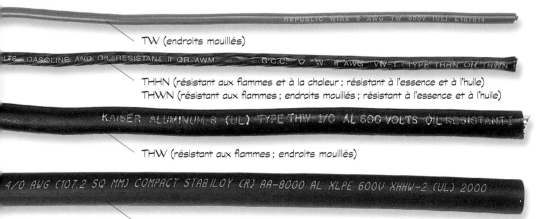

TW (endroits mouillés)

THHN (résistant aux flammes et à la chaleur ; résistant à l'essence et à l'huile)
THWN (résistant aux flammes ; endroits mouillés ; résistant à l'essence et à l'huile)

THW (résistant aux flammes ; endroits mouillés)

XHHW (entrée de service ; résistant aux flammes et à la chaleur ; endroits mouillés)

L'isolant des fils est classé en catégories, chacune ayant une température maximale et une cote de courant admissible spécifique.

3 Matériaux et équipement

enveloppant de ruban électrique de couleur noire. Les câbles à deux fils ont un fil de couleur noire et un autre de couleur blanche, les câbles à trois fils se composent de fils blanc, noir et rouge, les câbles à quatre fils ont des fils de couleurs noir, blanc, rouge et bleu, et les câbles à cinq fils ont les couleurs blanc, noir, rouge, bleu et jaune.

Les vis de bornier sont aussi codées par couleur. Les conducteurs de neutre sont généralement raccordés aux vis de couleur argent ou blanc, les conducteurs de mise à la terre ou de mise à la masse aux vis de couleur verte (assurant une continuité de la mise à la terre), et les conducteurs de phase aux vis en laiton ou en cuivre. Le conducteur commun d'un interrupteur à trois voies est raccordé à la vis au fini foncé.

Catégories d'isolant

Le câblage est disponible dans une grande variété d'isolants. Le câblage doit être sélectionné avec un isolant approprié pour l'utilisation prévue et l'emplacement de l'installation. Avant de procéder aux travaux, assurez-vous toujours que les matériaux utilisés sont conformes aux prescriptions des codes applicables. Les types d'isolants les plus utilisés en construction résidentielle sont identifiés THN, THW et THWN. La lettre T signifie câble à gaine thermoplastique. Cette sorte de câble est la plus utilisée en construction résidentielle. La lettre H signifie que le câble est résistant à la chaleur. La lettre H doublée signifie que le câble peut être utilisé à plus haute température (jusqu'à 194 degrés Fahrenheit) que le câble identifié avec un H simple. La lettre W signifie que le câble peut être utilisé dans les endroits secs, humides ou mouillés. La lettre N (pour nylon) dénote que le câble est conçu pour résister à l'essence et à l'huile.

Types de fils. Les fils de type THHN possèdent un isolant résistant à la chaleur et aux flammes, approuvé pour utilisation dans les endroits secs et humides. L'absence de la lettre W indique que ce type de câblage ne peut être utilisé dans les endroits mouillés. À cause de sa minceur, il est possible d'insérer plus de fils avec isolant en nylon de type THHN dans un conduit. Les fils de type THW sont résistants aux flammes, à la chaleur et à l'humidité. Les fils de type THWN résistent à l'essence et à l'huile. Les fils de types THW et THWN peuvent être utilisés dans les endroits secs, humides ou mouillés. Ils sont souvent utilisés en remplacement des fils de type THHN installé dans un conduit. Un

autre type de fils, le XHHW, est souvent utilisé comme câble d'entrée de service au lieu du câble de type THWN dans les endroits mouillés. La lettre X indique que l'isolant du fil est fabriqué de polymère synthétique résistant aux flammes. Il peut être utilisé dans les endroits secs, humides ou mouillés.

Isolants de gaines de câble. Les circuits intérieurs d'une résidence sont généralement faits d'un câble non métallique (NM), composé de fils dans une gaine de plastique identifiée pour l'usage spécifique mentionné. Cette sorte de câble est souvent connue sous sa marque de commerce, Romex. Le câble de type NM contient des fils isolés de neutre et de phase, et un fil nu de mise à la terre. Il ne peut être utilisé que dans les endroits secs. Chaque fil est recouvert individuellement d'un isolant en plastique, codifié par couleur selon le type de fil. Encore une fois, les conducteurs de phase sont généralement recouvert d'un isolant de couleur noire et les conducteurs neutres d'un isolant blanc. Si le fil de mise à la terre est isolé, il sera recouvert d'un isolant de couleur verte. S'il est nu, il sera recouvert de papier.

Les fils d'un câble de type NM généralement utilisés pour les prises, les appareils d'éclairage et les circuits des petits électroménagers sont de calibre 12/2 ou 14/2. Un circuit de 20 ampères devra être fait d'un câble de calibre 12/2. Les circuits pour les appareils électroménagers plus puissants devront être composés de câbles de plus gros calibres. Une sécheuse à linge requiert un câble de calibre 10/3, tandis qu'un câble de calibre 6/3 doit être utilisé pour le raccordement d'une cuisinière électrique de 60 ampères. Se référer au tableau « Puissances et circuits types de l'appareillage électrique résidentiel » à la page 44 pour déterminer les besoins électriques d'appareils électroménagers courants.

Si un câble porte l'identification UF (câble d'artère souterraine et de branchement), il peut être utilisé dans les endroit mouillés et être enfoui directement dans le sol. Dans certains cas, le câble de type UF peut être utilisé à la place de l'ensemble câblage et conduit, et est approuvé pour l'installation intérieure à la place du câble de type NM. Vérifiez les prescriptions des codes applicables. La caractéristique prédominante de cette sorte de câble est que les fils individuels sont recouverts de plastique solide résistant à l'eau.

Puissances et circuits types de l'appareillage électrique résidentiel

Appareil	Volt/ampères	Volts	Calibre/Qté de fils	Disjoncteur ou fusible (ampères)
Broyeur à déchets	300	115	14 ou 12/2	15 ou 20
Chaudière à air forcé	600	115	14 ou 12/2	15 ou 20
Chauffage d'appoint	1 300	115	12/2	20
Climatiseur central	5 000	115/230	10/3	30
Climatiseur de pièce	1 200	115	14 ou 12/2	15 ou 20
Congélateur	350	115	14 ou 12/2	15 ou 20
Cuisinière	12 000	115/230	6/3	60
Dessus de cuisinière	6 000	115/230	10/3	30
Éclairage encastré	1 200	115	14 ou 12/2	15 ou 20
Établi	1 500	115	12/2	20
Fer à repasser	1 650	115	14 ou 12/2	15 ou 20
Four encastré	4 500	115/230	10/3	30
Gril	1 500	115	12/2	20
Laveuse	1 200	115	12/2	20
Lave-vaisselle	1 200	115	12/2	20
Pompe de puisard	300	115	14 ou 12/2	15 ou 20
Réfrigérateur	300	115	14 ou 12/2	15 ou 20
Sécheuse à linge	5 000	115/230	10/3	30
Téléviseur	300	115	14 ou 12/2	15 ou 20
Ventilateur de grenier	300	115	12/2	20

Lorsque disponible, toujours utiliser l'information électrique exacte des équipements. De façon générale, les gros appareils installés en permanence devraient être raccordés sur des circuits dédiés. Vérifiez les fiches techniques des fabricants pour déterminer les types de circuits et de connexions recommandées d'un appareil avant de procéder à l'installation et au raccordement électrique.

Isolant de cordon. Le câblage désigné sous le nom de cordon diffère de l'appellation « câble ». Les fils gainés dans un cordon sont de type tressé. Cette gaine est généralement composée d'un isolant en plastique, en caoutchouc ou en tissu. Par exemple, les cordons de type Zip contiennent deux fils, généralement de calibre 18, enrobés d'isolant synthétique, de néoprène ou de caoutchouc. Une bande mince d'isolant entre les fils les retient ensemble. Les fils peuvent facilement être séparés en les tirant ou en les « zippant ». Ce type de cordon est utilisé pour les lampes, les petits appareils, et autres fils ayant une prise ou un fiche attachée à une ou aux deux extrémités. Parce que les cordons flexibles sont fabriqués de fils de petit calibre, il ne faut jamais les utiliser pour raccorder les appareils branchés en permanence.

Courant admissible de câblage

Il faut considérer le courant admissible du fil lors de sa sélection. Il s'agit de la quantité de courant pouvant être

CONSEIL PRATIQUE

Estimation du câblage

Pour estimer la longueur de câblage requise pour un projet particulier, mesurez la distance entre le nouvel interrupteur, prise ou boîte de raccordement et le panneau principal. Compensez pour les bifurcations et les courbes. Ajouter 1 pied pour chaque connexion à faire et ajoutez 20 pour cent au total de la distance obtenue pour la perte. Par exemple, on mesure 13 pieds d'une prise existante à une nouvelle prise, on ajoute 1 pied pour chaque connexion, pour un total de 15 pieds. À cette distance, on ajoute 20 pour cent, ou 3 pieds, pour une longueur totale requise de 18 pieds.

Épissures

Selon le Code de l'électricité, toutes les épissures doivent être effectuées dans un endroit fermé tel un interrupteur, une prise, un appareil ou une boîte électrique. Pour faire une épissure, commencez par enlever l'isolant du bout des fils. Bien qu'un couteau universel puisse être utilisé pour cet usage, il est possible qu'il encoche le fil. Plutôt, utilisez un dénudeur de fil ou un outil multifonctionnel. Un dénudeur de fil peut être manuel ou automatique (voir « Dénuder et serrer les fils », page 29). Un dénudeur manuel requiert que l'on coupe l'isolant sans couper le fil, pour ensuite enlever l'isolant du bout du fil. Un dénudeur automatique effectue les deux opérations en même temps.

Pour faire une épissure avec deux fils solides, dénudez approximativement $1/2$ pouce d'isolant du bout de chaque fil. Ensuite, en utilisant des pinces, tournez un fil autour de l'autre dans le sens des aiguilles d'une montre. Serrez les bouts solidement, mais sans briser les fils. Posez un con-

necteur à fils sur le bout de l'épissure. (Il est aussi possible de poser le connecteur directement sur les fils, sans avoir à les tourner avant.) Certains posent du ruban électrique autour du connecteur comme précaution supplémentaire pour s'assurer que la connexion ne se défera pas. Il est possible de faire une épissure avec des fils tressés de la même manière. Par contre, dans les deux cas, ne jamais essayer d'enlever l'isolant en l'entaillant et en le tirant avec des pinces coupantes. Cela pourrait entailler à la fois l'isolant et le conducteur, et causer un bris lors de la manipulation des fils.

Pour faire une épissure avec un fil solide et un fil tressé, enlevez la même quantité d'isolant ($1/2$ pouce) du fil solide, mais enlevez le double (1 pouce) du fil tressé. Tournez en spirale dans le sens des aiguilles d'une montre le fil tressé autour du fil solide. Posez un connecteur à fils sur le bout de l'épissure.

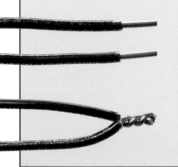

Pour faire une épissure avec deux fils solides, tournez les deux bouts de fils ensemble dans le sens des aiguilles d'une montre. Posez un connecteur à fils sur le bout de l'épissure.

Trous selon calibre de fil

Pour utiliser un dénudeur manuel, insérez le bout du fil dans le trous de l'outil ayant le même calibre que le fil, fermer le dénudeur pour couper l'isolant, et tirez-le vers le bout du fil.

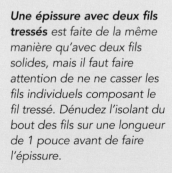

Une épissure avec deux fils tressés est faite de la même manière qu'avec deux fils solides, mais il faut faire attention de ne ne casser les fils individuels composant le fil tressé. Dénudez l'isolant du bout des fils sur une longueur de 1 pouce avant de faire l'épissure.

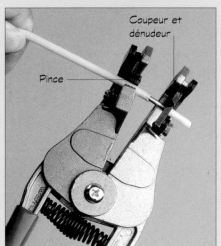

Coupeur et dénudeur

Pince

Bien qu'il soit plus dispendieux à l'achat, un dénudeur automatique combine les deux étapes, coupant et dénudant le fil en un mouvement.

Pour faire une épissure avec un fil tressé et un fil solide, tournez en spirale le fil tressé autour du fil solide et posez un connecteur à fils de grosseur appropriée. Dénudez les fils avant de faire l'épissure.

Valeurs d'ampérage pour les câbles résidentiels

Calibre AWG	Type d'isolant	Cuivre		Aluminium/Aluminium cuivré	
		Usage ordinaire	Entrée de service	Usage ordinaire	Entrée de service
4/0	THW, THWN	230	250	180	200
2/0	THW, THWN	175	200	135	150
1/0	THW, THWN	150	175	120	125
1/0	TW	125	s.o.	100	s.o.
1	THW, THWN	130	150	100	110
2	THW, THWN	115	125	90	100
2	TW	95	s.o.	75	s.o.
4	THW, THWN	85	100	65	s.o.
4	TW	70	s.o.	55	s.o.
6	THW, THWN	65	s.o.	50	s.o.
6	TW	55	s.o.	40	s.o.
8	THW, THWN	50	s.o.	40	s.o.
8	TW	40	s.o.	30	s.o.
10	THW, THWN	35	s.o.	30	s.o.
10	TW	30	s.o.	25	s.o.
12	THW, THWN	25	s.o.	20	s.o.
14	THW, THWN	20	s.o.	s.o.	s.o.

Les fils recouverts d'un isolant en thermoplastique (câble) ont des valeurs déterminées de quantité maximum de courant qu'ils peuvent porter (courant admissible). Les valeurs ci-dessus sont caractéristiques du câblage de type résidentiel. (Voir le Code de l'électricité)

portée sécuritairement par le fil dans des conditions de fonctionnement normales n'excédant pas sa cote de température. Par exemple, un fil en cuivre de calibre 10 peut porter un maximum de 30 ampères, un fil de calibre 12 peut porter 20 ampères et un fil de calibre 14, 15 ampères. Si un fil est trop petit pour le courant porté, il offrira une plus grande résistance au courant le traversant. Cela générera assez de chaleur pour détruire l'isolant, devenant une cause d'incendie.

Câble armé

Le câblage recouvert d'une gaine de métal se nomme câble armé (AC). Il est souvent désigné par sa marque de commerce, BX. À l'intérieur du câble se trouvent des conducteurs isolés de phase et de neutre (mis à la terre) et un conducteur nu de mise à la terre. L'usage de câblage de type BX est restreint à l'intérieur. Il est rarement utilisé pour les nouvelles constructions (à l'exception des bâtiments de grande hauteur) à cause de son prix élevé et de son installation difficile. Malgré tout, il est souvent retrouvé dans les vieilles demeures. Le câble revêtu de métal (MC) est une sorte plus commune de câble armé. Les deux câbles se ressemblent mais peuvent être facilement différenciés en les observant. Contrairement au câble de type AC, le câble de type MC possède un fil vert de mise à la terre.

Le câble armé (AC) est souvent désigné par sa marque de commerce, BX. Il est composé de conducteurs de phase, de neutre et de mise à la terre recouvert d'une gaine armée en métal pour protéger les fils.

Le câblage recouvert de métal (MC) est similaire au câble de type AC. Par contre, les fils sont enveloppés de ruban plastique au lieu de papier.

Tous les câbles armés requièrent l'installation d'un manchon de plastique pour protéger le câblage des bouts acérés de l'armure coupée.

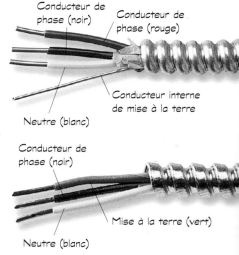

Conducteur de phase (noir)
Conducteur de phase (rouge)
Conducteur interne de mise à la terre
Neutre (blanc)

Conducteur de phase (noir)
Mise à la terre (vert)
Neutre (blanc)

Manchon en plastique

Il n'est pas permis d'utiliser la gaine de métal du câble de type MC comme conducteur de mise à la terre. Les fils des câbles de type MC sont enrobés d'un ruban plastique pour les protéger contre le frottement sur la gaine armée. Toujours insérer un manchon de plastique entre les fils et l'armure au point où les fils émergent du câble armé.

Des accessoires différents sont utilisés pour attacher les câbles de type BX aux boîtes électriques. Tous les accessoires de fixation des câbles de type BX fonctionnent de la même façon ; le câble est inséré par le centre de l'attache. L'armure est raccordée à l'intérieur de l'attache et est retenue par une ou deux pinces ou un mécanisme vissable. Travailler avec le câblage de type BX n'est pas pour les novices. Pour faire une épissure avec deux câbles de type BX, il faut couper la gaine de l'armure sans endommager les fils à l'intérieur. Cela ne peut être fait qu'avec une scie à métaux ou un outil spécialisé conçu pour couper les câbles armés. Cet outil ne coupe que l'armure, qui est ensuite tordue jusqu'au point de briser, exposant ainsi le câblage à l'intérieur. Le fait que l'armure du câblage de type BX empêche de le courber à l'intérieur d'un petit rayon présente un autre inconvénient à l'utilisateur. Un rayon trop serré tordra l'armure, créant un bord acéré. Des bords acérés sont aussi produits chaque fois qu'un câble armé est coupé. Pour la protection des fils à l'intérieur du câble, il est très important d'installer un manchon de protection sur les bouts coupés.

Câble non métallique

Le câble de type non métallique (NM) est le câble le plus courant en construction résidentielle. Ici aussi, le câble de type NM consiste en une série de fils recouverts d'une gaine en thermoplastique. Les fils sont composés de un ou plusieurs conducteurs de phase, un fil de neutre et un fil de mise à la terre. Le plus courant consiste en un câble avec deux fils porteurs de courant, un conducteur isolé de couleur noire et un conducteur de neutre de couleur blanche, ainsi qu'un fil nu de mise à la terre. Les câbles à trois fils sont souvent utilisés pour filer les circuits d'interrupteurs à trois voies ou pour les circuits avec deux conducteurs de phase, tels qu'utilisés pour les prises contrôlées par interrupteur. Le troisième fil est généralement recouvert d'isolant rouge. Dans certains cas, il peut ne pas y avoir de fil de mise à la terre dans les câbles de type NM. C'est particulièrement vrai pour les câbles de style NM plus vieux (avant 1960).

Évitez les deux erreurs suivantes en travaillant avec le câble de type NM. La première erreur consiste à tordre le câble en essayant de le tourner dans un rayon trop petit, et la deuxième à endommager la gaine du câble en le tirant à travers une ouverture trop petite. Tordre le câble peut endommager le cuivre à l'intérieur et causer une surchauffe menant à un risque d'incendie. Cela s'applique aussi aux fils individuels ; ne jamais les plier à angle droit, mais plutôt de façon graduelle. En cas de dommage accidentel à la gaine du câble, celle-ci peut être réparée avec du ruban électrique tant que l'isolant des fils individuels n'a pas été endommagé. Autrement, le câble devra être remplacé.

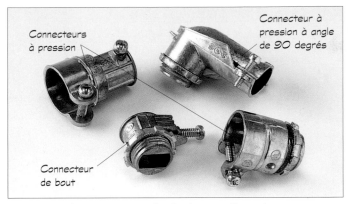

Respectez les exigences du Code en utilisant les connecteurs appropriés pour fixer un câble armé de type BX à une boîte électrique.

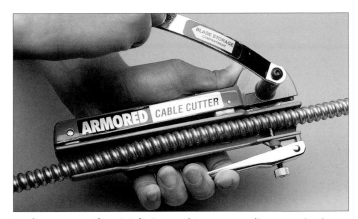

Utilisez un outil spécialisé pour bien couper l'armure. Insérez le câble dans l'outil et tournez la manette dans le sens des aiguilles d'une montre pour serrer et couper l'armure.

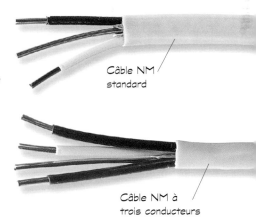

Un câble standard de type NM contient deux fils isolés et un fil en cuivre nu assurant la mise à la terre. Le conducteur de phase est recouvert d'un isolant noir et le neutre d'un isolant blanc. Dans un câble à trois conducteurs, le conducteur de phase additionnel est recouvert d'isolant de couleur rouge.

Câble NM standard

Câble NM à trois conducteurs

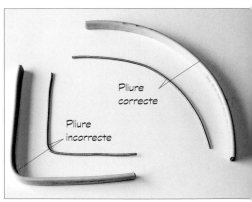

Pour prévenir l'endommagement des fils, ne jamais plier les fils individuels ou un câble NM à un angle serré. Toujours plier les câbles et fils doucement. La gaine isolante du câble NM peut facilement se déchirer en l'accrochant sur quelque chose de coupant.

Pliure correcte

Pliure incorrecte

Enlever la gaine d'un câble de type NM

Pour enlever la gaine d'un câble de type NM, insérez le câble dans un dégaineur de câble et insérez la pointe dans le plat du câble à une distance de 8 à 10 pouces du bout. Tirez le long du centre du câble. Parce que le fil du milieu est le fil nu de mise à la terre, serrer trop fort accidentellement ne devrait pas couper l'isolant des fils conducteurs. Pelez la gaine thermoplastique et le papier, et coupez-les en utilisant des pinces coupantes.

Utilisez un dégaineur de câble *pour trancher le centre de la gaine d'un câble de type NM. Cela protégera de l'endommagement les fils isolés à l'intérieur du câble.*

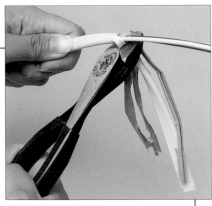

Retirez *8 à 10 pouces de la gaine, et coupez l'excédent de gaine et le papier avec une pince coupante.*

Étiquette UF

Étiquette de résistance

Les câbles d'alimentation et de circuits *prévus pour usage souterrain sont identifiés par les lettres UF. L'étiquette indique aussi la résistance du câble à la corrosion et à la lumière du soleil.*

Câble souterrain

Les câbles d'alimentation et de circuits de type UF peuvent être utilisés à l'intérieur lorsque le câblage de type NM est autorisé. Par contre, son usage principal est destiné aux endroits mouillés, tel que l'enfouissement souterrain. Contrairement au câblage de type NM, il est permis d'enfouir le câblage de type UF directement dans le sol. La profondeur d'enfouissement pour un câble alimentant un circuit à 120 volts protégé par GFCI est de 1 pied. Si le circuit n'est pas protégé par GFCI, ou si la capacité du circuit n'excède pas 20 ampères, le câble doit être enfoui à une profondeur minimale de 2 pieds. Avant de procéder à des travaux d'enfouissement de câble, consultez le Code et les normes locales.

La gaine extérieure du câble de type UF est en thermoplastique solide recouvrant les fils intérieurs complètement. En comparaison avec le câblage de type NM, il est plus difficile de séparer les fils de la gaine dans le câblage de type UF. Les fils intérieurs du câblage de type UF sont solides et peuvent être raccordés de la même manière que les fils du câblage de type NM. Par contre, les épissures doivent être faites dans des boîtes à l'épreuve des intempéries ou avec des connecteurs à épissures approuvés pour cette utilisation.

▶ **Le panneau principal** *est le point d'entrée de service et de distribution pour tous les circuits électriques de la maison. Les barres omnibus, sur lesquelles les disjoncteurs sont installés, sont visibles en enlevant la devanture du panneau, les disjoncteurs et les fils.*

Panneaux de service
Types et fonctionnement

La panneau de l'entrée de service (PES) est le panneau électrique principal de la résidence. Il a deux usages principaux. En premier, le panneau principal est la seule place de la résidence où tout le courant peut être fermé d'un coup. Chaque adulte de la maison devrait connaître la localisation de ce panneau et savoir comment fermer le courant en cas d'urgence. Deuxièmement, le panneau principal est le point de distribution et le point de protection des circuits. Tous les circuits de la maison alimentent les prises, interrupteurs et appareils ont leur origine au panneau principal.

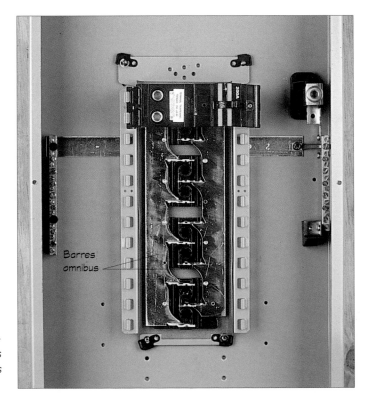

Barres omnibus

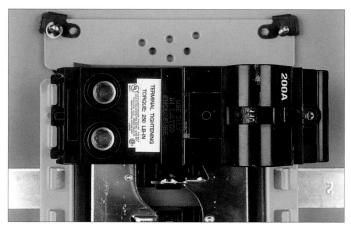

Le disjoncteur principal *contrôle le courant traversant les barres omnibus. Ouvrez le circuit en commutant la manette du disjoncteur principal à la position « OFF ». Le disjoncteur ouvrira le circuit automatiquement dans le cas d'une surcharge ou d'un court-circuit.*

Pour installer un disjoncteur de dérivation, *ouvrez le circuit du disjoncteur principal et insérez le bout coché du disjoncteur de dérivation sur la languette de la barre omnibus, puis pressez jusqu'à l'enclenchement.*

Sous le couvercle, les disjoncteurs et les fils, se trouvent deux barres d'aluminium ou de cuivre. Celles-ci sont les barres de puissance, appelées barres omnibus. Chaque barre est raccordée à un conducteur de phase principal provenant de l'extérieur de la maison. Les disjoncteurs sont branchés dans ces barres, lesquelles alimentent les disjoncteurs. Les conducteurs de neutre et de mise à la terre sont raccordés aux borniers de neutre ou de mise à la terre localisés de part et d'autre des barres omnibus. Au centre de la partie haute du panneau, se trouve un gros disjoncteur, appelé disjoncteur maître ou principal. Ce disjoncteur contrôle l'électricité pour toute la maison. Il sert à s'assurer que le courant utilisé n'excède pas la capacité permise par le calibre du disjoncteur, celui-ci ouvrant le circuit en cas de surcharge ou de court-circuit. Il peut aussi servir de contrôle manuel sur l'électricité de la résidence. Lorsque la manette est dans la position « ON », il y a de l'électricité qui circule. Pour couper l'électricité, pousser la manette à la position « OFF ». Ne jamais oublier que les barres omnibus sont sous tension lorsque la manette du disjoncteur est dans la position « ON ».

Grandeurs de panneaux. Une panneau d'entrée de service typique peut fournir 100, 150 ou 200 ampères. La plupart des résidences contemporaines ont un panneau de 200 ampères, bien qu'il ne soit pas rare que les plus grandes maison possèdent une entrée de service de 400 ampères. Ces maisons ont généralement deux panneaux de 200 ampères chacun. Bien que la majorité des maison soient équipées d'un panneau de 200 ampères, il est possible que le panneau de votre résidence soit plus petit. Le Code ne permet pas l'installation d'un panneau plus petit que 100 ampères. La capacité électrique de votre maison est indiquée soit sur le panneau soit sur le disjoncteur principal.

Les panneaux pour la même capacité de courant maximum, tel que 200 ampères, sont classés selon le nombre maximum de disjoncteurs de dérivation pouvant y être installés. Le nombre maximum de disjoncteurs dans un panneau résidentiel normal est de 40, plus le disjoncteur principal. Ce panneau est nommé panneau 40/40. Il est de grandeur adéquate pour une

Le conducteur de phase *est raccordé au disjoncteur par une vis de bornier. Insérez le conducteur dénudé dans le trou du bornier du disjoncteur et serrez le fil avec la vis.*

Vis de bornier du disjoncteur

entrée de service de 200 ampères. Le premier chiffre indique la quantité maximum de disjoncteurs pleine grandeur pouvant être installés dans le panneau, et le second chiffre indique la quantité maximum de disjoncteurs pouvant être installés, indépendamment de la grandeur de ceux-ci. Ensuite, on trouve le panneau 30/40. Il ne peut contenir que 30 disjoncteurs pleine grandeur. Pour augmenter la capacité à 40 disjoncteurs, il faut utiliser des disjoncteurs demi-grandeur. Pour des raisons de sécurité, il est préférable d'utiliser des disjoncteurs pleine grandeur. Le plus petit panneau pouvant contenir 40 disjoncteurs est le panneau 20/40. Les panneaux plus petits peuvent contenir un maximum de 20 ou 30 disjoncteurs. Évitez l'utilisation de ces panneaux parce qu'ils n'offrent pas l'espace suffisant pour installer les disjoncteurs requis pour le raccordement des circuits d'une résidence et ne permettent pas l'ajout éventuel de circuits.

Calibres de disjoncteurs. Les disjoncteurs individuels localisés dans le panneau principal alimentent les circuits via les barres omnibus. Chaque disjoncteur se fixe par pression à une languette située sur une barre omnibus. Une fois fixé à la languette (et une fois le disjoncteur principal alimenté), le disjoncteur du circuit fournit le courant au fil raccordé à sa vis de bornier. Une barre omnibus à languettes standard ne pourra accepter que des disjoncteurs de pleine grandeur. Les barres à languettes séparées pourront accepter soit les disjoncteurs pleine grandeur soit les disjoncteurs demi-grandeur. Deux disjoncteurs demi-grandeur peuvent être installés dans l'espace ordinairement occupé par un disjoncteur pleine grandeur. Utiliser les disjoncteurs demi-grandeur lorsque l'espace physique disponible dans le panneau est insuffisant pour installer des disjoncteurs pleine grandeur. Dans les nouveaux panneaux, l'utilisation de disjoncteurs demi-grandeur est limitée par l'espace disponible.

Barres omnibus

Lorsque le disjoncteur principal est alimenté, le courant circule dans les barres omnibus. Ces deux barres en métal, normalement fabriquées d'aluminium ou de cuivre, se prolongent sous le disjoncteur principal vers le bas du panneau. Les barres sont isolées (séparées) du boîtier du panneau. La tension entre une barre omnibus et le bornier de mise à la terre est de 120 volts. La tension entre les deux barres est de 240 volts. Cette tension est la même que celle qui provient du transformateur de distribution. Le disjoncteur principal joue le rôle d'interrupteur. Lorsque le disjoncteur est alimenté, l'énergie circule à travers le disjoncteur de dérivation alimentant l'appareil, l'électroménager, etc. Si l'appareil fonctionne à 120 volts, le courant s'acheminera du disjoncteur à l'appareil par le fil de couleur noire. Le courant retournera directement au bornier de neutre par le fil de couleur blanche. Si l'appareil fonctionne à 240 volts, telle une plinthe de chauffage, le courant circulera par un côté du disjoncteur bipolaire, traversera l'élément chauffant de la plinthe et retourne à l'autre pôle du disjoncteur par l'autre conducteur de phase. Le neutre n'est pas requis pour cette installation. Dans les deux cas, si le courant circulant dans le circuit excède la capacité sécuritaire du circuit, le disjoncteur ouvrira automatiquement.

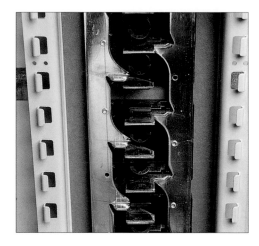

Seuls des disjoncteurs pleine grandeur pourront être installés sur des barres omnibus à languettes standards.

Des disjoncteurs demi-grandeur ou pleine grandeur pourront être installés sur les barres omnibus à languettes séparées. Ne jamais essayer de forcer un disjoncteur demi-grandeur sur une barre omnibus à languettes standards.

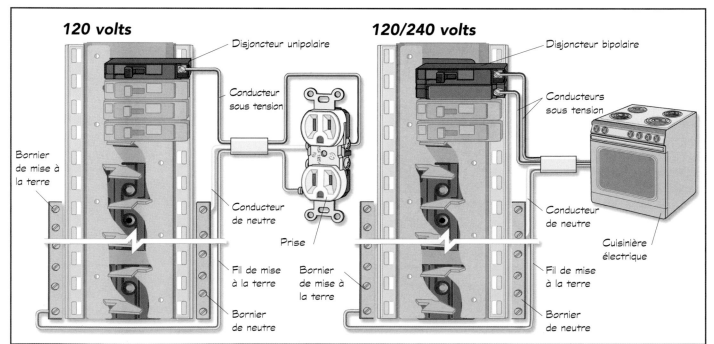

120 volts — Disjoncteur unipolaire — Conducteur sous tension — Bornier de mise à la terre — Conducteur de neutre — Prise — Fil de mise à la terre — Bornier de neutre

120/240 volts — Disjoncteur bipolaire — Conducteurs sous tension — Conducteur de neutre — Cuisinière électrique — Bornier de mise à la terre — Fil de mise à la terre — Bornier de neutre

À une tension de 120 volts, *le courant circule vers l'appareil à partir du fil noir raccordé sur un disjoncteur unipolaire. Le courant retourne ensuite au bornier de neutre via le fil blanc. Dans un circuit à 120/240 volts, le courant à 240 volts circule vers l'appareil via un des pôles du disjoncteur bipolaire et retourne par le second pôle du disjoncteur. De plus, le courant à 120 volts requis pour les lampes, horloges et minuteries circule par un des deux conducteurs de phase et retourne au neutre par le fil blanc.*

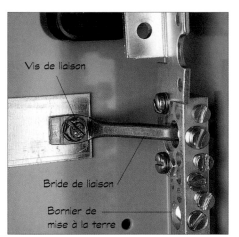

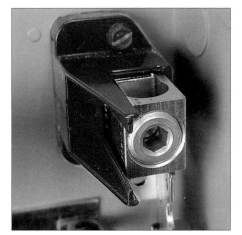

Le boîtier du panneau est généralement lié à un bornier de mise à la terre par une bride courte en métal raccordant la vis verte de mise à la terre du panneau à une vis du bornier de mise à la terre.

Une large borne sur le bornier de neutre raccorde le câble de neutre du distributeur d'électricité au panneau principal.

Borniers de neutre et de mise à la terre

Tel que mentionné précédemment, les deux barres en aluminium parallèles aux barres de phase sont connues sous les noms de barre de neutre et barre de mise à la terre. Tous les fils blancs isolés se raccordent à la barre de neutre, tandis que tous les fils de mise à la terre nus ou verts se raccordent à la barre de mise à la terre. Le Code requiert aussi que le boîtier en métal du panneau soit raccordé aux barres de neutre et de mise à la terre. Pour ce faire, utilisez la bride de métal et la vis de liaison généralement fournies avec le panneau. La bride assure la mise à la terre du boîtier du panneau ; si un conducteur sous tension dénudé le touche, le disjoncteur ouvrira le circuit, prévenant l'électrocution.

Sur tous les circuits à 120 volts, le courant retourne au panneau via un conducteur de neutre de couleur blanche. Le conducteur de neutre blanc est raccordé au bornier de neutre mis à la terre, lequel est raccordé au conducteur de neutre du câble principal de l'entrée de service. Ensuite, le courant retourne au transformateur de distribution via l'appareil de mesurage.

La barre de mise à la terre est équipée de deux grosses bornes et de plusieurs bornes plus petites. Le conducteur de neutre du câble de l'entrée de service est raccordé à une des grosses bornes. L'autre grosse borne est prévue en cas de besoin pour un conducteur de neutre de calibre trop grand pour se raccorder aux plus petites bornes de la barre.

Installation

Dans les nouvelles installations, le panneau principal est adossé à l'appareil de mesurage. Cela évite les coûts supplémentaires de câbles plus longs et aussi d'avoir à installer un deuxième sectionneur près de l'appareil de mesurage, tel que requis par la plupart des codes locaux. Toujours garder des distances libres autour du panneau de 3 pieds de profondeur sur 30 pouces de largeur sur 6 pieds 6 pouces de hauteur. Le panneau doit toujours demeurer accessible en cas d'urgence.

Utilisez les grosses bornes pour raccorder les conducteurs de neutre de calibre trop grand pour être raccordés aux bornes à vis standard.

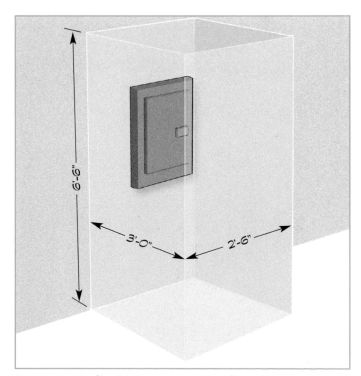

Pour permettre l'accès au panneau en cas d'urgence, un espace libre de 3 pieds de profondeur sur 2 pieds et demi de largeur sur 6 pieds et demi de hauteur doit être conservé en tout temps en avant du panneau principal.

Fusibles et disjoncteurs

Fusibles

Avant la Deuxième Guerre mondiale, le fusible était la méthode de protection de circuit la plus utilisée. Les fusibles sont encore utilisés dans plusieurs résidences d'un certain âge. Les variétés de fusibles les plus courantes sont les fusibles bouchons en verre et les fusibles à cartouche. Les fusibles bouchons protègent les circuits à 120 volts et sont disponibles dans des calibres variant de 15 à 30 ampères. À l'intérieur d'un fusible bouchon se trouve une bande de métal raccordant le contact situé au centre du fusible à la base filetée. La partie mince de la bande se nomme élément. Si le circuit est surchargé, l'élément fondra, ouvrant ainsi le circuit et faisant sauter le fusible. En construction résidentielle, les fusibles à cartouche sont utilisés pour les circuits à 240 volts et ont des calibres variant de 30 à 100 ampères. L'élément d'un fusible à cartouche parcourt le centre de la cartouche et est entouré d'un matériau ignifuge ressemblant à du sable.

La plupart des panneaux à fusibles encore en état d'utilisation sont probablement très âgés. Ces panneaux à fusibles sont souvent la source de problèmes nécessitant des réparations. Des connexions desserrées dans un vieux panneau à fusibles peuvent générer assez de chaleur pour vaporiser l'élément d'un fusible. Si un fusible ou un support à fusible est décoloré (brun ou noir), ou s'il y a des indications de brûlure

Un panneau à fusibles démodé, tel que celui-ci, est souvent en usage dans les résidences plus âgées. Ces panneaux exigent souvent des réparations ou leur remplacement.

Types de fusibles

Fusibles vitrés

Les fusibles vitrés, ou bouchons, se retrouvent généralement dans les résidences les plus vieilles. Ne jamais remplacer un fusible par un fusible de calibre supérieur. Ce fusible permettrait le passage d'une quantité de courant supérieure à la capacité du circuit, pouvant déclencher un incendie. Si le fusible approprié est utilisé (à droite), l'élément en métal à l'intérieur du fusible brûlera, indiquant qu'un courant excédentaire a provoqué une surcharge ou un court-circuit.

Fusibles à cartouche

Un fusible de 60 ampères est souvent utilisé comme fusible principal dans les panneaux des résidences plus âgées. Les calibres des fusibles à cartouche varient de 30 à 100 ampères. L'élément d'un fusible à cartouche est similaire à celui d'un fusible vitré, sauf qu'il est recouvert d'un matériau ignifuge (à droite).

Fusibles de type S

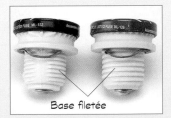

Base filetée

Le fusible de type S a été conçu pour remplacer le fusible vitré standard. Chaque fusible de type S possède une base filetée de configuration spécifique (à droite), pour empêcher l'utilisateur d'insérer un fusible de plus grand calibre dans un espace prévu pour un fusible de plus petit calibre.

Fusibles temporisés

Certains fusibles vitrés sont conçus pour soutenir une surcharge transitoire sans sauter. Ils sont identifiés par l'inscription « Time-delay » inscrite sur le côté du fusible.

ou de fonte, il est recommandé de remplacer le panneau à fusibles au complet par un nouveau panneau à disjoncteurs.

Remplacer un fusible d'un calibre donné par un autre d'un calibre différent permet le passage d'un courant supérieur sur le câblage du circuit, endommageant ainsi l'isolant des fils et engendrant une possibilité d'incendie. Les fusibles de type S ont été conçus spécifiquement pour contrer ce problème. Chaque calibre de fusible de ce type ayant une dimension de base filetée différente des autres, seul le fusible approprié peut être installé sur un circuit donné.

Un fusible peut parfois sauter à cause d'une surtension transitoire dans le réseau électrique. Le fusible temporisé peut supporter ce phénomène sans sauter.

Surcharge de fusible. Lors d'une surcharge causant la fonte de l'élément du fusible et par conséquence l'ouverture du circuit, l'élément endommagé peut facilement être vu à travers la partie vitrée du fusible.

Une surcharge se produit lorsque le courant tiré par les appareils électriques raccordés au circuit excède la capacité du fusible. Le calibre du fusible est déterminé par le calibre du câblage protégé par le fusible. S'il n'y a pas de fusible (ou autre dispositif de protection) et que le courant tiré par le circuit est trop élevé, l'isolant des fils surchauffés devient endommagé, causant un risque d'incendie. Certains fusibles peuvent être réarmés plutôt que remplacés (non recommandé). Lors de l'utilisation de ce type de fusibles, s'assurer qu'il sont bien adaptés au panneau et qu'ils n'interfèrent pas avec l'ouverture du panneau.

Court-circuits et fautes à la terre. Un court-circuit se produit lorsqu'un conducteur sous tension touche un conducteur de neutre. Cela peut arriver par accident, lorsque les fils ne sont pas correctement raccordés. Un court-circuit peut aussi être le résultat d'une défectuosité d'un appareil électrique ou de son câblage. Dans tous les cas, le court-circuit provoquera une augmentation considérable de courant à travers le fusible, ouvrant le circuit lors de la destruction de l'élément du fusible. Lors d'un court-circuit, on peut nettement voir une décoloration noire-argentée à travers la partie vitrée du fusible. Par contre, un fusible à cartouche n'aura aucune indication visible qu'un court-circuit s'est produit. Le fusible devra être testé avec un multimètre (voir « Vérifier les fusibles », page 54).

Une faute à la terre se produit lorsqu'un conducteur sous tension entre en contact avec un fil ou une surface mis à la terre. De façon similaire à un court-circuit, une faute à la terre engendre un augmentation massive du courant dans le circuit, faisant sauter le fusible. Il est impossible de diagnostiquer un court-circuit d'une faute à la terre en observant le fusible sauté.

Conducteur de phase (noir)

Neutre (blanc)

Un court-circuit *se produit lorsqu'un conducteur noir sous tension entre en contact avec un conducteur de neutre blanc. C'est souvent le résultat d'une mauvaise connexion.*

Élément vaporisé

Lors d'un court-circuit ou d'une faute à la terre, une grande quantité de courant traverse un fusible vitré, causant la vaporisation instantanée de l'élément.

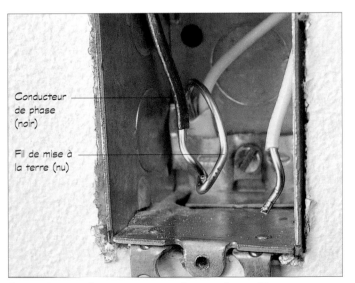

Conducteur de phase (noir)

Fil de mise à la terre (nu)

Lorsqu'un conducteur sous tension *touche un fil ou une surface mis à la terre d'un appareil, il en résulte une faute de terre.*

Tests. À première vue, un fusible bouchon peut sembler parfaitement fonctionnel même si l'élément est brûlé. L'élément peut s'être séparé d'une manière non visible ou a pu se détacher de la douille ou du contact du centre. Pour tester un fusible bouchon, utilisez un testeur de continuité ou un multimètre pour vérifier la continuité entre le contact du centre et la douille. À moins d'apparence évidente de brûlure ou de désintégration, toujours tester un fusible à cartouche avant l'installation pour s'assurer de son état.

CONSEIL PRATIQUE
Vérifier les fusibles

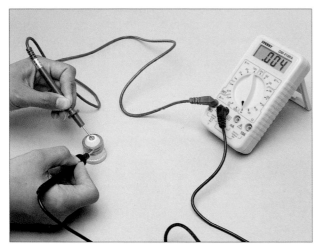

Pour faire un test de continuité sur un fusible vitré, *placez la sonde d'un multimètre au contact du centre et l'autre sur la douille. Une lecture de zéro indique que le fusible est fonctionnel.*

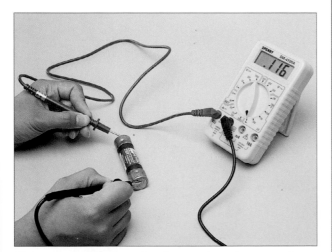

Testez un fusible à cartouche *en plaçant une sonde d'un multimètre à chaque extrémité du fusible. Une vérification à la position indiquée du bouton donnera un signal audible ainsi qu'une lecture sur l'instrument.*

Disjoncteurs

De façon courante, les disjoncteurs ont remplacé les fusibles pour assurer la protection des circuits. Techniquement, ils se nomment disjoncteurs à boîtier moulé, ou MCCB (*Moulded case circuit breaker*). Les disjoncteurs protègent les circuits de deux façons. Lors de la détection d'une petite surcharge, une bande thermique chauffera et ouvrira le circuit. Lorsqu'un courant de plus grande amplitude survient, tel un court-circuit ou une faute à la terre, un électro-aimant accélère le déclenchement du circuit par la bande thermique. Le disjoncteur ouvrira le circuit à une vitesse proportionnelle à la quantité de courant détectée.

Le grand avantage d'utiliser un disjoncteur à la place d'un fusible réside dans le fait qu'un disjoncteur peut être réinitialisé rapidement. Il ne faut pas le remplacer à chaque fois qu'un appareil électrique tire un courant excédentaire. Lorsqu'un disjoncteur se déclenche, il faut pousser la manette complètement vers la position « hors » avant de le réarmer. De plus, les disjoncteurs sont sensibles à l'air ambiant. Plus la chaleur ambiante augmente, plus rapidement ils se déclencheront. Par exemple, si tous les disjoncteurs avoisinant un disjoncteur de 20 ampères sont chargés à bloc et par conséquent dégagent beaucoup de chaleur, le disjoncteur de 20 ampères pourra se déclencher à seulement 18 ampères.

Les disjoncteurs à usage résidentiel sont disponibles dans la gamme de 15 à 60 ampères, à des intervalles de 5 ampères. Les disjoncteurs unipolaires de 15 et 20 ampères sont utilisés en général pour contrôler des circuits d'usage courant. Les disjoncteurs bipolaires de 20 à 60 ampères contrôlent les circuits à 240 volts.

Les disjoncteurs standards sont conçus avec des languettes de façon universelle pour permettre l'installation sur les barres omnibus des panneaux de service. Le disjoncteur est énergisé en entrant en contact avec la barre omnibus sous tension. Par contre, certains fabricants produisent des disjoncteurs avec des pinces installées sur le côté.

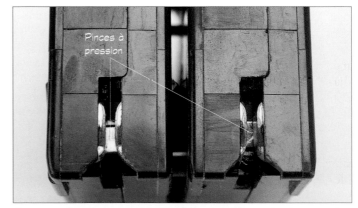

Deux contacts, *ou pinces à pression, situées sur le dessous du disjoncteur se fixent à une languette de la barre omnibus du panneau principal. Le contact permet l'énergisation du disjoncteur.*

Ces pinces se fixent sur les languettes des barres omnibus, ce qui exige l'enlèvement d'un ou de plusieurs disjoncteurs pour permettre l'accès au disjoncteur en question.

Disjoncteurs courants. En plus des disjoncteurs unipolaires et bipolaires, des disjoncteurs quadripolaires, avec GFCI et avec protection contre les surtensions sont aussi disponibles. Les disjoncteurs unipolaires fournissent l'électricité aux circuits de prise et d'éclairage à 120 volts. Généralement, le disjoncteur est raccordé par un conducteur de couleur rouge ou noir. Les disjoncteurs unipolaires sont disponibles en versions pleine ou demi-grandeur. Ce dernier modèle ne pourra être installé que sur des panneaux comportant des barres omnibus prévues en conséquence.

Les disjoncteurs bipolaires fournissent l'électricité aux appareils fonctionnant à 240 volts, tels les chauffe-eau et les sécheuses. Si un câble standard de type NM est utilisé pour le circuit, les deux conducteurs, blanc et noir, seront raccordés au disjoncteur. Le conducteur de couleur blanche devra être identifié aux deux bouts par du ruban de couleur noire. Pour les circuits bipolaires de plus grande capacité, utiliser deux conducteurs de couleur noire.

Disjoncteurs à usage spécifique. Un disjoncteur quadripolaire est similaire aux disjoncteurs demi-grandeur et peut se présenter sous différentes configurations. Par exemple, il peut contenir deux disjoncteurs bipolaires, tel un disjoncteur bipolaire de 30 ampères et un autre de 20 ampères, il peut contenir deux disjoncteurs unipolaires et un bipolaire, ou plusieurs autres combinaisons différentes selon les besoins des circuits. L'avantage d'un disjoncteur quadripolaire est qu'il n'utilise que la moitié de l'espace d'un disjoncteur standard. Par contre, le panneau doit être spécialement conçu pour recevoir les disjoncteurs de ce type. De plus, si le panneau est trop petit, il pourra ressembler à un nid de fils tissés.

Un disjoncteur GFCI est installé tel un disjoncteur standard. Sur le devant, on retrouve un bouton d'essai, mais pas de réarmement. S'il est installé correctement, presser le bouton crée sur le circuit un déséquilibre de courant de 6 milliampères pour vérifier si le disjoncteur ouvrira le circuit dans le cas d'un déséquilibre réel de courant. Lorsque déclenchée, la manette du disjoncteur se rendra à la position intermédiaire, ouvrant ainsi le circuit. Le disjoncteur ne peut être réarmé que si la manette est d'abord poussée complètement à la position « OFF ».

À première vue, un disjoncteur avec protection de surtension peut sembler étrange. Le boîtier du disjoncteur ressemble au boîtier d'un disjoncteur bipolaire. Lorsque le panneau est mis sous tension, deux lampes s'allument sur le dispositif. Néanmoins, un disjoncteur avec protection de surtension s'installe sur les barres omnibus de la même manière qu'un disjoncteur standard.

Types de disjoncteurs

Le disjoncteur unipolaire est le type le plus utilisé en construction résidentielle. Il alimentera les circuits fonctionnant à 120 volts.

Un disjoncteur bipolaire est utilisé avec les circuits à 240 volts, tel un circuit de 20 ampères pour plinthe chauffante ou un circuit de 30 ampères pour sécheuse à linge.

L'utilisation d'un disjoncteur quadripolaire permet de remplacer un disjoncteur bipolaire standard par deux disjoncteurs bipolaires desservant chacun un circuit de 240 volts.

Un disjoncteur avec GFCI ouvrira le circuit lorsqu'il détectera un déséquilibre de courant entre les conducteurs.

Un dispositif de protection contre les surtensions prévu pour protéger un panneau entier occupe l'espace de deux disjoncteurs unipolaires.

Limitations. La protection offerte par les disjoncteurs est limitée à la sauvegarde du câblage, de la propriété et de la vie. Par exemple, les disjoncteurs autres que les GFCI ne peuvent pas prévenir l'électrocution. Même si les disjoncteurs ouvrent le circuit pour des courants aussi bas que 15 ampères, un courant minimal de 0,06 ampère est suffisant pour tuer une personne. Les disjoncteurs ne peuvent empêcher la surchauffe des appareils électriques ou les fautes à la terre. Pour faire déclencher un disjoncteur, une faute doit se produire lorsque le niveau du courant excède le courant de déclenchement du disjoncteur. Les disjoncteurs ne peuvent se déclencher à une vitesse assez grande pour empêcher tout à fait des surtensions dues à la foudre. Ils ne peuvent prévenir les incendies d'appareils électriques. Les disjoncteurs sont conçus pour protéger le câblage alimentant un appareil ; pas l'appareil lui-même.

Boîtes électriques

Genres et capacités

Les boîtes électriques sont utilisées pour plusieurs applications telles l'intégration de prises et d'interrupteurs, les connexions de câblage, et le support d'appareils d'éclairage et de ventilateurs à pales. Plusieurs types de boîtes sont conçues à des usages spécifiques, et peuvent être fabriquées de matériau métallique ou non métallique (plastique ou fibre de verre). De nos jours, la boîte de plastique est la plus courante. Par contre, la boîte de métal est encore utilisée couramment. Toujours vérifier les prescriptions des codes applicables avant d'utiliser une boîte électrique. La facilité d'installation et le coût moindre sont deux des avantages de la boîte en plastique.

Les dimensions des boîtes électriques sont standardisées selon l'utilisation préconisée. Par exemple, les boîtes peu profondes sont prévues pour utilisation dans des cloisons sèches, les boîtes larges sont idéales pour les installations groupées et les boîtes à l'épreuve des intempéries sont conçues pour les applications extérieures. Toujours vous assurer d'utiliser la boîte appropriée. Indépendamment de l'application, chaque boîte doit être munie d'une plaque et être accessible. De plus, il ne faut jamais utiliser une boîte de dimensions trop petites pour la quantité de fils qu'elle comporte. Une boîte électrique ne peut avoir qu'une quantité déterminée de fils. Déterminer la quantité maximale de fils admissible dans une boîte peut être compliqué. Les besoins changent selon les modifications apportées par le Code.

Bien que les boîtes en plastique soient codées selon le nombre maximum de fils pouvant y être installés, ou selon leur volume en pouces cubes, ce n'est pas le cas pour les boîtes en métal. Le volume maximal des boîtes en métal est indiqué dans le tableau approprié du Code de l'électricité. La meilleure manière de s'assurer d'avoir la bonne boîte est d'utiliser la boîte la plus profonde pouvant convenir à l'application dans une cloison, soit une boîte de 3 pouces et un quart à 3 pouces et demi de profondeur. Pour l'installation d'un dispositif unique, cela permettra l'utilisation d'un volume total de câblage de 20,3 pouces cubes. Faites preuve de bon sens. Ne surchargez jamais une boîte (voir « Nombre maximum de fils dans une boîte », page 75).

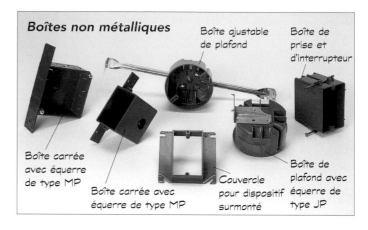

Boîtes non métalliques — Boîte ajustable de plafond — Boîte de prise et d'interrupteur — Boîte carrée avec équerre de type MP — Boîte carrée avec équerre de type MP — Couvercle pour dispositif surmonté — Boîte de plafond avec équerre de type JP

Boîtes métalliques — Boîte carrée — Allonge de boîte — Boîte de plafond — Boîte de prise et d'interrupteur — Couvercles pour boîtes apparentées — Couvercles pour boîtes apparentées — Couvercles plats pour boîtes dissimulées — Couvercles pour dispositifs surmontés — Couvercles plats pour boîtes dissimulées — Allonge de boîte — Boîte octogonale

Les boîtes électriques sont disponibles en plusieurs formes et grandeurs en fonction de l'utilisation, et sont fabriquées en métal, plastique ou fibre de verre. Bien que l'usage des boîtes en plastique soit très répandu, elles peuvent ne pas satisfaire aux exigences des codes pour certaines applications particulières. Des boîtes d'épissures sont requises pour toute connexion de fils.

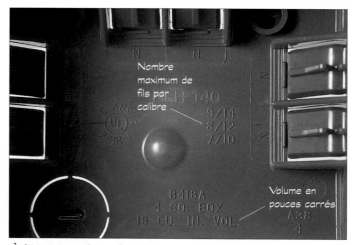

Nombre maximum de fils par calibre — 9/14 — 8/12 — 7/10 — B418A — 4 SQ. BOX — 18 CU. IN. VOL. — Volume en pouces carrés

À l'intérieur d'une boîte non métallique se trouve une étiquette indiquant le volume de la boîte en pouces carrés ainsi que le nombre maximum de fils permis selon le calibre.

Boîtes en plastique

La boîte en plastique la plus courante est la boîte à clouer à un dispositif. Deux clous sont intégrés à la boîte pour permettre la rapidité d'installation. Ce type de boîte est couramment utilisé en construction neuve et est disponible en plusieurs profondeurs, la plus profonde pouvant accueillir le plus grand nombre de fils. Même au risque de devoir magasiner à plusieurs places, ne pas acheter de boîtes dont la profondeur n'est pas acceptable pour l'utilisation.

Emplacement des boîtes. Lors de l'installation de boîtes clouées, assurez-vous de laisser le bord dépasser suffisamment pour amener la boîte à affleurer le mur fini. Si la profondeur du mur fini est inconnue, utilisez des boîtes ajustables. La profondeur de ce type de boîte peut être ajustée en fonction de l'espace requis. Elle permet aussi la conversion d'une boîte à un dispositif à une boîte à deux dispositifs sans avoir à démolir le mur. Il ne faut que dévisser et retirer la boîte à un dispositif, agrandir le trou selon les dimensions requises et installer la nouvelle boîte sur la glissoire.

Sujettes à l'endommagement, les boîtes en plastique doivent être posées avec précaution. Si la boîte est frappée avec un marteau, ou si les clous sont forcés, la boîte pourra se déformer ou se casser. Enfoncez les clous seulement jusqu'à ce qu'ils soient solides. Ne les forcez pas.

Il se peut que plus d'un interrupteur soit requis au même emplacement. À cette fin, des boîtes doubles, triples et quadruples sont disponibles. Prévoyez un montant de support supplémentaire pour les boîtes quadruples. Installer quatre interrupteurs sous une même plaque peut être déroutant.

Boîtes de plafond. Les boîtes de plafond sont généralement utilisées pour l'installation des appareils d'éclairage de type plafonnier. Une boîte de plafond peut être conçue pour supporter un plafonnier, tel un ventilateur à pales avec luminaire, pesant jusqu'à 35 livres. Si elle est conçue pour cet usage, l'étiquette l'indiquera. Ce type de boîte peut être clouée ou vissée directement à une solive de plafond. Par contre, il est préférable de visser la boîte à un support en bois tel un 2 par 6 plat fixé entre deux solives. Une boîte avec clous intégrés pourra se briser facilement et ne pourra pas bien supporter le poids de l'appareil. Un appareil électrique pesant plus de 50 livres, tel un candélabre, ne peut pas être suspendu à une boîte. Il doit être supporté indépendamment de la boîte. Il est aussi possible de fixer un appareil au plafond en utilisant une boîte avec barre ajustable intégrée approuvée pour cet usage. Installé entre deux poutrelles, ce genre de boîte peut être positionné à n'importe quelle distance entre les deux solives.

Genres de boîtes en plastique

Boîte profonde   Boîte peu profonde

Les boîtes en plastique avec clous intégrés sont disponibles en plusieurs grandeurs, profondes et peu profondes. Utilisez les boîtes les plus profondes en fonction de l'espace pour installer les prises, les interrupteurs et les fils.

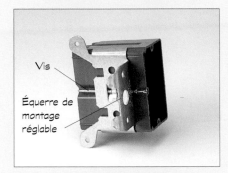

Vis

Équerre de montage réglable

Les boîtes ajustables permettent l'ajustement en fonction de l'épaisseur des murs, même lorsque l'installation est complétée. Ajustez la profondeur de la boîte en tournant la vis située sur le dessus.

Quadruple   Triple

Double

Boîtes pour interrupteurs multiples : double, triple et quadruple. Les boîtes quadruples devraient être fixées à deux montants de bois pour l'empêcher de bouger, soit un de chaque côté de la boîte.

ACCEPTABLE FOR FAN SUPPORT
SCREWS PROVIDED MUST BE USED
2 PCS - #8 x 3 1/2" (P/N G429)
2 PCS - #8 x 1" (P/N G430)
PATENT NO. 5522577   LBL720

Étiquette de support d'appareil

Boîte de plafond

Les boîtes de plafond prévues pour les appareils de plafond se boulonnent à la structure. Une boîte supportant un appareil pesant jusqu'à 50 livres doit être identifiée en conséquence. Si l'appareil pèse plus de 50 livres, il doit être supporté indépendamment de la boîte.

Certaines boîtes de plafond sont installées entre les solives avec une barre d'attache ajustable. La position de l'appareil peut être modifiée en glissant la boîte le long de la barre d'attache.

La plupart de boîtes en plastique, quelle que soit l'utilisation, comprennent des pinces de métal qui serrent le câble de type NM lorsqu'il est inséré dans la boîte. Ouvrez les pinces avec un tournevis plat avant d'insérer le câble. Si le câble doit être enlevé, utilisez le tournevis pour écarter les pinces.

Boîtes en métal

Bien qu'elles soient plus plus coûteuses à l'achat que les boîtes en plastique, les boîtes en métal procurent quelques avantages. Étant offertes depuis plus longtemps, elles sont fabriquées en davantage de configurations. Les boîtes de base incluent les boîtes pour interrupteurs et prises (rectangulaires), et les boîtes pour appareils ou pour raccordements d'équipements (carrées ou octogonales). La rigidité est un des plus grand avantages des boîtes en métal sur les boîtes en plastique. À cause de leur plus grande résistance au traitement abusif, elles sont idéales dans les lieux exposés tels que les sous-sols non finis et les garages. Certaines boîtes en métal ont un gabarit de profondeur intégré pour permettre l'installation en fonction de l'épaisseur des murs finis.

Le fait de pouvoir enlever les côtés pour permettre le groupement de plusieurs boîtes constitue un avantage important pour l'installation de multiples dispositifs. Par exemple, une boîte simple peut devenir une boîte quadruple si le besoin en est ressenti.

La plupart des boîtes en plastique comportent des pinces internes permettant de fixer en place le câblage de type NM. Il faut ouvrir les pinces avec un tournevis pour insérer le câble dans la boîte.

Un gabarit de profondeur intégré à la boîte permet à l'installateur de poser la boîte sur le montant de bois pour qu'il affleure le mur fini en gypse.

CONSEIL PRATIQUE

Ajouter de l'espace à une boîte en métal groupable

1 Pour ajouter de l'espace à une boîte groupable, utilisez un tournevis pour enlever la vis de retenue sur le côté à prolonger, et enlevez le panneau du côté.

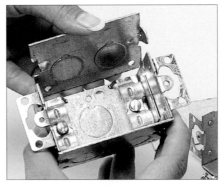

2 Enlevez le panneau opposé d'une deuxième boîte.

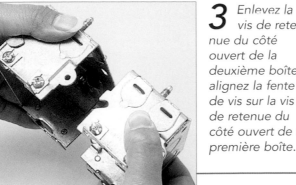
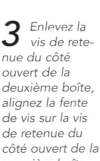

3 Enlevez la vis de retenue du côté ouvert de la deuxième boîte, alignez la fente de vis sur la vis de retenue du côté ouvert de la première boîte.

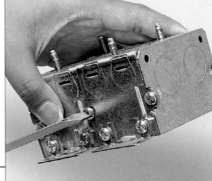

4 Serrez la vis de retenue, ce qui crée ainsi une boîte double.

Insérer un câble de type NM dans une boîte métallique

Pour insérer un câble de type NM dans une boîte en métal, il faut d'abord enlever une des pastilles. Certaines boîtes ont des pastilles pouvant facilement être enlevées avec un tournevis plat. D'autres ont des pastilles circulaires devant être enlevées avec un marteau et un tournevis ou un poinçon. Une fois la pastille enlevée, une attache à câble peut être insérée dans l'ouverture. L'attache sécurise le câble et l'empêche de s'effriter contre les bords acérés de l'ouverture dans la boîte.

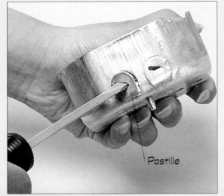

Certaines boîtes *ont des pastilles pouvant être enlevées avec un tournevis plat.*

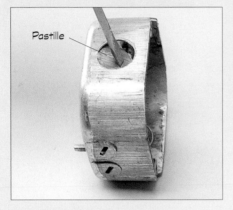

Certaines boîtes *ont des pastilles ne pouvant être enlevées qu'avec un marteau et un tournevis ou avec un outil spécialisé appelé poinçon.*

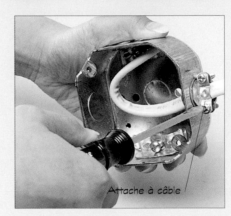

Une attache à câble *se visse dans l'ouverture de la pastille pour sécuriser le câble et l'empêcher de s'effriter contre les bords acérés de l'ouverture.*

Boîtes à l'épreuve des intempéries

Les boîtes utilisées à l'extérieur doivent être à l'épreuve de l'eau. Un façon d'atteindre cet objectif est de poser un couvercle à l'épreuve des intempéries sur une boîte encastrée dans un mur extérieur. Une autre façon consiste à fixer un couvercle à l'épreuve des intempéries sur une boîte en surface.

L'inconvénient des deux méthodes est qu'une fois le couvercle ouvert, la boîte exposée n'offre plus aucune protection contre les intempéries. Le Code de l'électricité exige qu'une boîte ou un couvercle spécial assurant la protection contre les intempéries soit utilisée lorsque tout appareil ou équipement est laissé branché sans supervision dans une prise extérieure.

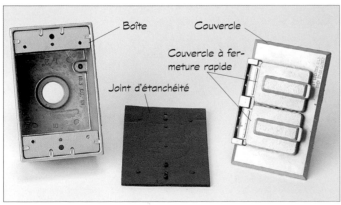

Une boîte de prises extérieures *comprend un joint d'étanchéité en mousse et un couvercle à ressort à fermeture rapide. La boîte n'est à l'épreuve des intempéries que lorsque le couvercle est refermé.*

Une boîte à l'épreuve des intempéries *doit conserver sa protection contre l'eau même lorsque la prise est utilisée. Cette sorte de boîte doit être munie d'un couvercle pouvant se refermer sur un cordon branché.*

Boîtes spéciales

Les boîtes à crêpes et les boîtes à installation rétroactive ont des usages particuliers. Les boîtes à crêpes sont généralement utilisées pour installer des appareils d'éclairage extérieurs. À cause de leur profil bas, elles peuvent être fixées à la surface d'un mur extérieur tout en demeurant inaperçues sous le bâti de l'appareil.

Les boîtes à installation rétroactive sont disponibles en versions métallique et non métallique. Les deux versions ont des oreilles à gypse sur le devant et une attache ajustable sur l'arrière. Les attaches s'élargissent en saisissant l'arrière du mur de gypse, alors que les oreilles en métal sur le devant empêchent la boîte de tomber dans l'ouverture. Les boîtes à installation rétroactive en métal ne sont pas aussi populaires que celles en plastique parce qu'elles sont plus dispendieuses, doivent être mises à la terre et offrent moins d'espace pour le câblage.

▶ *Les boîtes à installation rétroactive sont conçues pour être installées dans des murs existants. Une fois insérées dans une ouverture du mur, les vis sont ajustées pour élargir des attaches qui saisissent l'arrière d'un mur de plâtre ou de gypse. Elles sont disponibles dans les mêmes grandeurs et formes que les boîtes électriques standards et sont fabriquées de métal, plastique ou autre matériau composite telle la fibre de verre. Considérant que le seul support d'une telle boîte est le panneau de gypse, ces boîtes ne devraient pas servir à fixer des appareils électriques lourds.*

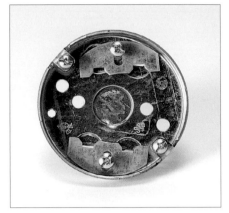

Les boîtes à crêpes tirent leur nom de leur forme ronde et plate. Elles ont un volume cubique minimum et sont conçues pour être installées sous le bâti d'un appareil d'éclairage extérieur.

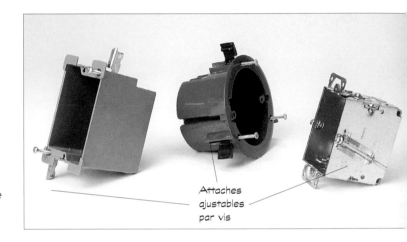

Attaches ajustables par vis

Installation d'une boîte rétroactive

Pour installer une boîte pour un interrupteur, une prise ou un plafonnier, commencez par tracer le contour de la boîte sur la surface du mur ou du plafond. Découpez l'ouverture avec une scie passe-partout. Insérez la boîte dans l'ouverture, pour ensuite ajuster et serrer les attaches sur l'arrière du panneau de gypse.

1 Tracez le contour de la boîte sur le mur ou sur la surface du plafond, et découpez l'ouverture de la boîte.

2 Insérez la boîte dans l'ouverture et ajustez les attaches.

3 Serrez les vis d'ajustement pour amener les attaches fermement contre l'arrière du mur fini (vue de l'intérieur du mur).

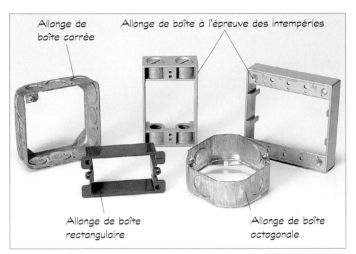

Allonge de boîte carrée

Allonge de boîte à l'épreuve des intempéries

Allonge de boîte rectangulaire

Allonge de boîte octogonale

Utilisez des allonges de boîte pour augmenter le volume disponible dans la boîte. Des allonges pour boîtes à l'épreuve des intempéries sont disponibles pour l'extérieur.

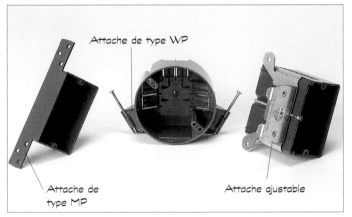

Attache de type WP

Attache de type MP

Attache ajustable

Il y a moins d'attaches pour les boîtes en plastique que pour les boîtes en métal. La plupart ont des éperons de clouage qui permettent la fixation aux montant de bois.

Allonge de boîte

Les allonges de boîtes, ou anneaux de prolongation, sont utilisés pour augmenter la quantité de câblage permise d'une boîte. Si la surface finie d'un mur ou du plafond ressort du devant d'une boîte, ou que plus d'espace est requis pour le câblage de la boîte, il faut simplement ajouter un anneau de prolongation. Une allonge à l'épreuve des intempéries peut être utilisée pour faire une connexion sur une prise ou une boîte de jonction située à l'extérieur.

Attaches de fixation

Des attaches sont disponibles pour toutes les sortes de boîtes métalliques et non métalliques, et pour une grande variété de conditions d'installation. Bien que certaines attaches soient prévues pour un usage spécifique, d'autres peuvent être utilisées pour plusieurs sortes de boîtes. Chaque attache fixe une boîte de façon différente. Par exemple, une attache en A se fixe sur le devant et sur le côté d'un montant, tandis qu'une attache en B se fixe seulement sur le devant, et qu'une attache

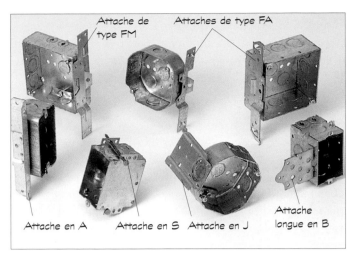

Attache de type FM

Attaches de type FA

Attache en A

Attache en S

Attache en J

Attache longue en B

Il y a différentes sortes d'attaches pour fixer les boîtes électriques en métal. Certaines sont conçues pour un usage spécifique, alors que d'autre ont de multiples usages.

en D seulement sur le côté. Aussi disponibles sont les attaches à montant métallique telles les attaches de type MS à pression. D'autres attaches sont utilisées pour les boîtes groupables et pour les boîtes devant être décentrées des montants. Les attaches pour boîtes en plastique ne sont pas disponibles en autant de configurations. Étant donné qu'elles sont moins durables, les boîtes non métalliques sont généralement munies de clous intégrés plutôt que d'attaches. Que vous utilisiez des boîtes métalliques ou des boîtes non métalliques, discutez de votre projet électrique avec le représentant de votre magasin de fournitures électriques pour vous assurer que vous aurez les attaches requises pour le travail prévu.

Prises
Prises duplex

Des prises variées sont fabriquées pour un grand nombre de travaux résidentiels. Les prises duplex standards sont les plus communes et sont utilisées pour alimenter les appareils d'éclairage, les électroménagers et autres équipements électriques fonctionnant de 110 à 125 volts. Cette sorte de prise est munie d'une fente de neutre longue, une fente de phase courte et d'un trou de mise à la terre en forme d'arche. Cette configuration de fentes assure qu'une fiche ne pourra être insérée dans la prise que d'une seule manière, garantissant ainsi la bonne polarité et la mise à la terre.

Prises non mises à la terre

Dans certains résidences anciennes, il est possible de trouver des prises avec seulement deux fentes et aucun trou de mise à la terre. Si les deux fentes sont de longueur identique, la prise n'est ni polarisée, ni mise à la terre. Si une des fentes est longue et l'autre courte, la prise est polarisée mais n'est pas mise à la terre. Sur une prise non polarisée, les connexions aux vis pour les conducteurs de neutre et de phase peuvent être interchangées.

Prises d'électroménagers

Certaines prises ont des configurations de fentes limitant leur utilisation à des appareils ou groupes d'appareils spécifiques. Par exemple, la fente de phase sur un appareil ou outil de 20 ampères est en forme de T, tandis que les fentes de phase et de neutre sur une prise de climatiseur sont horizontales plutôt que verticales. Les appareils nécessitant un courant élevé, telles les sécheuses à linge et les cuisinières électriques, utilisent une prise simple dédiée. Chaque sorte offre une configuration unique prévue en fonction de l'appareil à alimenter. La tension et l'ampérage sont clairement identifiés sur la prise, ainsi que le numéro de code déterminé par la National Electrical Manufacturers Association des (NEMA) et le sigle des Laboratoires Underwriters (UL). Le code NEMA assure que vous vous procurez la bonne prise en fonction de l'appareil et le sigle UL certifie que la prise a été fabriquée selon des critères d'essai rigoureux.

Prises à mise à la terre isolée et prises avec GFCI

Une prise avec mise à la terre isolée est un dispositif spécialisé, de couleur orange. Elle possède une vis isolée de mise à la terre et est utilisée principalement pour protéger l'équipement électronique sensible des surtensions et perturbations électriques potentiellement destructrices ou endommageantes. Une prise avec GFCI (détecteur différentiel de faute à la terre) est une prise spéciale prévue pour protéger l'utilisateur d'un choc électrique. Lorsque les courants d'alimentation et de retour sont inégaux, le GFCI coupe le circuit en une fraction de seconde, prévenant ainsi un choc. Ce type de prise est requis par le Code dans les endroits mouillés tels salles de bains, cuisines, sous-sols, garages et à l'extérieur.

Types de prises

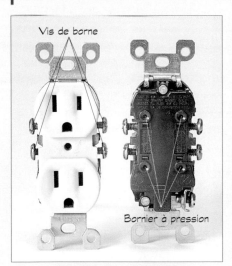

Les prises **duplex standards** ont des vis pour permettre la connexion des fils. Certaines ont des trous permettant d'enficher les fils de calibre 14, mais ne sont pas recommandées en raison de la connexion moins sécuritaire.

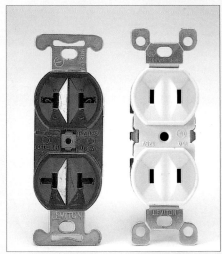

Les **prises plus vieilles** ne comportent que deux fentes. Si les deux fentes ont les mêmes dimensions, tel qu'on le voit ici, la prise n'est ni polarisée, ni mise à la terre. Si une des fentes est plus longue que l'autre, la prise est polarisée, mais n'est pas mise à la terre.

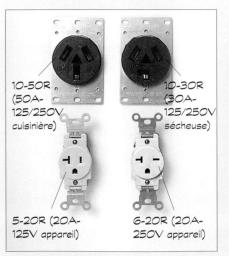

Les prises **d'électroménagers à haute tension** ont des configurations de fentes empêchant de brancher un appareil dans le mauvais circuit.

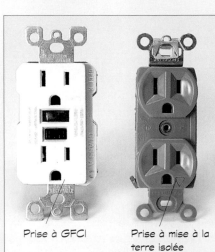

Une prise avec **GFCI** protège l'utilisateur contre les chocs et les prises à mise à la terre isolée protègent les équipements électroniques des surtensions.

Interrupteurs

Types et désignations

Un interrupteur contrôle le débit de courant dans un circuit électrique. Lorsqu'un interrupteur est commuté, l'électricité circule dans le circuit de son point d'origine à son point d'utilisation. L'interrupteur standard utilisé en construction résidentielle est le commutateur. D'autres sortes incluent les gradateurs, les interrupteurs à lampe témoin et les commutateurs électroniques. Les interrupteurs sont catégorisés par qualité et par usage. L'interrupteur standard, ou de qualité construction, est calibré pour 15 ampères et est la qualité la plus répandue en construction résidentielle. Sont aussi disponibles les interrupteurs de qualité commerciale et industrielle, qui sont plus chers et de meilleure qualité.

Commutateurs

Les commutateurs ont bien changé depuis leur apparition sur le marché. Il est maintenant possible de s'en servir pour de multiples fonctions. La fonction de base demeure celle d'ouvrir un circuit pour interrompre le courant et de le fermer pour le laisser circuler. Un commutateur standard unipolaire peut allumer une lumière seulement à partir d'un point donné. Les interrupteurs peuvent aussi contrôler un circuit à partir de deux endroits (commutateur à trois voies) ou même trois endroits (commutateur à quatre voies). Un commutateur unipolaire possède deux vis de connexion. Seul ce commutateur peut contrôler le circuit. Le conducteur de phase se connecte à une vis et le conducteur alimentant la charge se connecte à l'autre. Un commutateur à trois voies possède trois vis. Une est identifiée « com » pour « commun », et est prévue pour le raccordement du conducteur de phase. Les autres vis sont destinées aux raccordements des conducteurs de liaison. Un commutateur à quatre voies possède quatre vis. Un commutateur à quatre voies et deux commutateurs à trois

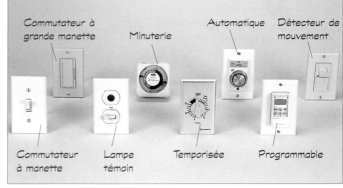

Il est possible de se procurer des commutateurs à manette, avec lampe témoin, avec minuterie, avec temporisation, automatique, programmable et avec détecteur de mouvement.

voies peuvent être utilisés pour contrôler une charge à partir de trois endroits différents. Un interrupteur similaire, le commutateur bipolaire, est utilisé pour contrôler les appareils à 240 volts et se distingue du commutateur à quatre voies par les inscriptions « ON » et « OFF » sur la manette. Les commutateurs sont aussi disponibles en configurations permettant les connexions du câblage sur les côtés, sur les bouts, sur le devant ou sur l'arrière. Les commutateurs avec câblage à l'arrière sont pourvus de trous à pression au lieu de vis.

Gradateurs

Les gradateurs sont utilisés pour contrôler la clarté, ou intensité, de la lumière émise par un appareil d'éclairage en augmentant ou en diminuant le courant alimentant l'appareil. Les gradateurs peuvent être munis de manettes à commutateurs standards, de cadran rotatifs, de glissoires ou de sondes électroniques réagissant au niveau de luminosité ambiant en se réglant automatiquement. Ils peuvent aussi être en configuration unipolaire ou tripolaire.

CONSEIL PRATIQUE

Comprendre un commutateur

Les commutateurs doivent être identifiés par des étiquettes représentant les différents calibres et approbations. Ces étiquettes donnent l'information importante concernant l'usage et la sécurité. La désignation UND. LAB-INC. LIST, par exemple, indique que le commutateur a été répertorié par les Laboratoires Underwriters, une agence indépendante de vérificateurs. AC ONLY indique que le commutateur est approuvé pour le courant alternatif seulement. CO/ALR précise que le commutateur peut être utilisé autant avec du câblage d'aluminium qu'avec du câblage de cuivre. Un commutateur identifié CU ne peut être utilisé qu'avec du câblage de cuivre. Les calibres de tension et de courant sont identifiés par des désignations tel 15A-120V, ce qui veut dire que le commutateur est approuvé pour utilisation sur des circuits avec courant maximum de 15 ampères à une tension maximale de 120 volts.

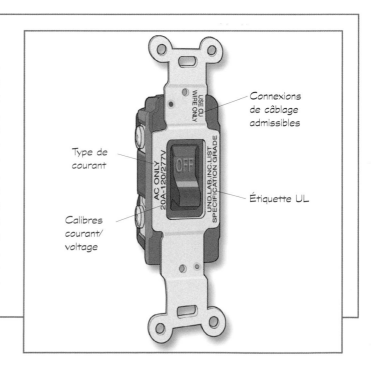

Connexions de câblage admissibles

Type de courant

Étiquette UL

Calibres courant/ voltage

Genres de commutateurs

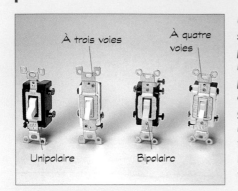

À trois voies À quatre voies

Unipolaire Bipolaire

Un commutateur standard unipolaire *peut allumer une lumière seulement à partir d'un point donné. D'autres genres comprennent les commutateurs bipolaires et les interrupteurs à trois et quatre voies.*

Les commutateurs standards *peuvent être câblés sur les vis de côté ou dans les trous à pression de l'arrière. Les commutateurs plus vieux peuvent être câblés à l'avant ou sur les bouts.*

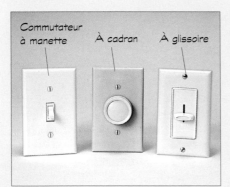

Commutateur à manette À cadran À glissoire

Un gradateur *peut contrôler l'intensité de la lumière émise par une lampe. Un gradateur peut avoir des contrôles à commutateur, à cadran, à glissoire ou automatique.*

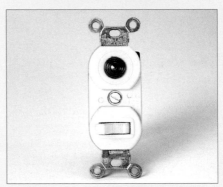

Une lampe témoin verte ou rouge *s'allumera sur un commutateur pour indiquer la présence de courant dans le circuit.*

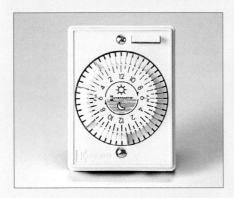

Une minuterie *ouvre ou ferme le circuit à une certaine heure préréglée, tandis qu'un commutateur temporisé alimente un circuit pour une durée prédéterminée.*

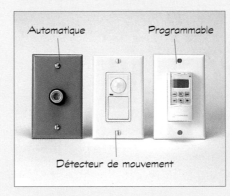

Automatique Programmable

Détecteur de mouvement

Les commutateurs automatiques, *détecteurs de mouvement et programmables sont autant d'interrupteurs électroniques. Le mouvement détecté par un œil magique actionne une sonde infrarouge.*

Commutateurs avec lampe témoin

Les commutateurs avec lampe témoin sont généralement retrouvés sur les électroménagers, mais trouvent leur utilité en permettant à l'utilisateur de savoir si une lampe est allumée dans un endroit éloigné tels balcons, grenier, sous-sol et garage. La lampe témoin s'allume lorsque le circuit est sous tension.

Minuteries

Les minuteries sont disponibles en deux variétés: à horloge et temporisées. Un interrupteur à horloge peut être programmé pour allumer une lampe ou un autre appareil à une heure donnée de la journée. Par exemple, un thermostat programmé pour abaisser la température lorsque personne n'est

à la maison. Un autre type permettrait d'allumer les lumières extérieures de la maison au crépuscule ou lors de voyages à l'extérieur. Ce genre d'interrupteur peut aussi être utilisé pour faire fonctionner un système d'irrigation de pelouse. Un interrupteur temporisé est conçu pour permettre à un appareil de fonctionner pour une période de temps déterminée pour ensuite s'arrêter. Un exemple serait une lampe de chauffage infrarouge ou un ventilateur de salle de bains.

Interrupteurs électroniques

Les interrupteurs électroniques permettent le contrôle automatique des lampes et autres appareils. Pour assurer la sécurité, ils peuvent être mis en mode manuel. Un commutateur automatique permet à l'utilisateur de simplement passer la main devant le dispositif pour l'actionner. Un rayon infrarouge émanant du commutateur détecte la main de l'usager et émet un signal électronique actionnant le commutateur. Un détecteur de mouvement fonctionne de la même façon mais est conçu pour l'éclairage de sécurité. Lorsque quelqu'un ou quelque chose passe devant l'œil magique, la lumière est activée. Lorsque le mouvement cesse, la lumière s'éteint automatiquement après un délai programmé. L'éclairage extérieur de garage ou de périmètre est souvent contrôlé par cette sorte d'interrupteur. Un interrupteur programmable est une version à commande numérique de la minuterie. Il peut être programmé selon divers scénarios pour allumer et éteindre les lumières automatiquement plusieurs fois par jour. Cet interrupteur est avantageux lorsque les propriétaires sont à l'extérieur de la maison ou en voyage.

Transformateurs à bas voltage
Genres et applications

Plusieurs appareils résidentiels requièrent beaucoup moins de puissance que peut en fournir le courant standard résidentiel à 120 volts. Les carillons, l'éclairage extérieur et de piscine, les téléphones, les antennes et les thermostats en sont quelques exemples (voir chapitre 6, « Câblage spécialisé », pages 180-197). Un transformateur à bas voltage transforme le courant d'une tension de 120 volts à une tension de 30 volts ou moins. Certains appareils peuvent comporter leur propre transformateur desservant uniquement cet appareil. Un transformateur à distance externe peut alimenter plusieurs équipements. Un transformateur spécial à l'épreuve des intempéries est utilisé pour alimenter les circuits d'éclairage extérieurs à bas voltage. Par contre, le transformateur à bas voltage le plus utilisé en construction résidentielle est un simple transformateur fixé à une boîte de jonction. Le câblage d'alimentation et d'appareillage est connecté aux fils du transformateur à l'intérieur de la boîte. Avant de se rendre à l'appareil, la tension est réduite par le transformateur.

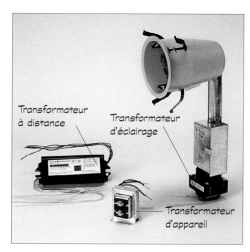

Les transformateurs à bas voltage peuvent être installés séparément ou être intégrés à un appareil, mais ils ont tous une propriété commune, soit celle d'abaisser la tension.

Conduits et chemins de câbles
Utilisation d'un chemin de câble

Pour un électricien, les termes « conduit » et « chemin de câbles » sont interchangeables, mais nous utiliserons le terme chemin de câbles pour désigner l'installation de câblage en surface. Cela élimine le tirage de fils à travers les murs existants et permet au câblage d'être installé le long des murs en maçonnerie. Les chemins de câbles protègent le câblage en l'enfermant dans une enveloppe de plastique ou de métal. Le câblage de chemin de câbles inclut les prises, les interrupteurs et les plafonniers. Des connecteurs spéciaux permettent de tourner les coins et fournissent les intersections nécessaires aux embranchements. Les chemins de câbles sont mis à la terre par un conducteur de mise à la masse, une enveloppe métallique ou les deux ensemble (voir chapitre 4, « Méthodes de câblage », pages 68-125). Le Code limite l'utilisation des chemins de câbles aux endroits secs non exposés à l'endommagement. Les chemins de câbles sont limités quant à la quantité et au calibre du câblage en fonction de l'usage préconisé.

Composantes d'un chemin de câbles

Les composantes d'un chemin de câbles sont disponibles en métal ou en plastique et doivent être jointes électriquement et mécaniquement pour protéger le câblage. Les attaches pour chemins de câbles doivent être installés de façon à affleurer la surface de la cannelure pour éviter de couper les fils. Comme pour le métal, les chemins de câbles en plastique doivent résister aux flammes, à l'humidité, aux impacts et à l'écrasement, et être installés dans des environnements secs. Les composantes incluent les sections de cannelure, les coudes, les connecteurs en T et les boîtes électriques.

Le câblage de chemin de câbles se raccorde de la même manière que le câblage conventionnel. Une plaque de fond et une allonge sont fixées à la boîte électrique, et l'interrupteur ou la prise se fixe ensuite à la plaque de fond.

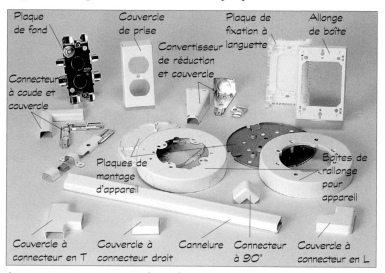

Les composantes types d'un chemin de câbles incluent les sections de cannelures droites, les coudes, les connecteurs en T, les boîtes de rallonge, les plaques et les couvercles.

▶ *Les prises de chemin de câbles* sont raccordées de manière conventionnelle. Une boîte existante est agrandie avec une plaque et une monture de rallonge prévues pour l'installation d'un chemin de câbles.

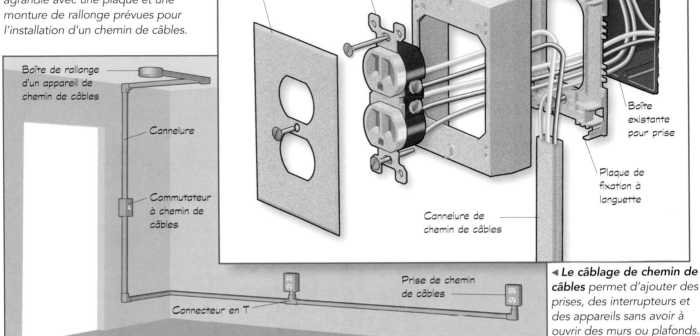

◀ *Le câblage de chemin de câbles* permet d'ajouter des prises, des interrupteurs et des appareils sans avoir à ouvrir des murs ou plafonds.

Genres de conduits et applications

En construction résidentielle, les conduits protègent les câbles de l'entrée de service, les câbles extérieurs et le câblage sujet à l'endommagement. Il existe différentes sortes de conduits métalliques et non métalliques. Chacun est prévu pour une application particulière. Les conduits métalliques utilisés en construction résidentielle incluent les conduits rigides métalliques (acier ou aluminium), les conduits métalliques intermédiaires (IMC), les tubes électriques métalliques (EMT), les conduits flexibles antiliquide recouverts de chlorure de polyvinyle (PVC) et les conduits flexibles métalliques hélicoïdaux. Les conduits non métalliques en PVC incluent les conduits rigides non métalliques et les tubes électriques non métalliques (ENT). Indépendamment de la sorte de conduit utilisé, toutes les connexions doivent être faites dans une boîte de jonction électrique accessible.

Composantes des conduits

Chaque type de conduit utilise des connecteurs et des composantes prévus exclusivement pour cette sorte de conduit. Les conduits rigides métalliques sont filetés de chaque côté, avec un couplage préfixé sur une extrémité. Le métal est généralement galvanisé et peut être fini en émail ou en plastique pour utilisation dans les environnements corrosifs. Les conduits métalliques rigides doivent être supportés à tous les 10 pieds et à au plus 3 pieds de toute boîte de jonction raccordée. Plusieurs courroies et brides sont fabriquées spécifiquement dans ce but. Les autres composantes incluent les connecteurs à compression, les coudes, les couplages et les écrous autobloquants. Bien que leurs parois soient plus minces, les conduits de type IMC sont similaires aux conduits rigides métalliques et utilisent les mêmes composantes et accessoires. Le conduit de type EMT est plus mince que le conduit rigide ou le conduit de type IMC.

Contrairement au conduit rigide, il n'est pas fileté et ne peut être utilisé qu'avec ses propres composantes et accessoires. Les conduits de types IMC et EMT doivent se plier à la même réglementation que les conduits métalliques rigides. Le conduit flexible métallique hélicoïdal peut être utilisé dans des circonstance demandant des courbes serrées et pour les raccordements des appareils dégageant de fortes vibrations. Les conduits flexibles métalliques anti-liquide sont utilisés dans les endroits propices aux liquides et à la vapeur, incluant les enfouissements souterrains si l'identification du conduit le permet. Les conduits métalliques flexibles doivent être supportés à tous les 4 pieds de demi, et au plus à 1 pied d'une boîte électrique. À cause de sa plus grande résistance par rapport au métal rigide, la mise à la terre est assurée par un fil interne. Les conduits métalliques flexibles nécessitent des connecteurs et des accessoires spéciaux.

Les conduits rigides non métalliques sont utilisés pour le câblage souterrain à cause de leur légèreté et leur résistance à la corrosion et à l'humidité. L'utilisation de conduits de type ENT est permise aux endroits mouillés à l'intérieur, dans les dalles de béton de tous les bâtiments. Par contre, le conduit doit être protégé par une cloison en gypse à l'épreuve du feu. Considérant que les deux sortes dégagent une fumée toxique lorsqu'ils brûlent, vérifiez-en le droit d'utilisation dans les codes locaux. Les connecteurs et accessoires pour conduits non métalliques sont assemblés en utilisant une colle approuvée. Le conduit peut être plié en le chauffant à l'air chaud ou par un appareil de chauffage à l'infrarouge. Ne jamais utiliser une flamme nue. Pour le couper, utilisez une scie à métaux. Le Code requiert que les conduits non métalliques soient supportés à tous les 3 à 8 pieds, selon le diamètre, et au plus à 3 pieds d'une boîte de jonction.

Composantes de conduits

Plusieurs genres de conduits métalliques et non métalliques sont utilisés en construction résidentielle. Chaque sorte a son usage et ses besoins particuliers pour l'installation.

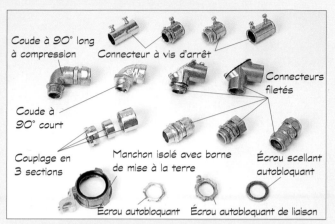

Les connecteurs, coudes, couplages, écrous autobloquants et manchons pour conduits métalliques rigides et conduits métalliques intermédiaires (IMC) doivent être fabriqués en métal.

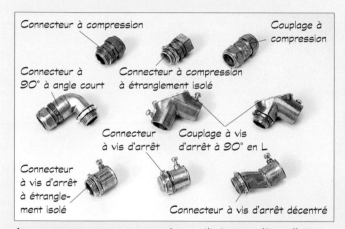

Les connecteurs et accessoires utilisés pour l'installation des tubes électriques métalliques (EMT) sont différents de ceux utilisés pour les conduits métalliques rigides et intermédiaires.

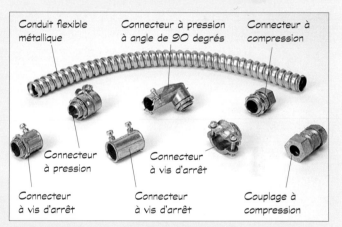

Le conduit flexible métallique hélicoïdal est aussi disponible en version anti-liquide résistant à l'humidité. Tel le conduit de type EMT, il doit être installé avec ses propres connecteurs et accessoires.

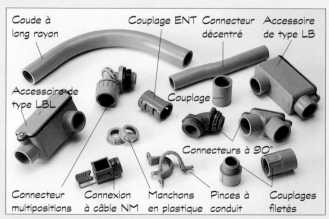

Des connecteurs et accessoires spéciaux sont requis pour les conduits rigides non métalliques et les tubes électriques non métalliques (ENT).

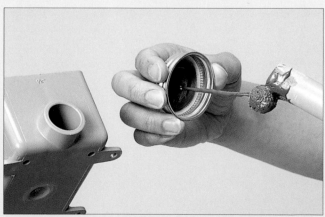

Les connecteurs et accessoires des conduits non métalliques sont soudés en place en utilisant une colle particulière appelée ciment à conduit.

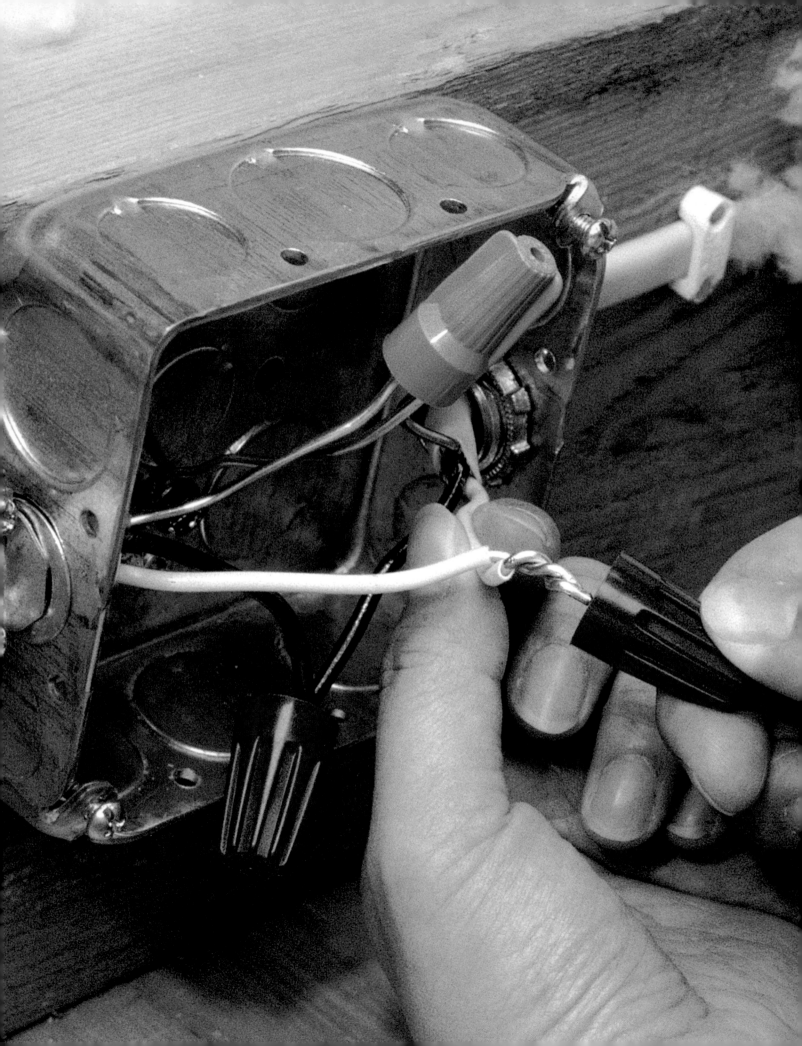

Chapitre 4

Méthodes de câblage

Maintenant que vous avez appris les notions fondamentales de l'électricité et que vous vous êtes familiarisé avec les outils, les matières et les équipements dont vous pourriez avoir besoin pour compléter un projet d'électricité, il est temps d'acquérir des notions de base de câblage. Avant de commencer un projet de câblage, il est important de se rappeler que la sécurité doit primer. Travailler sur un circuit veut avant tout dire qu'il faut savoir à quel disjoncteur ou fusible est relié le circuit. Si ce n'est déjà fait, voici un bon temps pour tracer le diagramme des circuits présents dans votre maison (voir page 70).

Circuiterie de base

Tracer le diagramme d'un circuit

Que l'on travaille avec des fusibles ou des disjoncteurs, il faut savoir quels interrupteurs, prises, dispositifs ou équipements sont présents dans le circuits qu'ils contrôlent. Il faut aussi connaître leur mode de fonctionnement. Il existe plusieurs types de fusibles et de disjoncteurs, chacun ayant sa propre fonction. Le rôle des fusibles et des disjoncteurs est de protéger le câblage du circuit — et non l'appareil. Gardez cela en mémoire lorsque vous dessinez des diagrammes, tout en vous assurant que le fusible ou le disjoncteur ne puisse laisser passer plus de courant que la capacité du fil qu'il doit protéger. Le courant maximum admissible pour un conducteur, mesuré en ampères, est appelé courant ou intensité admissible.

Vérifiez s'il y a des problèmes évidents durant l'inspection du panneau de fusibles et/ou de disjoncteurs. Par exemple, si vous dévissez un fusible de la boîte, inspectez le fusible et sa douille. (Par sécurité, commencez par retirer le fusible principal.) Vérifiez le fusible ou sa douille pour tout dommage causé par un arc électrique ou une brûlure.

Une fois certain de l'absence de dommages au panneau de fusibles et/ou de disjoncteurs, vous pouvez commencer à tracer le diagramme des circuits. Une radio enfichable sera utile, tout comme la présence d'un assistant, si vous en trouvez un. Si nécessaire, vous pouvez faire le travail seul — la durée du travail n'en sera que plus longue.

Inspectez le panneau principal pour être certain qu'aucun fusible ou disjoncteur n'excède la capacité du fil qu'il protège.

Capacité des fusibles et des disjoncteurs

Fusible ou disjoncteur		Capacité d'un fil conducteur	Capacité de charge
Fusible 15 ampères	Disjoncteur 15 ampères	14/2G	15 ampères
Fusible 20 ampères	Disjoncteur 20 ampères	12/2G	20 ampères
Fusible 30 ampères	Disjoncteur 30 ampères	10/2G	30 ampères

Vérification des dommages

Vous pouvez facilement **diagnostiquer** un fusible sauté en regardant à travers la partie vitrée. Un élément brûlé laisse présager une surcharge ; un élément brisé et une vitre noircie indiquent un court-circuit.

Lorsqu'un **fusible est brûlé**, la douille peut également être endommagée. Vérifier la présence d'usure causée par un arc ou une brûlure.

Un fusible endommagé montre visiblement des marques causées par une brûlure et un arc.

Des traces de brûlure sur un disjoncteur sont un signe de dommages importants.

COMMENT tracer le diagramme des circuits

Niveau de difficulté :

Outils et matériel

- Crayon feutre et marqueur
- Bloc-notes d'autocollants de 1½ x 2 pouces
- Papier graphique
- Étiquettes autocollantes (facultatif)

Faire une esquisse et numéroter les circuits. En utilisant un crayon feutre noir, dessinez un plan à l'échelle de chacune des pièces de votre demeure **(photo 1)**. Utilisez une feuille séparée pour chaque espace, en notant l'emplacement de chaque prise, interrupteur, dispositif d'éclairage et électroménager à branchement direct. Au panneau de service principal, notez le numéro de chacun des disjoncteurs **(photo 2)**. Vous pouvez utiliser ce numéro ou inscrire votre propre numéro à côté du disjoncteur. Si vous avez un panneau de fusibles, écrivez les numéros à côté de chaque fusible en utilisant un crayon feutre. Comme alternative, utilisez des étiquettes collantes.

Fermer l'alimentation et allumer la radio. Fermez tous les disjoncteurs dans le panneau ou, si vous possédez un panneau de fusibles, dévissez tous les fusibles **(photo 3)**. Faites cela à la lumière du jour ou utilisez une lampe de poche de 9 volts (avec une possibilité de remplacement)

pour vous éviter de travailler à la noirceur. Choisissez un point de départ, tel la cuisine ; branchez ensuite la radio. Montez le volume du son assez fort pour être capable de l'entendre à partir du panneau principal **(photo 4)**.

Allumer un circuit. N'allumez qu'un seul circuit à la fois. Si vous n'entendez pas la radio, fermez ce circuit et ouvrez-en un autre. Continuez ce processus jusqu'à ce que vous entendiez le son de la radio. Lorsque vous l'entendez, écrivez le numéro du circuit correspondant sur votre plan **(photo 5)**. Utilisez cette méthode pour vérifier chaque prise. Pour les interrupteurs et les dispositifs d'éclairage, vous aurez probablement besoin de l'aide d'un assistant pour vous aider à vérifier leur présence sur un circuit particulier.

Vérifier les électroménagers. Pour les électroménagers comme le lave-vaisselle, mettez-les en fonction ; puis ouvrez le disjoncteur ou vissez le fusible. Lorsque vous entendez l'appareil se mettre en marche, notez le numéro du circuit. Certains appareils, tel le four, ne feront pas de bruit. Un four, par contre, possède une lumière interne (pour la cuisson) ou une horloge qui se mettra en fonction lorsque l'appareil sera alimenté **(photo 6)**. Il devrait aussi être alimenté sur un disjoncteur bipolaire de 40 ou 50 ampères. Un chauffe-eau standard sera sur un circuit bipolaire de 30 ampères dans le panneau. Une thermopompe est aussi normalement sur un disjoncteur de 30 ampères bipolaire. Pour vérifier un circuit de thermopompe, vous devrez régler le thermostat.

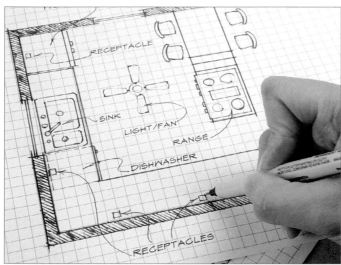

1 Dessinez un plan pour noter les circuits contrôlant chaque interrupteur, prise et dispositif d'éclairage de votre demeure.

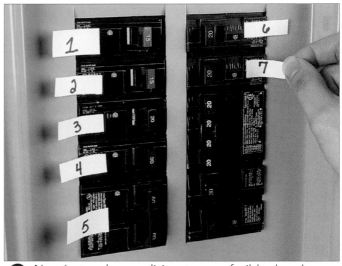

2 Numéroter chaque disjoncteur ou fusible dans le panneau simplifie le procédé pour tracer des circuits.

3 Travailler sur des circuits peut être dangereux. Assurez-vous que l'alimentation soit fermée avant de tracer des circuits.

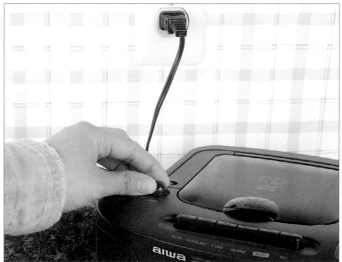

4 Un appareil radio pouvant jouer à haut volume est une façon de savoir à distance si une prise est associée ou non à un circuit.

5 Après avoir vérifié une prise, notez le numéro du disjoncteur sur le plan.

6 Un disjoncteur ou un fusible de 30 ou 50 ampères alimente un électroménager ou un gros équipement mécanique.

4 Méthodes de câblage

Dessiner un plan de câblage

Un plan de câblage doit comprendre les dispositifs d'éclairage, les prises pour les petits appareils électriques et autres objets devant être déplacés d'un endroit à l'autre, et les prises pour les appareils électroménagers comme les lave-vaisselle, les laveuses et les fours.

Établir un plan de câblage de la cuisine

La cuisine requiert probablement le plan le plus compliqué. Par mesure de clarté, nous présentons deux diagrammes de câblage : un pour les prises des petits appareils électriques et l'autre pour les prises des appareils d'éclairage. Le Code national de l'électricité définit un circuit à usage général comme un circuit alimentant deux ou plusieurs réceptacles ou prises pour l'éclairage et des appareils. Un circuit dérivé pour électroménagers est un circuit qui alimente une ou plusieurs prises auxquelles sont branchés les électroménagers et qui n'ont aucun dispositif d'éclairage branché en permanence autres que les systèmes d'éclairage propres aux électroménagers.

À titre minimum, la section 210.52(B) du Code national de l'électricité requiert que la salle à manger, le garde-manger et la cuisine, incluant les prises des comptoirs, soient alimentés par au moins deux circuits dérivés de 20 ampères chacun. Cela veut dire que deux circuits dérivés de 20 ampères sont alloués pour alimenter toutes les prises dans ces pièces. Souvenez-vous que le Code n'indique que les minimums requis. Il est recommandé que plus de deux circuits soient fournis pour ces endroits. Au moins deux circuits doivent alimenter les prises des comptoirs car plusieurs appareils peuvent être utilisés simultanément. Cependant, ces circuits peuvent alimenter d'autres prises dans la salle à manger, le garde-manger et la cuisine.

Les fours à gaz, comme celui illustré ici, requiert un circuit de 15 ampères pour contrôler les horloges, les circuits d'allumage des pilotes et les lumières. Pour les fours électriques, utilisez une prise de 50 ampères placée sur un circuit dédié.

Circuits dérivés pour petits appareils

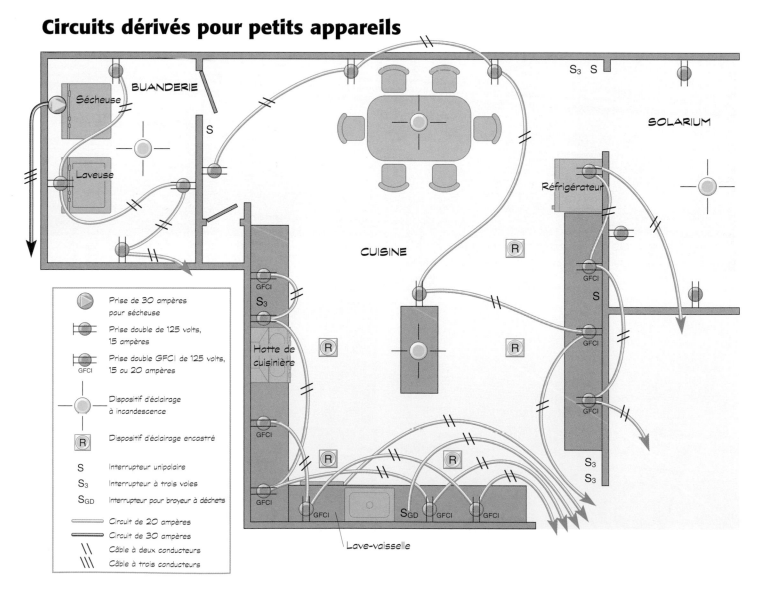

Légende :
- Prise de 30 ampères pour sécheuse
- Prise double de 125 volts, 15 ampères
- Prise double GFCI de 125 volts, 15 ou 20 ampères
- Dispositif d'éclairage à incandescence
- R   Dispositif d'éclairage encastré
- S   Interrupteur unipolaire
- S₃   Interrupteur à trois voies
- S_GD   Interrupteur pour broyeur à déchets
- Circuit de 20 ampères
- Circuit de 30 ampères
- Câble à deux conducteurs
- Câble à trois conducteurs

Prises de comptoir. Placez les prises de façon que les appareils de la cuisine alimentés par des cordons de 2 pieds, tels le grille-pain, la cafetière et les gaufriers, puissent être reliés à une prise sans que vous ayez à utiliser une cordon prolongateur. Par exemple, il doit y avoir une prise à 2 pieds de la fin du comptoir. Il doit y avoir une prise à 2 pieds de chaque côté du lavabo. La distance maximum entre deux prises est de 4 pieds. Alors, si un appareil est placé entre deux prises, le cordon de 2 pieds peut rejoindre l'une ou l'autre des deux prises. La distance d'un coin intérieur est mesurée sur le dessus du comptoir en suivant la ligne du mur.

Protection GFCI. Pour protéger les utilisateurs d'appareils électriques de cuisine à proximité de l'eau, le Code requiert que chaque prise de comptoir soit munie d'une protection par disjoncteur de mise à la terre (GFCI), peu importe la distance séparant la prise du lavabo. Assurez la protection GFCI par l'une des deux méthodes suivantes : soit installer une prise GFCI comme première option dans le circuit et

brancher les prises régulières du côté de la charge du circuit GFCI, ce qui protégera les prises en aval, soit installer un disjoncteur CFGI pour protéger le circuit en entier.

Éclairage. Vous remarquerez dans le diagramme de câblage qu'il n'y a pas de prises pour les appareils d'éclairage dans les circuits dérivés de 20 ampères pour petits appareils. L'alimentation des appareils d'éclairage devrait être fournie par des circuits de 15 ampères. Disposez les circuits destinés à l'éclairage de façon à vous assurer que si un circuit tombe en panne, la pièce sera toujours éclairée en partie par un autre circuit.

Prévoyez l'installation d'interrupteurs à trois voies de manière à pouvoir allumer l'éclairage d'une pièce avoisinante avant de fermer l'éclairage de la pièce que vous quittez. Si une lampe de table ou un plafonnier devait être installé dans la cuisine ou la salle à manger, installez une prise contrôlée par un interrupteur et alimentée par un circuit de 15 ampères.

Prises d'éclairage à usage général

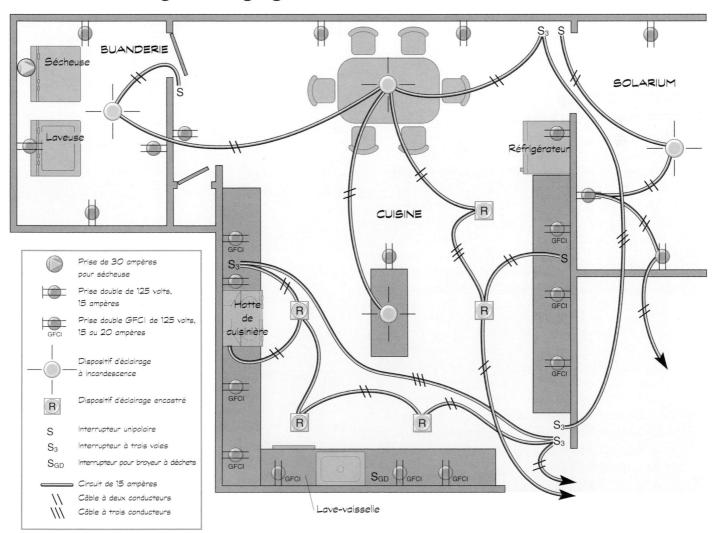

Calculer la capacité en courant d'un circuit

Un circuit surchargé représente un réel danger dans tout système électrique et peut facilement mener à un fusible brisé ou à l'ouverture d'un disjoncteur. Pire encore, il pose un risque potentiel d'incendie et peut être une menace pour votre vie ou votre propriété. Le Code requiert que la demande en courant d'un circuit soit maintenue en deçà de sa capacité sécuritaire.

Pour calculer l'intensité en courant totale du circuit, additionnez les charges dont vous connaissez l'intensité. Pour les charges qui sont décrites en puissance plutôt qu'en intensité, divisez la puissance par la tension du circuit pour obtenir la conversion en ampères (ampères = watts/volts) et additionnez les valeurs aux autres charges en courant. Cette charge totale en intensité du circuit ne devrait pas excéder les caractéristiques nominales du disjoncteur ou du fusible. Quand plus d'une charge est branchée à un circuit, chaque charge individuelle ne peut excéder 80 pour cent de la charge nominale. Si vous ne parvenez pas à trouver l'intensité ou la puissance d'un appareil, consultez le tableau « Puissance des appareils », page 17.

Câblage de base

Exigences pour la hauteur et la distance d'isolement

Le câblage d'un nouveau bâtiment se fait à partir d'un plan d'alimentation ou d'éclairage. Utilisez ce plan pour préparer le travail préliminaire. Cela comprend l'installation de boîtes pour les prises, amener le câblage à travers les armatures, dénuder les câbles à l'intérieur des boîtes et brancher les câbles de mise à la terre. Comme l'inspecteur en électricité examinera le site de construction et devra approuver ou rejeter le câblage préliminaire, il est nécessaire de suivre les exigences du Code lorsque vient le temps d'installer du câblage et des dispositifs électriques.

Les exigences pour la distance d'isolement sont particulièrement importantes pour réduire les risques d'incendie. Par exemple, un dispositif encastré non approuvé pour être en contact avec un isolant doit être espacé d'au moins ½ pouce de toute matière combustible. Quand vient le temps de localiser des prises et des interrupteurs, il faut respecter des normes de hauteur pour des raisons de sécurité et d'accessibilité. Les interrupteurs, par exemple, ne doivent pas être situés plus haut que 6 pieds et 7 pouces au-dessus du plancher ou de l'espace de travail.

Installer des boîtes électriques

Pour des raisons esthétiques et de facilité d'accès, les prises et les interrupteurs devraient être installés à une hauteur

Cette étiquette de produit *fournit les informations relatives à l'intensité du courant électrique utilisé par l'appareil.*

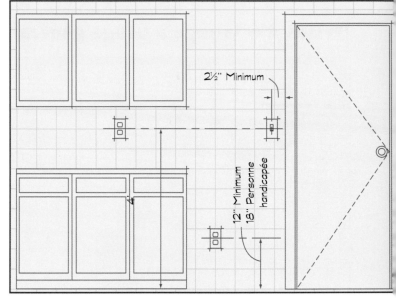

Les prises devraient être centrées *à 12 pouces au-dessus du plancher — 18 pouces pour les personnes handicapées. Les prises au-dessus des comptoirs devraient être centrées à 4 pieds au-dessus du plancher. Les interrupteurs sont généralement centrés à cette même hauteur, qui est la limite maximum pour les personnes handicapées.*

uniforme au-dessus du plancher ou de l'espace de travail. L'usage veut qu'on centre les boîtes des prises à 12 pouces du plancher — 18 pouces pour les personnes handicapées. Centrez les boîtes des prises allant au-dessus des comptoirs à 4 pieds au-dessus du plancher, ainsi que les boîtes des prises de la salle de bains et du garage. Les prises de la buanderie sont placées à une hauteur de 3½ pieds. Les boîtes des interrupteurs, en revanche, sont normalement centrées à 4 pieds au-dessus du plancher — soit le maximum pour les personnes handicapées.

Un type courant de boîte électrique utilisé de nos jours dans la construction résidentielle est une boîte non métallique (en plastique ou en fibre de verre) qui peut contenir des clous intégrés pour en permettre l'ancrage aux poutres de l'armature. Les boîtes non métalliques comme celles-ci sont peu coûteuses et faciles d'installation. Vous placez la boîte contre une poutre, vous amenez la façade de la boîte à l'endroit exact où sera installée la cloison sèche et vous clouez ensuite la boîte en place. Assurez-vous d'acheter des boîtes qui ont une bonne profondeur — au moins 1¼ à 1½ pouce. Cela vous donnera un volume d'approximativement 23 pouces cubes à l'intérieur de la boîte pour y placer vos câbles. En utilisant des agrafes pour câbles, arrimez le câble non métallique à une distance d'au plus 8 pouces de la boîte électrique simple. Assurez-vous qu'au moins ¼ de pouce de câble isolant sera arrimé à l'intérieur de la boîte une fois les câbles dénudés. Plusieurs boîtes d'interrupteur ont des marques de repère sur les côtés pour vous permettre de positionner la boîte sur une poutre sans avoir à mesurer la profondeur. Ne laissez pas les boîtes en retrait de plus de ¼ de pouce de la surface de la cloison sèche. Installez les boîtes au ras de la surface des matières combustibles, tel que le bois.

Un autre type de boîte électrique est la boîte conviviale : c'est un même assemblage de boîte pour interrupteur/prise qui est souvent vissé directement à une poutre, en utilisant une perceuse électrique portative et une mèche de tournevis. Elle est vendue souvent avec une fixation latérale pour aider à l'installation. Un des dangers, cependant, est que la plupart des boîtes conviviales n'ont pas assez de profondeur et ne peuvent, de ce fait, contenir qu'un seul câble de façon sécuritaire. Une mauvaise utilisation de ce type de boîte est une violation du Code et devrait être évitée.

Sur les surfaces de maçonnerie, attachez les boîtes avec des ancrages et des vis. Percez simplement les trous pour l'ancrage à travers la maçonnerie ; ensuite, insérez les ancrages et installez la boîte.

Nombre maximum de fils dans une boîte

Type de boîte et dimension	Nombre maximum de fils permis						
	18 GA	16 GA	14 GA	12 GA	10 GA	8 GA	6 GA
4"x 1¼" ronde ou octogonale	8	7	6	5	5	4	2
4"x 1½" ronde ou octogonale	10	8	7	6	6	5	3
4"x 2⅛" ronde ou octogonale	14	12	10	9	8	7	4
4"x 1¼" carrée	12	10	9	8	7	6	3
4"x 1½" carrée	14	12	10	9	8	7	4
4"x 2⅛" carrée	20	17	15	13	12	10	6
3"x 2" x 2" boîte de dispositif	6	5	5	4	4	3	2
3"x 2"x 2½" boîte de dispositif	8	7	6	5	5	4	2
3"x 2"x 2¾" boîte de dispositif	9	8	7	6	5	4	2
3"x 2"x 2½" boîte de dispositif	12	10	9	8	7	6	3
4"x 2⅛" x 1½" boîte de dispositif	6	5	5	4	4	3	2
4"x 2⅛" x 1⅞" boîte de dispositif	8	7	6	5	5	4	2
4"x 2⅛" x 2⅛" boîte de dispositif	9	8	7	6	5	4	2
3¾" x 2" x 2½" boîte de dispositif	9	8	7	6	5	4	2
3¾" x 2" x 2½" boîte de dispositif	14	12	10	9	8	7	4

Les boîtes électriques doivent être de dimension suffisante pour contenir de façon sécuritaire tous les fils qui y sont insérés.

COMMENT ajouter un nouveau circuit

Niveau de difficulté :

Outils et matériel

- Tournevis isolés
- Dénudeur de câble
- Outil multifonctions
- Lampe de poche
- Couteau universel
- Câble
- Brides de câble
- Disjoncteur

Créer de nouveaux circuits

Des rénovations exigent souvent l'installation de nouveaux circuits pour répondre à de nouveaux besoins. De plus, les appareils comme les lave-vaisselle ou les broyeurs à déchets ont souvent besoin d'un circuit séparé pour leur alimentation. Vous devrez câbler l'appareil directement au panneau principal.

Travailler sur un panneau de service est dangereux, prenez alors toutes les mesures de sécurité nécessaires. Si votre installation est spéciale d'une façon ou d'une autre ou que vous n'êtes pas assez confiant de pouvoir effectuer le branchement de façon appropriée, demandez à un électricien accrédité de faire le branchement final dans le panneau après que vous aurez complété le câblage de la pièce. Beaucoup de codes du bâtiment exigent qu'un électricien accrédité fasse les derniers branchements au panneau principal.

Coupez l'alimentation de la demeure au disjoncteur principal, qui est normalement situé sur le dessus du panneau de service **(photo 1)**. Idéalement, chaque disjoncteur devrait être identifié **(photo 2)**. Enlevez la plaque (le couvercle) du panneau et notez la disposition des disjoncteurs. Prenez note des disjoncteurs inutilisés ou des fentes pour les disjoncteurs supplémentaires. Utilisez une de ces fentes ou un de ces disjoncteurs pour le nouveau circuit **(photo 3)**.

Amener le câble au panneau. Utilisez un tournevis pour dégager un trou pré-perforé sur le côté ou au-dessus de la boîte du panneau. Attachez une bride de câble et passez 12 pouces ou plus de câble à travers le connecteur, le trou dans la boîte et un contre-écrou **(photo 4)**. Serrez le contre-écrou avec un tournevis **(photo 5)**. Enlevez environ 8 pouces de gaine extérieure au bout du câble et dénudez les bouts des fils.

Insérez les bouts du fil blanc (neutre) et du fil nu de mise à la terre dans les trous le long des barres omnibus sur le côté ou au fond du panneau. Serrez les vis du connecteur et notez de quelle façon les autres circuits sont connectés. Le fil du neutre et le fil de mise à la terre devraient chacun avoir leur propre borne de raccordement **(photo 6)**.

Ajouter un disjoncteur. Placez le disjoncteur dans un espace vide et fixez le clip d'arrimage à la barre du panneau. Appliquez une pression au bout éloigné des bornes jusqu'à ce que le disjoncteur repose au même niveau que les disjoncteurs adjacents. Desserrez la vis sur le disjoncteur et insérez le fil noir du câble dans le trou situé au-dessous. Resserrez la vis pour bien arrimer le bout du fil **(photo 7)**. Vissez le couvercle sur la boîte du panneau et notez le nouveau circuit sur la porte du panneau. Pour prévenir une surcharge, fermer les disjoncteurs individuels ; ouvrez le disjoncteur principal ; et ouvrez les disjoncteurs individuels un à un **(photo 8)**.

Si vous devez ajouter un disjoncteur pour un circuit de 240 volts, installez un disjoncteur spécial qui occupe deux fentes dans le panneau. Le câble aura deux fils sous tension — un noir et un rouge. Insérez un des deux fils dans chacun des deux trous du disjoncteur double.

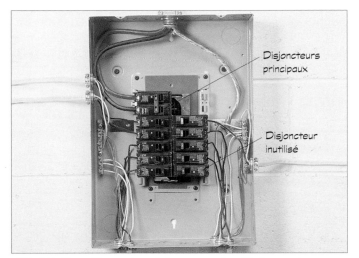

3 *Vérifiez s'il y a des disjoncteurs inutilisés ou des fentes vides. Un disjoncteur inutilisé n'est rattaché à aucun câble.*

6 *Branchez le bout du fil blanc à la barre de neutre, à l'endroit où les autres fils blancs sont connectés. Ensuite, branchez le fil de mise à la terre à la barre de mise à la terre.*

1 Ouvrez la porte de la boîte du panneau et fermez le disjoncteur principal. Retirez le couvercle en dévissant les vis situées dans les coins.

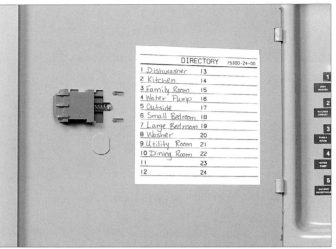

2 Prenez note de l'agencement des disjoncteurs. Chaque disjoncteur en fonction est branché à un câble. Une étiquette devrait identifier chaque circuit.

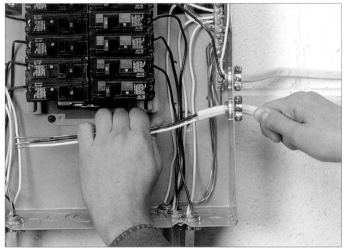

4 Pour passer un câble dans un panneau, pliez et cassez une des pièces pré-coupées sur le côté ou le dessus de la boîte. Amenez le câble à travers la bride et ensuite à travers le contre-écrou.

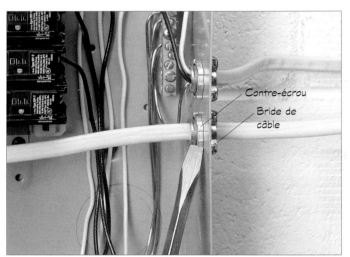

Contre-écrou

Bride de câble

5 Lorsqu'il y a assez de câble à l'intérieur du panneau, serrez les vis de la bride de câble et le contre-écrou à l'aide d'un tournevis isolé.

Vis d'ajustement

Interrupteur de MARCHE/ARRÊT

7 Un disjoncteur standard de 120 volts possède un clip à l'arrière qui se branche dans la barre de tension du panneau et un trou sur le côté pour y insérer le fil noir du câble.

8 Vissez le couvercle sur la boîte du panneau et notez le nouveau circuit sur la porte du panneau. Basculez le disjoncteur principal pour rétablir l'alimention du circuit.

4 Méthodes de câblage

COMMENT *installer un circuit d'interrupteur anti-arc dans un circuit existant*

Niveau de difficulté :

Outils et matériel

◆ Dénudeur de fil ou canif	◆ Lampe de poche
◆ Détecteur de tension	◆ Tournevis isolés
◆ Disjoncteur AFCI	◆ Pince à bec long

Interrupteurs de circuit anti-arc

Le Code national de l'électricité requiert qu'un interrupteur de circuit anti-arc (AFCI) soit installé pour protéger les circuits dérivés qui fournissent les prises de 125 volts, à 15 ou 20 ampères, dans les chambres à coucher. Cette exigence s'applique à toute nouvelle construction, mais la conversion à de tels circuits fournira la protection nécessaire aux édifices existants.

Qu'est-ce qu'une panne par arc ? Lorsqu'un fil sous tension entre en contact avec un objet relié à la masse ou un fil neutre, le courant est alors dérivé vers un court-circuit et fait basculer un disjoncteur standard. Mais si le contact est intermittent à cause d'une connexion desserrée ou corrodée ou d'un isolant endommagé, il se produit un arc de courant. Cet arc produit une chaleur de l'ordre de milliers de degrés F, qui, à la longue, pourrait enflammer des matériaux combustibles et provoquer un incendie.

Les interrupteurs AFCI préviennent le feu en coupant le circuit lorsqu'une situation d'arc est détectée. L'interrupteur AFCI reconnaît un arc ou une étincelle provoquée par une utilisation normale d'un équipement électrique, comme lorsqu'on débranche un appareil en cours d'utilisation qui est sous tension. Mais lorsque l'interrupteur AFCI détecte la présence d'une étincelle ou d'un arc, il est programmé pour couper l'alimentation au circuit.

Disjoncteurs AFCI. Les disjoncteurs AFCI ont un bouton de test et ont une apparence similaire aux disjoncteurs de fuite à la terre (GFCI). Le disjoncteur est relié au fils de tension et neutre du circuit dérivé, avec un fil dénudé pour brancher le disjoncteur à la barre de neutre, similaire au câblage d'un disjoncteur GFCI. Certains modèles incorporent les protections GFCI et AFCI.

Les interrupteurs AFCI ne protègent pas contre tous les types de pannes dans les circuits où les fils de mise à la terre sont absents. Cependant, ils vont fournir une protection anti-arc dans ces demeures. Dans toutes les demeures, ils s'ajouteraient au niveau de protection contre les incendies causés par des arcs, et dans les plus récentes constructions, ils ajouteraient une protection significative. Le disjoncteur AFCI fournit une protection pour le câblage

1 Fermez le disjoncteur principal pour couper l'alimentation au panneau. Débranchez le fil noir du disjoncteur à remplacer.

4 Branchez le fil de neutre du circuit dans la fente identifiée CÔTÉ CHARGE NEUTRE. Branchez le fil noir d'alimentation à l'autre borne.

du circuit dérivé et une protection limitée pour les barres multiprises et les cordons de prolongement. Des disjoncteurs AFCI unipolaires de 15 et 20 ampères sont disponibles sur le marché. Avant d'installer des appareils ou des équipements électriques, prenez soin de toujours lire les instructions concernant l'installation et suivez la séquence des étapes pour l'installation et les tests.

Identifier les circuits de chambre à coucher. Ouvrez la porte du panneau et vérifier sur le diagramme quel(s) disjoncteur(s) est (sont) attribué(s) à l'alimentation de la ou des chambres à coucher. Basculez le disjoncteur à la position « OFF ». Branchez une lampe dans les prises ou utilisez un détecteur de tension pour vous assurer que le bon disjoncteur est correctement identifié sur le diagramme du panneau. Fermez tous les autres disjoncteurs. Fermez le disjoncteur principal en dernier ; il est normalement situé dans la partie

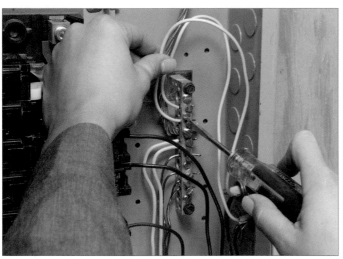

2 *Pliez et déplacez le fil d'alimentation. Identifiez le fil blanc neutre dans le circuit et débranchez-le de la barre de neutre.*

3 *Installez le disjoncteur AFCI. Placez le disjoncteur dans un espace vide et fixez le clip d'arrimage à la barre du panneau.*

5 *Connectez le bout dénudé du fil blanc du disjoncteur vers la barre des bornes. Placez-le dans la même fente que le fil de neutre d'origine.*

Disponibles dans des version de 15 et 20 ampères, les disjoncteurs AFCI sont similaires aux disjoncteurs GFCI, mais ils remplissent d'autres fonctions. Les deux possèdent un bout de fil dénudé et un bouton de test.

supérieure du panneau. Dévissez ou retirez les vis de bordure du panneau. Différents fabricants utilisent différentes méthodes pour maintenir la bordure en place.

Retirer le disjoncteur existant. Dévissez la borne sur le disjoncteur et retirez le fil noir en le repliant pour l'éloigner du disjoncteur **(photo 1)**. Identifiez le fil blanc dans le câble et débranchez-le de la borne sur la barre de neutre **(photo 2)**. Retirez le disjoncteur en place. Placez le disjoncteur AFCI dans l'espace vide et arrimez le clip de sécurité à la barre du panneau **(photo 3)**.

Brancher les fils au disjoncteur. Dévissez les deux bornes et insérez le fil blanc dans la borne du disjoncteur AFCI identifiée comme NEUTRE CÔTÉ CHARGE. Serrez la borne. Insérez le fil noir qui a été déconnecté du disjonceur conventionnel dans la borne du AFCI identifiée

comme PUISSANCE CÔTÉ CHARGE. Serrez la borne **(photo 4)**.

Déroulez le fil blanc (neutre) sur le disjoncteur AFCI identifié comme NEUTRE CÔTÉ PANNEAU et insérez-le dans la même borne de la barre de neutre à partir de laquelle le fil blanc du circuit fut retiré **(photo 5)**. Serrez la vis. Mettez la poignée du AFCI à la position « OFF ».

Replacez la bordure du panneau. Allumez le disjoncteur principal du circuit, puis chacun des autres disjoncteurs à l'exception du disjoncteur AFCI. Vous assurer que toutes les charges du circuit AFCI sont en mode « OFF ». Mettez la poignée du AFCI en position « ON » et appuyez sur le bouton de test. Si le disjoncteur est câblé de façon appropriée, il va basculer et la poignée ira à la position centrale entre « OFF » et « ON ». Si le disjoncteur ne fonctionne pas, suivez les instructions de dépannage fournies avec le disjoncteur.

COMMENT *installer une boîte de jonction*

Niveau de difficulté : 🐧🐧

Outils et matériel

- Outil multifonctions
- Marteau d'électricien
- Vérificateur de circuit au néon
- Marrettes
- Vis/clous

- Tournevis isolés
- Fil de mise à la terre et vis
- Boîte de jonction
- Brides de câble
- Câble

Vérifier l'alimentation et préparer la boîte. Assurez-vous que le circuit sur lequel vous travaillez est hors tension et identifié dans le panneau principal. Utilisez un vérificateur de circuit pour vérifier si les fils à joindre dans la boîte sont alimentés, en évitant tout contact possible avec des fils potentiellement alimentés après les avoir testés **(photo 1)**. Avec un marteau et un tournevis ou un emporte-pièce, retirez une des pièces pré-coupées sur la boîte pour chaque câble arrivant à la boîte **(photo 2)**.

Attacher la boîte et fixer le câble. Avec un tournevis isolé ou un marteau d'électricien, vissez ou clouez la boîte de jonction à l'armature, tout en vérifiant que la boîte soit centrée à l'endroit approprié sur le mur, le plafond ou l'armature **(photo 3)**. Tirez chacun des câbles à travers une bride de façon qu'au moins ¼ de pouce d'isolation soit à l'intérieur de la boîte de jonction. Ensuite, serrez les brides de câble et vissez-les dans la boîte. Arrimez les brides avec des contre-écrous **(photo 4)**.

Faire la jonction entre les fils et refermer la boîte. Joignez les fils d'alimentation (noirs), ensuite les fils de neutre (blancs) en utilisant des marrettes **(photo 5)**. Assurez-vous de brancher les fils verts de mise à la terre aux bornes de mise à la terre à l'intérieur de la boîte de jonction. Replacez délicatement les fils à l'intérieur de la boîte, en vérifiant qu'il y ait assez d'espace selon les exigences du Code. Arrimez le couvercle à la boîte et remettez l'alimentation du circuit au panneau principal **(photo 6)**.

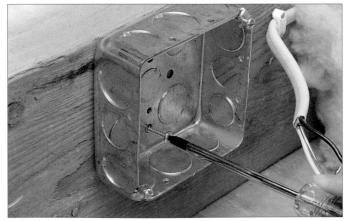

1 *Vérifiez minutieusement l'alimentation de chaque câble débranché avant de refaire le branchement dans une boîte de jonction.*

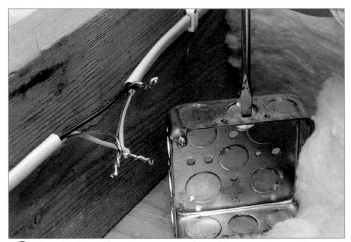

2 *Les boîtes électriques ont des pièces pré-coupées qui peuvent être retirées pour permettre l'entrée sécuritaire d'un câble à épisser.*

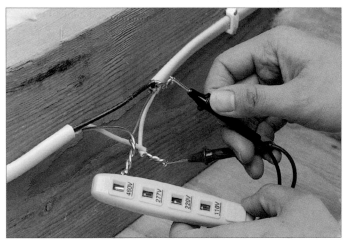

3 *En utilisant un tournevis isolé ou un marteau d'électricien, vissez ou clouez la boîte à l'armature.*

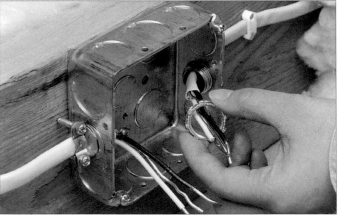

4 *Utilisez un contre-écrou pour arrimer la bride du câble, car la friction due à un mouvement peut causer l'effilochage de la gaine.*

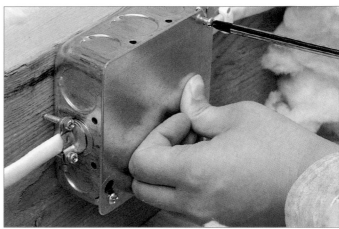

5 *Utilisez les marrettes de grosseur appropriée pour joindre ensemble les fils à l'intérieur de la boîte de jonction.*

6 *Après avoir refermé la boîte et remis en fonction l'alimentation, vérifiez les prises, les interrupteurs et les dispositifs du circuit.*

Câblage de surface

Il y a des situations où il est impossible d'avoir du câblage encastré, par exemple un sous-sol où la surface exposée des murs est en ciment ou en maçonnerie. Dans ce cas, le câblage de surface est la seule option. Un conduit monté en saillie, ou chemin de câbles, fournit une surface plane rigide en métal ou en plastique pour guider les fils le long d'une surface (au lieu d'à travers celle-ci) comme un mur ou un plafond. Des boîtes de prises et de dispositifs spéciales sont utilisées avec les chemins de câbles pour offrir une façon sécuritaire d'installer le câblage de surface. Un chemin de câbles en plastique requiert l'ajout d'un fil séparé de mise à la terre ; un chemin de câbles en métal connecté à une boîte électrique correctement mise à la terre est du même coup mis à la terre.

Passer un câble à travers l'armature

Installer du câblage dans une nouvelle construction est relativement facile. Les installations électriques les plus courantes sont celles pour lesquelles les boîtes des prises sont montées le long d'un poteau ou d'une poutrelle, cette situation n'étant toutefois pas toujours possible. Une fois les boîtes électriques en place, passez le câble à travers les poteaux de l'armature. Faites-le en perçant des trous de ¾ de pouce directement au centre des poteaux ou des poutrelles. Centrez les trous à au moins 1⅝ pouce de l'arête du poteau ou de la poutrelle. Si vous devez percer plus près de l'arête du poteau ou de la poutrelle, attachez une gaine passe-fil sur le bord extérieur de l'armature pour prévenir la pénétration de clous ou de vis dans le trou et des dommages au câble durant l'exécution de travaux futurs.

▼ *Les chemins de câbles protègent les fils exposés le long d'une surface tel un mur ou un plafond.*

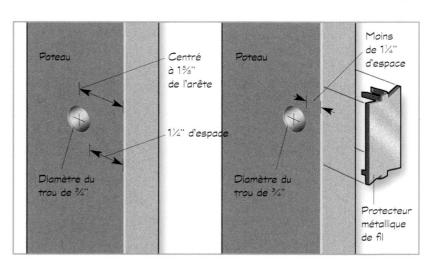

▲ *Un trou alésé doit être distant de l'arête d'un poteau d'armature d'au moins 1¼ pouce. Un trou de ¾ pouce, par exemple, doit être centré à au moins 1⅝ pouce à l'intérieur de l'arête extérieure d'un poteau de mur. Si le bord du trou est plus près du rebord du poteau, il doit être protégé par un protecteur métallique de fil.*

4 Méthodes de câblage

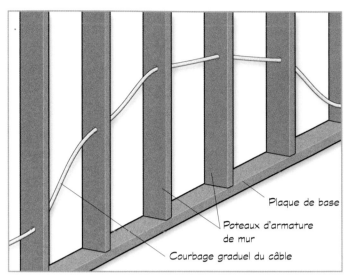

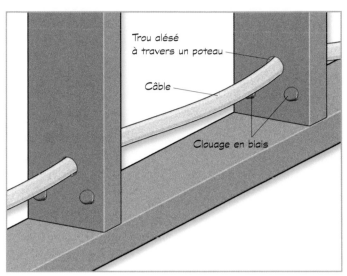

Il faut permettre au câble d'adopter une légère courbure, au lieu de l'étendre de manière horizontale à travers un poteau d'armature, dans le but de prévenir des coincements, des courbures brusques ou une extension excessive du fil.

Lorsque vous percez des trous près de la plaque de base d'un mur fait d'une armature à poteaux, faites-le à bonne distance de tout clouage en biais ou d'ancrages métalliques qui pourraient coincer la mèche de la perceuse.

Si vous ne pouvez pas percer des trous à travers l'armature parce que la cavité de l'armature contient des canalisations ou de la tuyautrie, vous devrez envisager un câblage de surface pour effectuer le travail de façon appropriée (voir « Câblage de surface », page 81).

Éviter les dommages. Faites attention de ne pas tirer le câble de façon violente ou saccadée lorsque vous le passez à travers les trous de l'armature. La friction provoquée par un tel geste peut entraîner le déchirement de l'enveloppe du câble et causer d'importants dommages aux fils. Il faut aussi éviter de faire des courbures prononcées ou des coincements dans le câble, ceux-ci pouvant également endommager le câblage. De plus, attention lorsque vous passez un câble le long du bas du mur ; il y a une forte probabilité d'y trouver des attaches clouées en biais au bas de chaque poteau de l'armature.

Contourner des fenêtres et des portes peut aussi être problématique. S'il y a des poteaux coupés au-dessus du châssis, vous pouvez les percer pour passer le câble. Cependant, vous ne pouvez pas percer le châssis sur le sens de la longueur. Si possible, il faut aller au-dessus ou au-dessous de tels obstacles. En dernier recours, utilisez une toupie pour découper un canal juste assez profond à la surface du châssis pour y enfouir le câble ; protégez le câble en installant par-dessus une plaque métallique protectrice.

Trous et encoches. Si vous alésez des trous à travers des poutrelles de plafond et de plancher, les trous doivent être situés de façon à ne pas compromettre l'intégrité mécanique de l'armature (voir l'illustration à la page suivante). C'est aussi une préoccupation si vous encochez le bois le

Des poteaux coupés au-dessus du châssis offrent un passage simple et commode pour le câblage autour de l'ouverture d'une porte ou d'une fenêtre.

La meilleure façon de contourner un châssis solide est de passer le câblage à travers les poutrelles du plafond ou du plancher situées respectivement au-dessus et au-dessous de l'ouverture.

CONSEIL PRATIQUE

Creuser un passage dans un châssis

Canal creusé
par une toupie

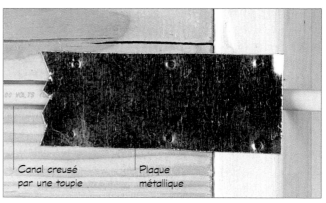

Canal creusé
par une toupie

Plaque
métallique

◄ **Utilisez une toupie** *pour creuser un passage dans un châssis seulement s'il n'y a pas d'autre possibilité. Attachez une plaque métallique (vue en coupe ici) au-dessus du canal pour protéger le câble de tout dommage potentiel pouvant être causé par un clou.*

long de l'arête du haut ou du bas pour passer un câble perpendiculairement aux poutrelles. Dans ce cas, vous devez installer un protecteur métalique de fils pour protéger le câble contre des dommages potentiels. Même un câble installé parallèlement à l'armature ne devrait pas être vulnérable ou pendre sans serrage dans un mur ou un plancher. Utilisez des agrafes de câble pour l'arrimer au centre du poteau, de la poutrelle ou du chevron.

Passer un câble dans un grenier. Il faut une bonne planification pour passer le câble à un endroit où il ne sera pas exposé à un dommage potentiel. Cela veut généralement dire qu'il faut passer le câble le long du rebord autour du périmètre de l'immeuble ou le dissimuler dans un plancher ou un mur. Lorsque l'armature est ouverte, placez deux planches de garde au-dessus des poutrelles ; passez ensuite le câble entre elles. Si vous accédez au grenier à l'aide d'une échelle, soyez attentif lorsque vous passerez le câble près de la trappe d'accès, la distance minimale sécuritaire étant de 6 pieds de l'ouverture.

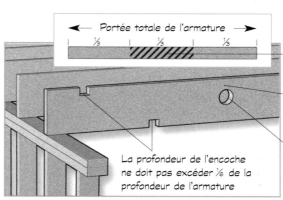

Portée totale de l'armature

⅓   ⅓   ⅓

Ne pas couper d'encoche dans la partie du milieu représentant le tiers de la portée d'une armature.

Distance minimale de 2 pouces de l'arête

La profondeur de l'encoche ne doit pas excéder ⅙ de la profondeur de l'armature

Diamètre maximal du trou = ⅓ de la profondeur de l'armature

▲ **Suivez les lignes directrices** *illustrées ci-dessus lorsque vient le temps d'aléser un trou ou de tailler une encoche dans les poutrelles de la structure.*

▼ **Pour passer un câble** *perpendiculairement à des poutrelles d'armature dans un grenier dont la finition n'est pas terminée, construisez un canal le long du mur en utilisant deux fourrures de 1 x 4 comme planches de garde, tel qu'illustré.*

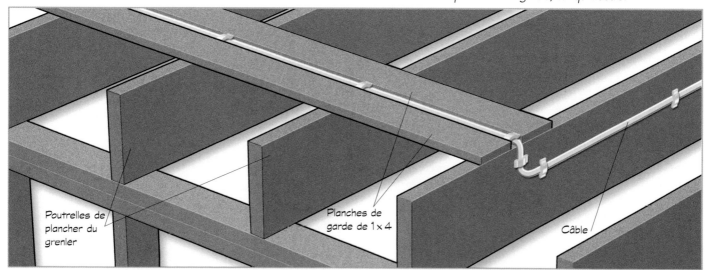

Poutrelles de plancher du grenier

Planches de garde de 1 x 4

Câble

Passages dans un vide sanitaire. Bien que vous visitiez rarement le vide sanitaire, vous devez être aussi attentif qu'ailleurs lors de l'installation d'un câble, peut-être même plus. Parce que l'espace pour manœuvrer est restreint, vous ne voulez pas de fils sans attache qui puissent s'accrocher dans vos vêtements lors de vos déplacements dans cet espace. Si le câble est de calibre 8 (trois conducteurs) ou plus, fixez le câble au bas des poutrelles. Pour un câble plus petit, alésez des trous ou fixez le câble à une fourrure le long du bas des poutrelles.

Se préparer pour l'inspection. Lorsque la nouvelle armature est prête à être câblée et que les boîtes électriques sont installées, commencez à tirer doucement le câble à travers l'armature. Lorsque vous insérez le bout d'un câble dans une boîte électrique, laissez un minimum de 6 pouces de câble en excédent, en coupant la longueur excédentaire. Avec une agrafe de câble, arrimez le câble à un maximum de 8 pouces au-dessus de la boîte simple. Après avoir passé tous les câbles à travers l'armature et dans les boîtes électriques, défoncez puis retirez l'enveloppe du bout des câbles dans chacune des boîtes ; ensuite, dénudez individuellement chacun des fils. Avant d'effectuer une inspection préliminaire, vous devez faire la jonction entre les fils de mise à la terre en utilisant des marrettes vertes ou des embouts de sertissage. Placez ensuite de façon sécuritaire les fils dans leurs boîtes.

Une fois l'inspection préliminaire terminée, installez les prises et les interrupteurs. Il faut cependant attendre que la cloison sèche soit installée avant d'effectuer cette opération. Lorsque les murs sont complétés et que toutes les boîtes sont câblées, on peut installer les plaques frontales et ouvrir l'alimentation. Vérifiez chaque prise, en utilisant un analyseur de prises enfichable, afin de savoir si le câblage a été fait selon les règles. Installez les dispositifs d'éclairage ; confirmez ensuite leur bon fonctionnement. Une fois le tout complété, votre travail peut être soumis à l'inspection finale. L'inspecteur réexaminera votre travail, testant les circuits de la même façon que vous.

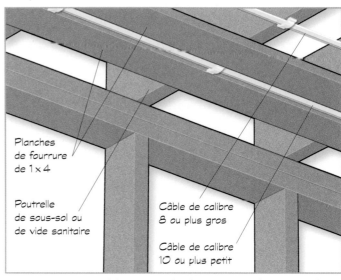

Planches de fourrure de 1 × 4

Poutrelle de sous-sol ou de vide sanitaire

Câble de calibre 8 ou plus gros

Câble de calibre 10 ou plus petit

Pour passer un câble perpendiculairement à des poutrelles d'armature dans un sous-sol dont la finition n'est pas terminée ou dans un vide sanitaire, construisez un canal en utilisant une fourrure de 1 × 4 comme planche de garde le long du bas de l'armature ou des trous dans les poutrelles. Vous pouvez agrafer un câble contenant trois fils conducteurs de calibre 8 (ou plus gros) directement sur la face du dessous des poutrelles.

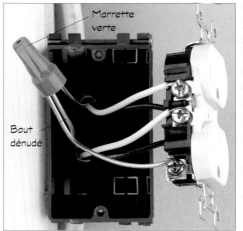

Marrette verte

Bout dénudé

Cette configuration de mise à la terre est d'usage courant, et ce que vous devriez trouver lorsque vous travaillez sur du câblage existant. Cette configuration est présentée tout au long du livre.

CONSEIL PRATIQUE

Faire l'épissure des fils de mise à la terre

Dans du câblage existant, on rencontre souvent la méthode d'épissure par bouts dénudés des fils de mise à la terre (dans la photo ci-dessus), cette méthode est donc présentée tout au long de ce livre. Cependant, les marrettes pour les fils de mise à la terre sont fabriquées avec un trou sur le dessus faisant en sorte que l'épissure des fils puisse être effectuée de la manière illustrée à l'extrême droite. Cette méthode est utilisée de nos jours par la plupart des électriciens.

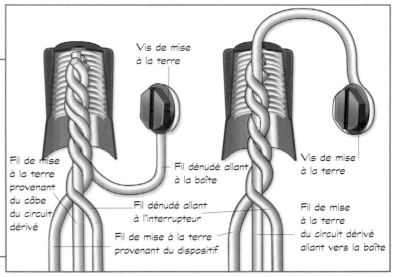

Vis de mise à la terre

Fil de mise à la terre provenant du câble du circuit dérivé

Fil dénudé allant à la boîte

Fil dénudé allant à l'interrupteur

Fil de mise à la terre provenant du dispositif

Vis de mise à la terre

Fil de mise à la terre du circuit dérivé allant vers la boîte

COMMENT *dénuder des fils et des câbles*

Niveau de difficulté :

Outils et matériel

- ◆ Outil multifonctions
- ◆ Dénudeur de fil (falcutatif)
- ◆ Dégaineur de câble
- ◆ Câble

Couper l'enveloppe. Centrez délicatement le dégaineur de câble sur la partie non métallique du câble, tel qu'illustré ; ensuite, faites-le glisser sur une distance d'environ 8 pouces à partir du bout du câble. Empoignez fermement l'outil et serrez les poignées, permettant au bout coupant de perforer le centre du câble sans endommager les fils isolés à l'intérieur **(photo 1)**. En utilisant une poigne ferme, glissez le dégaineur vers le bout du câble, coupant ainsi l'enveloppe de plastique du câble **(photo 2)**. Ramenez délicatement l'enveloppe déchirée vers l'arrière, exposant ainsi les fils isolés à l'intérieur du câble, et retirez ensuite l'isolant de papier enroulé autour des fils à l'intérieur du câble **(photo 3)**.

Couper les fils et dénuder l'isolant. Utilisez un outil multifonctions pour couper l'excédent d'enveloppe et d'isolant en papier **(photo 4)**. Utilisez un outil multifonctions ou une pince coupante pour couper les fils isolés à la longueur appropriée pour l'épissure **(photo 5)**. Sélectionnez le bon calibre sur le dénudeur de fil ou l'outil multifonctions ; dénudez ensuite l'isolant de chaque fil à l'intérieur du câble **(photo 6)**. Faites attention de ne pas égratigner les fils exposés.

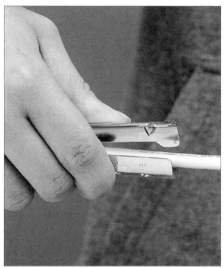

1 *Serrez fermement le dégaineur de câble pour percer l'enveloppe.*

2 *Tirez le dégaineur vers le bout du câble.*

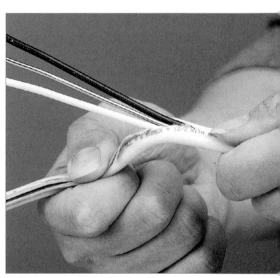

3 *Avant de câbler une boîte, vous devez exposer chaque fil.*

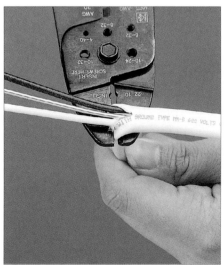

4 *Retirez une longueur suffisante d'enveloppe pour couper et dénuder les fils.*

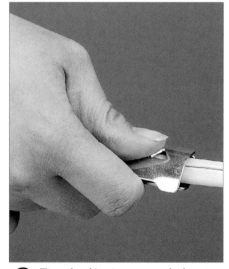

5 *Utilisez une pince coupante à fils ou un outil multifonctions pour couper les fils.*

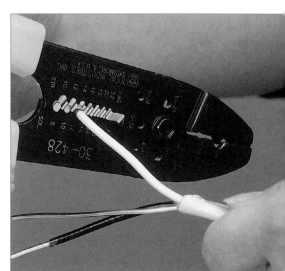

6 *Dénudez seulement la longueur nécessaire sur un fil pour permettre une connection sécuritaire.*

Ouvrir et fermer des murs

Passer des câbles à travers des murs et des poutrelles existants est beaucoup plus compliqué que dans le cas d'une nouvelle construction. Parce qu'il est difficile de voir dans les espaces vides de l'armature une fois la finition des murs terminée, aiguiller des câbles à travers les murs et les plafonds demande beaucoup de patience et de compétence technique.

Si vous avez accès aux murs à partir d'un sous-sol ou d'un grenier, vous pouvez amener l'alimentation dans les murs en tirant sur le câble de façon horizontale plutôt que verticalement à travers la structure de l'armature. Dans la plupart des cas, passer un câble en empruntant le plus long chemin peut être la voie la plus facile, même si la dépense en câble est plus élevée. Le coût du câble sera moindre que celui de pratiquer des ouvertures dans les murs et les plafonds. Si vous devez toutefois passer un câble à travers l'armature, vous devrez probablement découper des ouvertures dans la cloison sèche de manière à positionner le câble de façon appropriée. Il est sage de prendre initialement le temps d'explorer des chemins alternatifs que pourrait suivre le câble. Essayez de déterminer le meilleur chemin; ensuite, dessinez un croquis du chemin du câble. Cela vous épargnera ultérieurement du temps et de l'argent.

Avant de passer un câble, commencez par décider l'emplacement pour le nouvel interrupteur, la nouvelle prise ou boîte de jonction; déterminez ensuite quels murs ou plafonds, si tel est le cas, devront être ouverts pour passer le câble de la manière la plus efficace. Vous pouvez

Lorsque vient le temps de faire du câblage dans une **contruction existante,** *vous pourriez avoir besoin de percer une série de trous d'accès dans la cloison sèche dans le but d'acheminer le câble à travers l'armature.*

pratiquer une ouverture dans la cloison sèche en utilisant un couteau, une scie à métaux, une scie à guichet ou une scie sauteuse. Après avoir pratiqué l'ouverture, retirez la pièce de cloison sèche ou poussez-la à l'intérieur du mur entre les poteaux de l'armature.

Dans un sous-sol dont la finition n'est pas terminée, vous pouvez tomber sur un mur en blocs de béton ou en béton armé. Même s'il est possible de couper un mur en blocs de béton, il ne s'agit pas d'une solution pratique. Pour les murs en béton, il est préférable d'installer des chemins de câble en métal ou des conduits électriques, et de fixer les boîtes électriques et le câblage à la surface. Utilisez une mèche à maçonnerie avec une perceuse pour percer des trous guides pour les ancrages à maçonnerie; ensuite, fixez les boîtes et les brides des conduits directement au mur. Une autre solution est de remplir le mur avec des madriers de 2 x 4, soit en utilisant la surface plate ou l'arête, en les espaçant de 16 pouces entre les centres. Si vous installez les madriers sur la surface plane, vous devrez utiliser des boîtes électriques spéciales conçues pour s'ajuster dans une cavité murale de 1½ pouce. Évitez d'utiliser des boîtes conviviales car elles n'ont pas assez de volume pour contenir des fils joints par une épissure.

Aiguiller un câble

Une façon de passer un câble à travers une armature de poutrelles est de partir d'une boîte électrique fonctionnelle, à travers le sous-sol ou le vide sanitaire, vers l'espace dans le mur réservé à la nouvelle boîte électrique. Il est possible d'aiguiller le câble vers la cavité appropriée dans le mur.

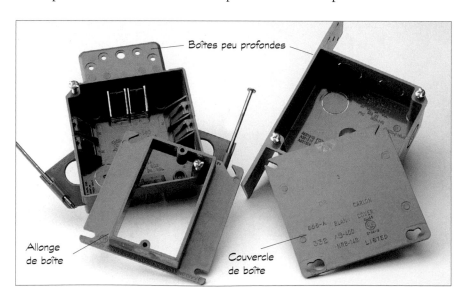

Boîtes peu profondes

Allonge de boîte

Couvercle de boîte

Des boîtes électriques carrées sont faites spécifiquement pour s'incruster dans les cavités murales peu profondes encombrées par des madriers.

COMMENT *aiguiller un câble sous le plancher*

Niveau de difficulté :

Outils et matériel

- ✦ Scie à guichet ou scie sauteuse
- ✦ Mèche de 1/16 ou 1/8 po
- ✦ Ruban de tirage (non métallique)

- ✦ Perceuse sans fil
- ✦ Fil de guidage
- ✦ Foret à trois pointes ou mèche à bois de 3/4 po

Découper l'ouverture de la boîte et percer un trou de guidage. Avec une scie à guichet ou une scie sauteuse, découpez une ouverture à l'endroit où la nouvelle boîte d'interrupteur sera installée dans le mur **(photo 1)**.

Directement en ligne avec l'ouverture prévue pour la nouvelle boîte électrique, percez un trou de 1/16 à 1/8 de pouce à la base du mur **(photo 2)**. Si le plancher est recouvert de moquette, découpez un petit X pour prévenir l'effilochage. Si possible, retirez la plinthe et percez-le plus près du mur ; insérez ensuite un mince fil de guidage dans le trou.

Repérer le fil de guidage et la plaque d'assise. Allez au sous-sol ou dans le vide sanitaire ; repérez ensuite le bout du fil de guidage inséré à travers le plancher. Utilisez le fil de guidage pour établir l'emplacement de la plaque d'assise à la base de la cloison lattée au-dessus **(photo 3)**. La position de la plaque devrait être apparente à cause des clous en saillie visibles à une courte distance du fil de guidage. Marquez un endroit pour percer le long de l'axe central de la plaque d'assise **(photo 4)**.

1 *Tracez le contour de la boîte électrique sur le mur ; coupez ensuite la cloison sèche le long du tracé en utilisant une scie à guichet.*

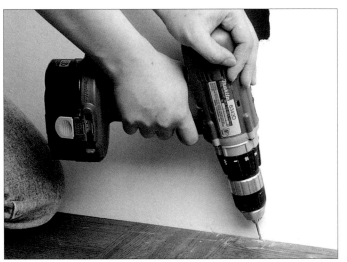

2 *Percez un petit trou dans le plancher en dessous de l'ouverture pour la nouvelle boîte et insérez un fil de guidage dans le trou.*

Plaque d'assise au-dessus

1/2" ±

3 *Repérez le fil de guidage dans le plafond au-dessous. Cela vous aidera à localiser la plaque d'assise dans le mur au-dessus.*

Plaque d'assise au-dessus

Centre approximatif de la plaque d'assise

4 *Marquez le centre de la plaque d'assise, approximativement à 2 pouces en retrait du fil de guidage.*

Percer à travers la plaque d'assise. Avec un foret à trois pointes ou une mèche à bois de ¾ de pouce, percez un trou vers le haut à travers la plaque d'assise, à environ 2 pouces en retrait du fil de guidage. Le trou devrait se prolonger jusque dans la cavité murale entre les poteaux de l'armature **(photo 5)**.

Aiguiller le câble. Poussez le câble vers le haut jusque dans le mur. Si vous installez des prises au bas du mur, vous devriez être en mesure d'accéder au câble par le haut et de

l'attraper **(photo 6)**. Si vous devez pousser le câble haut dans le mur pour atteindre l'emplacement d'un nouvel interrupteur, utilisez alors du ruban de tirage.

S'il n'y a pas de grenier, de sous-sol ou de vide sanitaire, aiguiller un câble peut demander de pratiquer des ouvertures le long d'un mur. Même si cette méthode requiert des travaux de réparation majeurs, vous n'avez peut-être pas d'autres possibilités, sauf si vous pouvez passer le câblage à l'arrière d'une plinthe.

5 *Percez un trou vers le haut à travers la plaque d'assise dont le diamètre permettra le passage d'une marrette.*

Plaque d'assise au-dessus

6 *Poussez le câble vers le haut jusque dans le mur et tirez-le à travers l'ouverture de la boîte.*

COMMENT *passer un câble derrière une plinthe*

Niveau de difficulté :

Outils et matériel

- Crayon
- Grattoir métallique à peinture
- Règle de précision
- Marteau d'électricien
- Ensemble de clous
- Protecteurs de fils
- Cale en bois
- Couteau universel
- Ciseau à bois
- Scie à dos
- Clous de finition
- Ruban de tirage
- Ruban à mesurer
- Câble

Marquer le mur et desserrer la plinthe. Si la plinthe peut être retirée sans être endommagée, tracez une fine marque de crayon sur le mur le long de l'arête de la plinthe comme ligne de référence **(photo 1)**. Avec un couteau universel, coupez entre l'arête supérieure de la plinthe et le mur pour briser le joint de peinture **(photo 2)**. Cela évitera à la peinture d'être déchirée de la surface du mur lorsque la plinthe sera retirée.

Retirer la plinthe et marquer une ligne de coupe. Coupez la section de plinthe avec une scie à dos. Avec un

grattoir à peinture en métal ou un ciseau à bois, écartez délicatement la section du mur. Insérez une cale en bois à l'arrière du grattoir ou du ciseau pour ne pas endommager le mur **(photo 3)**. Tracez une seconde ligne de référence de ½ pouce sous la première ligne de référence tracée plus tôt **(photo 4)**. Utilisez-la comme ligne directrice pour couper et retirer la cloison sèche.

Couper et retirer la cloison sèche, et encocher les poutrelles. Faites la coupe le long de la deuxième ligne de référence en utilisant une règle de précision et un couteau ; retirez ensuite la portion coupée de cloison sèche **(photo 5)**. Sciez une encoche sur la face exposée de chaque poutrelle au bas du mur en utlisant une scie à dos et un ciseau, ou percez des trous à travers les poutrelles pour faire un canal pour le câble **(photo 6)**. Si vous faites des encoches, placez des protecteurs de fils à mesure que vous passez le câble pour le protéger de dommages potenticls.

Replacer la cloison sèche et la plinthe. Mesurez et découpez une nouvelle section de cloison sèche pour remplacer celle qui a été retirée. Clouez-la délicatement en place **(photo 7)**. Remettez la plinthe en place en utilisant un marteau et des clous de finition. Enfoncez les clous, remplissez les trous avec du mastic, et réparez le mur et le fini de la plinthe pour les harmoniser avec ceux des surfaces adjacentes **(photo 8)**.

1 Tracez une ligne le long de l'arête supérieure de la plinthe. Vous pouvez couper la cloison sèche de façon sécuritaire à ½ pouce sous cette marque.

2 Pour prévenir les dommages à la cloison sèche, tracez un sillon à l'arrière de la plinthe avant de la retirer.

3 Coupez la plinthe au-delà de la boîte actuelle à un bout et de la nouvelle boîte à l'autre bout. Écartez-la pour la retirer.

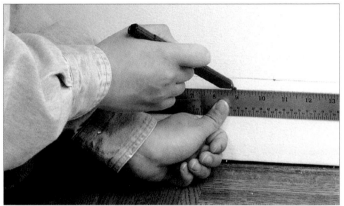

4 Mesurez ½ pouce sous la ligne de référence originale ; tracez ensuite une nouvelle ligne de coupe.

5 Découpez la cloison sèche au bas du mur en exposant la cloison lattée et l'espace à l'arrière.

6 Faites une encoche sur l'arête de chaque poteau ou percez un trou de ¾ de pouce dans chaque poteau ; passez ensuite le câble.

7 Coupez et installez une nouvelle section de cloison sèche pour refermer l'ouverture dans le mur.

8 Remettez la plinthe coupée à sa position originale et refaites la finition du mur et de la moulure.

4 Méthodes de câblage

Utilisez une mèche spéciale longue et flexible pour percer des poteaux dans une cavité murale fermée. Ces mèches réduisent ou éliminent le besoin de pratiquer des ouvertures dans un mur dont la finition est terminée. (Dans cette photo, la longue section de cloison sèche a été retirée pour mieux illustrer.)

Si retirer la plinthe existante n'est pas une option raisonnable, il faudra couper une section limitée de cloison sèche pour avoir accès à la cloison lattée. Les dommages au mur peuvent probablement être réduits au minimum par l'utilisation d'une mèche spéciale, longue et flexible, permettant de percer à travers plusieurs poteaux adjacents, au lieu d'avoir à les encocher tous à la surface du mur. Cependant, certaines réparations, en plus du travail de finition, seront tout de même nécessaires.

CONSEIL PRATIQUE

Câbler autour d'une entrée de porte existante

Si une entrée de porte existante est dans le chemin du câble, il vous faudra passer le câble par-dessus et autour du cadre de porte. Devant cette situation, plutôt que de couper des sections de cloison sèche, vous pourriez tirer avantage de l'espace de calage. Retirez les moulures autour de la porte en les écartant délicatement du mur. Utilisez un grattoir rigide de peinture avec une pièce de bois de manière à protéger le mur. Si vous ne pouvez pas retirer la moulure sans causer de dommages, vous pourriez devoir la remplacer. Si la moulure n'est pas remplaçable, vous devriez remettre en question cette méthode. Une fois l'espace de calage exposé, faites une encoche dans les cales de bois juste assez pour permettre le passage du câble. Passez le câble à travers l'espace de calage ; couvrez ensuite les endroits encochés en utilisant des protecteurs de fils métalliques.

Il est possible de passer un câble autour d'une porte existante à travers les découpes dans la cloison sèche. Une autre solution est de tirer avantage de l'espace de calage entre le cadre de porte et les poteaux de jambage.

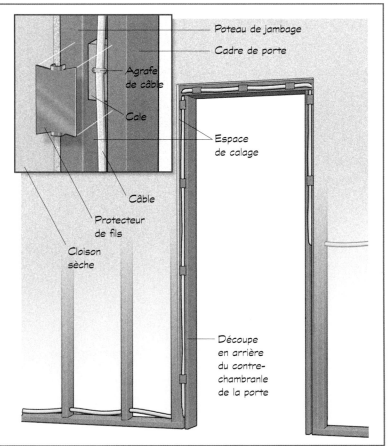

Poteau de jambage
Cadre de porte
Agrafe de câble
Cale
Espace de calage
Câble
Protecteur de fils
Cloison sèche
Découpe en arrière du contre-chambranle de la porte

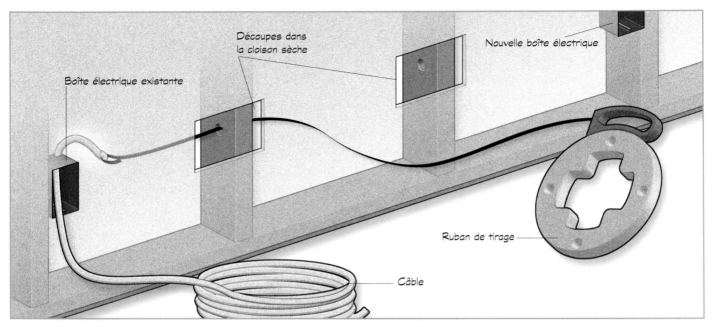

Boîte électrique existante

Découpes dans
la cloison sèche

Nouvelle boîte électrique

Ruban de tirage

Câble

Une autre façon de passer un câble à travers un mur est de faire plusieurs découpes dans la cloison sèche pour exposer la cloison lattée, et de percer des trous dans les poutrelles. Aiguillez le câble de façon graduelle de la boîte électrique existante jusqu'au nouvel emplacement.

Passer un câble à travers un plafond existant mais inaccessible peut demander de couper et le plafond et le mur de manière à pouvoir aiguiller le câble à partir d'une cavité murale verticale vers une cavité horizontale du plafond. Une fois le plafond ouvert, utilisez du ruban de tirage pour amener le câble à la nouvelle boîte électrique.

COMMENT *aiguiller un câble à travers un plafond*

Niveau de difficulté : 🐦🐦

Outils et matériel

- Escabeau
- Scie à guichet ou scie sauteuse
- Ciseau
- Perceuse sans fil
- Ruban de tirage (non métallique)
- Protecteurs de fils
- Lunettes de sécurité

- Couteau universel
- Crayon et règle de précision
- Fil à plomb
- Foret à trois pointes de ¾ de pouce
- Ruban électrique
- Marteau d'électricien
- Masque antipoussières

Couper l'ouverture dans le plafond. Avec une scie à guichet ou une scie sauteuse, découpez une ouverture dans le plafond à l'endroit voulu **(photo 1)**. À partir du trou dans le plafond, faites une ligne de référence visuelle perpendiculaire au mur où le câble tournera vers le bas ; faites ensuite une marque de référence sur le mur au point d'intersection **(photo 2)**.

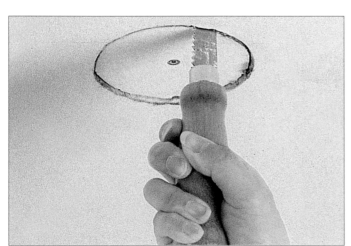

1 *Si le plafond n'est pas accessible par le dessus, utilisez la découpe de la nouvelle boîte comme trou d'accès.*

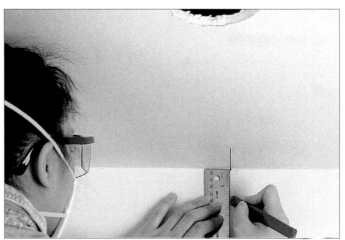

2 *À partir de l'ouverture, tracez une ligne sur le mur à l'endroit où le câble tournera vers le bas. Faites une marque à l'intersection.*

4 Méthodes de câblage

Découper les trous d'accès et encocher la plaque supérieure. Au point d'intersection, utilisez un couteau pour pratiquer des ouvertures adjacentes de 2 x 4 pouces dans la cloison sèche, une dans le plafond et une dans le mur **(photo 3)**. À partir de la découpe dans le plafond, percez un trou de ¾ de pouce à travers la plaque double supérieure ou utilisez un ciseau pour encocher la surface extérieure des plaques supérieures pour permettre le passage du câble **(photo 4)**.

Amener le ruban de tirage. À travers la nouvelle ouverture pratiquée pour la boîte du plafond, passez un long ruban de tirage dans l'espace entre les poutrelles dans le plafond jusqu'à ce que le ruban atteigne la découpe du plafond pratiquée plus tôt au haut du mur adjacent. Attachez un fil à plomb ou un autre poids au bout du ruban de tirage et laissez-le tomber dans la cavité murale **(photo 5)**.

Tirer sur le câble. Découper un trou d'accès près du bas du mur ; attrapez le fil à plomb et tirez-le à travers le trou d'accès. Attachez le câble au ruban de tirage **(photo 6)** et tirez le câble à travers le mur, à travers le plafond, et par la suite à travers le trou percé pour recevoir la boîte du plafond **(photo 6, détail)**. Recouvrez le câble exposé avec des plaques métalliques.

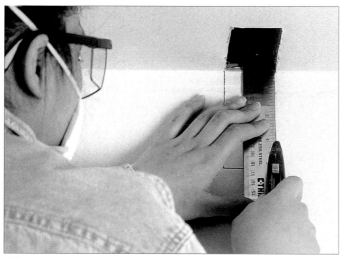

3 *Au point d'intersection, découpez des ouvertures adjacentes dans le plafond et le mur..*

4 *Découpez une encoche de ¾ de pouce de largeur et de 1 pouce de profondeur à travers la plaque supérieure qui servira de passage pour le câble.*

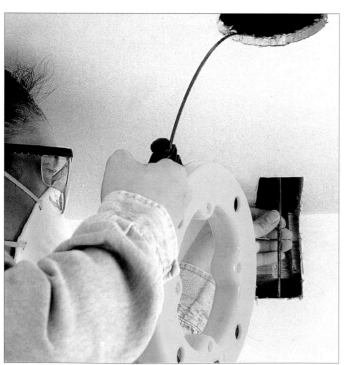

5 *Amenez le ruban câble tirage à travers le plafond et dans le mur jusqu'à une ouverture au bas du mur.*

6 *Arrimez le câble au ruban de tirage au bas du mur et tirez le ruban vers le haut jusqu'au trou dans le plafond.*

Prises
Prises doubles

Même s'il existe deux types de prises — simple et double —, seules des prises doubles sont communément installées dans les bâtiments résidentiels modernes. Une prise double héberge deux prises à la fois. À l'origine, les prises n'étaient ni mises à la terre, ni polarisées ; plus tard, elle devinrent polarisées, mais sans mise à la terre. De nos jours, les prises sont fabriquées avec une borne pour la mise à la terre. Ces prises ont un total de cinq bornes : deux bornes en laiton situées du côté droit pour brancher les fils d'alimentation noir et rouge ; deux bornes argentées situées du côté gauche pour brancher les fils blancs de neutre ; et une borne verte du côté gauche pour brancher le fil de cuivre dénudé de mise à la terre. Le nombre de fils connectés à une prise est fonction de l'emplacement de la prise, à la fin ou au milieu du parcours de câblage. Une prise branchée à la fin du parcours aura seulement un câble entrant dans la boîte, alors qu'une prise installée en milieu de parcours en aura deux.

▶ **Les vieilles prises** avaient deux connexions non polarisées **(A)**. Pour ce type de prise, les fils colorés pouvaient être reliés à l'une ou l'autre des bornes. Plus tard, les fabricants ont fabriqué des prises polarisées **(B)**. Celles-ci requièrent une connexion spécifique entre un fil et une borne, mais elle ne sont pas mises à la terre. De nos jours, les prises sont équipées d'une borne verte pour la mise à la terre **(C)**.

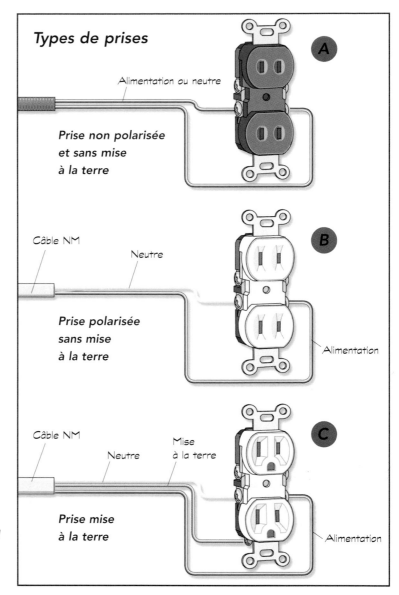

Types de prises

Alimentation ou neutre

A

Prise non polarisée et sans mise à la terre

Câble NM

Neutre

B

Prise polarisée sans mise à la terre

Alimentation

Câble NM

Neutre

Mise à la terre

C

Prise mise à la terre

Alimentation

4 Méthodes de câblage

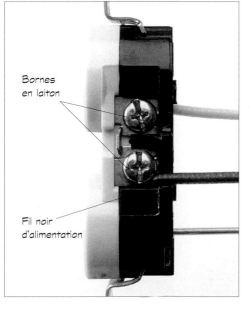

Bornes en laiton

Fil noir d'alimentation

◀ **Prise, côté droit.** Les fils noir ou rouge sont branchés aux bornes en laiton sur une prise.

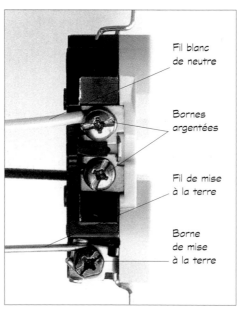

◀ **Prise, côté gauche.** Les bornes argentées sur une prise reçoivent les fils de neutre, alors que la borne verte reçoit le fil de mise à la terre.

Fil blanc de neutre

Bornes argentées

Fil de mise à la terre

Borne de mise à la terre

COMMENT câbler une prise en fin de parcours

Niveau de difficulté :

Outils et matériel ——————— *Pour les boîtes métalliques

- Tournevis isolé
- Boîte de prise
- Marrette verte
- Pince à bec long
- Outil multifonctions (facultatif)
- Brides de câble*

- Prise double
- Câble NM 12/2G
- Pince coupante diagonale
- Dénudeur de fil
- Dégaineur de câble
- Fil dénudé de mise à la terre et vis*

Tirer sur le bout du câble et dénuder les fils. Après avoir installé une boîte de prise, amenez le bout du câble dans la boîte **(photo 1)**. Arrimez le câble en utilisant des brides de câble. Dégainez l'enveloppe et repliez-la sur le câble, retirez l'excédent et dénudez les fils à l'intérieur **(photo 2)**.

Câbler et mettre la prise à la terre. Branchez le fil noir d'alimentation à la borne en laiton et le fil blanc de neutre à la borne argentée **(photo 3)**. Avec une marrette verte, faites l'épissure entre le fil de mise à la terre du câble et les deux fils dénudés de mise à la terre, un provenant de la prise et l'autre provenant de la vis de mise à la terre (si vous utilisez une boîte métallique) **(photo 4)**.

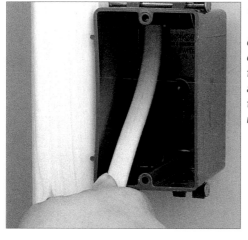

1 Tirez approximativement 6 pouces de câble dans la prise, de façon à en avoir assez pour exécuter le branchement.

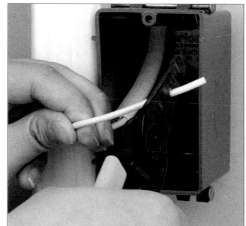

2 Retirez l'enveloppe du câble jusqu'à une distance minimale de ½ pouce de la bride dans la boîte de la prise.

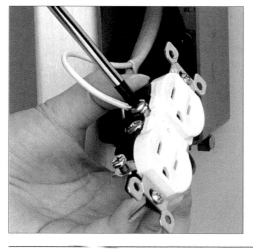

3 Faites un crochet dans le sens des aiguilles d'une montre avec les fils dénudés de manière à les enrouler aux deux tiers autour de leurs bornes respectives; serrez ensuite les vis.

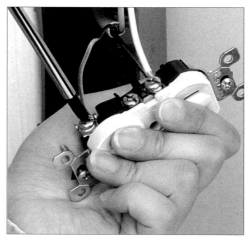

4 Arrimez le fil de mise à la terre à la vis de mise à la terre de la prise.

La méthode usuelle pour câbler une prise en milieu de parcours est de brancher tous les fils à la prise, lui faisant jouer le rôle de jonction entre les fils noirs et entre les fils blancs. Câbler une prise de cette façon est facile mais branche toutes les prises d'un circuit en série; si vous retirez une prise de façon temporaire, le courant ne se rendra plus au reste du parcours. Comme autre possibilité, câblez les prises d'un circuit de façon indépendante. Faites la jonction de chaque paire de fils d'alimentation et de neutre en utilisant des marrettes; ensuite, connectez un fil dénudé à partir de chaque jonction jusqu'à la borne appropriée. Le courant qui traversera la prise sera celui demandé par l'appareil branché dans celle-ci. Si vous retirez la prise du circuit, le reste du circuit continuera à fonctionner. Ce type de connexion est nécessaire lorsque trois câbles ou plus doivent être reliés ensemble parce qu'une borne ne peut accueillir plus d'un fil à la fois.

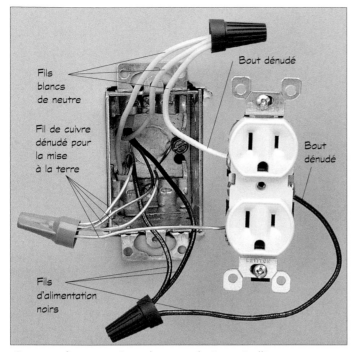

Fils blancs de neutre

Bout dénudé

Fil de cuivre dénudé pour la mise à la terre

Bout dénudé

Fils d'alimentation noirs

Ce type de connexion, dans une boîte métallique, permet de câbler les prises d'un circuit de manière indépendante.

Outils et matériel ——— *Pour les boîtes métalliques

◆ Tournevis isolé
◆ Boîte de prise
◆ Marrette verte
◆ Outil multifonctions (facultatif)
◆ Dénudeur de fils
◆ Brides de câble*

◆ Prise double
◆ Câble NM 12/2G
◆ Pince coupante diagonale
◆ Pince à bec long
◆ Défonceur de câble
◆ Fil dénudé de mise à la terre et vis*

Tirer sur les bouts des câbles et dénuder les câbles et les fils. Après avoir installé la boîte de prise, amenez les bouts des deux câbles dans la boîte. Arrimez les câbles avec des brides si la boîte n'est pas de type auto-serrante **(photo 1)**. Dégainez l'enveloppe et repliez-la sur le câble, retirez l'excédent et l'isolant en papier, et dénudez les fils à l'intérieur **(photo 2)**.

Câbler et mettre la prise à la terre. Branchez les deux fils noirs d'alimentation aux bornes en laiton et les deux fils blancs de neutre aux bornes argentées **(photo 3)**. Avec une marrette verte, faites l'épissure entre les fils de mise à la terre du câble et les deux fils dénudés de mise à la terre, un provenant de la prise et l'autre provenant de la vis de mise à la terre (si vous utilisez une boîte métallique) **(photo 4)**.

COMMENT *câbler une prise en milieu de parcours*

Niveau de difficulté : 🔧

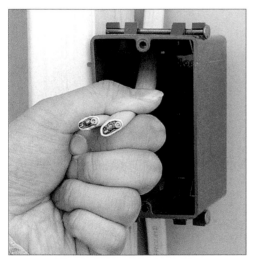

1 Passez les câbles à travers les brides de câble, tirez assez de câble pour obtenir 6 pouces de fils libres dans la boîte de la prise et barrez les brides.

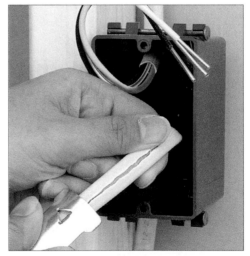

2 Retirez l'isolant du câble jusqu'à ½ pouce des brides et dénudez ½ pouce d'isolant à chaque bout de fil.

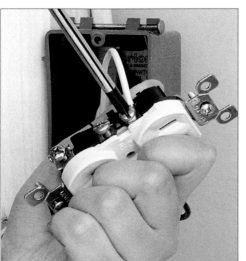

3 Faites une boucle avec les bouts de fil dénudés dans le sens contraire des aiguilles d'une montre jusqu'aux deux tiers de leurs bornes respectives.

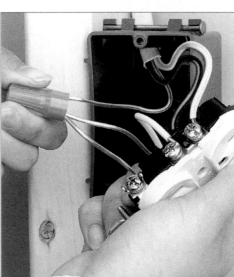

4 Faites la jonction des fils de mise à la terre et amenez-les à la vis de mise à la terre dans la boîte de la prise (si la boîte est métallique).

4 Méthodes de câblage

Prises doubles de 120 volts en séquence

Les prises en début ou milieu de parcours sont connectées à tous les fils provenant des deux directions. Les prises en fin de parcours sont les dernières du circuit et ont seulement deux bornes et une connexion pour la mise à la terre.

Circuit à prises doubles de 120 volts multiples

Dans un circuit comprenant de multiples prises de 120 volts, un câble à trois fils est utilisé pour brancher toutes les prises sauf la dernière. Le fil blanc de neutre est partagé par les deux circuits.

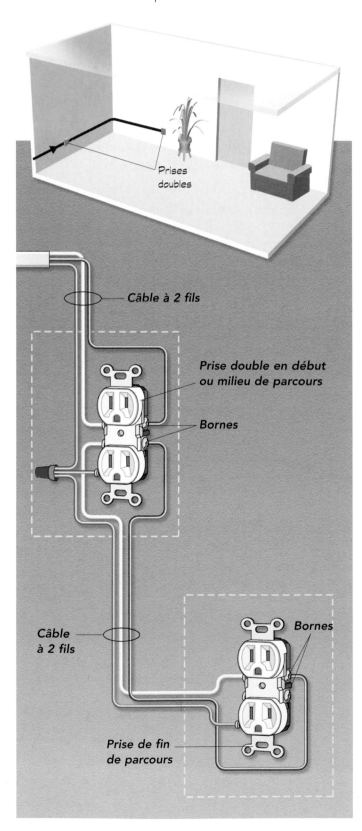

Prises doubles

Câble à 2 fils

Prise double en début ou milieu de parcours

Bornes

Câble à 2 fils

Bornes

Prise de fin de parcours

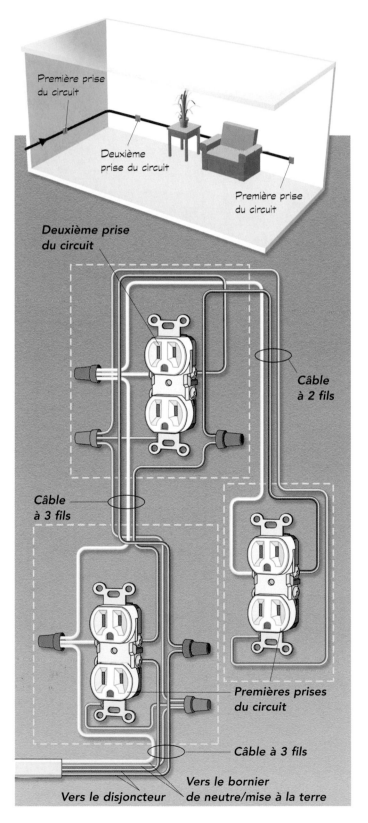

Première prise du circuit

Deuxième prise du circuit

Première prise du circuit

Deuxième prise du circuit

Câble à 2 fils

Câble à 3 fils

Premières prises du circuit

Câble à 3 fils

Vers le disjoncteur

Vers le bornier de neutre/mise à la terre

Prises à circuits séparés

Les languettes de métal reliant les bornes de chaque côté d'une prise peuvent être retirées. En brisant la connexion reliant les bornes de laiton, vous pouvez brancher la partie du haut d'une prise indépendamment de la partie du bas. Normalement, les languettes argentées demeurent intactes. Ce type de branchement en circuits séparés, similaire à celui d'une prise contrôlée par un interrupteur, permet à deux appareils ayant une demande en courant supérieure à celle d'un circuit unique d'être alimentés par des circuits différents.

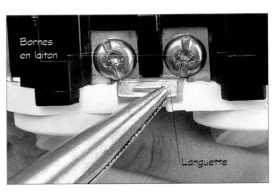

Retirer la languette entre les bornes de laiton vous permet de câbler chaque partie de la prise de façon indépendante.

COMMENT *câbler une prise en circuits séparés*

Niveau de difficulté :

Outils et matériel

*Pour les boîtes métalliques

- ◆ Tournevis isolé
- ◆ Boîte de prise
- ◆ Marrette verte
- ◆ Outil multifonctions (facultatif)
- ◆ Dénudeur de fil
- ◆ Brides de câble*

- ◆ Prise double
- ◆ Dégaineur de câble
- ◆ Câble NM 12/2ɢ
- ◆ Pince coupante diagonale
- ◆ Pince à bec long
- ◆ Fil dénudé de mise à la terre et vis*

Câbler le circuit séparé. Installez la boîte de la prise, arrimez et retirez l'enveloppe du câble, puis dénudez les fils. Retirez ensuite la languette sur la prise et connectez les fils. Le câble contient trois fils et un fil de mise à la terre. Branchez les fils noir et rouge d'alimentation à des bornes en laiton séparées et le fil blanc de neutre à la borne argentée **(photo 1)**.

Relier le circuit séparé à la terre. En vous servant de la marette verte, amenez le fil dénudé de mise à la terre à la vis de mise à la terre sur la boîte et à la vis de mise à la terre de la boîte de la prise si la boîte est en métal **(photo 2)**.

4 Méthodes de câblage

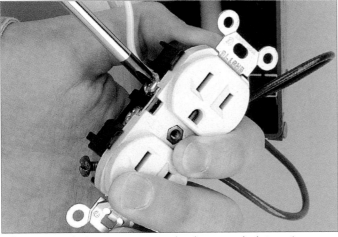

1 Retirez la languette entre les bornes de laiton (ou d'alimentation) ; câblez ensuite la prise.

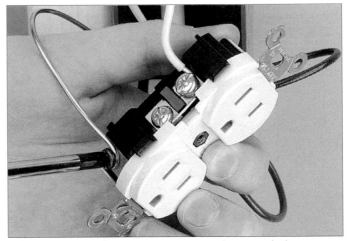

2 Amenez le fil dénudé de mise à la terre de la prise au fil de mise à la terre du câble et à la vis de mise à la terre présente dans la boîte.

CONSEIL PRATIQUE

Éviter les bornes à verrouillage

Certaines prises ont des trous à fils à la place des bornes. Sur ce type de prise, le bout dénudé de chaque fil (fil de cuivre de calibre 14 seulement) est inséré dans le trou approprié pour compléter la connexion. Même s'il est simple d'utilisation, ce type de connexion peut être problématique et n'est pas recommandé.

Certains types de prises ont des bornes à verrouillage — insérez simplement le bout de chaque fil dans le trou approprié pour compléter la connexion.

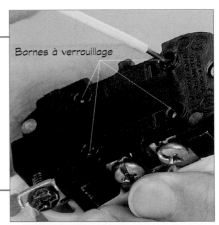

Combinés interrupteur/prise

Combinez une prise avec mise à la terre à un interrupteur unipolaire pour pallier un manque de prises dans une pièce. Il est possible de câbler un combiné interrupteur/prise d'une ou de deux façons : soit l'interrupteur contrôle la prise, soit, de façon plus courante, la prise demeure alimentée en permanence alors que l'interrupteur alimente une autre prise ou un autre dispositif. Ce type de circuit doit être utilisé au milieu d'un parcours de câblage.

COMMENT câbler un combiné interrupteur/prise

Niveau de difficulté :

Outils et matériel ——— *Pour les boîtes métalliques

- ✦ Tournevis isolé
- ✦ Boîte de jonction
- ✦ Marrettes verte et rouge
- ✦ Câble NM 12/2G
- ✦ Dénudeur de fil
- ✦ Brides de câble*
- ✦ Combiné interrupteur/prise
- ✦ Fil dénudé de mise à la terre et vis*
- ✦ Dégaineur de câble
- ✦ Pince à bec long
- ✦ Pince coupante diagonale

Brancher les fils d'alimentation et de neutre. Une fois la boîte installée, les câbles tirés et les fils dénudés, branchez les fils d'alimentation. Branchez le fil noir amenant l'alimentation au combiné à l'une des deux bornes foncées qui sont reliées par une languette. Attachez le fil noir alimentant le dispositif à la borne unitaire en laiton située de l'autre côté du combiné interrupteur/prise **(photo 1)**. Avec une marrette rouge, faites la jonction entre les fils blancs de neutre de chaque câble en les amenant à la borne argentée du combiné interrupteur/prise **(photo 2)**.

Brancher les fils de mise à la terre. Avec une marrette verte, faites la jonction entre les fils de cuivre dénudés de chaque câble en les amenant à la borne de mise à la terre du combiné interrupteur/prise et à la vis verte de mise à la terre si une boîte métallique est utlisée **(photo 3)**.

Connexion alternative. Pour que l'interrupteur contrôle la prise, inversez les deux fils noirs d'alimentation de façon à ce que l'alimentation en puissance soit attachée à la borne à laiton qui n'a pas de connecteur en languette **(photo 4)**.

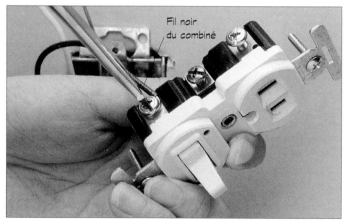

1 Branchez le fil noir du combiné à la borne en laiton et le fil noir d'alimentation à la vis noire de l'interrupteur.

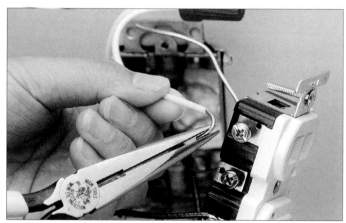

2 Branchez les deux fils blancs ensemble et amenez-les à la vis argentée du combiné interrupteur/prise.

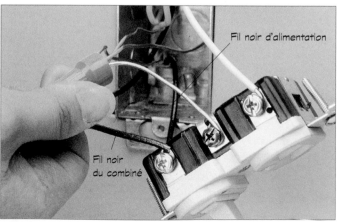

3 Branchez les fils de mise à la terre et amenez-les à la vis de mise à la terre de la boîte (si métallique) et à la vis de mise à la terre du combiné interrupteur/prise.

4 Pour contrôler la prise à l'aide de l'interrupteur, inversez les fils noirs. La prise est alimentée lorsque l'interrupteur est à la position de marche.

Interrupteur unipolaire avec dispositif d'éclairage et prise double

Câblez un dispositif d'éclairage en passant par un interrupteur unipolaire à l'aide d'un câble à deux fils pour alimenter l'interrupteur et d'un câble à trois fils partant de l'interrupteur vers le dispositif d'éclairage. Poursuivez le circuit vers une prise en fin de parcours en utilisant un câble à deux fils.

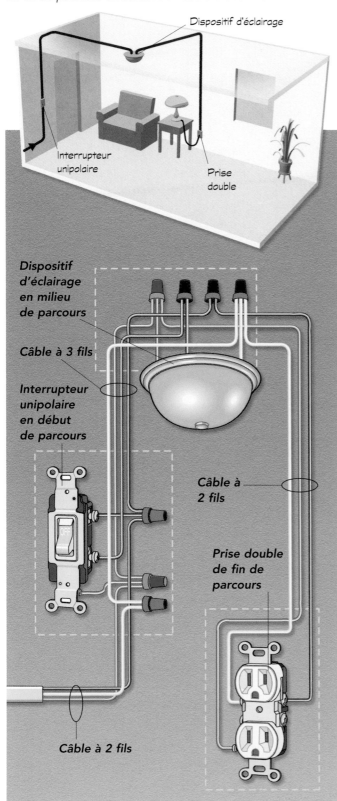

Dispositif d'éclairage

Interrupteur unipolaire

Prise double

Dispositif d'éclairage en milieu de parcours

Câble à 3 fils

Interrupteur unipolaire en début de parcours

Câble à 2 fils

Prise double de fin de parcours

Câble à 2 fils

Prise à circuits séparés contrôlée par un interrupteur en fin de parcours

Dans cette configuration, la moitié d'une prise à circuits séparés (avec languette retirée) est alimentée par un interrupteur situé en fin de parcours du circuit. L'autre moitié de la prise est alimentée de façon constante. Identifiez le fil blanc de neutre avec du ruban noir pour signifier qu'il est alimenté.

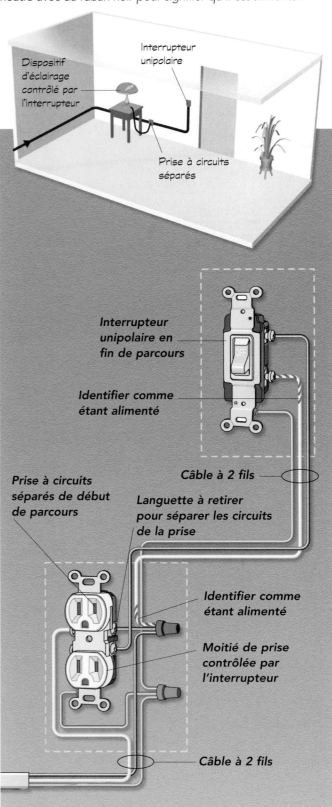

Dispositif d'éclairage contrôlé par l'interrupteur

Interrupteur unipolaire

Prise à circuits séparés

Interrupteur unipolaire en fin de parcours

Identifier comme étant alimenté

Câble à 2 fils

Prise à circuits séparés de début de parcours

Languette à retirer pour séparer les circuits de la prise

Identifier comme étant alimenté

Moitié de prise contrôlée par l'interrupteur

Câble à 2 fils

4 Méthodes de câblage

Prise double avec circuits séparés contrôlée par un interrupteur en début de parcours

Pour installer une prise à circuits séparés contrôlée par un interrupteur, retirez la languette de la prise. À l'aide d'un câble à deux fils, branchez l'interrupteur à la source d'alimentation. Un fil d'alimentation en partance de l'interrupteur se connecte à chacune des moitiés de la prise.

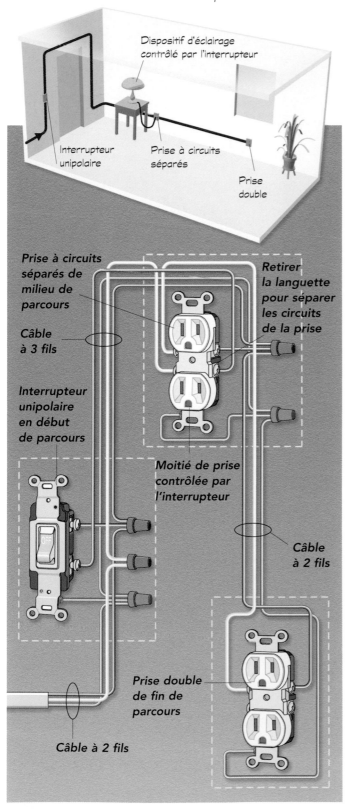

Prise double avec circuits séparés contrôlée par un interrupteur en fin de parcours

Dans cette combinaison, la prise à circuits séparés est située en début de parcours. Une moitié de la prise est contrôlée par l'interrupteur. L'autre moitié de la prise est alimentée de façon constante et transmet l'alimentation au reste du circuit.

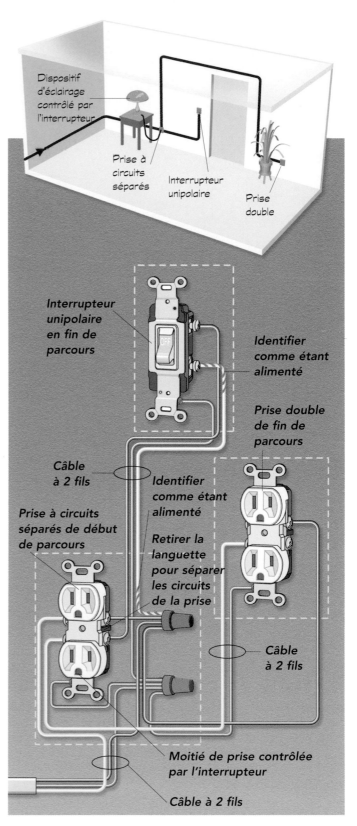

Comprendre l'information sur une prise

Les étiquettes ou les marques apparaissant sur une prise contiennent des informations importantes relatives à la sécurité et à l'utilisation. Une étiquette UL, par exemple, signifie que la prise a été certifiée par l'American Underwriters Laboratories, tandis qu'une étiquette CSA indique une approbation par l'équivalent canadien — l'Association canadienne de normalisation (Canadian Standards Association). Les caractéristiques nominales de courant et de tension, qui indiquent le maximum permis pour la prise, sont aussi indiquées. Il faut porter une attention particulière aux consignes relatives aux fils, qui indiquent quel type de fil peut être utilisé de façon sécuritaire avec la prise. Une étiquette CU signifie que seul du fil de cuivre peut être utilisé ; CO/ALR indique que les fils d'aluminium sont acceptés ; et CU/AL signifie fil en cuivre ou en aluminium recouvert de cuivre seulement.

La couleur des bornes d'une prise donne une information spécifique. Utilisez les bornes de laiton pour les fils d'alimentation noir/rouge, les bornes argentées pour les fils blancs de neutre, et la borne verte pour la connexion de mise à la terre.

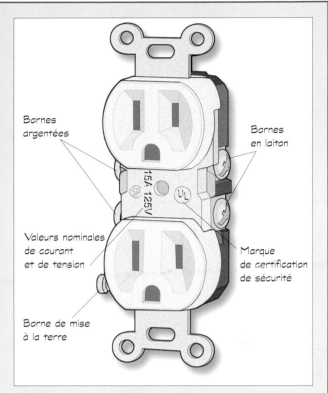

Bornes argentées

Bornes en laiton

Valeurs nominales de courant et de tension

Marque de certification de sécurité

Borne de mise à la terre

Les prises doivent indiquer clairement, à des fins de sécurité, les valeurs nominales de courant et de tension, ainsi que les types de fils à utiliser.

Prises à haute tension

Les électroménagers d'une demeure ont souvent une demande en courant supérieure à celle des petits appareils. Pour cette raison, les demeures contemporaines ont souvent deux types de prises : un type fournit l'alimentation à basse puissance (115 à 125 volts) et l'autre fournit l'alimentation à haute puissance (220 à 250 volts). Les appareils dont la tension nominale d'alimentation est de 240 volts — comme les fours, les sécheuses et les climatiseurs — requièrent d'être alimentés par un seul circuit. Même si certains appareils ont leur propre boîte électrique incorporée et doivent être branchés directement, la plupart sont branchés à une boîte de prise montée en surface. Un câble dont l'enveloppe est non métallique et contient deux fils d'alimentation, chacun transportant 120 volts, et un fil de mise à la terre, assure habituellement une connexion de fin de parcours dans la boîte de la prise, qui doit être située à portée du cordon d'alimentation de l'appareil. Puisqu'aucun fil de neutre n'est nécessaire, le fil blanc est codé, avec du ruban noir, pour bien indiquer qu'il est alimenté. Cependant, un circuit à haute tension qui requiert aussi une tension de 120 volts pour alimenter les horloges, les minuteries et les lumières doit avoir un fil blanc de neutre branché à la prise, de façon que l'appareil puisse séparer le courant entrant entre 120 et 240 volts. Ces circuits utilisent un câble à trois fils.

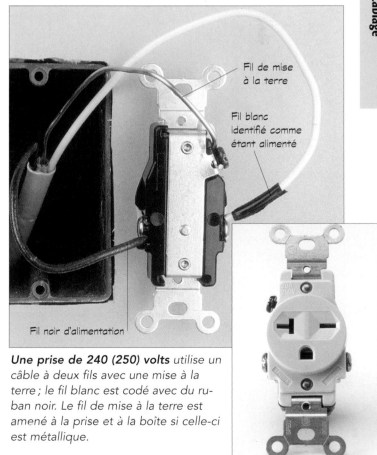

Fil de mise à la terre

Fil blanc identifié comme étant alimenté

Fil noir d'alimentation

Une prise de 240 (250) volts utilise un câble à deux fils avec une mise à la terre ; le fil blanc est codé avec du ruban noir. Le fil de mise à la terre est amené à la prise et à la boîte si celle-ci est métallique.

Toutes les prises pour les appareils à haute tension ont une configuration de connecteur qui ne peut être utilisée qu'avec le type de prise correspondant (voir le tableau « Configuration des prises à haute tension », ci-dessous). Il est à noter que ces prises sont identifiées par les lettres X et Y pour désigner les connexions des fils transportant le courant, W pour le fil blanc de mise à la terre et G pour la connexion de mise à la terre de la prise.

▶ *Les anciennes prises à trois fentes de 120/240 (125/250) volts utilisent un câble à trois fils avec une mise à la terre ; les fils noir et rouge sont reliés aux bornes en laiton, et le fil blanc est relié au neutre. Les nouvelles prises à quatre fentes ont une connexion de mise à la terre.*

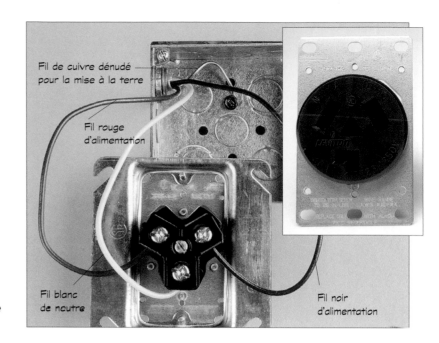

Fil de cuivre dénudé pour la mise à la terre

Fil rouge d'alimentation

Fil blanc de neutre

Fil noir d'alimentation

Configuration des prises à haute tension

Configuration des fentes	N° NEMA	Ampères	Volts	Phase	Pôles	Fils	Avec mise à la terre	Sans mise à la terre
	5-30R	30A	125V		2	3	x	
	6-30R	30A	250V		2	3	x	
	7-30R	30A	277V		2	3	x	
	10-30R	30A	125/250V		3	3		x
	14-30R	30A	125/250V		3	4	x	
	15-30R	30A	250V	3	3	4	x	
	18-30R	30A	120/208V	3	4	4		x
	5-50R	50A	125V		2	3	x	
	6-50R	50A	250V		2	3	x	
	7-50R	50A	277V		2	3	x	
	10-50R	50A	125/250V		3	3		x
	14-50R	50A	125/250V		3	4	x	
	18-50R	50A	120/208V	3	4	4		x
	14-60R	60A	125/250V		3	4	x	

La National Electrical Manufacturer's Association ou NEMA attribue un numéro à chaque configuration de fentes pour les prises. Tous les numéros de prises NEMA se terminent par la lettre R (pour « receptacle »). Le numéro du connecteur correspondant se termine par la lettre P (pour « plug »). Ces numéros sont universels et identifient les prises et les connecteurs correspondants, peu importe le fabricant.

Prise pour appareil de 240 volts

Branchez une prise pour appareil de 240 volts en utilisant un câble à deux fils et une mise à la terre. Reliez le fil blanc à une borne en laiton et le fil noir à l'autre borne. Mettez un ruban noir sur le fil blanc pour indiquer qu'il est alimenté. Amenez le fil de mise à la terre aux vis de mise à la terre de la prise et de la boîte.

Prise pour appareil de 120/240 volts

Les fils rouge et noir d'un câble à trois fils fournissent l'alimentation de 240 volts à ce type de prise. L'un ou l'autre des fils, combiné au fil blanc, fournit une alimentation de 120 volts. La prise ne possède pas de borne de mise à la terre. Branchez le fil de mise à la terre à la borne de mise à la terre dans la boîte de la prise.

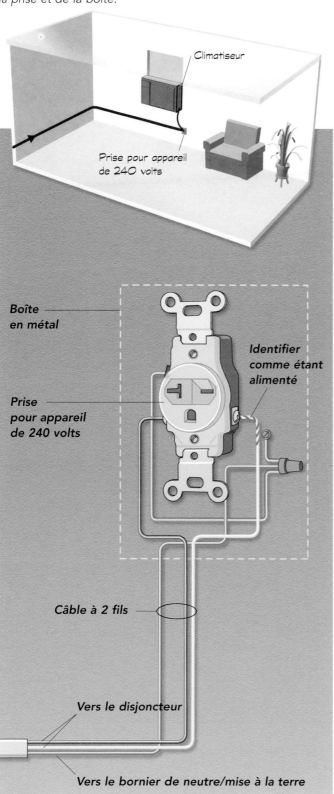

Climatiseur

Prise pour appareil de 240 volts

Boîte en métal

Prise pour appareil de 240 volts

Identifier comme étant alimenté

Câble à 2 fils

Vers le disjoncteur

Vers le bornier de neutre/mise à la terre

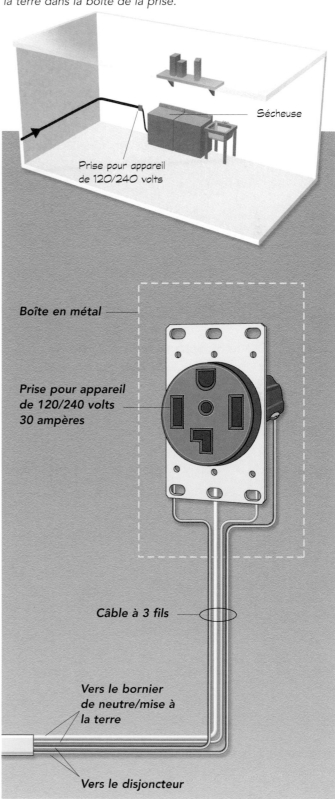

Sécheuse

Prise pour appareil de 120/240 volts

Boîte en métal

Prise pour appareil de 120/240 volts 30 ampères

Câble à 3 fils

Vers le bornier de neutre/mise à la terre

Vers le disjoncteur

4 Méthodes de câblage

Prises GFCI

Un disjoncteur de fuite de terre (GFCI) est un dispositif électrique qui prévient l'électrocution causée par un accident ou le mauvais fonctionnement d'un équipement. Dans un circuit à usage général de 120 volts, le courant circule à travers deux fils isolés, un blanc et un noir. La puissance est acheminée au dispositif ou à l'appareil par le fil noir et retourne par le fil blanc. Tant et aussi longtemps que ces flux de courant sont égaux, le circuit fonctionne de façon normale et sécuritaire. Cependant, si une portion du courant de retour est manquante ou « en faute », un GFCI ouvrira automatiquement le circuit dans un temps de $^1/_{25}$ à $^1/_{30}$ de seconde, soit 25 à 30 fois plus vite qu'un battement de cœur. Durant cette fraction de seconde, vous percevrez un faible choc ou pincement, au lieu du dangereux et potentiellement fatal choc transmis par un circuit non protégé par un disjoncteur de fuite de terre.

Une prise GFCI n'est cependant pas à l'épreuve de tout. Pour qu'un disjoncteur de fuite de terre puisse fonctionner avec succès, un défaut à la terre doit survenir au préalable. Cela survient lorsque le courant est acheminé hors du circuit normal par un autre chemin menant à la terre, ce qui cause un déséquilibre entre les fils noir et blanc mentionnés plus tôt. Dans ce cas, si votre corps se retrouve entre les fils noir et blanc, et que vous n'êtes pas en contact avec une surface mise à la terre, l'interrupteur GFCI ne pourra fonctionner correctement car il ne fera pas la distinction entre votre corps et un appareil électrique demandant du courant. Le nombre d'électrons entrant dans le circuit est égal au nombre d'électrons revenant du circuit, sauf qu'ils circulent à travers la résistance créée par votre corps, amenant votre cœur dans un état de fibrillation et causant des battements erratiques. Si ces battements ne reviennent pas rapidement à la normale, vous mourrez. Même si le circuit est relié à un panneau de disjoncteurs, le disjoncteur ne basculera pas à moins que le courant interne n'excède 15 ou 20 ampères, une valeur 2 500 fois supérieure à celle pouvant causer une électrocution. Un disjoncteur ou un fusible est seulement conçu pour protéger le câblage de votre demeure contre le courant excessif; il n'est pas conçu pour vous protéger.

Emplacements nécessitant une protection GFCI

Même si les circuits GFCI ne sont pas à toute épreuve, ils sont tout de même requis dans certains emplacements d'un logement, selon le Code. Ces emplacements comprennent, sans toutefois y être limités, la salle de bains, le garage, les espaces extérieurs, les vides sanitaires, les sous-sols dont la finition n'est pas terminée et les éviers. Une bonne règle générale à suivre est que si vous travaillez dans un environnement humide ou mouillé, les prises utilisées devraient être équipées d'une protection GFCI. Si une prise GFCI n'est pas située tout près, utilisez un cordon de rallonge ayant sa propre protection GFCI.

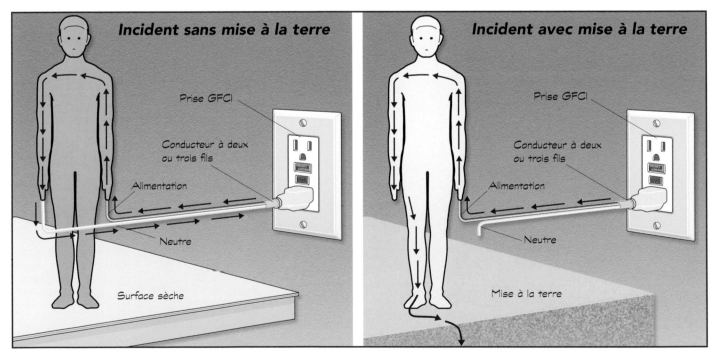

Si un courant électrique est acheminé à travers votre corps en provenance du fil d'alimentation et vers le fil de neutre, cela complète un circuit électrique, tout comme si vous étiez un appareil ou un dispositif. Dans cette situation, un disjoncteur de fuite de terre ne peut vous sauver de l'électrocution car il ne peut pas vous différencier de votre four à micro-ondes. Cependant, si vous tenez seulement un fil, le déséquilibre de courant entrant et sortant du circuit fera basculer l'interrupteur GFCI et vous protégera d'un choc sérieux ou d'une électrocution.

Une prise GFCI
possède des boutons de TEST et de REMISE EN CIRCUIT. Lorsqu'une panne de mise à la terre survient ou qu'un test est effectué, le bouton DE REMISE EN CIRCUIT surgira. Une fois la panne éliminée ou le test complété, enfoncez le bouton pour remettre le circuit en marche.

Bouton de remise en circuit

Bouton de test

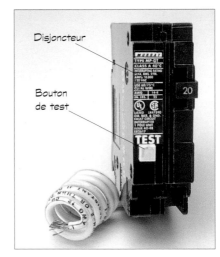

Un disjoncteur GFCI
possède un bouton de TEST mais pas de bouton de REMISE EN CIRCUIT. Pour remettre un disjoncteur GFCI en circuit, enfoncez l'interrupteur à la position « OFF » ; ensuite, basculez-le à la position « ON ».

Disjoncteur

Bouton de test

Une prise GFCI ressemble à une prise ordinaire, à l'exception des boutons de REMISE EN CIRCUIT et de TEST. Un GFCI peut aussi être installé directement dans le panneau en tant que disjoncteur. Ce type de disjoncteur de fuite de terre a seulement un bouton de TEST ; lorsque déclenché, l'interrupteur ne bascule qu'à moitié pour briser le circuit. Pour remettre le circuit en marche, le disjoncteur doit être basculé complètement en arrêt et ensuite basculé en marche à nouveau. Une prise GFCI est moins coûteuse qu'un GFCI de type disjoncteur et possède l'avantage de vous laisser faire la remise en marche du circuit au moment de l'utilisation. Même si les disjoncteurs de fuite de terre peuvent être câblés de manière à protéger plusieurs dispositifs, ils demeurent plus efficaces lorsqu'ils ne protègent qu'un seul dispositif à la fois.

COMMENT installer une prise GFCI

Niveau de difficulté : 🦇🦇

Outils et matériel ———— *Pour les boîtes métalliques

- Tournevis isolé
- Boîte de prise
- Marrettes
- Pince à bec long
- Câble NM 12/2G
- Dénudeur de fil
- Brides de câble*

- Prise double
- Vérificateur de circuit au néon
- Dégaineur de câble
- Fil de cuivre dénudé pour mise à la terre
- Pince coupante diagonale
- Fil dénudé de mise à la terre et vis*

Brancher les fils d'alimentation et de neutre du GFCI. Après avoir installé la boîte de la prise, retirez l'enveloppe du câble et dénuder les fils. Avec une marrette, faites la jonction des fils noirs d'alimentation ; amenez-les ensuite jusqu'à la prise GFCI à la borne identifiée LIGNE D'ALIMENTATION **(photo 1)**. Avec une autre marrette, faites la jonction des fils blancs de neutre ; amenez-les ensuite jusqu'à la prise GFCI à la borne identifiée LIGNE BLANCHE **(photo 2)**.

4 Méthodes de câblage

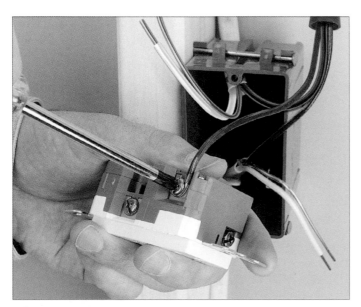

1 Faites la jonction des fils noirs d'alimentation et amenez-les à la borne LIGNE D'ALIMENTATION de la prise GFCI.

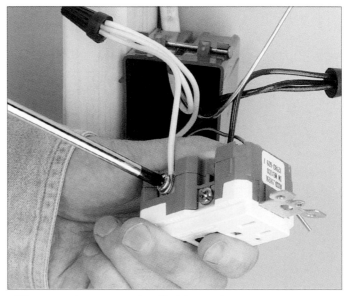

2 Faites la jonction des fils blancs de neutre et amenez-les à la borne identifiée LIGNE BLANCHE sur la prise.

Brancher les fils de mise à la terre de la prise GFCI et installer la prise. Faites la jonction des fils dénudés de mise à la terre et amenez-les à la borne verte de mise à la terre de la prise GFCI **(photo 3)**. Installez la boîte et le couvercle de la prise GFCI et mettez l'alimentation en marche. Avec un vérificateur de circuit au néon, vérifiez si le circuit est alimenté. Appuyez sur le bouton TEST pour vérifier si le GFCI est fonctionnel ; faites ensuite la remise en circuit **(photo 4)**.

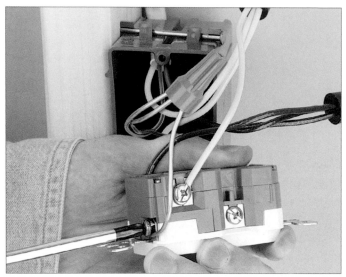

3 *Amenez les fils de mise à la terre à la borne verte de la prise GFCI.*

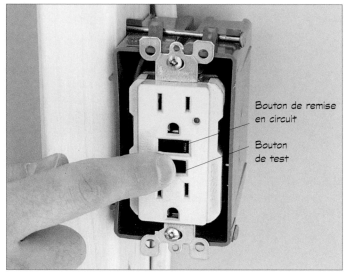

Bouton de remise en circuit

Bouton de test

4 *Vérifiez le fonctionnement du bouton de REMISE EN CIRCUIT de la prise en appuyant sur le bouton TEST ; le bouton de REMISE EN CIRCUIT devrait alors sortir.*

Protéger des emplacements multiples. Si vous voulez que plusieurs prises situées plus loin dans le circuit, ou en aval, de la prise GFCI puissent être couvertes par la protection GFCI, utilisez la méthode de câblage pour emplacements multiples. Câblez la prise en utlisant la méthode de milieu de parcours en reliant les fils en aval d'alimentation et de neutre aux bornes identifiées CHARGE. Dans ce type de connexion, toutes les prises situées en amont ne seront pas protégées.

Disjoncteur GFCI. Pour installer un disjoncteur de type GFCI, insérez tout simplement le dispositif dans le panneau de la même façon qu'un disjoncteur ordinaire. Branchez ensuite les fils du circuit à protéger. Branchez le fil blanc en tire-bouchon attaché au disjoncteur à la barre blanche de neutre dans le panneau.

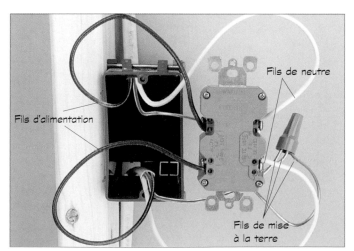

Fils de neutre

Fils d'alimentation

Fils de mise à la terre

Une prise GFCI servant à la protection d'emplacements multiples aura un jeu de fils d'alimentation et de neutre branchés à la borne identifiée LIGNE et l'autre jeu branché à la borne CHARGE.

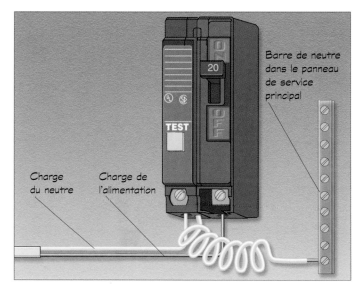

Barre de neutre dans le panneau de service principal

Charge du neutre

Charge de l'alimentation

Un disjoncteur GFCI est très facile à installer : branchez simplement les fils noir et blanc de la charge aux bornes appropriées sur le disjoncteur ; reliez ensuite le fil blanc en tire-bouchon à la barre de neutre du panneau.

Circuit de prise GFCI pour emplacement unique

Tous les comptoirs de cuisine et les prises de salle de bains, ainsi que les prises situées à moins de 6 pieds d'un évier, doivent avoir une protection GFCI. Pour protéger un emplacement unique à l'aide d'une prise GFCI, branchez le câble d'alimentation aux bornes de la LIGNE. Les prises situées en aval ne seront pas protégées.

Circuit de prise GFCI pour emplacements multiples

En certains endroits, le Code de l'électricité peut exiger plus d'une prise protégée, là où de multiples prises doivent être couvertes par une protection GFCI, comme au-dessus des comptoirs de cuisine. Elles devraient être câblées en suivant une configuration pour protection d'un emplacement unique, ce qui demande des câbles à deux fils et des câbles à trois fils.

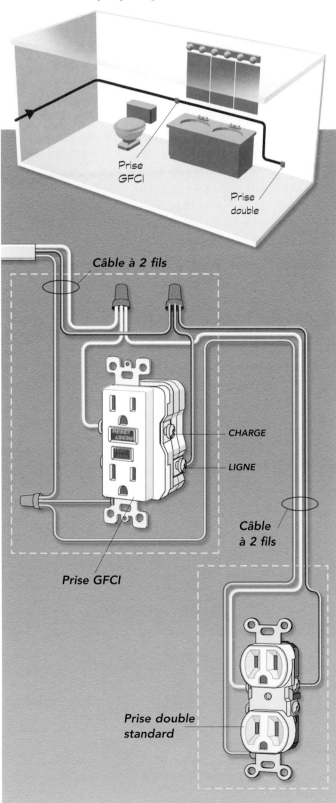

Câble à 2 fils

CHARGE

LIGNE

Câble à 2 fils

Prise GFCI

Prise double standard

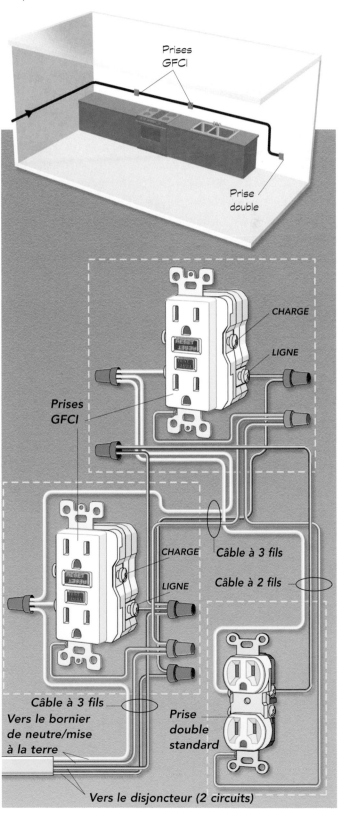

Prises GFCI

CHARGE

LIGNE

Câble à 3 fils

Câble à 2 fils

CHARGE

LIGNE

Câble à 3 fils
Vers le bornier de neutre/mise à la terre

Prise double standard

Vers le disjoncteur (2 circuits)

4 Méthodes de câblage

Interrupteurs
Interrupteurs unipolaires

Un interrupteur contrôle le flux de courant dans un circuit électrique. Il agit comme un circuit ouvert dans la position « OFF » et comme un court-circuit ou un circuit fermé dans la position « ON ». Un interrupteur qui possède deux bornes est connu sous le terme d'interrupteur unipolaire ; il ne peut contrôler un circuit que d'un seul emplacement. La plupart des interrupteurs résidentiels sont des interrupteurs unipolaires. L'alimentation est reliée à l'interrupteur en tout temps. Lorsque l'interrupteur est en position de marche, l'électricité est acheminée en provenance du fil relié à la borne alimentée, à travers l'interrupteur, puis vers le dispositif ou l'appareil relié à l'autre borne. Si l'interrupteur est situé en fin de parcours, l'alimentation sera acheminée à travers le fil noir d'alimentation et le retour se fera à travers le fil blanc de neutre, identifié par du ruban noir comme fil d'alimentation. (Le courant neutre dans le fil blanc est l'équivalent du courant dans le fil noir ; lorsque l'interrupteur est en position « ON », chaque fil peut causer un choc électrique.) Si l'interrupteur est situé en milieu de parcours, deux fils noirs d'alimentation sont branchés à l'interrupteur et les deux fils blancs de neutre sont reliés ensemble par une marrette dans la boîte de l'interrupteur. Faites la jonction entre les fils de cuivre dénudés et amenez-les à la borne verte de mise à la terre sur l'interrupteur ou dans la boîte, si cette dernière est en métal.

COMMENT câbler un interrupteur unipolaire en milieu de parcours

Niveau de difficulté :

Outils et matériel
*Pour les boîtes métalliques

- Tournevis isolé
- Boîte d'interrupteur et interrupteur
- Pince à bec long
- Câble NM 12/2G
- Brides de câble*
- Marrettes
- Outil multifonctions
- Dégaineur de câble
- Fil dénudé de mise à la terre et vis*

Brancher les fils d'alimentation et de neutre de l'interrupteur. Après avoir installé la boîte, retiré le câble et dénudé les fils, branchez les fils noirs d'alimentation à l'interrupteur **(photo 1)**. Faites une boucle de gauche à droite avec chaque fil autour des bornes pour éviter de les effilocher. Faites la jonction des fils blancs de neutre dans la boîte de l'interrupteur **(photo 2)**.

Installer et tester l'interrupteur. Faites la jonction entre les fils de cuivre dénudés et amenez-les à la borne verte de mise à la terre sur l'interrupteur ou dans la boîte, si cette dernière est en métal **(photo 3)**. Vissez l'interrupteur dans la boîte, avec la position « ON » vers le haut, installez le couvercle et mettez le circuit en marche. Vérifiez le fonctionnement de l'interrupteur pour vous assurer qu'il contrôle bien les dispositifs qui y sont reliés **(photo 4)**.

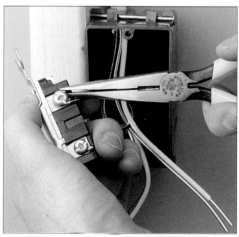

1 Pour un interrupteur situé en milieu de circuit, branchez les deux fils noirs d'alimentation aux bornes de l'interrupteur.

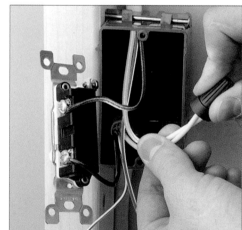

2 Pour un interrupteur situé en milieu de parcours, faites la jonction des deux fils blancs de neutre avec une marrette à l'intérieur de la boîte de l'interrupteur.

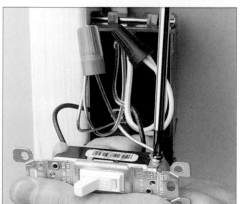

3 Tressez ensemble les deux fils de mise à la terre ; amenez-les ensuite à l'interrupteur et aux vis de mise à la terre de la boîte métallique.

4 Poussez délicatement les fils et l'interrupteur dans la boîte, vissez l'interrupteur en place ; testez ensuite le circuit.

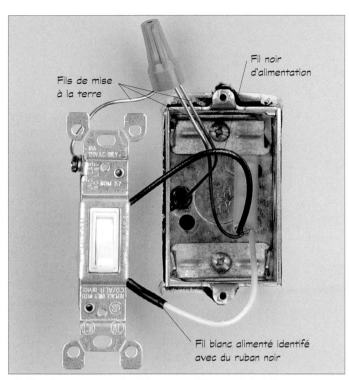

En fin de parcours, les fils noir et blanc reliés à l'interrupteur sont alimentés. Pour bien l'indiquer, enroulez du ruban noir autour du fil blanc.

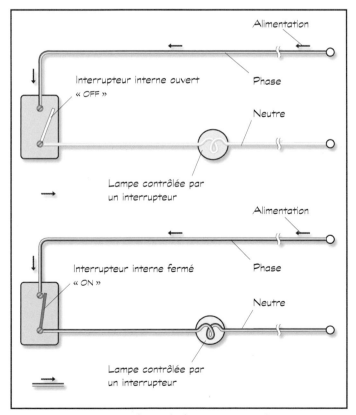

Un interrupteur unipolaire de lumière possède un contact mobile et un contact fixe. Dans la position « OFF », l'interrupteur est ouvert ; dans la position « ON », l'interrupteur est fermé et le circuit est complété.

Interrupteur unipolaire contrôlant un dispositif d'éclairage

Dans un circuit d'éclairage standard, l'alimentation est fournie par un câble à deux fils et un fil de mise à la terre. Dans cette configuration, le dispositif d'éclairage est situé en fin de parcours.

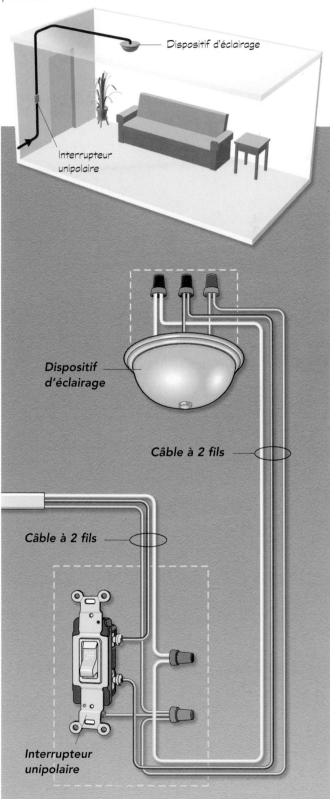

Dispositif d'éclairage relié à un interrupteur unipolaire en fin de parcours

Utilisez un câble à deux fils pour câbler un dispositif d'éclairage lorsque l'interrupteur est situé en fin de parcours. Cette configuration est connue sous le nom de «boucle d'interrupteur». Identifiez le fil blanc de neutre avec du ruban noir pour signifier qu'il est alimenté.

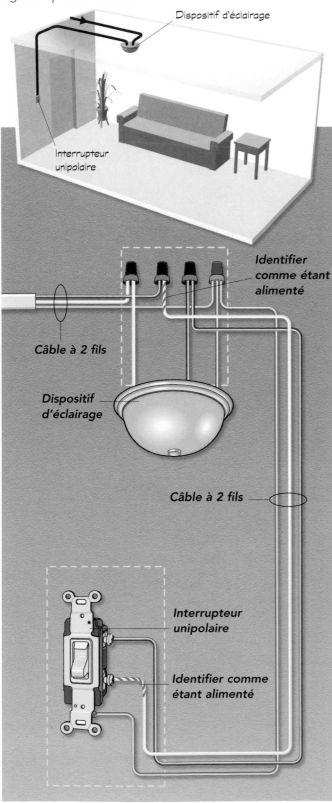

Dispositif d'éclairage

Interrupteur unipolaire

Identifier comme étant alimenté

Câble à 2 fils

Dispositif d'éclairage

Câble à 2 fils

Interrupteur unipolaire

Identifier comme étant alimenté

Interrupteurs jumelés reliés à des dispositifs d'éclairage en fin de parcours

Dans cette configuration, l'alimentation est acheminée à travers les interrupteurs et ensuite vers les dispositifs d'éclairage. Seul du câble à deux fils est nécessaire pour effectuer les connexions de câblage. Les interrupteurs occupent un espace jumelé dans la boîte électrique.

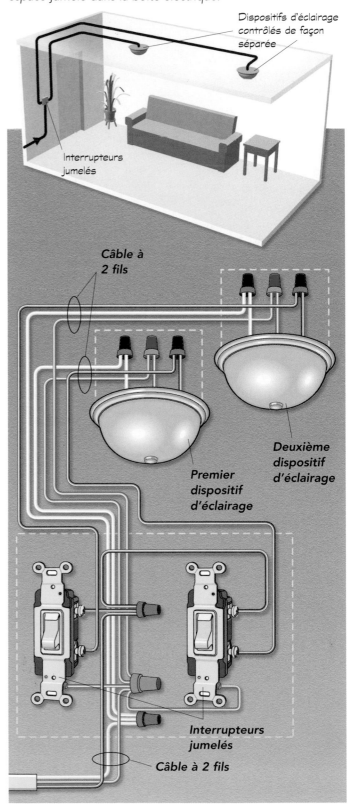

Dispositifs d'éclairage contrôlés de façon séparée

Interrupteurs jumelés

Câble à 2 fils

Deuxième dispositif d'éclairage

Premier dispositif d'éclairage

Interrupteurs jumelés

Câble à 2 fils

Interrupteurs à trois voies

Tout comme un interrupteur unipolaire, un interrupteur à trois voies contrôle le flux de courant dans un circuit électrique, mais à partir de deux emplacements au lieu d'un seul. Ce type d'interrupteur est utile, par exemple, lorsque vous voulez avoir la possibilité d'allumer un dispositif d'éclairage d'un escalier à partir du haut ou du bas de l'escalier, ou l'éclairage d'un garage à partir de la maison ou du garage. Une telle application requiert un câble spécial pour interrupteur à trois voies avec mise à la terre. Ce type de câble est habituellement rond, plutôt que plat comme les câbles non métalliques (NM) conventionnels, et il contient un conducteur isolé additionnel — un fil rouge.

Les interrupteurs à trois voies diffèrent des interrupteurs unipolaires par le fait qu'ils possèdent trois bornes au lieu de deux : une borne COM (vis foncée), et deux vis de suivi pour brancher les fils reliant les deux interrupteurs. L'interrupteur possède aussi une vis de mise à la terre. L'interrupteur ne possède pas de position « ON » ou « OFF » parce que la borne

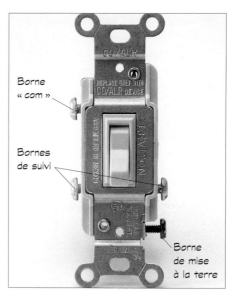

Un interrupteur à trois voies possède trois bornes et n'a pas de positions « ON/OFF ». La borne foncée est la borne COM, ou « commun ». Les deux petites bornes sont les conducteurs de l'interrupteur, connues sous le nom de « bornes de suivi ».

Borne « com »

Bornes de suivi

Borne de mise à la terre

COM alterne la connexion entre deux interrupteurs situés à deux emplacements différents, donnant ainsi à chaque interrupteur la possibilité de fermer le circuit.

Il faut considérer trois types de câbles différents lors du câblage d'un interrupteur à trois voies : le câble amenant l'alimentation, le câble du dispositif et le câble à trois fils. La méthode habituelle de câblage est de passer le câble d'alimentation à deux fils dans la première boîte d'interrupteur, et ensuite de passer le câble d'interrupteur à trois voies entre la première et la deuxième boîte d'interrupteur. Vous pouvez alors passer un deuxième câble à deux fils entre la deuxième boîte d'interrupteur et la boîte du dispositif. Une autre méthode consiste à passer le fil d'alimentation dans une des boîtes d'interrupteur ; passez ensuite le câble d'interrupteur à trois voies de la première boîte d'interrupteur vers le dispositif d'éclairage et ensuite vers la deuxième boîte d'interrupteur. Chaque méthode demande initialement de passer le fil d'alimentation à la boîte d'interrupteur. Il est aussi possible de commencer par amener l'alimentation au dispositif d'éclairage, mais cette méthode n'est pas conseillée parce qu'il est plus difficile de corriger tout problème dans le circuit par la suite.

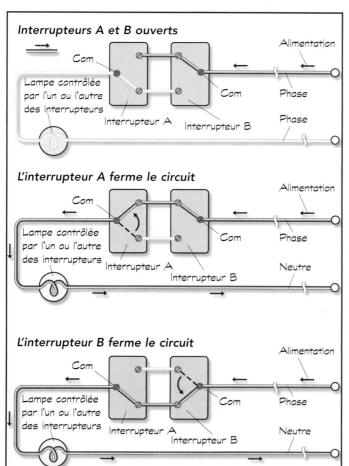

Un interrupteur à trois voies de lumière possède un contact mobile et deux contacts fixes. Dans la première position, l'interrupteur est ouvert ; dans la seconde position, l'interrupteur est fermé et le circuit est complété à travers la boîte d'interrupteur A ; dans la troisième position, l'interrupteur est toujours fermé mais le circuit est complété à travers la boîte d'interrupteur B.

COMMENT câbler un interrupteur à trois voies

Niveau de difficulté : 🔧🔧🔧

Outils et matériel

- Tournevis isolé
- Boîtes d'interrupteur
- Marrettes
- Câble à deux fils
- Dénudeur de fil
- Dégaineur de câble
- Pince à bec long
- Interrupteurs à trois voies
- Brides de câble
- Câble pour interrupteur à trois voies
- Fil de cuivre
- Pince coupante diagonale
- Outil multifonctions (facultatif)

(marge droite) **4** Méthodes de câblage

Brancher le câble d'alimentation et faire l'épissure des fils de neutre. Après avoir installé les boîtes des interrupteurs, tirez les câbles à l'intérieur des boîtes. Dégainez et retirer assez d'enveloppe et d'isolant en papier pour exposer les fils isolés. Dénudez ensuite les fils. Branchez le fil noir du câble d'alimentation à la borne COM (la borne « commun » foncée et oxydée) sur le premier interrupteur à trois voies. Le câble d'alimentation est un câble à deux fils avec mise à la terre provenant de la source d'alimentation **(photo 1)**. Faites l'épissure entre le fil blanc de neutre provenant du câble d'alimentation et le fil blanc de neutre du câble d'interrupteur à trois voies s'en allant au deuxième interrupteur à trois voies **(photo 2)**.

Brancher les fils noir et rouge de suivi. Branchez le fil noir de suivi dans le câble d'interrupteur à trois voies en provenance d'une borne de suivi sur le premier interrupteur jusqu'à la borne de suivi du deuxième interrupteur. Le fil de suivi founit une alimentation continue entre le premier et le deuxième interrupteur à trois voies **(photo 3)**. Ensuite, branchez le fil rouge de suivi dans le câble d'interrupteur à trois voies en provenance de l'autre borne de suivi du premier interrupteur jusqu'à la borne de suivi restante du deuxième interrupteur. Ce fil de suivi maintient aussi l'alimentation de façon continue entre les interrupteurs à trois voies **(photo 4)**. Les fils entre les bornes COM alimentent le dispositif.

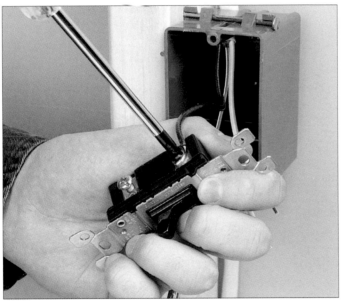

1 Le câble d'alimentation contient deux fils et un fil de mise à la terre ; il achemine l'alimentation au premier interrupteur.

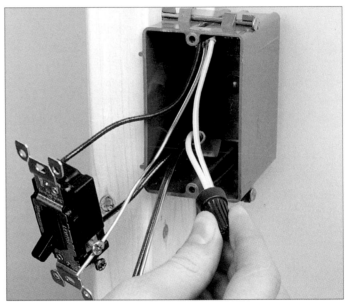

2 Les fils blancs de neutre dans un circuit d'interrupteur à trois voies doivent être continus à travers le circuit entier.

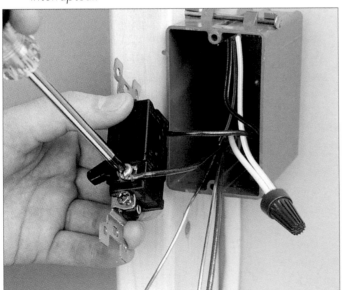

3 Le fil noir de suivi maintient l'alimentation continue entre le premier et le second interrupteur à trois voies.

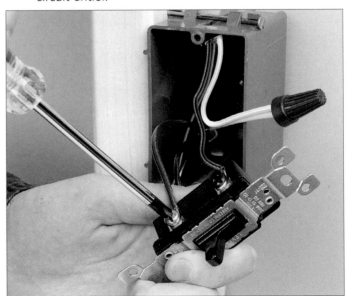

4 Le fil rouge de suivi relie une borne de suivi sur le premier interrupteur à une borne de suivi sur le second interrupteur.

Brancher les fils de mise à la terre des deux interrupteurs. Avec une marrette verte, dans la boîte du premier interrupteur, faites l'épissure entre les fils de mise à la terre provenant du câble d'alimentation du premier interrupteur, et le fil de suivi allant au deuxième interrupteur. Amenez les fils à la borne verte dans la boîte du premier interrupteur (si la boîte est métallique) **(photo 5)**. Dans la boîte du deuxième interrupteur, faites l'épissure entre le fil de suivi de mise à la terre en provenance de la boîte du premier interrupteur le fil de cuivre dénudé du deuxième interrupteur, et le fil de mise à la terre du dispositif d'éclairage (câble à deux fils). Amenez les fils à la borne verte dans la boîte du deuxième interrupteur (si la boîte est métallique) **(photo 6)**.

Faire l'épissure entre les fils suiveurs de neutre, et câbler le dispositif. À l'intérieur de la boîte du deuxième interrupteur, faites l'épissure entre le fil de suivi de neutre du câble d'interrupteur à trois voies en provenance de la boîte du premier interrupteur et le fil de neutre du câble à deux fils provenant de la boîte du dispositif d'éclairage **(photo 7)**. Dans la boîte du dispositif d'éclairage, faites l'épissure entre le fil blanc de neutre provenant de la boîte du deuxième interrupteur et le fil blanc de neutre provenant du dispositif d'éclairage. Faites la même opération avec le fil noir en provenance de la borne COM sur le deuxième interrupteur et le fil noir du dispositif d'éclairage; branchez ensuite le fil de mise à la terre du dispositif à la vis verte de mise à la terre dans la boîte, si celle-ci est en métal **(photo 8)**.

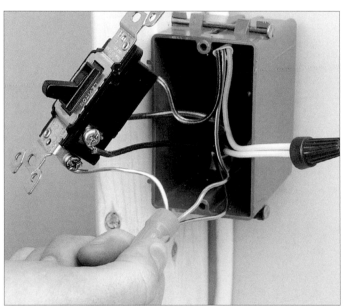

5 *Les fils de suivi de la ligne et de mise à la terre doivent être amenés à la vis de mise à la terre du premier interrupteur.*

6 *Les fils de mise à la terre du dispositif et de suivi doivent être amenés à la vis de mise à la terre du deuxième interrupteur.*

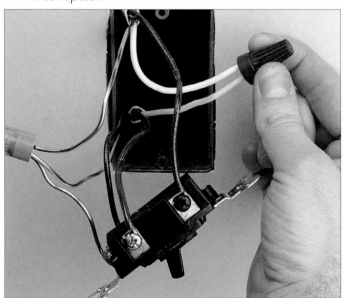

7 *Poursuivez le câblage des fils de neutre à travers le deuxième interrupteur, en reliant le fil de neutre de suivi au fil de neutre du dispositif.*

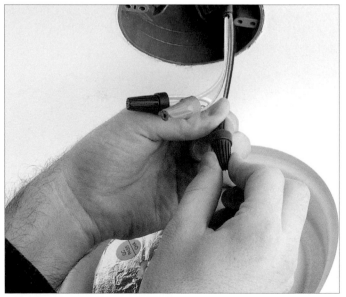

8 *Complétez le circuit en faisant les épissures des fils d'alimentation et de neutre entre les fils provenant du deuxième interrupteur et ceux provenant du dispositif.*

4 Méthodes de câblage

Interrupteurs à trois voies et dispositif d'éclairage en fin de parcours

Dans ce circuit d'interrupteurs, l'alimentation est acheminée de la boîte du premier interrupteur à la seconde, et ensuite au dispositif d'éclairage. Un câble à trois fils avec fil de mise à la terre est passé entre les interrupteurs et un câble à deux fils est passé entre le deuxième interrupteur et le dispositif.

Interrupteurs à trois voies et dispositif d'éclairage en début de parcours

Dans cette configuration, l'alimentation arrive au dispositif par un câble à deux fils avec mise à la terre. L'alimentation est acheminée aux interrupteurs à trois voies et retourne ensuite au dispositif. Le câble à deux fils relie le dispositif au premier interrupteur et le câble à trois fils relie les deux interrupteurs.

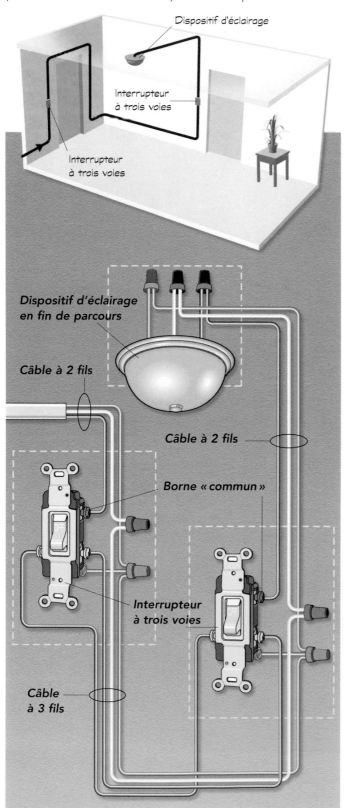

Dispositif d'éclairage

Interrupteur à trois voies

Interrupteur à trois voies

Dispositif d'éclairage en fin de parcours

Câble à 2 fils

Câble à 2 fils

Borne « commun »

Interrupteur à trois voies

Câble à 3 fils

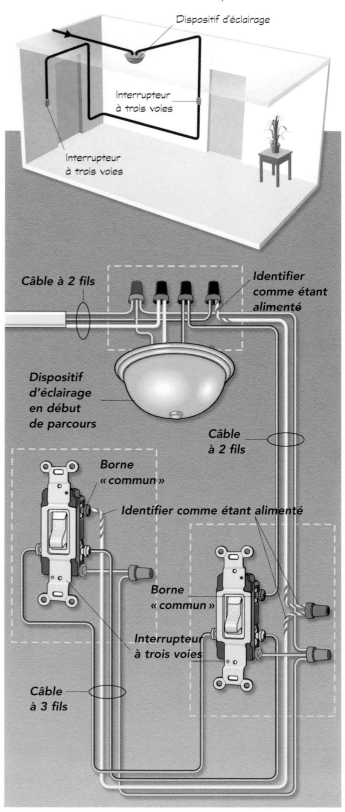

Dispositif d'éclairage

Interrupteur à trois voies

Interrupteur à trois voies

Câble à 2 fils

Identifier comme étant alimenté

Dispositif d'éclairage en début de parcours

Câble à 2 fils

Borne « commun »

Identifier comme étant alimenté

Borne « commun »

Interrupteur à trois voies

Câble à 3 fils

Interrupteurs à trois voies et dispositif d'éclairage en milieu de parcours

Ici, le dispositif d'éclairage est positionné entre deux interrupteurs à trois voies. L'alimentation arrive au premier interrupteur par un câble à deux fils et mise à la masse. L'alimentation traverse le dispositif d'éclairage, poursuit son chemin jusqu'au deuxième interrupteur et retourne ensuite au dispositif d'éclairage par un câble à trois fils.

Dispositif d'éclairage en début de parcours installé entre deux interrupteurs à trois voies

Dans ce branchement, l'alimentation est acheminée à la boîte du dispositif d'éclairage et est ensuite acheminée aux interrupteurs à trois voies, lesquels sont alimentés sur des lignes séparées de chaque côté du dispositif. Le fil blanc d'alimentation se branche directement à la borne argentée du dispositif.

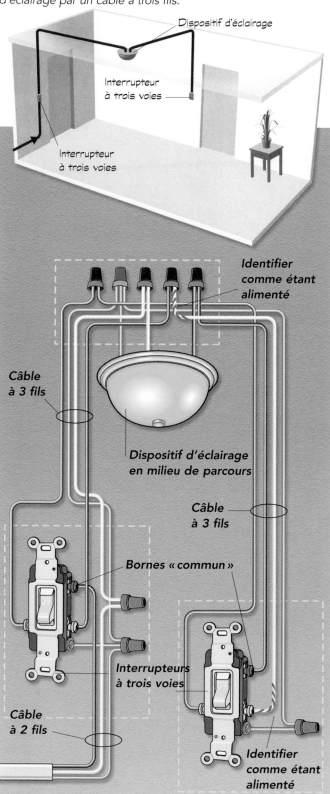

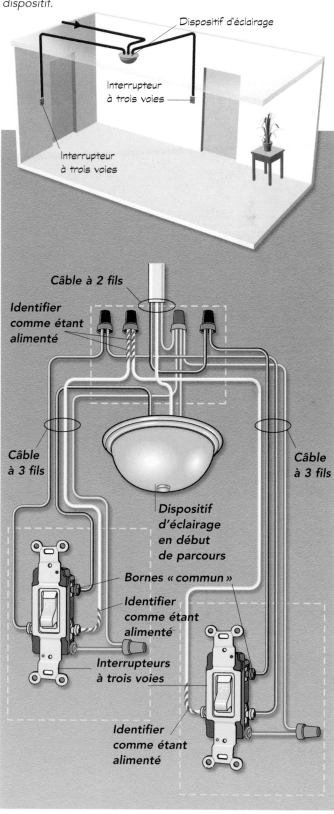

4 Méthodes de câblage

Interrupteurs à quatre voies

Un interrupteur à quatre voies peut être branché entre deux interrupteurs à trois voies pour permettre de contrôler un dispositif d'éclairage à partir de trois emplacements. Un interrupteur à quatre voies est installé en ligne ou en « série » avec les fils de suivi entre les deux interrupteurs à trois voies. Un câble à trois fils doit être passé à partir du premier interrupteur à trois voies jusqu'à l'interrupteur à quatre voies et à partir du second interrupteur à trois voies jusqu'à l'interrupteur à quatre voies. Les fils rouge et noir du premier interrupteur se branchent aux vis de couleur laiton, et les fils noir et rouge du deuxième interrupteur se branchent aux vis de couleur foncée ou cuivrée. Le fil blanc de neutre est acheminé sur toute la longueur à travers tous les interrupteurs. Amenez les fils de mise à la terre à la vis verte de mise à la terre à l'intérieur de la boîte en métal.

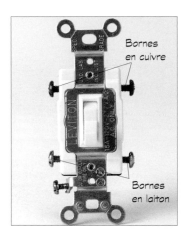

Un interrupteur à quatre voies *possède quatre bornes. Il est d'apparence similaire à un interrupteur bipolaire, mais n'a pas de positions « ON » ou « OFF » dédiées. Un interrupteur à quatre voies contrôle une prise ou un dispositif à partir de trois emplacements, en conjonction avec deux interrupteurs à trois voies ; il doit être situé entre les deux autres interrupteurs du circuit.*

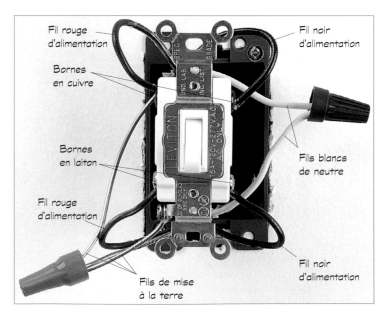

Les leviers internes *dans un interrupteur à quatre voies connectent les bornes soit dans une configuration verticale directe soit dans une forme diagonale en X. En combinaison avec les deux interrupteurs à trois voies, cela permet au circuit d'être complété ou ouvert par l'un ou l'autre des trois interrupteurs.*

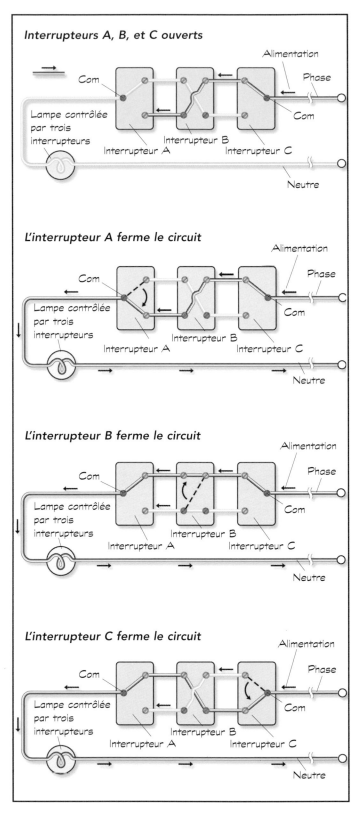

Un interrupteur à quatre voies de lumière *possède deux contacts mobiles et deux contacts fixes. Dans la première position, l'interrupteur est ouvert ; dans la seconde position, le circuit est complété à la boîte d'interrupteur A ; dans la troisième position, l'interrupteur est toujours fermé mais le circuit est complété à la boîte d'interrupteur B ; et dans la quatrième position, le circuit est fermé à la boîte d'interrupteur C.*

Interrupteurs à quatre voies

Un interrupteur à quatre voies doit être utilisé en combinaison avec deux interrupteurs à trois voies pour contrôler un dispositif de lumière à partir de trois emplacements ou plus. Un câble à deux fils achemine l'alimentation à travers le dispositif jusqu'au premier interrupteur à trois voies. Le premier interrupteur à quatre voies est relié au second en utilisant un câble à trois fils.

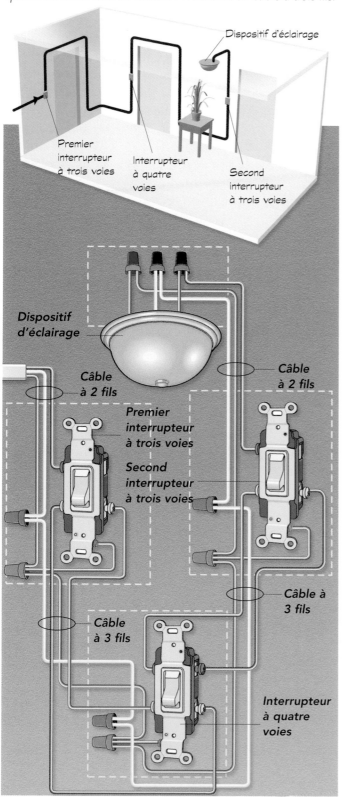

Gradateurs

Un gradateur permet de varier la luminosité de la lumière produite par un dispositif d'éclairage, soit pour créer une ambiance feutrée soit par économie d'énergie. Les gradateurs peuvent fonctionner comme des interrupteurs unipolaires ou des interrupteurs à trois voies. Dans une configuration à trois voies, seul le gradateur ajuste la luminosité, pendant que l'interrupteur à bascule contrôle le fonctionnement marche/arrêt du dispositif. Même s'ils ne sont pas utilisés de façon courante, des gradateurs sont aussi disponibles pour l'éclairage de tubes fluorescents.

Les gradateurs sont contrôlés par un dispositif à semi-conducteurs intégré à l'interrupteur qui coupe le courant et le remet en marche à une fréquence allant jusqu'à 120 fois par seconde. En limitant le flux de courant, l'interrupteur atténue l'intensité de la lumière. Plus le temps de coupure du courant est long, plus l'intensité de la lumière est faible. La puissance nominale des gradateurs est de 600 watts.

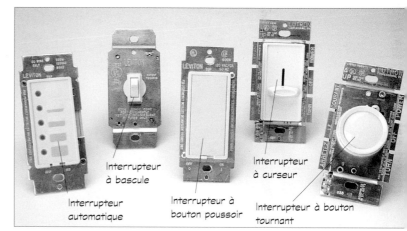

Les gradateurs sont offerts dans une variété de catégories, allant des interrupteurs à bascule conventionnels aux interrupteurs à bouton tournant ou aux interrupteurs à curseur. Les gradateurs automatiques sont contrôlés par des capteurs électroniques. D'autres ont un affichage qui s'allume dans la pénombre.

Dans un interrupteur en fin de parcours, les fils de suivi sont le fil rouge et le fil blanc enroulé de ruban noir, ou le fil noir et le fil blanc enroulé de ruban noir.

Un gradateur situé en milieu de parcours possède des fils de suivi qui sont soit deux fils noirs, soit un fil rouge et un fil noir.

COMMENT *câbler un gradateur unipolaire*

Niveau de difficulté : 🐦

Outils et matériel

- ◆ Tournevis isolé
- ◆ Vérificateur de circuit au néon
- ◆ Dénudeur de fil

- ◆ Outil multifonctions
- ◆ Gradateur
- ◆ Marrettes
- ◆ Pince à bec long

Couper l'alimentation et débrancher les fils du circuit. Coupez l'alimentation de l'interrupteur en place dans le circuit, retirez le couvercle de la boîte de l'interrupteur et retirer l'interrupteur. À l'aide d'un vérificateur de circuit au néon, testez le circuit pour vous assurer que l'alimentation est coupée, en prenant bien soin de ne pas toucher aux bornes des fils **(photo 1)**. Débranchez les fils de l'interrupteur unipolaire à remplacer ; ensuite, mettez l'interrupteur à l'écart. Vérifiez si le câblage ou la boîte sont endommagés **(photo 2)**.

Dénuder les fils du circuit et brancher le gradateur. Coupez les bout dénudés des fils du circuit ; ensuite, dénudez-les de nouveau — en laissant environ ½ pouce de fil exposé à chaque bout **(photo 3)**. Avec des marrettes rouges, faites l'épissure dans la boîte du gradateur entre les fils du gradateur et les fils du circuit. Parce qu'ils sont interchangeables, l'un ou l'autre des fils du gradateur peut être relié à l'un ou l'autre des fils d'alimentation du circuit **(photo 4)**. Cependant, il faut vous assurer que le fil blanc d'alimentation du circuit soit enroulé avec du ruban noir pour bien indiquer qu'il est alimenté. Si un fil de cuivre dénudé de mise à la masse était branché à l'ancien interrupteur, amenez-le à la vis de mise à la terre de la boîte du gradateur si cette dernière est métallique. Insérez le gradateur dans la boîte et replacez le couvercle.

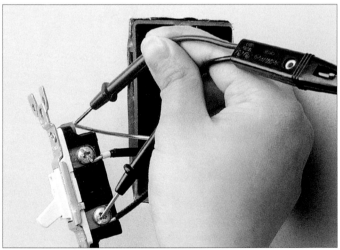

1 *Avant de retirer un interrupteur, testez le circuit avec un vérificateur au néon pour vous assurer que l'alimentation est coupée.*

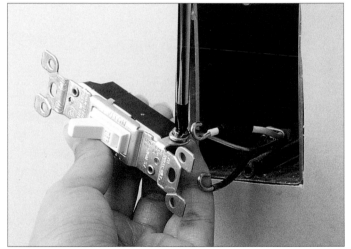

2 *Après avoir débranché et mis à l'écart l'ancien interrupteur, examinez le câblage et la boîte en cas de dommages potentiels.*

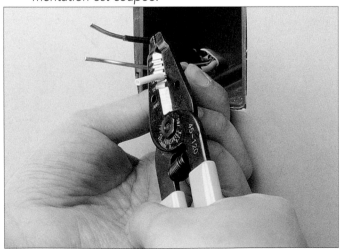

3 *Pour faire une nouvelle connexion de qualité, coupez les bouts de fil endommagés et dénudez les fils de nouveau.*

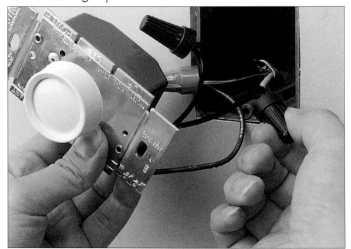

4 *Faites les épissures entre les fils du gradateur et ceux du circuit ; l'un ou l'autre des fils du gradateur peut être relié à l'un ou l'autre des fils du circuit.*

CONSEIL PRATIQUE

Tester un interrupteur

Lorsque vous mettez un interrupteur en marche et que le circuit ne fonctionne pas, le problème n'est peut-être pas relié à l'interrupteur. Il pourrait s'agir d'un fusible brûlé, d'un disjoncteur hors circuit ou d'un dispositif défectueux. Commencez par vérifier le panneau de service ; testez ensuite l'interrupteur. Commencez par retirer le fusible ou placez le disjoncteur à la position « OFF » ; retirez ensuite le couvercle de l'interrupteur. Appliquez les pointes d'un multimètre aux bornes noire et blanche pour vérifier que l'alimentation est coupée ; mettez ensuite l'interrupteur en marche. Ensuite, faites un contact entre la pointe et le crochet d'un vérificateur de continuité à pile et les terminaisons du fil. Si l'interrupteur est en bon état, le voyant du vérificateur s'allumera ou émettra un son. Finalement, mettez l'interrupteur en marche. Si l'interrupteur est en bon état, le voyant du vérificateur devrait s'éteindre ou ne devrait pas émettre de son. Remplacez l'interrupteur si l'un ou l'autre de ces tests est un échec. Si l'interrupteur est en bon état, le problème doit être dans le dispositif.

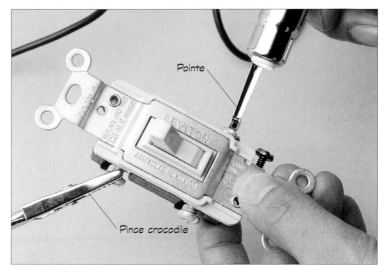

Pointe

Pince crocodile

Utilisez un vérificateur de continuité pour tester le bon fonctionnement d'un interrupteur débranché. Attachez la pince crocodile à l'une des bornes et établissez un contact entre la pointe et l'autre borne. Si l'interrupteur est en bon état, la pointe s'illuminera lorsque l'interrupteur sera mis en position de marche, mais s'éteindra lorsqu'il sera mis en position d'arrêt.

Fiches, cordons électriques et douilles

Fiches standards

On retrouve des fiches dans une multitude de styles et de formes, incluant à cordon plat ou rond, avec mise à la terre, polarisée, et à branchement rapide. Les fiches pour cordon rond sont généralement utilisées pour les gros appareils qui requièrent une fiche à trois broches avec mise à la terre ; les petits appareils utilisent des fiches pour cordon plat. Une fiche polarisée possède une broche large et une broche étroite et ne peut être insérée dans une prise que si les fils de neutre et d'alimentation du cordon électrique sont alignés avec les fils de neutre et d'alimentation de la prise.

Certains propriétaires utilisent encore des appareils possédant une fiche reliée de façon permanente au cordon d'alimentation. Parce que ces cordons et ces fiches ne satisfont plus aux normes du Code de l'électricité, il est moins onéreux et plus sécuritaire de les remplacer, au lieu de tenter de les réparer. Lorsque vous remplacez un fiche ou un cordon, assurez-vous que la pièce de remplacement soit conforme aux exigences du Code. Si le cordon actuel est en bon état, mais que la fiche doit être remplacée, coupez le cordon juste à l'entrée de la fiche et dénudez les fils. Reliez ensuite de manière appropriée les fils à la nouvelle fiche.

Il existe une multitude de types de fiches pour différents usages ; assurez-vous que les nouvelles fiches achetées sont appropriées pour les appareils, les prises ou les fils auxquels elles seront reliées.

Fiche pour cordon rond avec mise à la terre

Fiche pour cordon rond

Fiche pour branchement rapide

Fiche polarisée

Fiche pour cordon plat

COMMENT remplacer une fiche standard pour cordon rond

Niveau de difficulté : 🦇

Outils et matériel

- ◆ Tournevis isolé
- ◆ Dénudeur de fil ou outil multifonctions
- ◆ Fiche de remplacement
- ◆ Pince coupante diagonale
- ◆ Pince à bec long

Couper le cordon, dénuder et attacher les fils. Si la fiche ne peut pas être détachée facilement du cordon électrique, utilisez une pince coupante diagonale pour couper la fiche à sa base **(photo 1)**. Avec un dénudeur de fil ou un outil multifonctions, dénudez ½ pouce d'isolant au bout des fils du cordon électrique **(photo 2)**. Amenez les fils dénudés à travers la nouvelle fiche; vous pouvez attacher les fils noir et blanc ensemble en faisant un nœud d'électricien (page 122), bien que ce ne soit pas nécessaire **(photo 3)**.

Câbler la fiche et installer l'isolant. Serrez le nœud à la base de la fiche; fixez ensuite les fils du cordon aux bornes. Enroulez dans le sens des aiguilles d'une montre le fil noir d'alimentation autour de la borne en laiton et dans le sens inverse des aiguilles d'une montre le fil blanc de neutre autour de la borne argentée; serrez les bornes. Attachez ensuite le fil de mise à la terre à la vis mise à la terre de la fichex **(photo 4)**. Glissez la plaque d'isolation par-dessus les broches de la fiche pour protéger les fils **(photo 5)**.

1 Débranchez ou coupez la fiche du cordon.

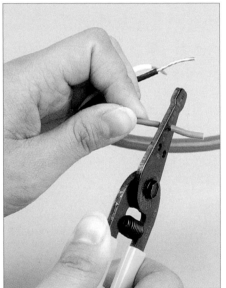

2 Dénudez le bout des fils pour assurer une bonne connexion avec la nouvelle fiche.

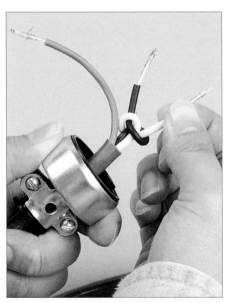

3 Attachez les bouts des fils noir et blanc en faisant un nœud d'électricien.

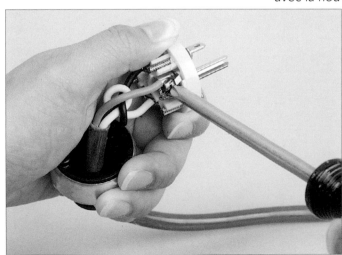

4 Attachez le fil de neutre à la borne argentée et le fil d'alimentation à la borne en laiton. Attachez ensuite le fil de mise à la terre.

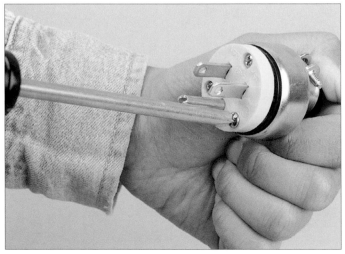

5 Si la fiche est pourvue d'un isolant, glissez-le par-dessus les broches pour protéger le câblage.

Plusieurs nouvelles fiches de remplacement sont du type à branchement rapide, il suffit de comprimer les broches l'une vers l'autre, tirer pour séparer le noyau de l'enveloppe de la fiche, couper et insérer les bouts de fil du cordon plat, et replacer le noyau dans l'enveloppe. Il n'est pas nécessaire de dénuder les fils car des crans situés à l'intérieur du noyau de la fiche percent les fils du cordon pour compléter la connexion.

COMMENT *installer une fiche à branchement rapide*

Niveau de difficulté : 🐀

Outils et matériel ——————

◆ Fiche à branchement rapide

◆ Pince coupante diagonale

Couper le cordon électrique plat. Utilisez une pince coupante diagonale ou une cisaille d'aviation pour couper la fiche du cordon électrique plat à sa base **(photo 1)**.

Insérer le cordon. Comprimez les broches l'une vers l'autre sur la fiche à branchement rapide pour retirer le noyau de la fiche ; insérez ensuite les bouts de fils à travers l'enveloppe de la fiche et dans le noyau ouvert **(photo 2)**.

Fixer la fiche à branchement rapide. Comprimez une fois de plus les broches l'une vers l'autre pour percer les fils du cordon. Une fois les fils percés, remettez le noyau de la fiche dans son enveloppe **(photo 3)**. La fiche à branchement rapide est maintenant prête à suivre.

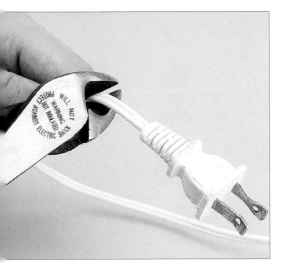

1 Sur un cordon plat, il suffit simplement de débrancher ou de couper la fiche à remplacer.

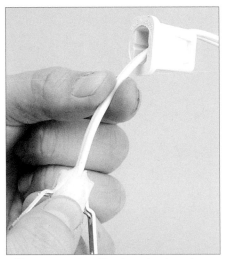

2 Insérez les fils dans les broches d'une fiche à branchement rapide.

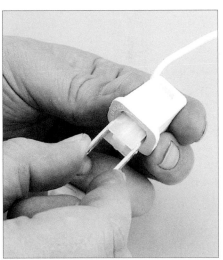

3 Comprimez les broches l'une vers l'autre et arrimez l'enveloppe.

4 Méthodes de câblage

Cordons pour lampes et appareils électriques

Chaque fois qu'une fiche est remplacée, l'état du cordon devrait être vérifié. Si le cordon est usé ou endommagé, remplacez-le également. Il existe plusieurs types de cordons pour les lampes et les appareils électriques. Même si un cordon avec une fiche intégrée est préférable, il est possible d'acheter un cordon électrique au pied et d'y fixer une fiche. Cette possibilité permet de choisir la longueur de cordon voulue. Dans chacun des cas, choisissez un cordon approprié pour l'appareil qui s'apparente au type du cordon original — ne pas utiliser un cordon pour usage léger à la place d'un cordon fabriqué pour usage intense. De plus, si l'appareil est métallique, le cordon devrait contenir un fil vert de mise à la terre.

Avant de vérifier l'état d'un vieux cordon, assurez-vous qu'il n'est pas alimenté. Examinez minutieusement le fil pour déceler des craquelures, de l'effilochage ou une enveloppe sèche ou friable. Remplacez tout cordon usé ou endommagé.

COMMENT *remplacer un cordon de lampe*

Niveau de difficulté :

Outils et matériel

- ◆ Tournevis isolé
- ◆ Couteau universel
- ◆ Cordon de lampe
- ◆ Dénudeur de fil

Retirer le vieux cordon et passer le nouveau cordon. Débranchez la lampe, retirez l'abat-jour et l'ampoule, et séparez l'enveloppe de laiton et le manchon isolant de la douille. Débranchez le vieux cordon électrique et tirez-le à travers la base de la lampe, défaites le nœud si nécessaire **(photo 1)**. Tirez le nouveau cordon vers le haut à travers la base de la lampe et la base de la douille, séparez les deux derniers pouces de fil et dénudez au moins ½ pouce au bout de chaque fil **(photo 2)**.

Attacher les fils et rebrancher la douille. En faisant un nœud d'électricien, attachez les bouts de fils ensemble (aussi connu sous le nom de boucle Hartford) **(photo 3)**. Serrez le nœud et tirez le cordon dans la base de la douille. Faites une boucle dans le sens des aiguilles d'une montre avec chacun des fils autour de sa borne, et serrez les vis. **(photo 4)**. Replacez la douille, installez une nouvelle ampoule et branchez la lampe. (Voir « Comment remplacer une douille de lampe et son interrupteur », page suivante.)

1 Coupez l'alimentation. Tirez le vieux cordon à travers le tuyau central et à travers la base de la lampe.

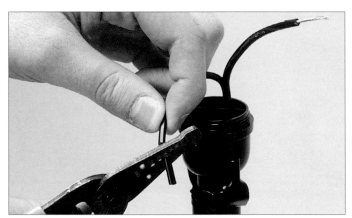

2 Passez le nouveau cordon à travers la base de la lampe et insérez-le dans la base de la douille. Dénudez les bouts des fils.

3 En faisant un nœud d'électricien, attachez les bouts des fils, placez-les dans la base de la douille et branchez les fils.

4 Attachez le fil de cuivre à la borne en laiton et le fil argenté à la borne argentée. Remontez la douille.

Douilles de lampe et interrupteurs

À l'occasion, il peut survenir un problème avec une douille ou un interrupteur de lampe défectueux. Pour tester une douille, débranchez d'abord la lampe. Ensuite, retirez la douille de la lampe ; séparez-la ensuite de son enveloppe extérieure et de son manchon isolant. Attachez un vérificateur de continuité à l'enveloppe de la douille ; faites ensuite un contact entre la pointe et la borne de neutre (argentée). Si la lampe témoin s'allume, la continuité du circuit est brisée. Pour tester l'interrupteur, attachez le vérificateur à la borne en laiton ; faites ensuite un contact entre la pointe et la languette de laiton à l'intérieur de l'enveloppe de la douille. Si la lampe témoin ne s'allume pas dans l'une ou l'autre des positions de l'interrupteur, ce dernier doit être remplacé.

COMMENT *remplacer une douille de lampe et son interrupteur*

Niveau de difficulté :

Outils et matériel

- Tournevis isolé
- Couteau universel

- Douille de lampe et interrupteur
- Outil multifonctions

Retirer la douille et le manchon isolant, et débrancher les fils. Débranchez la lampe, retirez l'abat-jour et l'ampoule, et séparez l'enveloppe de laiton et le manchon isolant de la douille **(photo 1)**. Pour libérer la douille,

desserrez les bornes ; débranchez ensuite les fils de l'interrupteur **(photo 2)**. Si le cordon est endommagé, remplacez-le.

Câbler la nouvelle douille, et remonter la douille et l'interrupteur. Torsadez les conducteurs ensemble ; câblez ensuite la nouvelle douille. Assurez-vous que les bouts de fils sont fixés avec un nœud d'électricien. Branchez le fil d'alimentation noir ou en cuivre à la borne en laiton et le fil blanc ou argenté à la borne argentée **(photo 3)**. Branchez le fil vert de mise à la terre au métal de la lampe. Replacez le manchon isolant par-dessus la douille ; installez ensuite l'enveloppe en laiton **(photo 4)**. Lorsque cela est fait, remettez en place l'ampoule et l'abat-jour. Branchez la lampe.

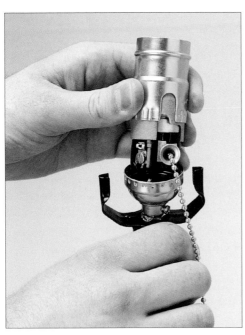

1 Tirez, en la serrant, l'enveloppe de laiton par-dessus la base, et retirez ensuite l'enveloppe et le manchon isolant (souvent en carton).

2 Desserrez les bornes ; débranchez les fils et retirez le vieil interrupteur.

3 Branchez les fils d'alimentation à la nouvelle douille. Les fils devraient prendre place sous les bornes ; sinon, torsadez-les encore un peu.

4 Placez le manchon isolant et l'enveloppe de laiton par-dessus la douille. Serrez la vis de maintien retenant le cordon dans la douille, s'il y en a une, et replacez la lyre.

4 Méthodes de câblage

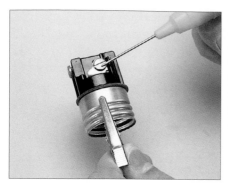

Pour tester une douille, attachez un vérificateur de continuité à la douille ; faites ensuite un contact entre la pointe et la borne de neutre (argentée).

Pour tester l'interrupteur, attachez le vérificateur à la borne d'alimentation en laiton ; faites ensuite un contact entre la pointe et la languette de laiton à l'intérieur de la douille. La lampe témoin s'allumera si les connexions ne sont pas brisées.

Anatomie d'une douille et d'un interrupteur

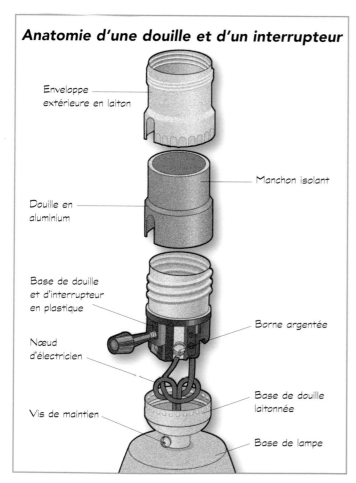

Enveloppe extérieure en laiton

Manchon isolant

Douille en aluminium

Base de douille et d'interrupteur en plastique

Nœud d'électricien

Vis de maintien

Borne argentée

Base de douille laitonnée

Base de lampe

Une douille de lampe qui possède un interrupteur intégré est illustrée ci-dessus. Si la douille ou l'interrupteur est en faute, il est préférable de les remplacer tous les deux ; si le cordon est endommagé, remplacez-le aussi.

Si une lampe ne possède pas de partie métallique devant être mise à la terre, un cordon à deux fils peut être utilisé pour câbler sa douille et son interrupteur. Ce type de cordon possède un côté à rainures et un côté lisse ; le côté à rainures contient le fil de neutre et se branche à la borne argentée. Le côté lisse contient le fil d'alimentation et se branche à la borne en laiton. Cette différence aide à maintenir la bonne polarité dans le câblage et les composants du dispositif — neutre à neutre, alimentation à alimentation. Un renversement de la polarité peut entraîner un choc électrique, même lorsque la lampe est hors tension.

Interrupteurs à douilles multiples

Les lampes qui possèdent deux douilles sont généralement contrôlées par un interrupteur ON/OFF unique. Par ailleurs, une lampe à trois douilles peut avoir un interrupteur unique ou de multiples interrupteurs.

Dans une lampe à deux douilles, les douilles sont généralement soudées ensemble, le câblage étant passé à l'intérieur. Parce que l'interrupteur contrôle les deux ampoules de façon simultanée, si une douille ne s'allume pas, il faudra avant tout retirer les marrettes reliant l'interrupteur aux fils d'alimentation pour être capable de brancher un nouvel interrupteur. Si les deux douilles sont câblées de façon indépendante, chacune peut alors être remplacée de façon séparée. Parce que les deux ampoules sont encore contrôlées simultanément par un interrupteur, le câblage de la douille est plus compliqué. Dans ce cas, chaque fil d'alimentation doit être relié à chacune des douilles. Si on fait abstraction des fils d'interconnexion additionnels, l'interrupteur peut être remplacé de la manière décrite précédemment.

Les lampes à trois douilles peuvent avoir un interrupteur pour chaque ampoule ou un interrupteur à quatre voies. Dans le cas d'interrupteurs séparés, chaque douille aura des fils d'interconnexion reliés aux fils d'alimentation. Il est possible de simplement débrancher les fils d'interconnexion des bornes des douilles et de remplacer la douille défecteuse et l'interrupteur. Si la lampe à trois douilles est pourvue d'un seul interrupteur, cet interrupteur aura trois positions. La première position contrôlera seulement la première douille ; la seconde position contrôlera la deuxième et la troisième douille ; et la troisième position contrôlera les trois douilles. Un fil noir relie l'interrupteur au cordon d'alimentation. Une épissure faite à l'aide d'une marrette relie l'interrupteur à un fil d'interconnexion noir provenant de la première douille, et une deuxième épissure fait la jonction entre les fils d'interconnexion noirs en provenance de la deuxième et de la troisième douille. Chaque douille peut être remplacée individuellement en débranchant les fils des bornes. Pour remplacer l'interrupteur, débranchez les marrettes entre le cordon d'alimentation et la douille.

Réparer des interrupteurs à douilles multiples

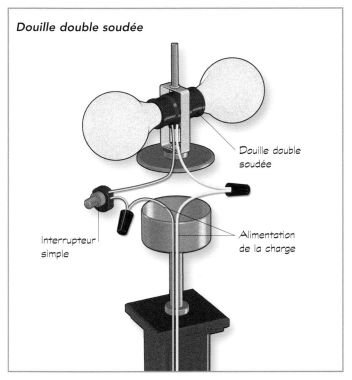

Douille double soudée

Douille double soudée

Interrupteur simple

Alimentation de la charge

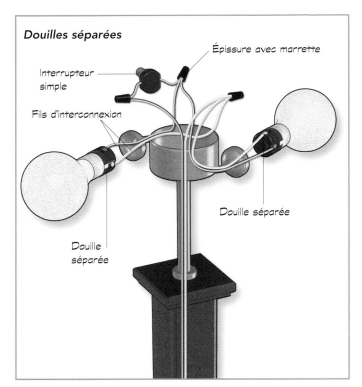

Douilles séparées

Épissure avec marrette

Interrupteur simple

Fils d'interconnexion

Douille séparée

Douille séparée

Pour remplacer une douille double soudée, *retirez simplement les fils des bornes de la douille. Pour remplacer l'interrupteur, débranchez les marrettes entre l'interrupteur et la douille.*

Si les douilles sont séparées, *il est possible de les remplacer de façon indépendante. Remplacez l'interrupteur en débranchant la marrette entre l'interrupteur et les fils d'interconnexion noirs.*

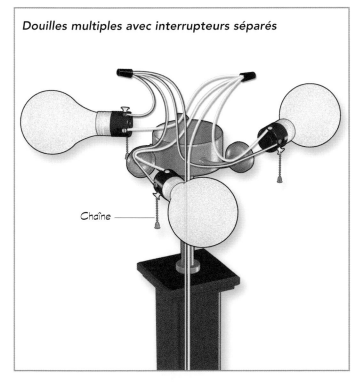

Douilles multiples avec interrupteurs séparés

Chaîne

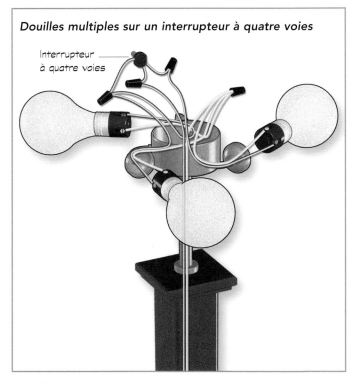

Douilles multiples sur un interrupteur à quatre voies

Interrupteur à quatre voies

Lorsque chaque douille possède son propre interrupteur, *par exemple un interrupteur à chaînette pour chaque ampoule, chacune peut facilement être débranchée de ses propres bornes pour fins de réparation ou de remplacement.*

Les douilles multiples *sur un interrupteur à quatre voies peuvent aussi être débranchées de leurs bornes. Remplacez l'interrupteur à quatre voies en débranchant la marrette entre l'interrupteur et les trois fils d'interconnexion noirs.*

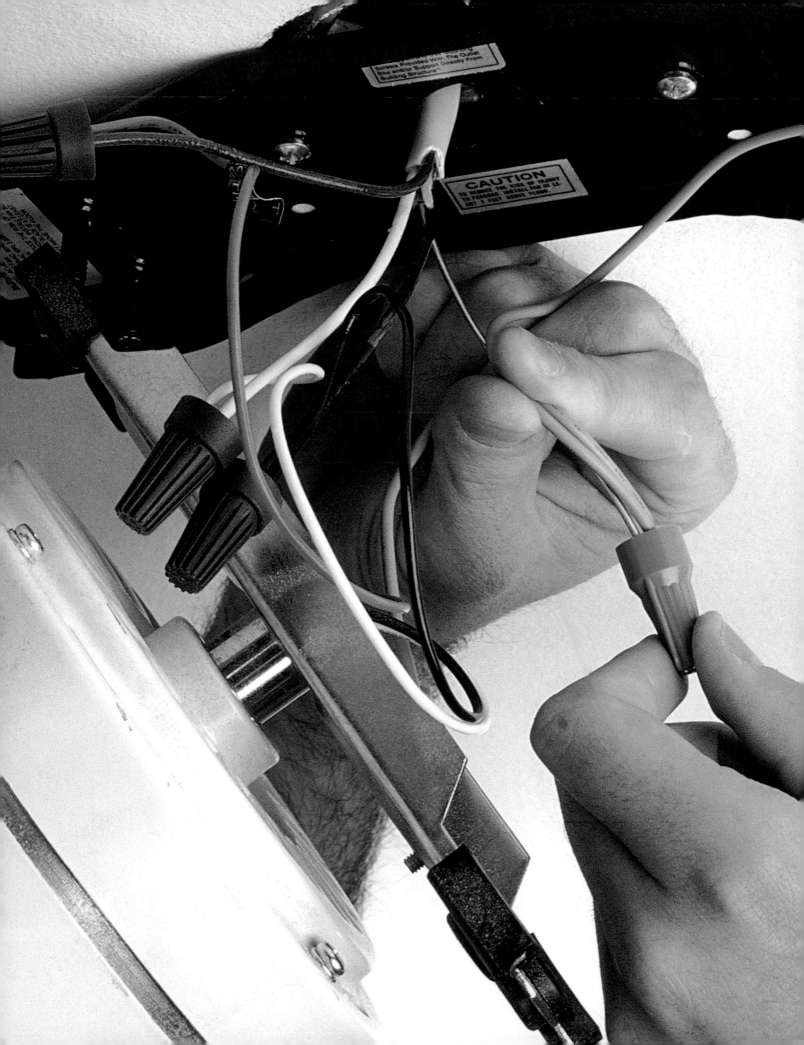

Chapitre 5

Appareils, électroménagers et équipements

Si vous êtes un propriétaire de maison qui se considère comme un bricoleur moyen, vous ne manquerez pas d'occasions pour mettre en œuvre vos connaissances en câblage de base. Que vous vouliez ajouter un nouvel appareil, un électroménager ou un autre équipement, ou pour réparer des équipements existants, vous utiliserez plusieurs des techniques de base présentées dans ce livre pour mener à bien votre projet, incluant la manutention de fils, d'interrupteurs, de prises et d'autres dispositifs électriques. Consultez ces techniques lorsque vous entreprendrez les étapes de ce chapitre et des chapitres suivants, et assurez-vous de toujours vérifier les exigences des codes locaux.

Appareils d'éclairage

À incandescence

L'éclairage artificiel est la source principale d'illumination que nous utilisons pour accomplir des tâches. L'éclairage fournit aussi l'illumination d'ambiance, ou générale, et l'illumination décorative. La quantité et la qualité de la lumière générée dépendront de la sorte de lampe utilisée. Les trois sources principales d'éclairage artificiel sont les lampes incandescentes, fluorescentes et à décharge à haute intensité (incluant les lampes à vapeur de mercure). Une lampe incandescente normale produit de la lumière lorsqu'un courant traverse un fil mince appelé filament. Le filament, en chauffant, émet une lumière visible appelée incandescence. Les lampes incandescentes sont offertes dans une grande variété de formes et de styles pour convenir aux appareils d'éclairage de type torchère, en applique murale, aux plafonniers ou encastrés. Le mot luminaire décrit l'assemblage complet de la lampe, appareil, bâti et câblage électrique associé.

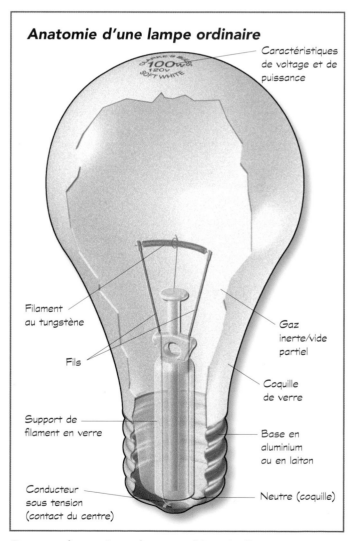

Anatomie d'une lampe ordinaire

Caractéristiques de voltage et de puissance

Filament au tungstène

Fils

Support de filament en verre

Conducteur sous tension (contact du centre)

Gaz inerte/vide partiel

Coquille de verre

Base en aluminium ou en laiton

Neutre (coquille)

Dans une lampe incandescente, l'énergie électrique est utilisée pour produire de la chaleur, ou incandescence, dans un filament en tungstène. L'incandescence est apparente sous forme de lumière visible.

Si un luminaire ne fonctionne pas, un cordon, une fiche ou un interrupteur défectueux en sera généralement la cause. Une fiche défectueuse aura des indications de dommage apparent, tels des craquelures dans le boîtier ou un aspect lâche, brisé ou plié. Un interrupteur défectueux pourra vaciller lorsqu'on l'ouvre ou qu'on le ferme, ou la lampe pourra clignoter lorsque l'interrupteur est agité. Un cordon endommagé montrera des signes d'effilochement ou d'usure. Parfois, un fil brisé à l'intérieur d'un cordon pourra occasionner des problèmes. Cela pourra être vérifié tel que décrit ci-dessous, mais pas si le cordon semble usé ou si des fils nus sont apparents. Les cordons dans cet état devraient toujours être remplacés. Le tableau de la page 129 décrit les méthodes les plus courantes de dépannage d'appareils d'éclairage incandescent.

COMMENT tester un cordon de luminaire pour déterminer si des fils sont brisés

Niveau de difficulté :

Outils et matériel

- Vérificateur de continuité
- Si requis : fiche, douille ou cordon de remplacement
- Tournevis isolé
- Couteau universel
- Outil multifonctions

Allumer l'appareil. Branchez l'appareil dans une prise et actionnez l'interrupteur. Fléchissez le cordon en va-et-vient sur toute sa longueur. Fléchir le cordon séparera les bouts d'une section de fil brisé. Si la lampe vacille, un fil du cordon est brisé **(photo 1)**. Les cordons se brisent souvent à l'extrémité de la fiche et à la jonction entre le cordon et la base de l'appareil.

Les lampes incandescentes sont désignées par des lettres et des chiffres représentant leur forme et leur diamètre.

Tester le cordon. Si la flexion du cordon ne fait pas clignoter l'éclairage, utilisez un vérificateur de continuité pour évaluer l'intégrité du câblage **(photo 2)**. Vérifiez les pointes de la fiche et la douille elle-même, incluant le bâti et le contact du centre. Assurez-vous que l'interrupteur est commuté, mais que l'appareil est hors tension. Placez la pince du vérificateur de continuité sur une des pointes et utilisez la sonde pour faire contact avec l'extrémité d'un des fils dénudé du cordon, et répétez avec l'autre fil. Répétez avec l'autre pointe. Si le circuit est complété, la lumière du vérificateur s'allumera. Ce test peut aussi être fait lors du fléchissement du cordon. Si le cordon est défectueux, les bouts brisés des fils feront contact de façon intermittente, provoquant des variations aléatoires de lecture sur l'instrument. Dans le cas d'une fiche ou d'un cordon défectueux, remplacez la composante brisée.

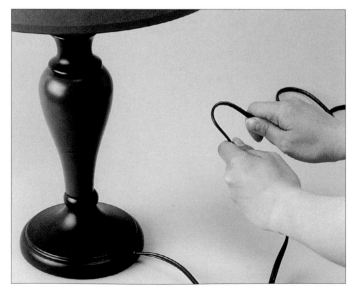

1 Fléchissez le cordon lorsque l'appareil d'éclairage est allumé. Si l'éclairage clignote, le cordon est défectueux.

2 Pour évaluer l'intégrité d'un fil, utilisez un vérificateur de continuité pour vérifier les pointes de la fiche et la douille de lampe.

Lampe grillée

Une lampe incandescente ordinaire a une durée de vie moyenne approximative de 900 à 1000 heures. Avec un fonctionnement de cinq heures par jour, la lampe devrait durer à peu près six mois. Si vos lampes ne semblent pas avoir une durée de vie très longue, il se peut que le problème réside dans l'appareil. Certains appareils ont des contacts desserrés. Sur une lampe, un contact de centre desserré peut surchauffer, faisant fondre la soudure du fil reliant le support en verre du filament. Si l'appareil ne semble pas être la cause du problème, vérifiez les caractéristiques suivantes de la lampe.

Lampe surchauffée. Si la puissance de la lampe est trop élevée et s'il y a trop peu d'air autour de l'appareil, la lampe grillera par manque de refroidissement.

Vibration. Les lampes dans les appareils ou sur les surfaces inégales peuvent vibrer.

Tension de ligne excessive. Si la tension dans le circuit excède 135 volts, appelez votre distributeur d'électricité pour une vérification.

Les lampes prévues pour fonctionnement à 130 volts sont de qualité supérieure aux lampes normales, mais n'ont pas une durée de vie aussi longue qu'une lampe de qualité commerciale.

Le revêtement de plastique d'une lampe anti-chocs est prévu pour contenir les éclats de verre résultant d'une explosion.

Si aucun des points mentionnés n'est la cause du grillage de vos lampes, il se peut que vos lampes soient d'une qualité inférieure. Procurez-vous toujours les meilleures lampes disponibles. Recherchez les lampes de qualité commerciale ou industrielle parce qu'elles durent beaucoup plus longtemps que les lampes bon marché. Les lampes prévues pour fonctionnement à 130 volts sont de meilleure qualité que les lampes standards mais ne durent pas nécessairement plus longtemps. C'est aussi vrai pour les lampes anti-chocs ayant un revêtement de surface en plastique conçu pour résister aux vibrations et à l'explosion de l'ampoule.

Diagnostiquer les troubles des lampes incandescentes

Problème	Diagnostic	Solution
La lampe ne s'allume pas	La fiche n'est pas insérée dans la prise.	Insérer la fiche dans la prise.
	La lampe vacille et le contact avec la douille ne se fait pas.	Serrer la lampe.
	La lampe est grillée.	Remplacer la lampe.
	Le cordon est endommagé.	Remplacer le cordon.
	L'interrupteur est défectueux.	Remplacer l'interrupteur.
	La prise est défectueuse.	Remplacer la prise.
La lampe clignote	La lampe vacille et le contact avec la douille se fait à peine.	Serrer la lampe.
	Un fil est desserré sur une borne de la douille.	Mettre le circuit hors tension, ou débrancher l'appareil et resserrer le fil.
	L'interrupteur est défectueux.	Remplacer l'interrupteur.
	La prise est intermittente.	Remplacer la prise.
	Un fil sur la prise est desserré.	Reconnecter le fil ou faire une épissure.
	Le contact de la douille est sale ou corrodé.	Mettre hors tension et nettoyer le contact.
L'appareil fait sauter un fusible ou le disjoncteur se déclenche	Court-circuit dans le cordon.	Remplacer le cordon.
	La fiche est défectueuse.	Remplacer la fiche.
	La douille est défectueuse.	Remplacer la douille.

Les problèmes des lampes incandescentes peuvent souvent être identifiés en suivant un guide de dépannage et en procédant par élimination.

5 Appareils, électroménagers et équipements

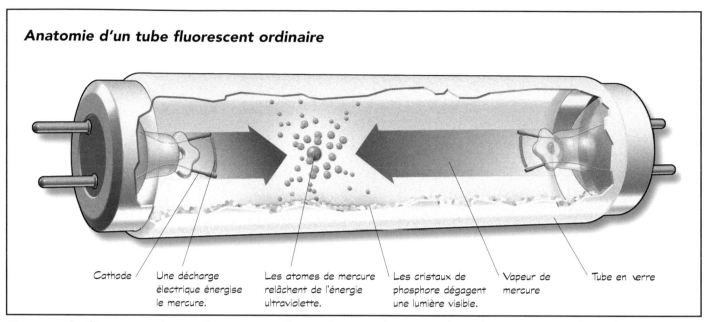

Anatomie d'un tube fluorescent ordinaire

Cathode | Une décharge électrique énergise le mercure. | Les atomes de mercure relâchent de l'énergie ultraviolette. | Les cristaux de phosphore dégagent une lumière visible. | Vapeur de mercure | Tube en verre

Dans un tube fluorescent, des gaz de mercure et d'argon émettent des rayons ultraviolets (UV). Lorsqu'elle est frappée par les rayons UV, la poudre de phosphore luit, créant une lumière visible.

Fluorescents

Dans une tube fluorescent, un arc électrique se produit entre les électrodes localisées à chaque extrémité du tube. Ce courant permet aux gaz de mercure et d'argon d'émettre une lumière ultraviolette (UV) non visible à l'œil humain. La fluorescence est accomplie lorsque la lumière ultraviolette invisible frappe le tube enrobé de poudre de phosphore qui devient alors luisante. Lorsque l'appareil est éteint, la mixture de gaz de mercure dans le tube ne conduit pas l'électricité. Dès que le circuit est mis sous tension, le ballast génère plusieurs centaines de volts pour déclencher la libération de l'énergie électrique. Une fois que c'est accompli, une tension beaucoup plus basse est requise pour maintenir la puissance, généralement moins de 100 volts pour des tubes fluorescents de moins de 30 watts, et entre 100 et 175 volts pour des tubes de 30 watts ou plus. Lorsque la tension plus élevée décompose le gaz et que le courant commence à le traverser, le gaz émet

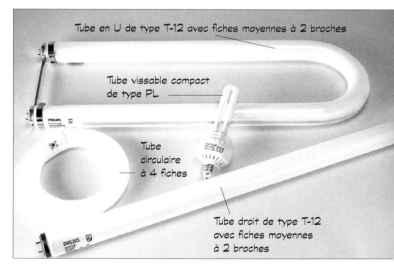

Tube en U de type T-12 avec fiches moyennes à 2 broches

Tube vissable compact de type PL

Tube circulaire à 4 fiches

Tube droit de type T-12 avec fiches moyennes à 2 broches

Telles les lampes incandescentes, les tubes fluorescents sont classés selon leur forme et leur diamètre.

Types de tubes fluorescents

Les tubes fluorescents offre un large éventail de lumière, incluant le blanc chaud, le blanc froid, de couleur et lumière noire.

Blanc chaud	Blanc froid	De couleur	Noire

une grande quantité de lumière ultraviolette mais très peu de lumière visible. Le tube ne commence à luire que lorsque la lumière UV heurte le revêtement de phosphore. Des phosphores différents sont utilisés en fonction de l'usage du tube fluorescent : blanc froid, blanc chaud, coloré ou lumière noire.

Les lampes fluorescentes sont approximativement deux à quatre fois plus efficaces pour produire de la lumière que les lampes incandescentes. Elle ont une durée de vie plus longue, soit 10 000 à 20 000 heures contre une vie de 900 à 1000 heures pour une lampe incandescente. Par contre, on ne tient pas compte du coût de remplacement d'un ballast défectueux. Néanmoins, ce ne sont pas toutes les lampes fluorescentes qui requièrent des ballasts, et elles consomment moins d'énergie que les lampes incandescentes, offrant de deux à quatre fois plus d'illumination par watt et consommant moins de watts que les lampes standards. De plus, elles nécessitent moins d'entretien.

Une manière d'allumer une lampe fluorescente est d'utiliser un interrupteur de démarrage, aussi appelé démarreur. L'interrupteur s'allume lorsqu'il est activé par un courant électrique. L'intérieur se compose d'un contact et d'une lame bimétallique qui fournit le courant initial requis pour réchauffer la cathode de la lampe (électrode émettrice d'électrons). Après le réchauffement initial, le démarreur permet au courant électrique d'énergiser les gaz situés à l'intérieur du tube. Il y a trois types de démarreurs : à préchauffement, à démarrage rapide et à démarrage instantané. Dans les démarreurs à préchauffage, les électrodes sont chauffées avant que la tension élevée actionne la lampe. Ce type de démarreur consiste en un module vissable remplaçable. Les appareils à démarrage rapide ont des électrodes qui sont constamment chauffées par des bobines à basse tension (enroulements), et les lampes à démarrage instantané requièrent des transformateurs survolteurs pour permettre le démarrage via une poussée courte de tension élevée. Les deux derniers types de démarreurs sont intégrés aux ballasts et ne peuvent être remplacés séparément. Le ballast est une composante intégrée

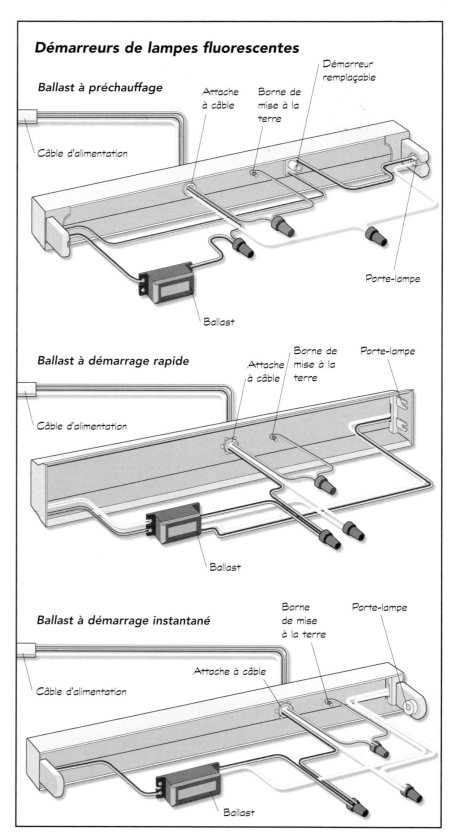

Démarreurs de lampes fluorescentes

Les trois types de démarreurs pour lampes fluorescentes sont les ballasts à préchauffage, à démarrage rapide et à démarrage instantané. Les démarreurs instantanés sont des modules vissables d'approximativement 3 à 4 pouces de diamètre. Les démarreurs rapides sont intégrés au ballast et les démarreurs instantanés utilisent des transformateurs survolteurs pour donner une poussée initiale de démarrage.

5 Appareils, électroménagers et équipements

À fiche double   À fiche double   À fiche simple   RDC

Les configurations des fiches sont généralement à fiche simple, à fiche double, ou à contact double encastré (RDC).

contrôlant le courant électrique, lequel doit être gardé à un niveau constant pour que la lampe s'allume correctement. Il y a deux types de ballasts. À étranglement et à protection thermique. Les ballasts à étranglement limitent la quantité de courant traversant le tube fluorescent. Les appareils comportant de longs tubes fluorescents utilisent des ballasts à protection thermique qui incluent des transformateurs et des bobines à étranglement. Avec cette sorte de ballast, le

transformateur élève temporairement la tension lorsque la lampe est allumée.

Un autre aspect important des lampes fluorescentes est leur configuration de fiches. Les fiches consistent en des protusions sur chaque extrémité permettant de tenir le tube dans l'appareil et de transférer l'énergie à la lampe. Les appareils d'éclairage fluorescent généralement installés dans les résidences utilisent des lampes de 4 pieds de long avec deux fiches. Les deux fiches minces à chaque extrémité rendent les lampes difficiles à installer et peuvent facilement se détacher par vibrations. Une fois les fiches desserrées, les contacts du tube se déconnectent, causant un clignotement ou une perte complète de la lumière.

Les tubes de 8 pieds ont une configuration plus fiable. Ils possèdent une fiche plus large sur chaque extrémité, dont une à ressort. Ils sont actionnés par un ballast à démarrage instantané. Ils sont plus faciles à installer et occasionnent moins de problèmes. L'utilisation d'une fiche large aux extrémités de la lampe élimine le clignotement et les tendances corrosives des tubes à fiche double moins longs. Des appareils avec lampes à haut rendement peuvent être utilisés dans les endroits nécessitant plus de lumière.

Diagnostiquer les troubles avec les lampes fluorescentes

Problème	Diagnostic	Solution
La lampe ne s'allume pas	La lampe est mal fixée ; les fiches n'entrent pas en contact avec les bornes de l'appareil.	Réinstaller la lampe.
	La lampe est grillée.	Remplacer la lampe.
	Les bornes sont corrodées.	Nettoyer les bornes.
	Les tubes sont sales.	Enlever les tubes et les nettoyer.
	La lampe est froide.	Enlever le ballast et le remplacer par un ballast prévu pour endroits froids.
	Les fiches sont brisées ou tordues.	Remplacer la lampe.
	Le démarreur/ballast est défectueux.	Remplacer le démarreur/ballast.
La lampe clignote	La lampe est mal fixée ; les fiches n'entrent pas en contact avec les bornes de l'appareil.	Réinstaller la lampe.
	La lampe est froide.	Attendre que le ballast se réchauffe.
	Le démarreur/ballast est défectueux.	Remplacer le démarreur/ballast.
Décoloration de la lampe	La lampe est usée.	Remplacer la lampe.
	Le démarreur/ballast est défectueux.	Remplacer le démarreur/ballast.
Bourdonnement	Fils de ballast mal fixés.	Fixer avec des connecteurs de fils.
	Ballast de type incorrect.	Remplacer par un ballast du bon type.

Bien que la majorité des problèmes associés aux lampes fluorescentes soient causés par les tubes mal fixés ou par un contact irrégulier, consultez le tableau ci-dessus pour résoudre les autres problèmes.

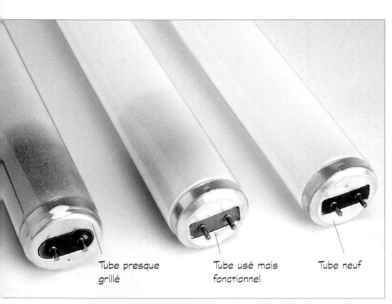

Les lampes mal fixées et les connexions défectueuses sont les problèmes les plus courants des lampes fluorescentes. Testez l'appareil en utilisant une lampe qui fonctionne. Inspectez les bornes de connexion, et nettoyez la saleté ou la corrosion. Les lampes fluorescentes ordinaires sont conçues pour les endroits tempérés et leurs ballasts peuvent ne pas fonctionner à des températures sous 50 degrés Fahrenheit. Pour les lieux non chauffés, installez des ballasts prévus pour endroits froids. Un autre problème courant consiste en des fiches tordues ou brisées. De plus, la saleté et la poussière affectent le revêtement de phosphore et peuvent empêcher la lampe de fonctionner. Les lampes sales devraient être enlevées, lavées à l'eau savonneuse, rincées, séchées et réinstallées tous les six mois approximativement. Inspectez aussi les ballasts et les démarreurs. Si la lampe clignote ou refuse de s'allumer, le ballast pourrait être défectueux ou le module du démarreur pourrait avoir une défaillance. Dans chaque cas, remplacez l'élément défectueux.

Tube presque   Tube usé mais   Tube neuf
grillé   fonctionnel

Pour déterminer la condition et la vie restante d'un tube fluorescent, vérifiez la décoloration.

COMMENT remplacer un ballast de fluorescent

Niveau de difficulté :

Outils et matériel

- Ballast de rechange
- Tournevis isolé
- Pince coupante diagonale
- Ruban électrique
- Testeur de circuit à lampe néon
- Clé (facultatif)
- Marrettes

Enlever le ballast défectueux. Coupez le courant au panneau de service. Enlevez la lentille, la (les) lampe(s) fluorescente(s) et le couvercle en métal **(photo 1)**. Assurez-vous que le circuit est hors tension en utilisant un testeur de circuit à lampe néon **(photo 2)**. Déconnectez ou coupez les fils du ballast aux douilles de l'appareil **(photo 3)**. En tenant le ballast avec soin, utilisez un tournevis ou une clé pour desserrer les écrous à blocage le fixant à l'appareil. Assurez-vous que le ballast de remplacement est du même type que le ballast enlevé.

1 Coupez le courant, enlevez la lentille, la lampe fluorescente et le couvercle en métal.

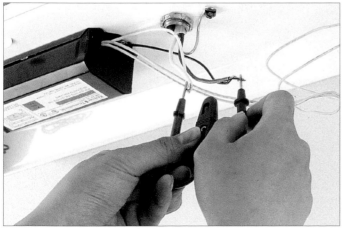

2 Enlevez les douilles d'extrémité pour permettre l'accès aux fils. Utilisez un testeur de circuit à lampe néon pour vous assurer que le circuit est hors tension.

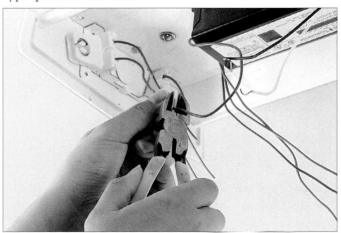

3 Déconnectez ou coupez les fils entre les douilles d'extrémité et le ballast. Enlevez le ballast défectueux.

5 Appareils, électroménagers et équipements

4 *Tenez le nouveau ballast d'une main ; installez les écrous à blocage.*

Installer le nouveau ballast. Tenez le ballast avec une main, laissant l'autre main libre pour permettre l'installation. Installez le nouveau ballast à la même place que l'ancien. Une fois le ballast bien positionné, serrez les écrous à blocage **(photo 4)**. Épissez les fils de couleur identique entre les douilles et le ballast en utilisant des marrettes de la bonne grosseur **(photo 5)**. Pour une sécurité accrue, enveloppez les marrettes avec du ruban électrique. De plus, installez du ruban sur les fils sur la longueur complète du bâti pour éviter le coincement accidentel par l'installation du couvercle **(photo 6)**. Ensuite, fixez le couvercle, réinstallez les lampes fluorescentes et la lentille. Pour finir, énergisez le circuit et testez l'appareil d'éclairage.

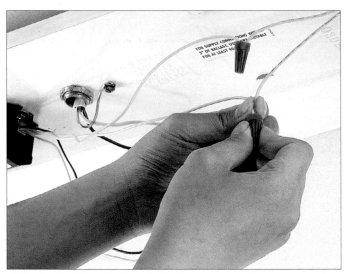

5 *Après l'installation du ballast de remplacement, faites les épissures des fils de l'appareil et du ballast.*

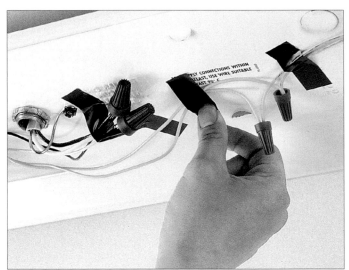

6 *Pour éviter de coincer les fils en installant le couvercle, posez du ruban électrique sur toute la longueur des fils.*

COMMENT *remplacer un appareil fluorescent*

Niveau de difficulté : 🐧

Outils et matériel

- Appareil fluorescent de remplacement
- Pince à long bec
- Marrettes
- Tournevis isolé
- Testeur de circuit à lampe néon
- Outil multifonctions

Enlever l'ancien appareil. Mettez le circuit hors tension et fermez l'interrupteur alimentant l'appareil fluorescent. Enlevez la lentille et le tube fluorescent, et retirez le couvercle de l'appareil **(photo 1)**. Assurez-vous que le circuit est hors tension en utilisant un testeur de circuit à lampe néon **(photo 2)**. Déconnectez le câblage de l'appareil et dévissez la pince à câble **(photo 3)**. Desserrez les marrettes tenant l'appareil en place et enlevez l'appareil avec soin **(photo 4)**.

Installer le nouvel appareil. Positionnez le nouvel appareil sur la monture et tirez le câble d'alimentation à travers le trou du milieu **(photo 5)**. Fixez solidement l'appareil sur la plaque de montage ou sur un élément structural. Faites les connexions du câblage selon les instructions du fabricant de l'appareil. Assurez-vous que les conducteurs soient correctement épissés avec des marrettes appropriées et en harmonisant les couleurs **(photo 6)**. Réinstallez le couvercle, replacez les lampes fluorescentes et la lentille, et remettez le circuit sous tension. Réparez le plafond, si requis, et testez le circuit.

1 Mettez le circuit hors tension, ensuite enlevez la lentille, les lampes et la plaque de montage.

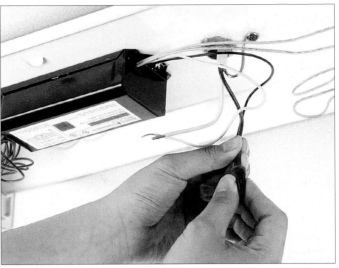

2 Assurez-vous que le circuit est hors tension en utilisant un testeur de circuit à lampe néon. Ensuite, déconnectez le câblage de l'appareil.

3 Dévissez et enlevez la pince tenant le câble d'alimentation.

4 Dévissez les vis retenant l'appareil et retirez celui-ci de la plaque de montage.

5 Positionnez l'appareil sous la boîte de jonction et fixez-le au plafond.

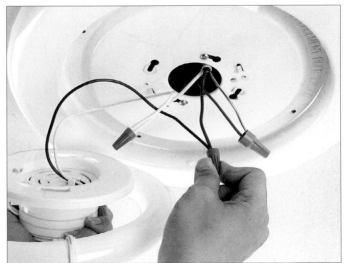

6 Tirez le câble dans la boîte de jonction et faites les épissures aux conducteurs du circuit d'alimentation.

5 Appareils, électroménagers et équipements

Quartz-halogène

Les lampes quartz-halogènes sont récemment devenues très populaires. Par contre, l'utilisation de ces lampes requiert un grand degré de prudence. Ce type de lampe devient très chaud et peut facilement causer un incendie. Ne jamais approcher un matériau inflammable près du verre recouvrant la lampe. Même un cordon de rallonge situé trop proche de la lampe peut surchauffer et brûler. N'utilisez pas de lampes quartz-halogènes lorsqu'il existe un danger d'accrochage ou de bris par des enfants ou des animaux. La peau entrant en contact avec le verre de la lampe serait immédiatement brûlée. Bien qu'elles soient censées posséder une longue durée de vie, les lampes quartz-halogènes peuvent ne fonctionner que quelques minutes et peuvent exploser à l'intérieur de l'appareil d'éclairage. Soyez toujours prudent avec ce type de lampe.

COMMENT *remplacer une lampe quartz-halogène*

Niveau de difficulté :

Outils et matériel ———————

◆ Lampe quartz-halogène   ◆ Gants isolés
  de remplacement

Enlever la lampe brûlée. Fermez l'interrupteur alimentant l'appareil halogène. Attendez quelques minutes pour que la température de la lampe soit propice au remplacement. Enlevez la lentille et le couvercle de l'appareil. Gardez toujours le verre très propre et ne le touchez jamais

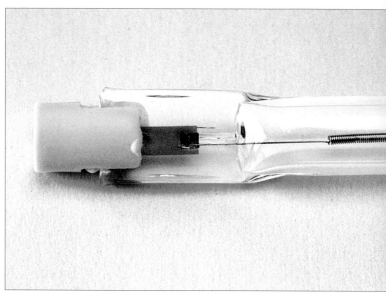

Bien qu'elles soient protégées par un tube en verre, les lampes quartz-halogènes doivent être manipulées avec soin à cause de la chaleur intense qu'elles produisent.

avec les doigts. L'huile de la peau cause des points chauds sur la lampe lorsqu'elle est allumée, lesquels la détruiront. Généralement, un côté du support de la lampe est monté sur un ressort. Portez des gants, poussez la lampe sur le côté ressort tout en la dégageant **(photo 1)**.

Installer la nouvelle lampe. Installez la nouvelle lampe en la poussant vers le côté ressort **(photo 2)**. Réinstallez le couvercle et la lentille de l'appareil, remettez le courant et testez la lampe.

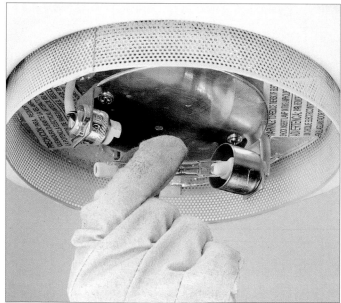

1 *Après avoir laissé refroidir la lampe, poussez et retirez la lampe du côté monté sur ressort.*

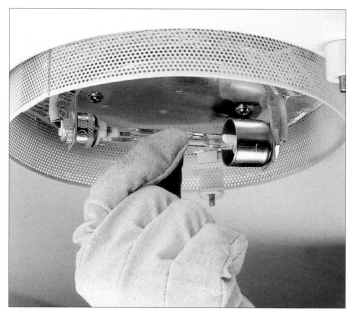

2 *Installez la nouvelle lampe en la poussant sur le côté monté sur ressort jusqu'au point d'enclenchement.*

Encastrés

Les appareils encastrés sont généralement utilisés aux endroits où un éclairage d'appoint est requis et où les appareils suspendus ne sont pas désirables. Bien qu'ils soient utilisés dans les cuisines et dans d'autres pièces où un éclairage dissimulé est désiré, ils peuvent aussi être utilisés pour éclairer un endroit précis. Certains appareils encastrés peuvent pivoter et être ajustés à un angle donné pour illuminer un objet particulier tels une peinture ou un bibelot.

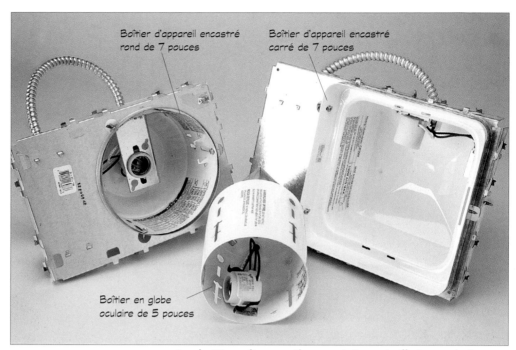

Boîtier d'appareil encastré rond de 7 pouces

Boîtier d'appareil encastré carré de 7 pouces

Boîtier en globe oculaire de 5 pouces

Les boîtiers d'appareils encastrés sont offerts en plusieurs formes et grandeurs. Ils peuvent être conçus pour les plafonds isolés ou non isolés. Vérifiez bien les étiquettes des appareils (voir les photos ci-dessous).

Les appareils encastrés sont classés en deux catégories : plafonds isolés (IC) et plafonds non isolés (NIC). Pour l'installation dans des plafonds en pente ou de grenier remplis d'isolant, il est préférable d'utiliser des appareils IC car l'isolant peut être installé directement sur l'appareil. Pour des raisons de sécurité contre l'incendie, il faut prévoir un minimum de 3 pouces de dégagement entre le boîtier d'un appareil NIC et l'isolant pour permettre la libre circulation de l'air. La plupart des boîtiers possèdent des bras ajustables permettant l'installation entre deux solives adjacentes. La partie exposée de l'appareil descend sous les solives, ce qui permet l'installation de niveau avec le plafond fini. Un couvercle décoratif est fixé à l'appareil une fois le plafond fini. Une fois l'appareil installé, le câble d'alimentation est tiré dans la boîte de jonction fixée au boîtier de l'appareil.

Les lampes encastrées ne consomment que très peu de courant et peuvent donc être raccordées à un circuit local de prises ou d'éclairage. Elles peuvent être raccordées avec du câblage de calibre 14 ou 12.

Un appareil d'éclairage encastré possède sa propre boîte de jonction intégrée. Il ne faut qu'amener le câble d'alimentation et faire les épissures.

◀ *Appareil* conçu pour les plafonds non isolés (NIC)

USA ONLY-WARNING
RISK OF FIRE
DO NOT INSTALL INSULATION WITHIN 3
INCHES OF FIXTURE SIDES OR WIRING
COMPARTMENT NOR ABOVE FIXTURE IN
SUCH A MANNER TO ENTRAP HEAT.
ADVERTENCIA
RIESGO DE INCENDIO
NO INSTALE AISLAMIENTO EN 3
PULGADAS DE LADOS DE LUMINARIA

▶ *Appareil* conçu pour les plafonds isolés (IC)

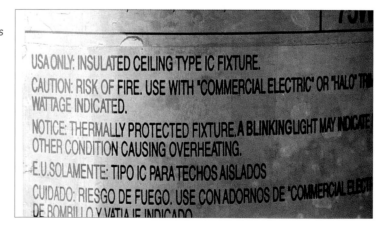

USA ONLY: INSULATED CEILING TYPE IC FIXTURE.
CAUTION: RISK OF FIRE. USE WITH "COMMERCIAL ELECTRIC" OR "HALO" TR
WATTAGE INDICATED.
NOTICE: THERMALLY PROTECTED FIXTURE. A BLINKING LIGHT MAY INDICATE
OTHER CONDITION CAUSING OVERHEATING.
E.U. SOLAMENTE: TIPO IC PARA TECHOS AISLADOS
CUIDADO: RIESGO DE FUEGO. USE CON ADORNOS DE 'COMMERCIAL ELECTRI
DE BOMBILLO Y VATIA JE INDICADO

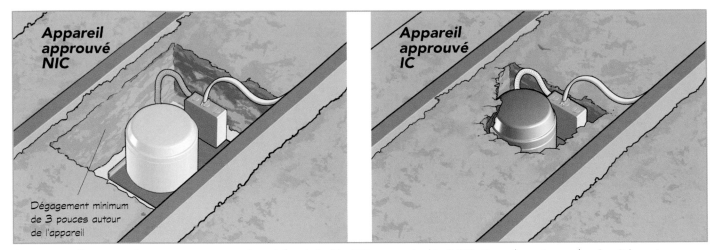

Appareil approuvé NIC

Dégagement minimum de 3 pouces autour de l'appareil

Appareil approuvé IC

Les appareils encastrés sont conçus pour des plafonds isolés (IC) ou non isolés (NIC). Pour des raisons de sécurité contre l'incendie, un dégagement minimum de 3 pouces doit être prévu entre le boîtier et l'isolant pour les appareils de type NIC, tandis que l'isolant peut être installé directement sur le boîtier d'un appareil de type IC.

COMMENT installer un appareil d'éclairage encastré

Niveau de difficulté :

Outils et matériel

◆ Boîtier d'appareil encastré	◆ Tournevis isolés
◆ Marteau d'électricien	◆ Vis et clous
◆ Perceuse électrique	◆ Dégaineur de câble
◆ Pince à long bec	◆ Outil multifonctions
◆ Pince à câble	◆ Marrettes

Installer le boîtier de l'appareil. Une fois l'endroit de l'installation déterminé, fixez les bras ajustables du boîtier entre deux solives adjacentes **(photo 1)**. Faites l'ajustement final de l'appareil en glissant le boîtier le long des bras de fixation. Assurez-vous que le bas de l'appareil soit positionné sous les solives pour être de niveau avec le plafond fini. Ensuite, fixez les bras du boîtier au solives avec des clous ou des vis **(photo 2)**.

Préparer la boîte de jonction. Enlevez le couvercle de la boîte de jonction fixée au boîtier de l'appareil. Pour installer le câble d'alimentation, enlevez une pastille de la boîte de jonction avec un tournevis **(photo 3)**. Tirez le câble dans la boîte et fixez-le solidement avec une pince à câble **(photo 4)**. Laissez un excédent de câble de 10 pouces dans la boîte. Éventrez la gaine du câble jusqu'à $3/4$ de pouce de la pince et enlevez la gaine non requise. Ensuite, à l'aide d'un outil multifonctions, dénudez les fils du câble et coupez l'excédent de fil. Répétez ce procédé pour chaque câble entrant dans la boîte.

Câbler la boîte de jonction. Avec des marrettes, épissez le fil blanc du câble d'alimentation avec le fil blanc de l'appareil. Raccordez le fil noir du câble au fil noir de l'appareil **(photo 5)**. Raccordez le fil de mise à la terre du câble d'alimentation à la vis de mise à la terre de la boîte de jonction et replacez le couvercle **(photo 6)**. Lorsque le plafond est fini, installez la pièce de finition décorative de l'appareil.

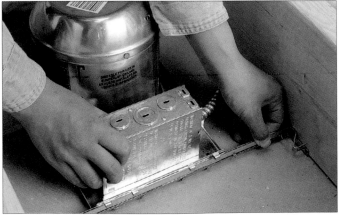

1 Installez le support du boîtier de la lampe en le positionnant entre deux solives.

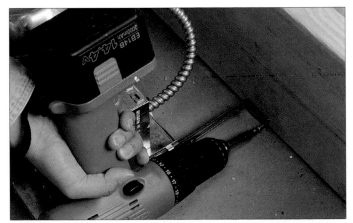

2 Ajustez le boîtier et fixez les bras aux solives.

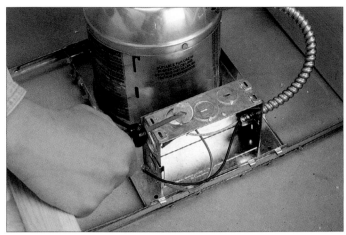

3 Utilisez un tournevis pour enlever une des pastilles permettant l'installation du câble d'alimentation.

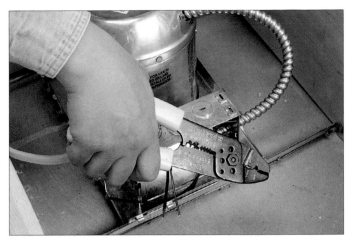

4 Tirez le câble d'alimentation entre l'interrupteur et la boîte de jonction, et fixez-le solidement.

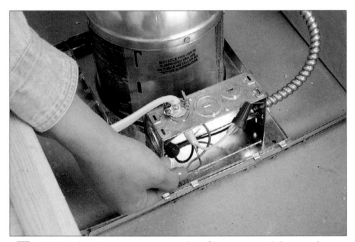

5 Faites les épissures entre les fils noirs et blancs de l'appareil et du câble d'alimentation.

6 Connectez les fils de mise à la terre à la vis de mise à la terre de la boîte de jonction. Fixez le couvercle.

Appareils installés en surface

Les appareils installés en surface peuvent être fixés à un mur ou à un plafond. Ils peuvent être munis d'une lampe incandescente, fluorescente ou quartz-halogène. Des exemples de ce type d'appareil sont les appliques murales, les globes, les appareils installés au-dessus des vanités et les plafonniers. Les appareils installés en surface sont généralement fixés aux boîtes de sortie prévues pour l'éclairage.

Les appareils installés en surface sont offerts dans une grande variété de styles et sont conçus pour l'installation au mur ou au plafond.

5 Appareils, électroménagers et équipements

COMMENT *installer un appareil en surface*

Niveau de difficulté :

Outils et matériel

◆ Appareil d'éclairage de montage en surface	◆ Tournevis isolé
◆ Support de montage	◆ Boîte de jonction électrique
◆ Perçoir à pastille	◆ Connecteur fileté
◆ Pince à long bec	◆ Dégaineur de câble
◆ Pince à câble	◆ Dénudeur de fil
	◆ Marrettes

Préparer la boîte de jonction. Après avoir fermé le courant, utilisez un testeur de circuit à lampe néon pour vous assurer que le circuit est désalimenté. Tirez le câble entre l'interrupteur et la boîte de jonction, fixez-le solidement, dégainez le câble et dénudez les fils **(photo 1)**. Si la boîte n'a pas de barre de fixation, attachez une courroie de fixation sur la boîte **(photo 2)**. Vissez un connecteur fileté dans la barre pour supporter le poids de l'appareil **(photo 3)**. Assurez-vous que le connecteur se prolonge à travers l'appareil suspendu pour permettre la fixation à l'écrou de montage.

Câbler l'appareil. À l'aide de marrettes, épissez le fil noir de l'interrupteur avec le fil noir de l'appareil. Ensuite, connectez le fil de neutre blanc provenant de l'interrupteur au fil blanc de l'appareil. Épissez les fils de mise à la terre, et raccordez-les à la vis de mise à la terre de la boîte de jonction ou de la courroie de fixation **(photo 4)**. Poussez les fils dans la boîte et installez le couvercle de l'appareil sur le connecteur fileté. Finalement, serrez l'écrou de montage **(photo 5)**.

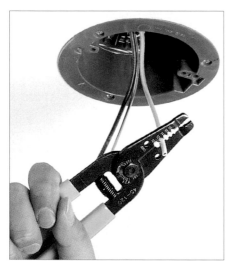

1 *Tirez le câble à l'intérieur de la boîte et dénudez les fils isolés.*

2 *Si requis, fixez un support de montage sur la boîte de jonction située au plafond.*

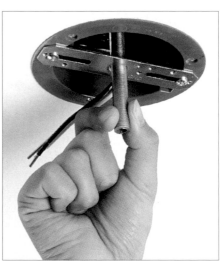

3 *Vissez un connecteur fileté sur le col du support.*

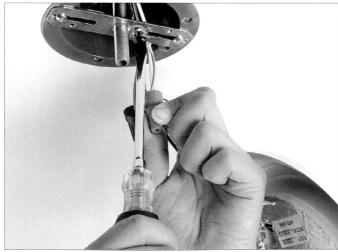

4 *Épissez les fils de l'appareil avec les fils d'alimentation et raccordez les fils de mise à la terre à la vis prévue.*

5 *Installez le couvercle sur le connecteur et serrez l'écrou.*

Éclairage sur rail

L'éclairage sur rail est conçu principalement pour mettre l'accent sur un objet ou une surface de travail. En glissant les appareil à n'importe quel point le long du rail, ce type d'éclairage offre une grande flexibilité de conception d'éclairage. Reconnu pour sa facilité d'installation, l'éclairage sur rail peut être raccordé à une boîte de jonction existante ou à un nouveau circuit contrôlé par interrupteur. Le câblage reste dissimulé à l'intérieur du rail longeant le plafond. Les sections de rail peuvent être raccordées directement à la prise (ou boîte de jonction) et peuvent être prolongées dans des directions différentes à l'aide de connecteurs spéciaux.

COMMENT *installer l'éclairage sur rail*

Niveau de difficulté : ⬤

Outils et matériel

- Éclairage sur rail
- Connecteurs de rail et couvercles
- Testeur de circuit à lampe néon
- Crayon
- Tournevis isolés
- Outil multifonctions
- Boulons et vis
- Rail

- Plaque de raccordement de l'alimentation électrique
- Couvercle de la boîte de jonction
- Ruban à mesurer
- Règle
- Pince à long bec
- Marrettes
- Perceuse électrique

Planifier et câbler l'éclairage sur rail. Fermez l'alimentation du circuit de la boîte de jonction prévue pour l'installation de l'éclairage sur rail. Utilisez un testeur de circuit à lampe néon pour vous assurer que le circuit est hors tension et déconnectez l'appareil d'éclairage existant.

L'installation d'éclairage sur rail offre une méthode simple et flexible d'illuminer multiples tâches, tout en utilisant qu'une seule boîte de jonction.

Mesurez et marquez l'emplacement prévu du rail à partir de la boîte de jonction **(photo 1)**. Ensuite, connectez les fils de l'appareil au circuit de la boîte de jonction **(photo 2)**. Épissez le fil de neutre blanc de l'appareil avec le fil blanc de l'appareil et le fil noir contrôlé avec le fil noir de l'appareil en utilisant des marrettes. Si la boîte de jonction est en métal, épissez les fils de mise à la terre et raccordez-les à la vis de mise à la terre de la boîte. Disposez les fils dans la boîte. (Certaines boîtes non métalliques sont munies de vis de mise à la terre montées sur une plaque.)

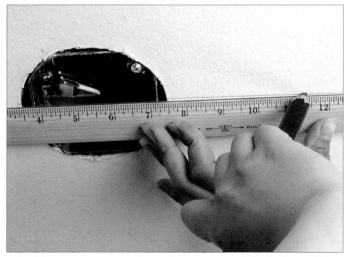

1 Mesurez et tracez l'emplacement précis de l'installation de l'éclairage sur rail.

2 Raccordez les fils d'alimentation de l'appareil directement à la boîte de jonction située au mur ou au plafond.

5 Appareils, électroménagers et équipements

Installer l'éclairage sur rail. Fixez la plaque de connexion à la boîte de jonction, et vissez ou boulonnez la première section de rail temporairement **(photo 3)**. Insérez le connecteur d'alimentation dans la première section de rail. Serrez le connecteur et fixez le couvercle de la boîte de jonction **(photo 4)**. Fixez les sections additionnelles de rail à la première section en utilisant les connecteurs en T et en L si requis **(photo 5)**. Recouvrez les connections avec les couvercles appropriés. Marquez les positions des vis ou des boulons utilisés pour fixer les sections de rail. Enlevez les sections de rail installées temporairement et percez des trous guides tel que requis. Installez les sections de rail et serrez les connecteurs. Installez les appareils d'éclairage sur le rail, glissez-les à la position désirée et verrouillez-les en place **(photo 6)**.

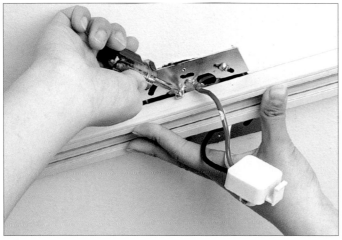

3 *Fixez la plaque du connecteur d'alimentation à la boîte de jonction et attachez la première section de rail.*

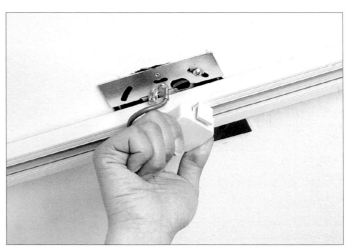

4 *Serrez le connecteur et fixez le couvercle de la boîte de jonction.*

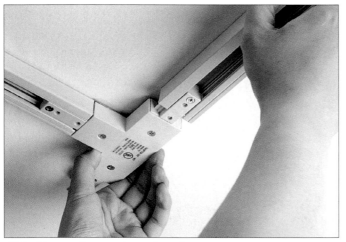

5 *Ajoutez les sections de rail et connecteurs additionnels tel que requis.*

6 *Glissez les appareils sur le rail et verrouillez-les à la position désirée.*

Lustres

En raison du poids supplémentaire de l'appareil, l'installation d'un lustre diffère de l'installation d'un appareil d'éclairage monté en surface au plafond. Il faut modifier la boîte de jonction pour lui permettre de supporter le poids additionnel. Des accessoires spéciaux, tels un boulon évidé fileté, des connecteurs et des écrous à blocage, sont prévus pour cette application.

Le poids additionnel d'un lustre doit être supporté par la boîte de jonction (voir la section appropriée du Code de l'électricité).

COMMENT *installer un lustre*

Niveau de difficulté :

Outils et matériel

- Lustre
- Écrou de col
- Connecteur fileté
- Boulon évidé fileté
- Tournevis isolés
- Pince multiprises
- Marrettes
- Plaque de dissimulation
- Connecteurs spéciaux
- Écrous à blocage
- Testeur de circuit à lampe néon
- Pince à long bec
- Outil multifonctions

Préparer la boîte de jonction. Après avoir fermé le courant, utilisez un testeur de circuit à lampe néon pour vous assurer que le circuit est désalimenté **(photo 1)**. Enlevez les attaches retenant l'appareil d'éclairage existant à la boîte de jonction. Tenez solidement l'appareil ou demandez de l'aide pour déconnecter les fils de la boîte.

Vissez un connecteur fileté dans la pastille de centre de la boîte pour permettre l'installation d'un connecteur spécial. Vissez le connecteur spécial sur le connecteur fileté à l'intérieur de la boîte. Ensuite, vissez un connecteur évidé fileté dans le connecteur spécial. Sécurisez le tout avec des écrous à blocage **(photo 2)**.

Câbler et installer le lustre. Tirez les fils du lustre à travers le connecteur évidé jusqu'à l'intérieur de la boîte de jonction. Utilisez des connecteurs à fils pour connecter le fil noir de l'appareil au fil noir d'alimentation. Répétez ce procédé avec les fils de neutre blancs. Pour terminer l'installation, connectez les fils de mise à la terre à la vis de mise à la terre de la boîte de jonction **(photo 3)**. Glissez les fils dans la boîte. Vissez le support du lustre au connecteur fileté et glissez la plaque de finition par-dessus la boîte de jonction. Vissez l'écrou de col du lustre sur le connecteur fileté dépassant de la boîte et sécurisez-le contre la plaque de finition **(photo 4)**.

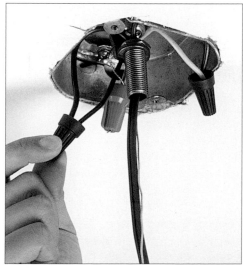

1 Fermez l'alimentation du circuit au panneau de l'entrée de service avant de déconnecter les fils de l'appareil d'éclairage existant.

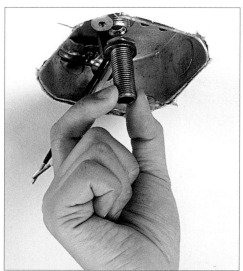

2 Installez un connecteur fileté dans la boîte. Vissez un connecteur spécial sur le connecteur fileté et un connecteur évidé fileté sur le connecteur spécial pour permettre le support du lustre.

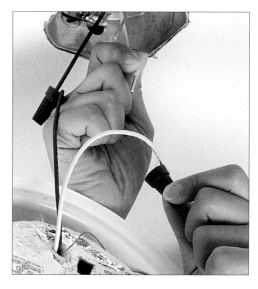

3 Tirez les fils du lustre dans la boîte via le connecteur évidé et faites les connections appropriées. Installez le lustre et la plaque de finition.

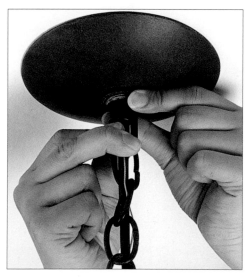

4 Vissez l'écrou de col sur le connecteur fileté et serrez l'écrou.

5 Appareils, électroménagers et équipements

COMMENT *installer l'éclairage de vanité*

Niveau de difficulté :

Outils et matériel

- Prise de 20 ampères avec GFCI
- Prise standard de 15 ampères
- Interrupteur unipolaire
- Appareil(s) d'éclairage
- Boîte de jonction pour interrupteur
- Câble 12/2 de type NM
- Câble 12/3 de type NM
- Tournevis isolés
- Pince à long bec
- Valence pour appareil d'éclairage
- Boîte de jonction pour prise

Éclairage de vanité

Dans des projets de rénovation, utilisez l'alimentation existante de 15 ampères pour les nouveaux raccordements. Par contre, s'il n'y pas de prise à moins de 30 pouces du lavabo, installez un nouveau circuit de 20 ampères selon les indications. Une prise suffit pour un comptoir avec deux lavabos, mais l'installation d'une prise supplémentaire réduit les risques de tirer un cordon dans un des lavabos.

Prévoir l'alimentation électrique à la salle de bains. Installez un câble 12/2 entre le panneau électrique et la salle de bains. Dans le scénario indiqué, l'alimentation provient de la prise de droite **(photo 1)**. Tirez un câble 12/2 de la prise à l'appareil d'éclairage. Tirez un câble 12/3 de l'appareil d'éclairage à la prise située sur la gauche. Terminez en tirant un câble 12/2 de la boîte de la prise à la boîte de l'interrupteur.

Voici une autre méthode de câblage communément utilisée pour l'éclairage de vanité. Dans cette configuration, la prise GFCI est toujours sous tension et partage sa boîte de jonction avec un interrupteur qui contrôle l'appareil d'éclairage. Le fil noir provenant de l'alimentation se raccorde à la borne en laiton de la prise. Un conducteur de liaison raccorde la prise à l'interrupteur.

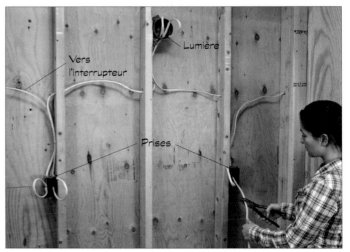

1 *Tirez un câble à deux conducteurs (jaune) à la prise de droite et ensuite à l'appareil d'éclairage. Un câble à trois conducteurs raccordera l'appareil d'éclairage à l'autre prise.*

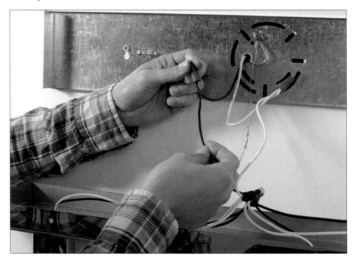

4 *Fixez la plaque de montage de l'appareil au mur. Raccordez le fil blanc de l'appareil et l'assemblage de fils blancs ensemble. Connectez le fil rouge au fil noir de l'appareil.*

Faire les connections à la prise GFCI. Raccordez les conducteurs nus de mise à la terre ensemble et à la boîte de jonction, et prévoyez un fil supplémentaire pour raccorder la borne de mise à la terre de la prise GFCI. Raccordez la prise GFCI tel qu'indiqué à la page 105 **(photo 2)**.

Raccordements du boîtier de l'appareil d'éclairage. Connectez ensemble les conducteurs de mise à la terre provenant des prises. Raccordez ensemble les fils de neutre blancs. Connectez le fil noir du côté charge de la prise GFCI au fil noir de la prise standard (la prise indiquée du côté gauche de l'exemple) **(photo 3)**.

Connexions de l'appareil d'éclairage. Tel qu'indiqué, ce type d'appareil possède une plaque de montage recouvrant le boîtier. Raccordez les fils blancs de l'appareil aux

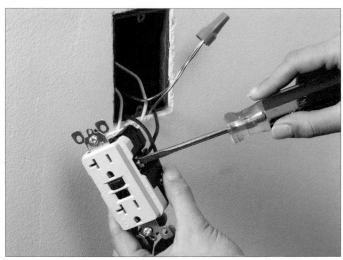

2 *Raccordez le câble d'alimentation du côté sous tension de la prise GFCI. Raccordez les fils entre la prise et l'appareil d'éclairage au côté charge de la prise.*

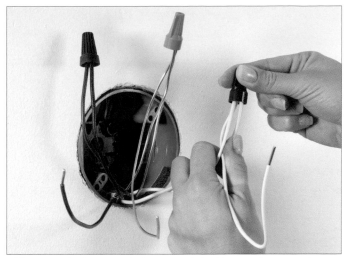

3 *Dans le boîtier de l'appareil, le fil noir du côté charge de la prise GFCI est raccordé au fil noir s'acheminant vers l'autre prise. Raccordez les fils blancs ensemble.*

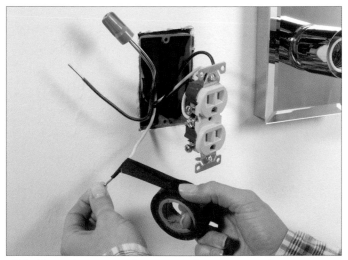

5 *Faites les raccordements à l'autre prise. Ensuite, apposez du ruban noir au fil blanc allant vers l'interrupteur et raccordez-le au fil rouge du câble à trois conducteurs provenant de l'appareil d'éclairage.*

6 *Faites les connexions à l'interrupteur en raccordant le fil noir et le fil blanc rubané aux bornes de l'interrupteur.*

fils blancs et le fil de mise à la terre aux autres fils similaires. Raccordez les fils noirs au fil rouge du câble à trois conducteurs **(photo 4)**.

Raccordements des prises. Raccordez le fil noir du câble à trois conducteurs à la borne en laiton de la prise. Raccordez le fil blanc du câble à trois conducteurs à la borne argent de la prise. Faites la connexion du fil rouge du câble à trois conducteurs au fil blanc provenant de l'interrupteur et apposez-y du ruban électrique noir **(photo 5)**. Connectez le fil noir provenant de l'interrupteur à l'autre borne en laiton.

Boîte de jonction pour interrupteur. Raccordez ensemble tous les fils de mise à la terre. Apposez du ruban électrique de couleur noire sur le fil blanc de la boîte de

jonction pour l'interrupteur, l'identifiant ainsi comme un fil noir. Tenant l'interrupteur en position « ON », raccordez le fil avec ruban à une des bornes. Raccordez le fil noir à l'autre borne. Fermez l'interrupteur, positionnez-le dans la boîte et fixez-le à la boîte **(photo 6)**.

Tester l'installation. Actionnez le disjoncteur du panneau de l'entrée de service. Branchez une lampe dans la prise GFCI. Si elle ne s'allume pas, pressez sur le bouton « RESET » de la prise GFCI et la lampe devrait s'allumer. Actionnez l'interrupteur de l'éclairage de vanité et la lumière devrait s'allumer. Les appareils d'éclairage de vanité sont raccordés du côté charge de la prise GFCI. Si les lumières s'éteignent, essayez de résoudre le problème en pressant sur le bouton « RESET » de la prise GFCI.

5 Appareils, électroménagers et équipements

COMMENT *installer des appareils d'éclairage sous les comptoirs*

Niveau de difficulté :

Outils et matériel

- Scie à gypse
- Pince à long bec
- Dégaineur de câble
- Perceuse électrique et forets
- Tournevis isolés
- Câble 12/2 de type NM
- Marrettes
- Interrupteur unipolaire
- Appareil(s) d'éclairage

Appareils d'éclairage à installer sous les comptoirs

Installer des appareils d'éclairage fluorescent ou halogène est une bonne idée pour éclairer des plans de travail dans une cuisine. Ce genre d'éclairage est une bonne solution si les

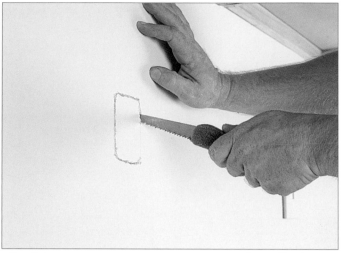

1 Découpez une ouverture permettant d'installer la boîte de jonction de l'interrupteur. Par commodité, placez l'interrupteur près de l'entrée de la cuisine. Percez un trou dans le bâti des armoires.

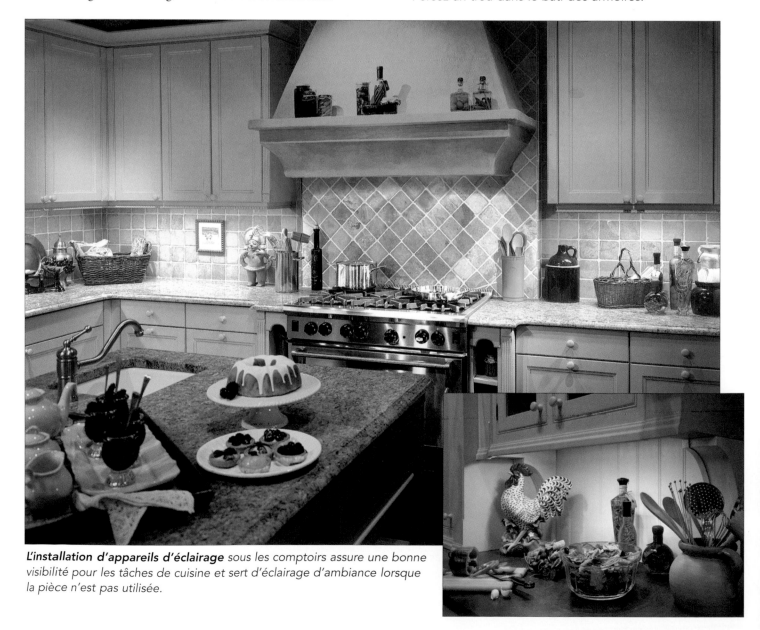

L'installation d'appareils d'éclairage sous les comptoirs assure une bonne visibilité pour les tâches de cuisine et sert d'éclairage d'ambiance lorsque la pièce n'est pas utilisée.

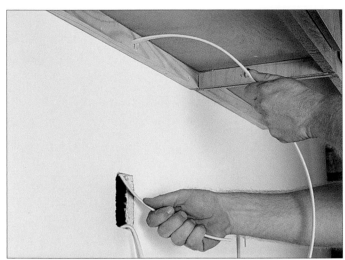

2 *Tirez le câble d'alimentation dans la nouvelle ouverture. Passez une nouvelle section de câble entre le trou dans les armoires et l'ouverture faite dans le mur.*

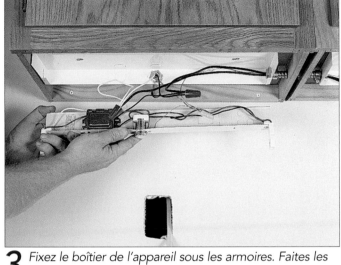

3 *Fixez le boîtier de l'appareil sous les armoires. Faites les épissures des fils de couleur identique situés entre le câble d'alimentation et le câblage de l'appareil d'éclairage.*

4 *Connectez les fils noirs à l'interrupteur de l'appareil. Épissez les fils blancs et raccordez les fils de mise à la terre à la borne de l'interrupteur.*

5 *Fixez les autres composantes de l'appareil d'éclairage au boîtier. Si requis, ajoutez des lentilles diffusantes au boîtier de l'appareil pour éviter des problèmes d'éblouissement.*

murs sont finis, parce que les appareils et l'interrupteur peuvent être installés en causant un minimum de dégâts au mur. Placez l'appareil le plus proche possible du devant des armoires pour pouvoir éclairer la plus grande surface de comptoir possible. Si vos armoires de cuisine ont des moulures, celles-ci devraient cacher la source de la lumière. Les armoires sans moulures n'offrent pas cette possibilité.

Le choix des tubes fluorescents devrait être fonction d'une installation couvrant approximativement les deux tiers de la longueur du comptoir. Cela assurera un éclairage adéquat sans trous noirs.

Installation de l'appareil d'éclairage. Au-dessus du comptoir, découpez une ouverture pour la boîte de l'interrupteur et percez un trou de câble à l'arrière du bâti des armoires **(photo 1)**.

Amenez le câble d'alimentation à la boîte. Tirez entre l'ouverture et le trou la section de câble raccordant l'interrupteur à l'appareil **(photo 2)**.

Vissez l'appareil sur le dessous des armoires et faites les connexions requises à l'appareil **(photo 3)**. Pour les fins de ce projet, l'appareil d'éclairage est situé au bout du circuit prévu. Pour raccorder l'interrupteur, connectez le fil noir à une des bornes de l'interrupteur. Ensuite, raccordez le fil noir de l'appareil à l'autre borne. Épissez ensemble les fils blancs du câble d'alimentation et du câble raccordant l'appareil d'éclairage. Joignez les fils verts ou de cuivre nu, et raccordez-les à la borne de mise à la terre de l'interrupteur **(photo 4)**. Glissez les fils dans la boîte. Vissez l'interrupteur à sa boîte de jonction. Posez une lampe fluorescente dans l'appareil et fixez la lentille sur le boîtier de l'appareil **(photo 5)**.

5 Appareils, électroménagers et équipements

Conception d'éclairage intérieur

Utilisez l'éclairage pour rehausser ou atténuer les divers éléments d'une pièce, tel qu'un artiste utilise son pinceau. La lumière concentrée sur un objet fera ressortir cet objet par rapport à son environnement contrastant. Par exemple, éclairer les coins d'une pièce donnera une illusion de grandeur, permettant à l'œil de visualiser la pièce entière. Contrairement, un faisceau doux de lumière autour d'un divan attirera l'attention sur le meuble. Le restant de la pièce étant ombré, elle semblera plus petite.

Tous ne réagissent pas à la lumière de la même façon. Certaines personnes sont plus photosensibles, préférant un niveau d'éclairage général moins élevé. Pour d'autres, les niveaux d'éclairage moins élevés préférés par les gens photosensibles pourront les rendre dépressifs. Lors de la conception de votre système d'éclairage, prenez en considération les préférences personnelles de tous les membres de la famille.

Les rôles de l'éclairage se résument en trois catégories de base : fournir l'éclairage général ou ambiant, l'éclairage de travail et l'éclairage d'accentuation ou décoratif.

Éclairage général. L'éclairage général fournit la clarté globale de la pièce. En arrière-plan, ce genre d'éclairage peut varier selon l'heure de la journée, la saison ou les activités et les humeurs.

Éclairage de travail. L'éclairage de travail permet à l'utilisateur de clairement voir ce qu'il fait. Des appareils d'éclairage individuels situés stratégiquement aident grandement à la préparation de la nourriture, à la lecture ou aux passe-temps.

Éclairage d'accentuation. L'éclairage d'accentuation ou décoratif permet de mettre en valeur un secteur ou un objet, caractérisant ainsi l'aspect de la pièce. Pour être efficace, cet éclairage d'ambiance doit contraster avec l'arrière-plan et l'éclairage général.

▲ **Des appareils d'éclairage encastrés** disposés d'une façon dispersée permettent de donner un éclairage ambiant esthétiquement plaisant.

◀ **Les plafonniers permettent d'éclairer** un mur complet ou de diriger la lumière vers un objet particulier. Des appareils originaux permettent de créer des accents décoratifs.

Ce salon est muni d'appareils encastrés au plafond pour créer un éclairage ambiant et d'appliques murales pour faire ressortir le foyer et l'entrée. Une torchère donne à la fois un éclairage de travail et décoratif.

Un lustre élégant contrôlé par un gradateur génère à la fois un éclairage d'ambiance et de travail.

Des appliques murales fournissent un éclairage de travail et ajoutent une touche décorative à cette salle de bains.

5 Appareils, électroménagers et équipements

Conception d'éclairage intérieur (suite)

Un niveau d'éclairage général adéquat limitant les contrastes avec l'éclairage de travail réduit les contraintes sur les yeux. Déterminez d'abord le niveau d'éclairage requis pour une activité ou une tâche particulière, pour ensuite l'adapter à l'éclairage général. Concevez l'éclairage ambiant et de travail en fonction des contraintes particulières d'un espace donné. Par exemple, une personne travaillant à un ordinateur trois heures de suite a besoin d'un niveau d'éclairage plus élevé que pour une période de vingt minutes.

▲ **Des appareils flexibles** fixés à cette tête de lit fournissent un éclairage de lecture facilement orientable.

◄ **Un rail suspendu** concentre la lumière aux endroits désirés, tandis qu'un lustre fournit un éclairage général constant.

Des appliques murales décoratives fournissent l'éclairage de travail pour les besoins des comptoirs de cette cuisine.

Des appliques murales indirectes fournissent un éclairage fonctionnel, tandis que l'éclairage dissimulé éclaire le bas du bain et le plancher.

Des appareils encastrés *positionnés correctement fournissent un éclairage général et de travail dans cette cuisine et salle à dîner. Les appareils suspendus donnent l'éclairage d'accentuation et de travail, et dirigent le regard vers le comptoir central.*

Conception d'éclairage intérieur (suite)

▲ *L'éclairage de travail* ne se limite pas à la cuisine. Les appareils utilisés dans un bureau doivent être dirigés de façon à ne pas se refléter dans l'écran de l'ordinateur.

◄ *Placez les appareils* le plus possible vers l'avant des armoires pour favoriser un éclairage uniforme de la surface de travail.

▼ *Les cuisinières et les éviers* devraient avoir leur propre source de lumière. Prévoyez l'installation d'une lampe de 60 watts au-dessus de l'évier.

▲ **Positionnez les appareils suspendus** à une hauteur approximative de 30 pouces au-dessus de la table.

▲ **Des appliques murales décoratives** peuvent ajouter au style de la maison sans sacrifier la qualité de la lumière.

▼ **Utilisez l'éclairage pour créer une ambiance** ou pour attirer le regard sur les œuvres d'art ou d'autres bibelots.

5 Appareils, électroménagers et équipements

Électroménagers

Lave-vaisselle

Avant d'installer un lave-vaisselle, il faut prévoir un circuit dédié pour l'alimenter. Le lave-vaisselle peut être raccordé directement par un câble connecté à la boîte de jonction de l'électroménager, ou il peut être raccordé via un cordon et une fiche branchée dans une prise dédiée, généralement installée sous un comptoir de cuisine près de l'évier. Si le raccordement se fait directement à la boîte de jonction, assurez-vous de laisser un excédent de fil entre le mur et la boîte. L'erreur la plus courante d'un bricoleur consiste à prolonger le câble jusqu'à la boîte et à le raccorder. S'il est requis de déplacer le lave-vaisselle vers l'avant pour le réparer, il n'y aura pas assez de jeu dans le câble pour permettre le déplacement de l'appareil. Laissez toujours une longueur excédente de câble d'approximativement 3 à 4 pieds, enroulée derrière le lave-vaisselle, avant de raccorder le câble à la boîte de jonction. Généralement, la boîte de jonction sera située derrière un panneau amovible au bas du lave-vaisselle. Pour accéder à la boîte, il suffit d'enlever le panneau.

Plusieurs lave-vaisselle possèdent un séchoir électrique intégré. Ce séchoir consiste en un élément de chauffage ordinaire. C'est un dispositif circulaire métallique placé à l'intérieur au bas du lave-vaisselle. Ce type de séchoir requiert une grande quantité d'énergie parce qu'il utilise le même raccordement de 120 volts qui alimente le lave-vaisselle. Pour cette raison, le raccordement du lave-vaisselle devrait être fait sur un circuit dédié et câblé avec un câble de calibre 12.

Un lave-vaisselle *nécessite un circuit dédié et peut être soit raccordé directement à la boîte de jonction, soit branché dans une prise de courant prévue en conséquence.*

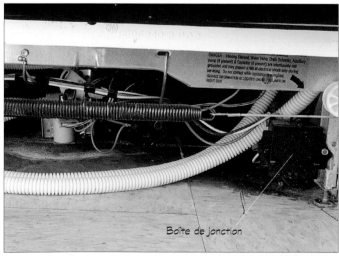

La plupart des lave-vaisselle *possèdent leur propre boîte de jonction située derrière un panneau amovible au bas de l'appareil. Accédez à la boîte en enlevant le panneau.*

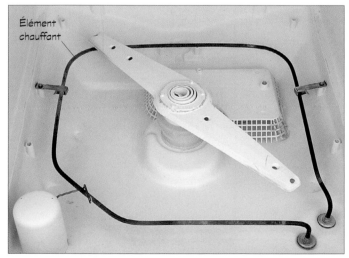

Élément chauffant

L'élément chauffant d'un lave-vaisselle *utilise le même circuit de 120 volts que le lave-vaisselle. Pour cette raison, prévoyez le raccordement via un circuit dédié.*

COMMENT raccorder directement un lave-vaisselle

Niveau de difficulté :

Outils et matériel

- Lave-vaisselle
- Dégaineur de câble
- Perçoir à pastille
- Outil multifonctions
- Câble 12/2 de type NM
- Tournevis isolés
- Pince à long bec
- Marrettes

Tirer le câble. Le câblage intégré au lave-vaisselle se termine à la boîte de jonction située derrière un panneau amovible au bas de l'appareil. Les fils de connexion sont noir, blanc et vert. Parfois, le fil vert est remplacé par une borne de mise à la terre. Avec un perçoir à pastille, enlevez une pastille de la boîte de jonction du lave-vaisselle et tirez le câble d'alimentation de type 12/2 NM dans la boîte. Assurez-vous de prévoir un excédent de câble d'approximativement 3 à 4 pieds à l'arrière du lave-vaisselle pour permettre de retirer le lave-vaisselle pour l'entretien **(photo 1)**. Dégainez le câble, coupez l'excédent et fixez le câble dans la boîte en utilisant le connecteur à câble approprié.

Câbler la boîte de jonction. Après les avoir exposés, dénudez les fils isolés du câble d'alimentation et faites les connexions dans la boîte de jonction. Avec des marrettes, épissez le fil noir du câble d'alimentation avec le fil noir du lave-vaisselle. Répétez ce procédé avec les fils de neutre blancs. Finalement, connectez le fil de mise à la terre en cuivre nu au fil vert de l'électroménager ou raccordez-le à la borne de mise à la terre située dans la boîte de jonction du lave-vaisselle **(photo 2)**.

1 Tirez le câble d'alimentation dans la boîte de jonction du lave-vaisselle. Laissez un excédent de câblage à l'arrière du lave-vaisselle.

2 Épissez les fils noirs ensemble et répétez pour les fils blancs. Ensuite, raccordez le fil de mise à la terre à la borne de mise à la terre.

Prise de cuisinière

Anciennement, le câble d'alimentation d'une cuisinière était composé de deux conducteurs de phase et d'un fil de neutre/mise à la terre torsadé. Ce type de câble est un câble d'entrée de service (SEU). La prise de cuisinière pour ce type de câble avait une configuration à trois pointes. L'inconvénient de cette installation était que le conducteur de neutre porteur de courant agissait aussi comme conducteur de mise à la masse pour le bâti de l'appareil. De nos jours, les câbles pour le raccordement des cuisinières nécessitent encore deux conducteurs de phase, mais en plus, le conducteur de neutre doit être isolé et le fil de mise à la masse peut être soit nu soit isolé. Il s'agit d'un câble à quatre conducteurs contenant trois fils isolés et un fil de mise à la terre. Généralement, il y a deux conducteurs de phase, un neutre et un conducteur de mise à la terre de couleur verte ou nu. Ce type de câble est un câble d'entrée de service rond (SER). Le câblage de type NM avec trois conducteurs et une mise à la terre est considéré comme acceptable. Le calibre de fils pour le raccordement d'une cuisinière est généralement de 6/3 SER. Une prise de cuisinière prévue pour ce type de câble doit être conçue avec une configuration à quatre pointes.

Deux des quatre fils du câble de type SER amènent une tension de 240 volts requise pour alimenter les éléments chauffants. La tension de 120 volts est assurée par le conducteur de neutre et un des deux conducteurs de phase, sans préférence particulière. La tension de 120 volts est requise pour faire fonctionner la minuterie, l'horloge, la sonnerie, etc. Le courant peut ensuite retourner sécuritairement par le conducteur de neutre isolé au lieu du fil nu de mise à la terre. La prise femelle à quatre fentes à laquelle le câble de type SER est raccordé peut être installée

5 Appareils, électroménagers et équipements

en surface ou être encastrée dans le mur. Pour le bricoleur moyen, il est préférable d'utiliser une prise en surface pour sa facilité d'installation et de raccordement. Lorsqu'une cuisinière n'est pas raccordée directement et possède un cordon et une fiche, la fiche doit être prévue à quatre pointes s'adaptant à la prise pour assurer que les conducteurs de mise à la terre et de neutre soient séparés.

COMMENT *installer une prise de cuisinière*

Niveau de difficulté : 🐿

Outils et matériel

- Scie passe-partout
- Agrafes à câble
- Prise de cuisinière 50A ou 60A à 125/250V (NEMA 14-50R ou 14-60R)
- Tournevis isolés
- Dégaineur de câble
- Outil multifonctions
- Ruban de tirage (non métallique)
- Câble en cuivre 6/3 de type SER
- Disjoncteur bipolaire 50A ou 60A
- Perçoir à pastille
- Pince à long bec
- Pince à câble

Tirer le câble. Mettez hors tension le disjoncteur du panneau de l'entrée de service. Déterminez la position de la prise de cuisinière et découpez une ouverture pour tirer le câble. Tirez la longueur requise de câble en cuivre de type 6/3 SER du panneau principal jusqu'à l'ouverture de la prise **(photo 1)**. Agrafez le câble aux élément structuraux à des intervalles centre à centre de 54 pouces en commençant à une distance maximale de 12 pouces du panneau. À l'aide d'un ruban de tirage, tirez le câble à travers l'ouverture (voir « Aiguiller un câble », chapitre 4, page 86). Installez le câble dans le boîtier de la prise par une des pastilles et fixez-le en place avec une pince à câble. Installez le boîtier de la prise dans l'ouverture. Dégainez le câble, coupez l'excédent et dénudez les fils à l'intérieur.

Câbler et installer la prise. Raccordez les fils noir et rouge aux bornes de laiton de la prise. Ensuite, raccordez le conducteur de neutre à la borne argentée et le fil de mise à la terre vert ou nu à la borne de mise à la terre **(photo 2)**. Fixez le boîtier au mur et installez le couvercle de la prise.

Raccorder le câblage au disjoncteur du panneau. Au panneau principal, raccordez le câble d'alimentation de la cuisinière à un disjoncteur bipolaire dédié de 50 ou 60 ampères. Raccordez les conducteurs de phase (noir et rouge) aux bornes de laiton du disjoncteur. Ensuite, raccordez le conducteur de neutre et le fil de mise à la terre vert ou nu à la barre de neutre/mise à la terre du panneau **(photo 3)**. Rétablissez le courant et testez le circuit.

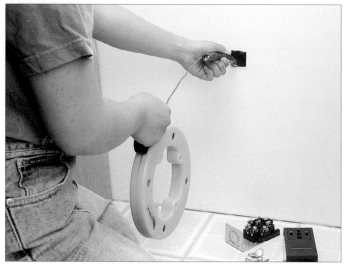

1 Pratiquez une ouverture là où sera situé l'électroménager. Tirez un câble de type 6/3 SER en cuivre à partir du panneau principal.

2 Insérez les fils dans les bornes appropriées, serrez les vis et installez le boîtier de la prise.

3 Connectez les fils rouge et noir à un disjoncteur de 50 ampères, et les fils de neutre et de mise à la terre à la barre de neutre/mise à la terre.

Types de prises pour sécheuses et cuisinières

Prises de cuisinière

Anciennement, les prises de cuisinière n'avaient que trois fentes et combinaient le conducteur de neutre avec le fil de mise à la masse du bâti de l'électroménager.

Les prises modernes pour cuisinière ont toutes quatre fentes, prévues pour les trois conducteurs isolés, et un fil de mise à la terre, lequel est soit nu soit isolé.

Prises de sécheuse

Un modèle plus ancien de prise de sécheuse comportait deux fentes pour les conducteurs de phase et une troisième fente en forme de coude pour le raccordement du fil de neutre/mise à la terre.

Les prises récentes de sécheuse ont quatre fentes pour pouvoir raccorder indépendamment les deux conducteurs de phase, le conducteur de neutre et le fil de mise à la terre.

Prise de sécheuse

Telle une cuisinière, une sécheuse électrique utilise à la fois les tensions de 120 et 240 volts, et requiert un câble à quatre conducteurs. La tension la plus élevée n'est requise que pour l'élément chauffant, tandis que la tension plus basse alimente la minuterie du moteur et la sonnerie. De plus, telles les cuisinières, les sécheuses étaient auparavant alimentées par un câble à deux conducteurs avec fil de mise à la terre. Ces sécheuses étaient alimentées par un câble en cuivre de type 10/2 NM contenant un conducteur de phase noir, un conducteur de neutre blanc et un fil en cuivre nu de mise à la terre. Le câble NM de calibre 10 est encore utilisé, mais doit maintenant être pourvu de trois conducteurs : rouge, noir et blanc, plus un fil en cuivre nu de mise à la terre. Ce câble de type 10/3 NM doit être raccordé à une prise femelle dédiée de 30 ampères. Le cordon de la sécheuse doit être fourni avec une fiche mâle à quatre pointes et le conducteur de neutre ne doit pas être connecté au bâti de la sécheuse. La prise peut être installée en surface ou être encastrée dans le mur. Lorsque la sécheuse est expédiée à un distributeur, le cordon et la fiche ne sont pas inclus. Le cordon doit être fixé à la sécheuse par le distributeur. Avant la livraison à domicile, demandez au distributeur d'installer un cordon extra-long au lieu du cordon de longueur standard. Cette longueur supplémentaire vous permettra de retirer la sécheuse du mur pour en effectuer l'entretien. Installer la prise plus haut sur le mur sera pratique pour éviter de vous pencher pour débrancher la sécheuse.

CONSEIL PRATIQUE

Choisir une sécheuse

L'achat d'une sécheuse à linge se limite souvent à décider entre une sécheuse au gaz et une sécheuse électrique. Les sécheuses au gaz sont généralement plus coûteuses à acheter et à réparer mais coûtent moins cher à faire fonctionner. Par contre, l'option d'une sécheuse au gaz n'est pas toujours disponible. Il y a plusieurs autres options. Les modèles plus vieux, par exemple, ont besoin de minuteries et de thermostats pour déterminer si la lessive est sèche. Les nouveaux modèles détectent le niveau d'humidité dans la sécheuse, utilisant un contrôle précis de la température pour empêcher le linge de se détériorer. Une autre option est le réglage anti-plis. Une fois le linge séché, la sécheuse continue à faire cascader le linge jusqu'à ce qu'il soit retiré de la machine. Si la durée de séchage est importante, il faut envisager l'achat d'une sécheuse grand format. Le volume d'air supplémentaire entre le linge expose une plus grande surface de tissu, ce qui permet un temps de séchage plus rapide. Lorsque l'esthétique est importante, envisagez un modèle s'harmonisant avec le décor de la pièce. Pour économiser de l'espace, des ensembles de laveuse/sécheuse superposées sont offerts. Il faut aussi considérer la facilité de manœuvre. Si soulever des charges est un facteur, choisissez un appareil avec des grandes portes installées à angle, ou avec des portes ouvrant vers le côté ou vers le bas. Les contrôles électroniques sont utiles pour choisir entre plusieurs cycles et sélectionner des programmes sur mesure.

5 Appareils, électroménagers et équipements

COMMENT installer une prise de sécheuse

Niveau de difficulté :

Outils et matériel

- Scie passe-partout
- Agrafes à câble
- Prise à sécheuse de 30 ampères à 125/250 volts (NEMA 14-30R)
- Perçoir à pastille
- Pince à long bec
- Pince à câble
- Courroies de fixation
- Vis à maçonnerie
- Ruban de tirage (non métallique)
- Câble en cuivre 10/3 de type NM
- Disjoncteur 30 ampères bipolaire
- Tournevis isolés
- Dégaineur de câble
- Outil multifonctions
- Conduit EMT (pour les murs de maçonnerie)

Tirer le câble. Mettez hors tension le disjoncteur du panneau de l'entrée de service. Placez la prise sur le mur et découpez une ouverture pour tirer le câble **(photo 1)**. Tirez un câble de type 10/3 NM en cuivre du panneau principal jusqu'à la prise de sécheuse. Fixez le câble aux montants de bois à des intervalles n'excédant pas 54 pouces et à 12 pouces au maximum de chaque extrémité. Tirez le câble de type NM à travers le mur vers l'ouverture prévue à l'aide d'un ruban de tirage (voir « Aiguiller un câble », chapitre 4, page 86). Si la prise doit être installée sur un mur de sous-sol en maçonnerie, passez le câble dans un conduit EMT et fixez le conduit au mur à l'aide de courroies d'attache et de vis à maçonnerie. Installez le câble dans le boîtier de la prise par une des pastilles et fixez-le avec une pince à câble. Dégainez le câble, coupez l'excédent et dénudez les fils à l'intérieur.

Câbler et installer la prise. Raccordez les fils noir et rouge aux bornes de laiton de la prise (ils sont interchangeables). Ensuite, raccordez le conducteur de neutre à la borne argentée et le fil de mise à la terre vert ou nu à la borne de mise à la terre du boîtier de la prise **(photo 2)**. Fixez le boîtier au mur et installez le couvercle de la prise.

Raccorder le câblage au disjoncteur du panneau. Au panneau principal, raccordez le câble d'alimentation de la sécheuse à un disjoncteur bipolaire dédié de 30 ampères **(photo 3)**. Raccordez les conducteurs de phase noir et rouge aux deux bornes de laiton du disjoncteur. Ensuite, raccordez le conducteur de neutre et le fil de mise à la terre vert ou nu à la barre de neutre/mise à la terre du panneau. Alimentez le circuit en actionnant la manette du disjoncteur et testez le circuit de la sécheuse.

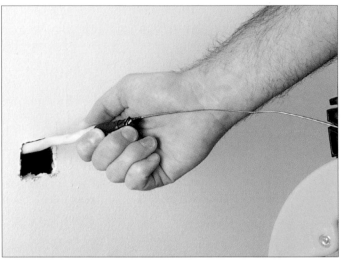

1 Pratiquez une ouverture là où sera installée la sécheuse. Tirez un câble de calibre 10/3 à partir du panneau principal.

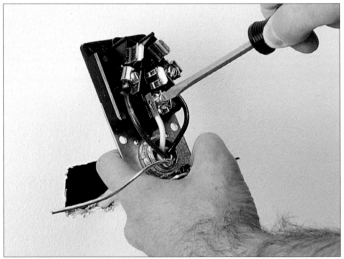

2 Raccordez la prise de la sécheuse, installez le boîtier de la prise sur le mur et installez le couvercle.

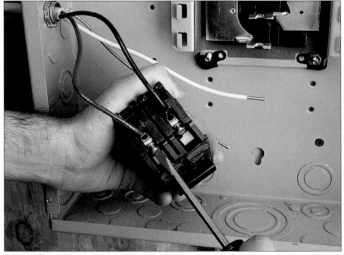

3 Au panneau principal, raccordez les conducteurs d'alimentation de la sécheuse à un disjoncteur de 30 ampères dédié à la sécheuse.

Broyeur à déchets

Un broyeur à déchets est relativement facile à raccorder, mais un interrupteur sera requis pour faire fonctionner l'appareil. Généralement, l'interrupteur d'un broyeur est situé au mur d'un côté de l'évier. S'il s'agit d'une nouvelle installation, il faut choisir entre l'installation d'un interrupteur mural ou d'un interrupteur dans l'armoire sous l'évier. Plusieurs préfèrent la deuxième option à cause de sa simplicité et de son coût moindre. Par contre, en cas d'urgence, il est plus pratique et sécuritaire d'installer l'interrupteur au mur. Pour installer l'interrupteur au mur, suivez les directives ci-dessous.

COMMENT raccorder un broyeur à déchets

Niveau de difficulté :

Outils et matériel

- Broyeur à déchets
- Câble 12/2 de type NM
- Pince à long bec
- Pince à câble
- Perçoir à pastille
- Interrupteur unipolaire

- Tournevis isolés
- Dégaineur de câble
- Outil multifonctions
- Marrettes
- Boîte de jonction pour interrupteur

Raccorder l'interrupteur. Pour installer un interrupteur d'un broyeur à déchets, il faudra acheminer le câble entre les armoires et le mur en arrière du comptoir. Prévoyez une ouverture dans le mur arrière directement sous la localisation prévue de l'interrupteur. Au-dessus de l'ouverture, découpez un trou pour l'installation de la boîte de jonction de l'interrupteur. Ensuite, tirez le câble d'alimentation et le câble de raccordement du broyeur dans le trou

Installation en haut du comptoir

Installation dans l'armoire

Borne de montage

Connecteur de lave-vaisselle

Broyeur à déchets

Tuyau de drainage

Un broyeur à déchets peut être sécuritairement contrôlé par un interrupteur mural situé à côté de l'évier ou à l'intérieur de l'armoire.

prévu pour l'interrupteur **(photo 1)**. Insérez le câble dans la boîte, fixe-le solidement et installez la boîte. Dégainez le câble, dénudez les fils et faites les connexions à l'interrupteur. Raccordez le fil noir du câble d'alimentation à une borne de l'interrupteur et le fil noir du câble de raccordement du broyeur à l'autre borne. Utilisez une marrette pour épisser les fils blancs ensemble à l'intérieur de la boîte. Raccordez les fils de cuivre nus de mise à la terre à la borne de mise à la terre de l'interrupteur **(photo 2)**. Le broyeur sera alimenté dès que l'interrupteur sera actionné.

1 Tirez le câble du broyeur à déchets entre l'armoire et la boîte de jonction de l'interrupteur. Tirez le câble d'alimentation séparément.

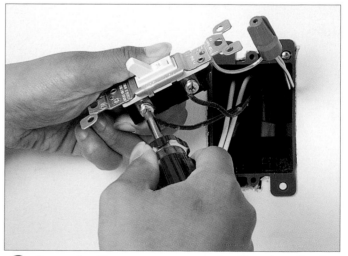

2 Raccordez l'interrupteur, rentrez les fils et installez la plaque de l'interrupteur.

5 Appareils, électroménagers et équipements

Faire les connexions à l'appareil. Bien que les broyeurs à déchets puissent être branchés dans une prise dédiée, ils sont généralement raccordés directement à un boîte d'interrupteur. Enlevez la plaque couvrant le bas de l'appareil **(photo 3)**. Tirez le câble provenant de l'interrupteur à travers la pastille située sur l'unité et fixez-le **(photo 4)**. Épissez les fils de l'interrupteur aux fils de l'appareil, le blanc avec le blanc et le noir avec le noir. Ensuite, raccordez le conducteur de mise à la terre à la borne de mise à la terre sur le broyeur à déchets **(photo 5)**. Assurez-vous d'éloigner les câbles de la tuyauterie d'eau et de drainage. Rentrez les fils sous le broyeur et réinstallez la plaque sur le bas de l'appareil **(photo 6)**.

3 Enlevez la plaque de la boîte de jonction située au bas du broyeur à déchets.

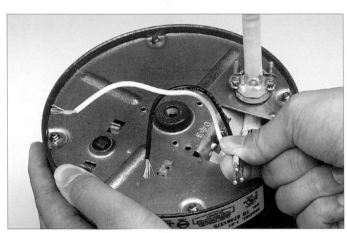

4 Tirez le câble d'alimentation dans la boîte de jonction et fixez-le solidement.

5 Épissez les fils de l'appareil et de l'interrupteur, et raccordez le fil de mise à la terre à la borne appropriée.

6 Rentrez les fils dans la boîte avec soin et réinstallez la plaque de la boîte de jonction.

CONSEIL PRATIQUE

Sécurité des broyeurs à déchets

Les déchets à jeter dans le broyeur devraient se limiter à la nourriture non fibreuse tels la viande, les coquilles d'œuf, le café, les croûtes et les pelures. Évitez la nourriture fibreuse tels le céleri et les asperges, et les os ayant un diamètre de plus d'un demi-pouce.

☉ Pour usage modéré, utilisez un broyeur de 1/2 HP. Pour usage intensif, utilisez un broyeur de 3/4 HP.

☉ Ne jamais utiliser des nettoyeurs chimiques avec un broyeur à déchets.

☉ Lors de l'utilisation du broyeur, faites couler l'eau pour vous assurer que les particules soient drainées jusqu'à l'égout.

☉ Pour effectuer l'entretien de l'appareil, commencez par mettre le circuit hors tension au panneau principal.

☉ Ne jamais placer les mains dans un broyeur ; utilisez des pincettes pour retirer des objets.

Câblage d'un broyeur à déchets

Bien qu'il soit plus facile d'installer l'interrupteur d'un broyeur à déchets dans l'armoire sous l'évier, le meilleur endroit en cas d'urgence est sur le mur à côté de l'évier. Tirez un câble d'alimentation à deux fils dans la boîte de l'interrupteur et prolongez-le ensuite jusqu'au broyeur.

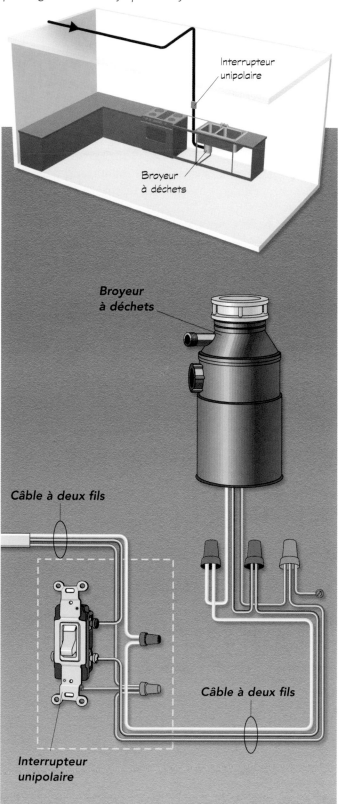

Appareillage de ventilation et de chauffage

Ventilateurs à pales

Plusieurs bricoleurs croient qu'un ventilateur à pales peut être suspendu au plafond directement à partir d'une boîte de jonction existante. C'est faux dans la majorité des cas. Par exemple, un ventilateur à pales pesant jusqu'à 35 livres (16 kg) requiert une boîte de jonction prévue pour soutenir ce poids. Si la boîte existante n'est pas conçue pour cet usage, la remplacer par une boîte conforme. La boîte de jonction doit être solidement fixée à un élément structural. Si la boîte n'est pas complètement rigide, le ventilateur oscillera. Un ventilateur pesant plus de 35 livres doit être supporté indépendamment de la boîte de jonction.

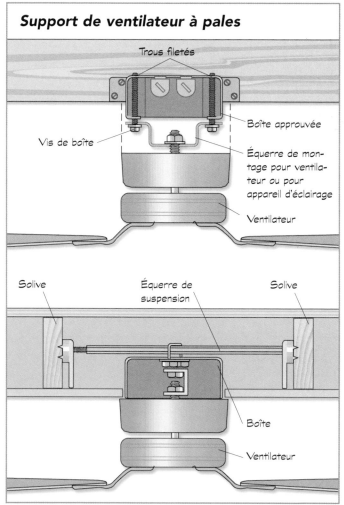

Le Code de l'électricité requiert qu'un ventilateur à pales situé au plafond soit supporté d'une manière qui correspond au poids de l'appareil. Si le ventilateur pèse au plus 35 livres, il peut être supporté par une boîte électrique prévue pour cet usage. S'il pèse plus de 35 livres, il doit être supporté indépendamment de la boîte de jonction.

5 Appareils, électroménagers et équipements

Une option populaire consiste à installer un luminaire avec le ventilateur. Les luminaires appropriés ne fournissent généralement qu'un éclairage général et non un éclairage de travail.

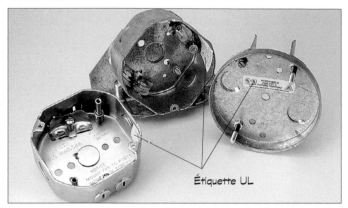

La boîte de jonction d'un ventilateur à pales doit porter une étiquette UL indiquant le poids maximum pouvant être supporté par la boîte.

Si un luminaire est installé sur le ventilateur, des interrupteurs séparés peuvent être prévus pour contrôler le ventilateur indépendamment de l'appareil d'éclairage.

COMMENT *raccorder un ventilateur à pales avec luminaire*

Niveau de difficulté :

Outils et matériel

- Ventilateur à pales et luminaire
- Câble 12/2 ou 14/2 de type NM
- Dégaineur de câble
- Outil multifonctions
- Marrettes
- Perçoir à pastille
- Équerre de suspension (pour ventilateur de plus de 35 lb)
- Interrupteur du ventilateur
- Tournevis isolés
- Câble 12/3 ou 14/3 de type NM
- Pince à long bec
- Pinces à câble (si les boîtes sont métalliques)
- Boîte d'appareil d'éclairage approuvé
- Boîte d'interrupteur carrée
- Interrupteur d'éclairage

Installer les boîtes de jonction. Découpez une ouverture dans le mur pour l'interrupteur d'éclairage et une autre au plafond pour le ventilateur à pales avec luminaire. Tirez le câble de type 12/2 ou 14/2 NM du panneau de service jusqu'à l'ouverture de la boîte de l'interrupteur et un câble de type 12/3 ou 14/3 NM de la boîte de l'interrupteur jusqu'à l'ouverture prévue pour le ventilateur et le luminaire (voir « Aiguiller un câble », chapitre 4, page 86). Installez la boîte de l'interrupteur, et tirez les deux câbles à l'intérieur de la boîte **(photo 1)**. Dégainez 10 pouces de chaque câble et enlevez l'excédent de gaine. Fixez les câbles dans la boîte et dénudez les fils. Répétez pour les câbles de la boîte du ventilateur. Le câble à trois conducteurs entre la boîte de l'interrupteur et la boîte du ventilateur et du luminaire offre l'option de contrôler la lumière et le ventilateur indépendamment **(photo 2)**. Si l'option de contrôle indépendant n'est pas retenue, tirez le câble à trois conducteurs quand même pour conserver cette option pour l'avenir.

Câbler les boîtes de jonction. Bien qu'il existe deux manières d'alimenter un ventilateur avec un luminaire, soit

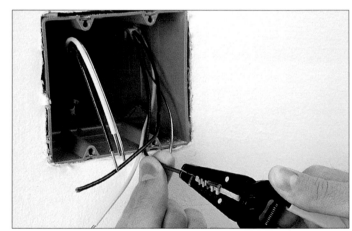

1 Installez la boîte de l'interrupteur, et tirez les câbles entre le panneau et la boîte et entre l'appareil et la boîte.

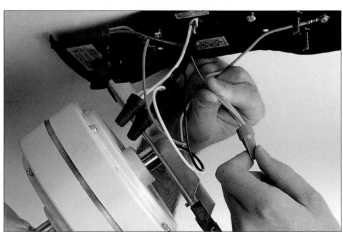

3 Dans la boîte du ventilateur et du luminaire, épissez les fils des interrupteurs du ventilateur et de l'appareil d'éclairage avec les fils de l'appareil.

par la boîte de plafond soit par la boîte de l'interrupteur, la méthode préconisée consiste à amener le courant via la boîte de l'interrupteur. Cela facilite le dépannage et évite l'accumulation excessive de câblage dans la boîte au plafond. Utilisez des marrettes dans la boîte de plafond pour raccorder ensemble le fil noir de l'appareil et le fil noir provenant de l'interrupteur du ventilateur. Raccordez le fil rouge sous tension de l'assemblage du ventilateur et du luminaire au fil noir provenant de l'interrupteur d'éclairage. Ensuite, connectez le fil de neutre blanc provenant de l'interrupteur au fil blanc de l'appareil. Épissez le fil vert de mise à la terre de l'appareil avec le fil nu en cuivre de mise à la terre provenant de la boîte de l'interrupteur **(photo 3)**. Dans la boîte d'interrupteurs, raccordez le fil noir d'alimentation à chaque interrupteur et raccordez le fil blanc de neutre du câble d'alimentation au fil blanc de neutre provenant de l'appareil. Ensuite, raccordez les fils noirs de l'appareil à chaque interrupteur **(photo 4)**. Rentrez les fils dans la boîte, vissez les interrupteurs à la boîte et installez les plaques. Ensuite, installez la plaque de montage et l'appareil selon les instructions du fabricant. (Voir «Comment installer un lustre», page 143.)

2 Installez la boîte du ventilateur à pales et du luminaire, et fixez le câble à trois conducteurs provenant de la boîte des interrupteurs.

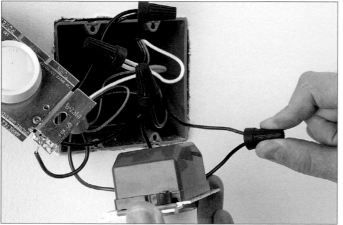

4 Dans la boîte des interrupteurs, épissez les fils de l'appareil avec les fils des interrupteurs du ventilateur et du luminaire.

Câblage de fin de parcours d'un ventilateur à pales et d'un luminaire

Dans cette configuration, un câble à deux fils alimente une boîte double d'interrupteurs. Ensuite, un câble à trois conducteurs prend la relève pour raccorder l'assemblage du ventilateur à pales et du luminaire. Le ventilateur et l'éclairage sont contrôlés respectivement par un variateur de vitesse et un gradateur.

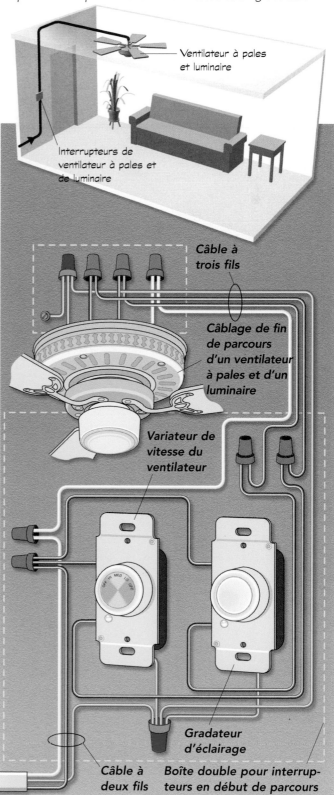

Ventilateur à pales et luminaire

Interrupteurs de ventilateur à pales et de luminaire

Câble à trois fils

Câblage de fin de parcours d'un ventilateur à pales et d'un luminaire

Variateur de vitesse du ventilateur

Gradateur d'éclairage

Câble à deux fils

Boîte double pour interrupteurs en début de parcours

5 Appareils, électroménagers et équipements

Câblage de début de parcours d'un ventilateur à pales et d'un luminaire

Telle une configuration de boucle d'interrupteur, ce schéma indique que le courant passe par le ventilateur et le luminaire par un câble à deux fils. Ensuite, le câble se rend à la boîte d'interrupteurs et retourne via un câble à trois conducteurs.

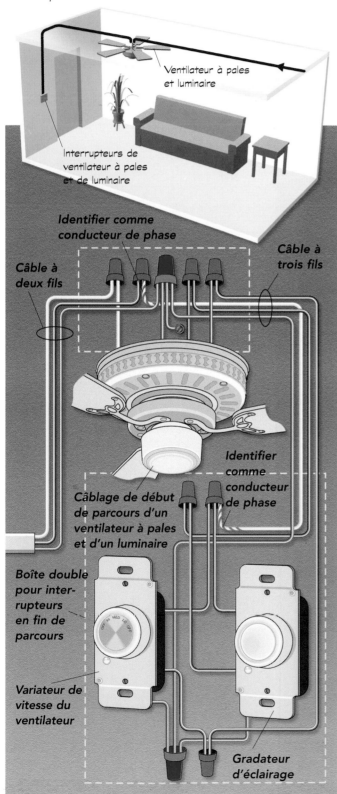

Ventilateur à pales et luminaire

Interrupteurs de ventilateur à pales et de luminaire

Identifier comme conducteur de phase

Câble à deux fils

Câble à trois fils

Câblage de début de parcours d'un ventilateur à pales et d'un luminaire

Identifier comme conducteur de phase

Boîte double pour inter-rupteurs en fin de parcours

Variateur de vitesse du ventilateur

Gradateur d'éclairage

Ventilateurs centraux

Installer un ventilateur central dans le grenier est un excellent moyen de se débarrasser de l'excédent de chaleur générée dans la résidence. Le volume de l'air déplacé par un ventilateur est mesuré en pieds cubes par minute (PCM). La capacité requise du ventilateur est déterminée par le volume cubique de la maison. La capacité en PCM du ventilateur détermine aussi la surface de ventilation requise pour éviter une accumulation de la pression d'air dans le grenier. Une alternative à cette installation consiste à installer un ventilateur central dans une corniche de grenier. Par contre, une persienne sera quand même requise au plancher du grenier. Il est préférable d'installer l'unité complète sur le plancher du grenier et d'utiliser les corniches et les avant-toits pour la ventilation. Dans les deux cas, la grosseur du ventilateur et la surface d'aération doivent être calculés en fonction du volume total à ventiler. (Voir « Calcul des grosseurs des ventilateurs », page 167.) Le débit d'air tiré par les portes et fenêtres grillagées doit au minimum être égal au débit d'air du système de ventilation.

Un ventilateur central de la dimension appropriée *peut remplacer le volume d'air total de la maison dans un delai d'une à trois minutes.*

COMMENT installer un ventilateur central

Niveau de difficulté :

Outils et matériel

- Ventilateur central
- Escabeau
- Ruban à mesurer
- Scie circulaire
- Bois de charpente pour solives
- Panneaux de contre-plaqué de 1/2 pouce
- Panneaux de styro-mousse de 1 1/2 pouce
- Outil multifonctions
- Câbles 12/2 et 12/3 de type NM
- Variateur de vitesse pour ventilateur
- Marrettes
- Lunettes de sécurité
- Persienne de ventilation grillagée
- Scie à gypse
- Crayon
- Marteau de menuisier
- Bois de support
- Clous
- Tournevis isolés
- Pince à long bec
- Boîte de jonction
- Boîte de jonction pour interrupteur
- Agrafes à câble
- Gants de travail
- Masque anti-poussières

Aménager l'ouverture du ventilateur. Choisissez un endroit approprié pour installer le ventilateur et dessinez le contour de l'ouverture sur le plafond. Un corridor ou un autre emplacement central est préférable. Dans une maison à deux étages, installez le ventilateur à un endroit où il pourra tirer l'air du rez-de-chaussée avec le minimum d'interférence, tel le haut d'un escalier. Coupez le gypse avec une scie pour exposer les solives du plafond **(photo 1)**. Étayez les solives de plafond et découpez l'ouverture pour le bâti du ventilateur. Renforcez le périmètre de l'ouverture en utilisant du bois de charpente de mêmes dimensions que celui qui est en place. Suivez les instructions du fabricant concernant les dimensions de l'ouverture brute requise **(photo 2)**.

Construire le boîtier du ventilateur. Installez le ventilateur dans l'ouverture brute selon les recommandations du fabricant. Construisez une boîte isolée en contreplaqué pour encadrer le ventilateur dans le grenier **(photo 3)**. Assurez-vous de fabriquer le boîtier d'une hauteur suffisante pour dégager le bâti du ventilateur et prévoir un couvercle sur le boîtier. Fixez l'isolant rigide sur les surfaces du boîtier situées dans le grenier. Ne fixez pas le couvercle sur le dessus de la boîte. Celui-ci sera utilisé pour sceller le boîtier du ventilateur pendant l'hiver. Vissez la persienne en métal au plafond sous l'ouverture du ventilateur. Assurez-vous que les lames de la persienne ne sont pas tordues et qu'elles peuvent s'ouvrir et se fermer librement **(photo 4)**.

1 *Dessinez et découpez une ouverture pour le bâti du ventilateur à un endroit approprié.*

2 *Renforcez l'ouverture avec du bois de charpente pour permettre l'installation du ventilateur et de la persienne.*

3 *Pour installer le ventilateur, construisez une boîte isolée en contreplaqué avec un couvercle amovible.*

4 *Au plafond, vissez la persienne du ventilateur bien droite dans l'ouverture.*

5 Appareils, électroménagers et équipements

Raccorder le ventilateur. Fermez le courant au panneau principal et installez une boîte de jonction à l'extérieur du boîtier du ventilateur **(photo 5)**. Tirez un câble de type 12/2 NM du panneau à la boîte de jonction, le fixant aux éléments de charpente sur toute sa longueur. Tirez le câble dans la boîte et sécurisez-le, puis enlevez la gaine du câble sur une longueur de 10 pouces et dénudez les fils exposés. Dans la boîte de jonction et en utilisant des marrettes, épissez le fil noir du câble d'alimentation avec le fil blanc (identifié noir) provenant de l'interrupteur. Raccordez le fil de neutre blanc du câble d'alimentation au fil de neutre blanc du ventilateur. Épissez le fil rouge du ventilateur avec le fil rouge du ventilateur et le fil noir de l'interrupteur avec le fil noir du ventilateur **(photo 6)**.

Raccorder la boucle de l'interrupteur. Dans la boîte de jonction de l'interrupteur et en utilisant des marrettes de grosseur appropriée, épissez le fil noir de la dérivation de l'interrupteur avec un des fils noirs de l'interrupteur. Raccordez le fil blanc de la dérivation de l'interrupteur à l'autre fil noir provenant de l'interrupteur. Identifiez le fil blanc avec du ruban noir. Raccordez les fils rouges. Ensuite, épissez le fil en cuivre nu de la dérivation de l'interrupteur pour l'amener à la borne de mise à la terre de l'interrupteur **(photo 7)**. Si la boîte est métallique, raccordez les fils de mise à la terre à la vis de mise à la terre au fond de la boîte. Glissez les fils dans la boîte et installez la plaque **(photo 8)**. Mettez sous tension le disjoncteur du circuit au panneau principal et testez le circuit.

Câble armé à trois conducteurs provenant du moteur du ventilateur

Câble d'alimentation à deux conducteurs

ble d'alimentation rois conducteurs venant de rrupteur

5 *Installez la boîte de jonction du ventilateur sur une des solives du grenier située proche du boîtier en contreplaqué.*

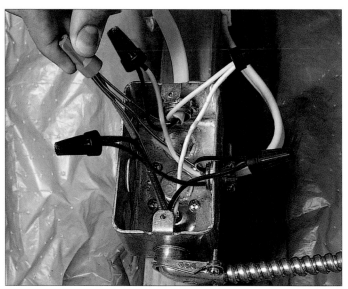

6 *Raccordez le ventilateur, l'interrupteur et les câbles d'alimentation à l'intérieur de la boîte de jonction.*

7 *Installez la boîte de l'interrupteur et raccordez la commande à deux vitesses. Identifiez le fil blanc avec du ruban noir.*

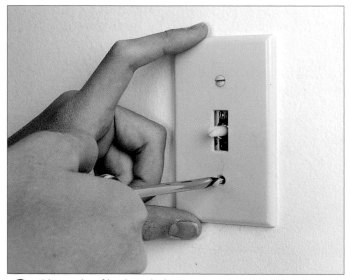

8 *Glissez les fils dans la boîte, ensuite vissez la plaque de l'interrupteur sur la boîte de jonction.*

Raccordement de ventilateur central

Dans ce schéma, un câble à deux fils alimente le ventilateur via une boîte de jonction située près du ventilateur central. Le ventilateur est contrôlé par un interrupteur à deux vitesses via un câble à trois fils bouclant le circuit. Un câble armé à trois fils alimente le moteur du ventilateur.

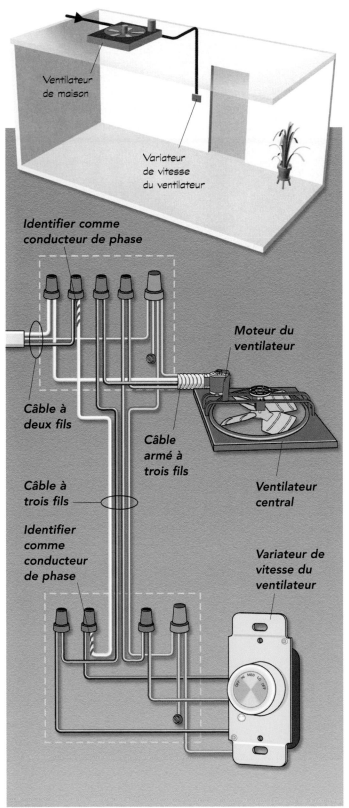

Ventilateur de maison

Variateur de vitesse du ventilateur

Identifier comme conducteur de phase

Moteur du ventilateur

Câble à deux fils

Câble armé à trois fils

Câble à trois fils

Ventilateur central

Identifier comme conducteur de phase

Variateur de vitesse du ventilateur

Calcul des grosseurs des ventilateurs

Pour déterminer la grosseur d'un ventilateur, calculez le volume total de toutes les pièces de la maison. Multipliez la longueur par la largeur et par la hauteur de chaque pièce, et additionnez le total de toutes les pièces. Un débit d'air idéal consisterait en un changement d'air toutes les deux minutes. Tout simplement, divisez le volume total obtenu par deux pour obtenir le débit en pieds cubes par minute (PCM). Une maison de 2000 pieds carrés avec des plafonds de 8 pieds aurait un volume total de 16 000 pieds cubes, ce qui signifie un débit d'air idéal de 16 000/2 = 8000 PCM. Pour une telle maison, il faudrait un ventilateur avec un débit de 8000 PCM. La surface ventilée consisterait en une superficie de 1 pied carré d'espace dégagé par 750 PCM de débit d'air. Dans cet exemple, il faudrait approximativement 11 pieds carrés. Pour un grillage de ¼ de pouce, multiplier par un facteur de 1,00 ; pour un grillage de ⅛ de pouce, utiliser un facteur de 1,25 ; et pour un grillage de ¹⁄₁₆ de pouce, prendre un facteur de 2,00.

Grosseurs de ventilateur et capacités d'évacuation

Grosseur de ventilateur	Capacité d'évacuation en PCM
24"	3 500 – 5 500
30"	4 500 – 8 500
36"	8 000 – 12 000
42"	10 000 – 15 000
48"	12 000 – 20 000

Un ventilateur efficace changera l'air de la maison au minimum une fois par minute. Vérifiez les capacités d'évacuation en pieds cubes par minute (PCM) indiquées sur les fiches du fabricant pour vous assurer que le ventilateur possède les caractéristiques requises.

Conseils sur l'utilisation des ventilateurs centraux

On recommande les points suivants pour utiliser efficacement un ventilateur central.

- Au début de la soirée, lorsque la température extérieure commence à tomber, ouvrez les portes et les fenêtres, et allumez le ventilateur pour permettre à la maison de se refroidir.
- Au coucher, fermez toutes les fenêtres sauf les fenêtres des chambres à coucher.
- À l'aube, ouvrez toutes les fenêtres pour permettre au ventilateur de rafraîchir le reste de la maison.
- Fermez les portes et les fenêtres au fur et à mesure que la température extérieure se réchauffe. Il est préférable de fermer les rideaux du côté ensoleillé de la maison.

5 Appareils, électroménagers et équipements

Hotte de cuisinière

Les hottes de cuisinières sont disponibles en deux catégories : avec ou sans conduit. Une hotte avec conduit enlève l'air chaud en l'évacuant à l'extérieur, tandis qu'une hotte sans conduit filtre la fumée et les odeurs et fait recirculer l'air dans la pièce. Une hotte de capacité moyenne fait recirculer ou évacue entre 400 et 600 pieds cubes d'air par minute (PCM). La capacité du ventilateur déterminera les dimensions du conduit requis pour un système avec conduit. L'installation d'une hotte de cuisinière diffère selon le fabricant. Suivez bien les instructions de raccordement et d'installation de conduit fournies avec la hotte.

COMMENT *raccorder une hotte avec conduit*

Niveau de difficulté :

Outils et matériel

- Hotte de cuisinière avec conduit
- Coude (si requis)
- Pince à tôle d'acier
- Crayon
- Scie va-et-vient
- Tournevis isolés
- Outil multifonctions
- Pince à câble
- Perceuse électrique
- Marrettes
- Scellant de silicone ou enduit de toiture

- Conduit
- Capuchon de mur ou de toit
- Ruban à mesurer
- Marteau de menuisier
- Dégaineur de câble
- Pince à long bec
- Câble de type NM
- Ruban de tirage (non métallique)
- Vis à tête TEK
- Fusil à calfeutrer
- Solin d'aluminium

Une hotte de cuisinière peut être conçue pour une installation avec ou sans conduit. Une hotte avec conduit évacue l'air vers l'extérieur, tandis qu'une hotte sans conduit fait recirculer l'air filtré.

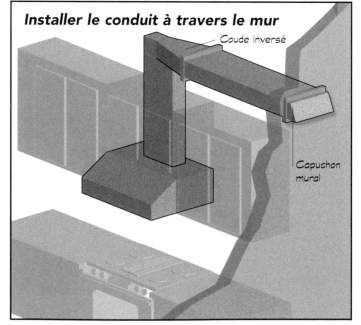

Installer le conduit à travers le mur

Coude inversé

Capuchon mural

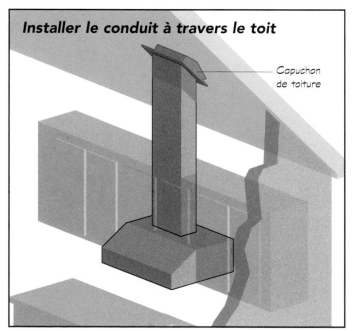

Installer le conduit à travers le toit

Capuchon de toiture

Le conduit d'évacuation peut être installé directement à travers un mur extérieur ou être acheminé par le toit via le plafond de la cuisine. Dans chaque cas, il faut installer un capuchon avec un volet anti-retour pour éviter le retour de l'air vicié et empêcher l'entrée du vent.

Installation du conduit. Mesurez et marquez l'endroit prévu pour le conduit en métal. Le conduit peut être connecté à la sortie arrière de la hotte et sortir directement via un mur extérieur ou il peut être connecté sur le haut de la hotte et sortir par le toit à l'aide de coudes appropriés. Découpez l'ouverture tel que requis, en suivant les instructions du fabricant, et installez le conduit et le capuchon mural ou de toiture. Installez un solin et calfeutrez toutes les ouvertures extérieures pour assurer un scellement hermétique et à l'épreuve de l'eau **(photos 1-2)**.

Installer et raccorder la hotte de cuisinière. Installez la hotte au mur ou aux armoires en utilisant les vis et boulons fournis. Suivez intégralement les instructions et recommandations du fabricant **(photo 3)**. Ensuite, fixez le câble d'alimentation à la boîte de jonction de la hotte en utilisant une pince à câble. Épissez les fils blancs du câble avec les fils blancs de la hotte et les fils noirs du câble avec les fils noirs de la hotte **(photo 4)**. Raccordez le fil de mise à la terre du câble d'alimentation à la vis de mise à la terre dans la boîte de jonction de la hotte, et ensuite replacez le couvercle. Alimentez le circuit et testez l'appareil.

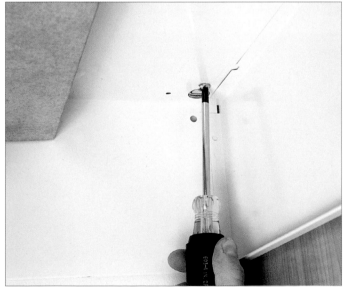

1 Mesurez et marquez l'emplacement de l'ouverture pour la sortie murale, et découpez l'ouverture. Prolongez le conduit entre la hotte et la sortie d'air vicié.

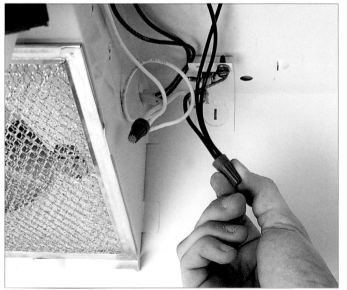

2 Si le conduit traverse le mur, installez un capuchon mural sur le conduit. Si le conduit traverse le toit, installez un capuchon de toiture.

3 Fixez la hotte aux armoires en utilisant les accessoires appropriés.

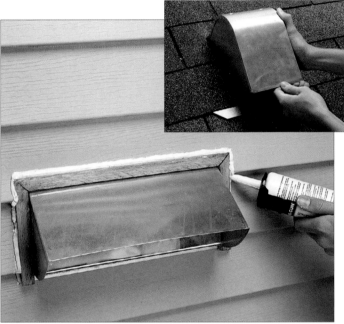

4 Faites les raccordements à la boîte de jonction de la hotte et connectez le ventilateur. Alimentez le circuit et testez l'appareil.

5 Appareils, électroménagers et équipements

COMMENT *installer un dispositif de chauffage rayonnant de plancher*

Niveau de difficulté : 🐾🐾

Outils et matériel

◆ Dispositif de chauffage	◆ Multimètre
rayonnant et commandes	◆ Tournevis isolés
◆ Pince à long bec	◆ Mortier mince en
◆ Raclette à dents	acrylique ou en latex,
◆ Truelle carrée	adhésif à carreaux
◆ Carreaux de céramique	◆ Ruban de toile
ou autre revêtement	◆ Ciseaux
de plancher	◆ Mastic de joint
◆ Éponge	◆ Truelle de finition

Chauffage rayonnant électrique de plancher

Les plancher de céramique, de carreaux et d'ardoise sont élégants et durables, bien qu'ils soient souvent froids, même à des températures de pièce confortables. Le chauffage rayonnant de plancher est une solution efficace et économique pour réchauffer les planchers recouverts de céramique, de marbre ou de simili-pierres. Installés entre le sous-plancher et le revêtement de finition, les câbles chaufferont le plancher à une température confortable tout en consommant un minimum d'énergie électrique.

Systèmes de chauffage. Plusieurs types de produits sont disponibles, mais ils sont généralement composés d'éléments chauffants flexibles à résistance raccordés à des conducteurs non chauffants. Les conducteurs du produit montré sont recouverts d'un matériau en tissu. Le tissu maintient une distance constante entre les conducteurs.

Prévoyez une densité de 10 à 15 watts au pied carré pour les planchers de carrelage ou en pierre. Le Code requiert que ces systèmes soient pourvus d'une protection contre les fautes à la terre.

Préparation du plancher. Les câbles chauffants peuvent être installés sur des planchers de bois. Enfoncez les clous qui ressortent à égalité avec le plancher et poncez les joints inégaux entre les différentes lattes. Clouez solidement les lattes mal fixées. Pour une installation sur un plancher de béton, enlevez tous les débris, et meulez les bords acérés et les petites craquelures. Certains fabricants recommandent l'installation d'une barrière thermique ou d'une couche d'isolant sous les câbles chauffants. Fixez la barrière thermique au plancher avec une colle à haute température.

Tester les câbles. Déroulez les câbles chauffants et vérifiez la résistance entre deux fils conducteurs pour vous assurer qu'il n'y ait aucune interruption entre les sections

1 *Planifiez l'installation des câbles chauffants. Installez le tissu et les câbles sur une couche mince de mortier.*

2 *Fixez la sonde à la surface chauffée. Posez la sonde entre les câbles chauffants.*

3 *Appliquez une couche de mortier mince, et installez les carreaux et le mortier de finition. Ne touchez pas aux câbles avec la raclette.*

chauffantes et non chauffantes. La résistance en ohms est indiquée sur chaque câble. Suivez la procédure de vérification préconisée par le fabricant. Cette procédure est requise pour vous assurer de ne pas installer un revêtement de plancher sur un câble défectueux.

Placer les câbles. Prévoyez la disposition des câbles. N'oubliez pas que les conducteurs non chauffants doivent se prolonger jusqu'à l'unité de commande à montage mural. Ne faites pas chevaucher les câbles et ne posez pas les conducteurs non chauffants en travers de la surface chauffée. Le Code de l'électricité requiert que les conducteurs non chauffants quittant le plancher soient protégés par un conduit métallique rigide, un conduit métallique intermédiaire, un conduit non métallique, un tube métallique électrique ou par une autre méthode approuvée.

Appliquez une couche de mortier mince (l'épaisseur peut varier selon le fabricant) sur le plancher et laissez-la sécher. Positionnez les câbles chauffants selon l'arrangement prévu **(photo 1)**. Fixez les câbles au plancher selon les instructions.

Installation de la sonde. La sonde se raccorde au thermostat de commande pour permettre la régulation de la température du plancher. Placez la sonde entre les câbles chauffants. Fixez-la avec du ruban de toile ou selon les recommandations du fabricant **(photo 2)**. Acheminez les

conducteurs à la boîte de contrôle et au thermostat. Séparez les fils de sonde des conducteurs non chauffants.

Calculs de charge. La capacité de la dérivation alimentant le câble chauffant sera déterminée par la superficie de la pièce, la quantité de câbles chauffants installés et la densité de la puissance par pied carré de câble. Le circuit de dérivation doit être majoré à 125 pour cent de la charge raccordée. Par exemple, une pièce comportant 40 pieds carrés de câbles chauffants avec une densité de puissance de 15 watts au pied carré donne une charge totale de 600 watts, multipliée par 125 pour cent = 750 watts. Si le câble chauffant est raccordé à 120 volts, alors 750 watts divisés par 120 V égale 6,25 ampères.

Installation du revêtement de plancher. Recouvrez les câbles chauffants avec une ou deux couches de mortier ou d'adhésif à revêtement **(photo 3)**. Posez les carreaux et le mortier tel que requis pour une installation standard. Attendez entre 2 à 14 jours que le mortier ait atteint son point de cure avant de mettre le système sous tension. Mettre le courant trop tôt pourrait affaiblir le mortier et faire relâcher les carreaux.

Connectez les conducteurs d'alimentation aux bornes de charge de l'unité de commande **(photo 4)**. La plupart des unités de commande sont pourvues d'une protection GFCI. Les conducteurs de sonde sont à basse tension ; raccordez-les aux bornes de l'unité de commande selon les instructions du fabricant **(photo 5)**.

4 *Connectez les conducteurs d'alimentation du côté charge du panneau de contrôle.*

5 *Connectez les conducteurs de la sonde aux bornes appropriées selon les instructions du fabricant.*

5 Appareils, électroménagers et équipements

Plinthes chauffantes

Les plinthes chauffantes, aussi appelées unités de chauffage à résistance, sont très populaires à cause de leur coût moindre et de leur facilité d'installation. Elles sont fabriquées en longueurs de 2 à 10 pieds, ont approximativement 7 à 8 pouces de hauteur, et 2 à 3 pouces de profondeur. L'électricité est dissipée dans un élément chauffant parcourant la longueur de la plinthe. Des ailettes en aluminium fixées à l'élément chauffant absorbent la chaleur qui est irradiée dans l'espace environnant. Le courant électrique pénètre dans une plinthe chauffante par chaque extrémité. La plupart des plinthes ont besoin d'une tension d'opération de 240 volts et consomment approximativement 1 ampère ou 250 watts par pied linéaire. Des unités à 120 volts sont aussi disponibles. Par contre, une plinthe de 120 volts raccordée à 240 volts surchauffera et le dommage engendré pourrait causer un incendie. Le courant requis pour ces plinthes est le double de celui des plinthes à 240 volts, les rendant peu efficaces, et elles requièrent un câble d'alimentation plus coûteux et de calibre plus gros.

Bien que les plinthes chauffantes puissent être raccordées séparément, il n'est pas nécessaire de prévoir un câble d'alimentation pour chaque plinthe. Un câble peut alimenter plusieurs éléments raccordés en parallèle, en s'assurant de ne pas excéder la capacité maximale du circuit. Le circuit de dérivation se raccorde à une plinthe et est ensuite acheminé vers la prochaine plinthe pour que toutes les plinthes soient raccordées en parallèle, et non pas en série.

Le câblage de calibre 12 est le type le plus couramment utilisé pour le raccordement des plinthes chauffantes. Bien qu'un câble de calibre 12 puisse supporter un courant de

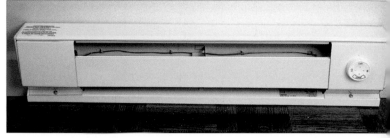

Les plinthes chauffantes sont disponibles en différentes longueurs et peuvent être installées individuellement ou en parallèle, tant que la capacité du circuit n'est pas dépassée.

20 ampères, on ne peut raccorder 20 pieds linéaires de plinthes chauffantes avec un conducteur de ce calibre. Une telle plinthe, si elle est alimentée de façon continue pour une période de trois heures, amènerait le câble à sa charge maximale. Le câble ne devrait jamais être chargé à plus de 80 % de sa capacité, ce qui donne 16 ampères, ou 16 pieds linéaires d'éléments chauffants.

Les plinthes chauffantes peuvent être installées dans la plupart des pièces de la maison. Placez les plinthes sur les murs les plus froids de la pièce, principalement les murs extérieurs sous les ouvertures de fenêtre. Par contre, évitez de poser une plinthe sous une prise de courant parce que la chaleur dégagée par la plinthe pourrait endommager des cordons d'appareil, résultant en un bris de fil et un court-circuit. Pour les murs avec prises de courant, installez les plinthes en plusieurs petites sections, avec les prises entre les sections. Une autre possibilité consiste à se procurer un plinthe chauffante avec prise intégrée raccordée sur une dérivation séparée.

Raccordement de plinthes chauffantes en parallèle

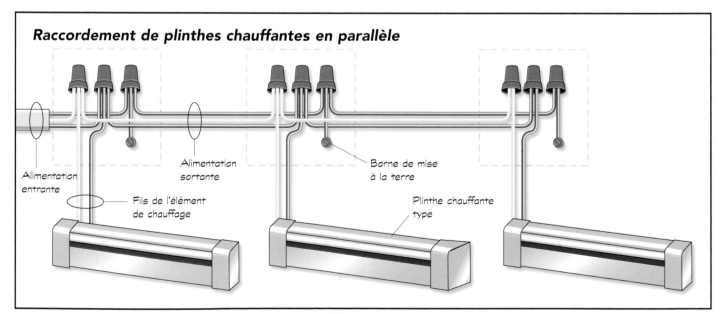

Alimentation entrante

Alimentation sortante

Borne de mise à la terre

Fils de l'élément de chauffage

Plinthe chauffante type

Les plinthes chauffantes peuvent être raccordées en parallèle, en autant que la quantité de courant maximum permissible par circuit n'est pas excédée.

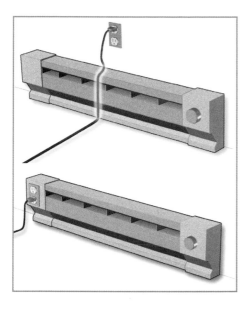

◄ **Les plinthes chauffantes** ne devraient pas être installées sous les prises de courant. Un cordon situé au-dessus d'une plinthe peut s'endommager, causant un court-circuit. Les plinthes peuvent être achetées avec une prise de courant intégrée raccordée à une dérivation séparée.

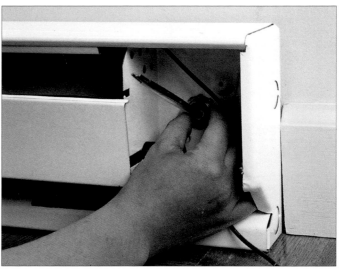

1 Tirez le câble d'alimentation du panneau principal jusqu'à la plinthe chauffante.

COMMENT raccorder une plinthe chauffante

Niveau de difficulté :

Outils et matériel

- Plinthe chauffante
- Perceuse électrique
- Perçoir à pastille
- Pince à long bec
- Dénudeur de fils
- Câble 12/2 de type NM
- Thermostat bipolaire (dans la plinthe ou le mur)
- Scie passe-partout
- Dégaineur de câble
- Tournevis isolés
- Ruban électrique
- Pince à câble
- Vis à tête TEK
- Boîte de jonction (pour installation au mur)
- Marrettes

Tirer le câble. Le câblage pour une plinthe chauffante peut provenir du plancher sous la plinthe ou du mur situé à l'arrière. Dans les deux cas, alignez le câble avec les pastilles sur la plinthe. Percez un prou dans le plancher ou le mur, tirez le câble par l'ouverture **(photo 1)**. Utilisez un perçoir à pastille pour retirer une pastille de la plinthe (retirez deux pastilles si la plinthe est entre deux connexions). Tirez le câble 12/2 NM dans la boîte et fixez-le solidement avec une pince à câble **(photo 2)**. Dégainez le câble, coupez l'excédent et dénudez les fils. Utilisez une perceuse et des vis à tête TEK auto-perceuses pour fixer la plinthe à un élément structural dans le mur. Le bout acéré des vis à tête TEK perceront aisément la boîte en métal dans l'éventualité que les trous pré-percés de l'unité de chauffage ne s'alignent pas avec les montants de bois. Sauf si le fabricant spécifie autre chose, laissez un dégagement de 1 pouce sous la plinthe plutôt que de la laisser reposer sur le plancher **(photo 3)**.

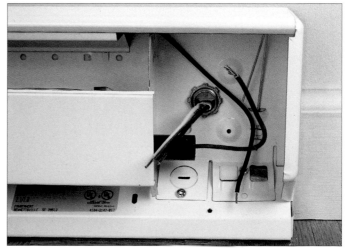

2 Tirez le câble d'alimentation dans la boîte de jonction de la plinthe et fixez-le solidement.

3 Installez la plinthe chauffante au mur. (Certains modèles nécessitent un dégagement de 1 pouce entre la plinthe et le plancher.)

5 Appareils, électroménagers et équipements

Raccorder le thermostat intégré. Un thermostat est requis pour contrôler le cycle d'opération de la plinthe. Bien que des thermostats soient disponibles en versions unipolaire et bipolaire, le modèle unipolaire n'est pas recommandé pour un circuit de 240 volts parce qu'il y a du courant dans la plinthe même lorsqu'elle ne fonctionne pas. Une personne faisant de l'entretien sur la plinthe pourrait croire qu'elle n'est pas sous tension parce qu'elle ne fonctionne pas. Avant de travailler sur un appareil de chauffage, toujours fermer l'alimentation au panneau principal de l'entrée de service. Les thermostats peuvent être intégrés à l'unité de chauffage ou être à montage mural. L'installation murale élimine l'inconvénient de devoir se pencher pour régler la température, mais l'installation sur l'unité économise temps et argent. Pour installer un thermostat sur l'unité, raccordez le fil noir de

l'élément à un des fils noirs du thermostat et le fil rouge de l'élément chauffant à 240 volts à l'autre fil noir du thermostat. Ensuite, raccordez le fil noir sous tension du câble d'alimentation à un des fils rouges du thermostat et le fil blanc du câble à l'autre fil rouge du thermostat. Appliquez du ruban noir sur le fil blanc pour l'identifier comme conducteur de phase. Ensuite, raccordez le fil de mise à la terre du câble d'alimentation à la vis de mise à le terre de la plinthe **(photo 4)**. Vissez le thermostat dans le boîtier de la plinthe, replacez le couvercle sur le boîtier et posez le bouton de commande du thermostat.

Autre mode de câblage : raccordement du thermostat mural.

Pour installer un thermostat mural, posez une boîte de jonction, et tirez le câble d'alimentation et un câble de dérivation dans la boîte **(photo 5)**. Fixez les câbles, dégainez-les, coupez l'excédent et dénudez les fils individuels. Ensuite, raccordez le fil noir sous tension du câble d'alimentation à un des fils noirs du thermostat et le fil blanc du câble à l'autre fil noir du thermostat. Identifiez le fil blanc avec du ruban noir. Ensuite, raccordez le fil noir sous tension du câble de dérivation à un des fils rouges du thermostat et le fil blanc du câble de dérivation à l'autre fil rouge du thermostat. Identifiez le fil blanc avec du ruban noir. Raccordez les fils de cuivre nus de mise à la terre à la borne de mise à la terre du thermostat. Dans le boîtier de l'unité de chauffage, épissez le fil noir du câble de dérivation avec le fil noir sous tension et le fil blanc du câble de dérivation avec le fil noir provenant de l'élément chauffant à 240 volts. Encore une fois, identifiez le fil blanc avec du ruban noir **(photo 6)**. Raccordez le fil de mise à la terre du câble de dérivation à la vis de mise à la terre de la boîte de l'élément. Posez les couvercles sur chaque boîte.

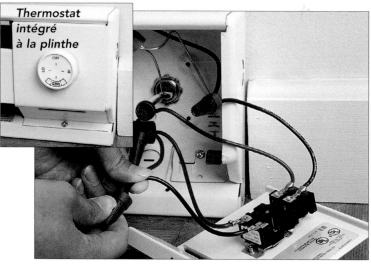

4 Installez le thermostat et raccordez-le aux conducteurs de puissance et de l'élément chauffant.

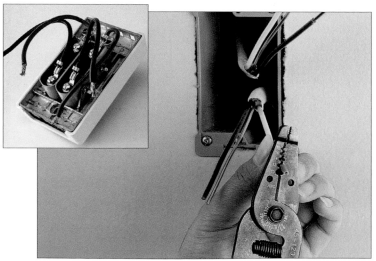

5 Tirez les câbles d'alimentation et de la plinthe dans la boîte de jonction du thermostat.

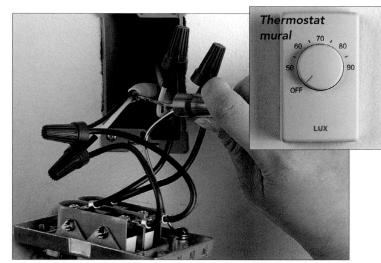

6 Utilisez des marrettes pour raccorder les fils du thermostat aux fils d'alimentation et de la plinthe.

Raccordement de plinthe de chauffage

Dans cette configuration, les plinthes sont raccordées en série et sont contrôlées par un thermostat mural. Un câble à deux fils se prolonge via le thermostat pour alimenter les plinthes chauffantes. Un seul câble se raccorde à la dernière plinthe de l'installation.

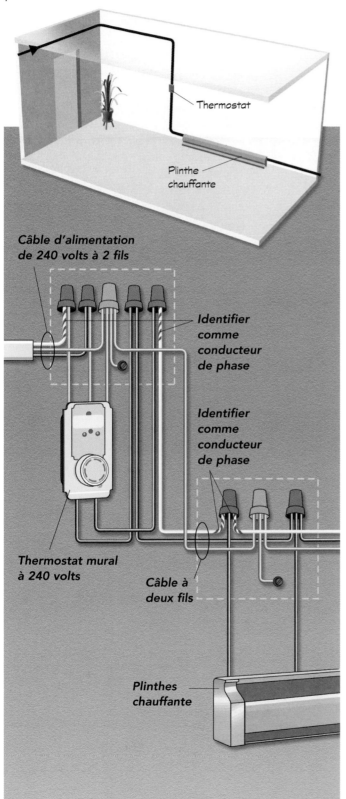

Thermostat

Plinthe chauffante

Câble d'alimentation de 240 volts à 2 fils

Identifier comme conducteur de phase

Identifier comme conducteur de phase

Thermostat mural à 240 volts

Câble à deux fils

Plinthes chauffante

Des appareils de chauffage *encastrés fournissent un chauffage d'appoint aux petites pièces telles les salles de bains. Les appareils de chauffage peuvent être contrôlés soit par un thermostat soit par une minuterie.*

Appareil de chauffage mural encastré

Un appareil de chauffage mural encastré est idéal pour le chauffage d'appoint dans les pièces ne pouvant être chauffées autrement, telles les salles de bains et les salles de lavage. Ce genre d'appareil est préférable aux appareils de plafond combinés avec une lampe et un ventilateur, car il diffuse la chaleur plus proche de la porte et il peut être contrôlé par un thermostat. Si requis, utilisez une minuterie à installation murale au lieu d'un thermostat pour contrôler le ventilateur. Il est préférable d'installer un appareil fonctionnant à 240 volts parce qu'il consomme moins de courant qu'un appareil à 120 volts. De plus, un appareil à 120 volts peut provoquer un court-circuit et causer un incendie s'il est raccordé à une source de 240 volts.

De façon générale, un appareil de chauffage mural est installé dans un boîtier simple en métal. Le boîtier est installé verticalement ou horizontalement entre deux montants de bois. Les appareils de chauffage encastrés sont disponibles en puissances variant de 750 à 1000 watts pour les plus petit appareils, et jusqu'à 1500 watts pour les plus gros. En utilisant 1 ampère par 250 watts comme approximation, un appareil de 1500 watts requiert environ 6 ampères. Tant que le courant du circuit n'excède pas 16 ampères, l'appareil de chauffage peut être raccordé à un circuit de chauffage existant. S'il est raccordé seul, le calibre du câble devrait être de numéro 12 parce que la chaleur produite correspond à la quantité de voltage requise par l'appareil de chauffage. Moins élevée est la tension d'opération, moins l'appareil produit de la chaleur et plus inefficace il devient. Un câblage de calibre plus petit réduit la tension disponible, rendant l'ajout éventuel d'un appareil de chauffage plus gros impossible.

5 Appareils, électroménagers et équipements

COMMENT *installer un appareil de chauffage encastré*

Niveau de difficulté :

Outils et matériel

◆ Appareil de chauffage encastré	◆ Scie passe-partout
◆ Ruban à mesurer	◆ Crayon
◆ Marteau de menuisier	◆ Dégaineur de câble
◆ Perçoir à pastille	◆ Tournevis isolés
◆ Pince à long bec	◆ Ruban électrique
◆ Outil multifonctions	◆ Pince à câble
◆ Câble 12/2 de type NM	◆ Ruban de tirage (non métallique)
◆ Perceuse électrique	◆ Vis à tête TEK
◆ Boîte de jonction pour thermostat installé au mur	◆ Marrettes
	◆ Bois de charpente

Installer le boîtier de l'appareil de chauffage. Entre deux montants de bois, marquez la position de l'appareil de chauffage encastré. Sur le mur, utilisez le boîtier comme gabarit. Gardez un côté du boîtier de niveau avec un montant vertical. Découpez l'ouverture, tirez le câble dans le trou et fixez-le au boîtier de l'appareil de chauffage **(photo 1)**. La plupart des appareils de chauffage nécessitent un circuit de 20 ampères et un câble 12/2 de type NM. Vérifiez les spécifications du fabricant pour les besoins de câblage particuliers. Si l'appareil doit être raccordé sur un circuit existant, vérifier la charge disponible sur le circuit. Ensuite, ajoutez un élément de charpente horizontal en bois pour pouvoir supporter le boîtier sur deux côtés. Utilisez une perceuse et des vis à tête TEK pour fixer le boîtier aux éléments de charpente **(photo 2)**.

Raccorder l'appareil de chauffage. Dégainez le câble sur une longueur de 10 pouces pour exposer les fils isolés. Coupez l'excédent de la gaine. Dénudez $3/4$ de pouce d'isolant de chacun des fils et raccordez l'appareil de chauffage. Raccordez le fil de mise à la terre du câble d'alimentation à la vis de mise à la terre dans le boîtier de l'appareil. Ensuite, raccordez le fil noir sous tension du câble d'alimentation à un des fils connecteurs de l'élément chauffant et le fil blanc du câble à l'autre fil connecteur de l'élément. Assurez-vous d'identifier le fil blanc avec du ruban noir pour bien indiquer qu'il est sous tension **(photo 3)**. Insérez l'élément chauffant dans le boîtier, vissez-le en place et posez le couvercle décoratif. Finalement, posez le bouton de commande sur le manche de l'interrupteur/thermostat ressortant du boîtier **(photo 4)**. (Voir page 174 pour la méthode d'installation d'un thermostat mural.)

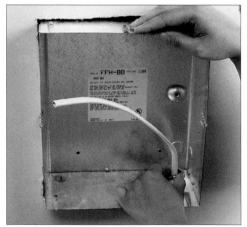

1 Tirez le câble dans l'ouverture découpée pour le boîtier de l'appareil de chauffage encastré.

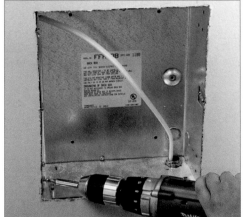

2 Installez un montant transversal pour supporter le boîtier de l'appareil entre les montants de bois adjacents.

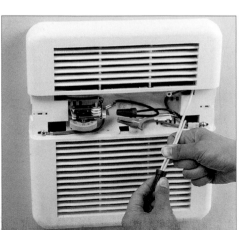

3 Installez l'élément chauffant dans son boîtier et épissez les fils de l'appareil et du câble d'alimentation.

4 Posez le couvercle décoratif. Installez le bouton de commande de l'appareil.

Équipement de sécurité
Détecteurs de fumée raccordés

Bien que les détecteurs de fumée à pile soient couramment utilisés et facilement disponibles, la plupart des codes de construction récents requièrent l'installation de détecteurs de fumée raccordés (avec pile de soutien) dans les nouvelles résidences. De plus, tous les détecteurs d'une résidence doivent être interconnectés pour qu'une alarme générale se déclenche si un des détecteurs est actionné. Assurez-vous que les détecteurs achetés possèdent ces caractéristiques, plusieurs ne les ont pas. Continuez d'utiliser les détecteurs à pile comme système de soutien, en vous souvenant de remplacer les piles au moins deux fois par année.

La plupart des codes de construction requièrent l'installation de détecteurs de fumée raccordés. Utilisez les détecteurs à pile seulement comme système de soutien.

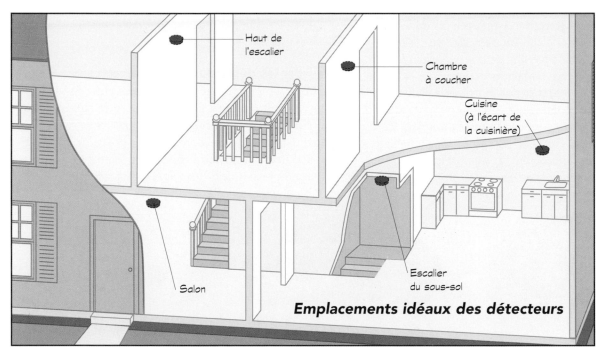

Haut de l'escalier

Chambre à coucher

Cuisine (à l'écart de la cuisinière)

Salon

Escalier du sous-sol

Emplacements idéaux des détecteurs

Posez les détecteurs à des points hauts sur les murs où leurs composants peuvent détecter la fumée montante. Les endroits idéaux incluent le haut des escaliers et les chambres à coucher. La plupart des codes exigent l'installation d'un détecteur à chaque étage de la maison.

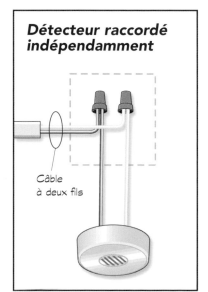

Détecteur raccordé indépendamment

Câble à deux fils

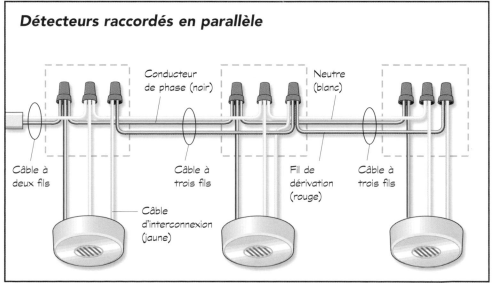

Détecteurs raccordés en parallèle

Conducteur de phase (noir)

Neutre (blanc)

Câble à deux fils

Câble à trois fils

Fil de dérivation (rouge)

Câble à trois fils

Câble d'interconnexion (jaune)

Les détecteurs de fumée peuvent être raccordés indépendamment ou en parallèle. Pour les raccordements en parallèle, utilisez un détecteur à trois fils. Lorsqu'un détecteur sonnera l'alarme, tous sonneront.

5 Appareils, électroménagers et équipements

COMMENT *raccorder des détecteurs de fumée*

Niveau de difficulté : ✎

Outils et matériel ——————

- Détecteurs de fumée
- Dégaineur de câble
- Pince à long bec
- Câble 14/2 ou 12/2 de type NM
- Câble 14/3 ou 12/3 de type NM
- Attaches de câble (tel que requis)

- Boîte de jonction pour plafond
- Tournevis isolés
- Outil multifonctions
- Dénudeur de fils
- Ruban de tirage (non métallique)
- Marrettes

Installer les boîtes de jonction. Découpez des ouvertures au plafond et tirez un câble d'alimentation 12/2 ou 14/2 de type NM dans la première ouverture de la série. Acheminez le câble 14/3 ou 12/3 de type NM entre les ouvertures additionnelles, et installez les boîtes de jonction de plafond **(photo 1)**. Tirez les câbles dans les boîtes. S'ils ne sont pas du type autobloquants, utilisez des pinces à câble pour fixer les câbles dans chaque boîte. Dégainez le câble sur une longueur de 10 pouces et coupez l'excédent pour exposer les fils isolés. Ensuite, dénudez l'isolant du bout des fils sur une longueur de ³/₄ de pouce.

Raccorder le premier détecteur. Pour raccorder en parallèle les détecteurs de façon permanente, commencez par épisser le fil noir provenant du câble d'alimentation avec le fil noir du câble de dérivation et avec le fil noir du module de raccordement du premier détecteur. Ensuite, raccordez le fil blanc (neutre) du câble d'alimentation au fil blanc du câble de dérivation et au fil blanc du module de raccordement du premier détecteur. Ensuite, épissez le fil rouge du câble de dérivation avec le fil de couleur différente (dans ce cas, le fil jaune) du module de raccordement. Généralement, il n'y a pas de fil de mise à la terre. Le fil de couleur différente raccorde les détecteurs en parallèle pour sonner une alarme générale lorsqu'il y a détection de fumée par un seul détecteur. Pour cette raison, assurez-vous d'utiliser un câble à trois conducteurs entre les détecteurs **(photo 2)**.

Raccorder les détecteurs additionnels. Raccordez les autres détecteurs en faisant des épissures entre fils de même couleurs. Ensuite, fixez les plaques de montage des détecteurs au plafond. Branchez les modules de raccordement dans chacun des détecteurs, et posez les garnitures et les détecteurs au plafond (**photo 3**). Mettez le circuit sous tension au panneau principal et testez le système en actionnant le bouton d'essai.

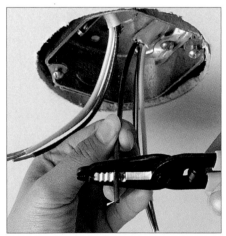

1 *En parallèle, tirez un câble à deux conducteurs dans le premier détecteur et des câbles à trois conducteurs entre les détecteurs suivants.*

2 *Épissez le câble à deux conducteur dans le premier détecteur et le câble à trois conducteurs dans les détecteurs suivants.*

3 *Raccordez les autres détecteurs, branchez les modules de raccordement et fixez les détecteurs au plafond.*

Détecteurs de monoxyde de carbone

Un détecteur de monoxyde de carbone est aussi important pour la protection des vies qu'un détecteur de fumée. Le monoxyde de carbone peut être produit par plusieurs sources, dont les cheminées bloquées, les foyers au gaz ou au bois, les appareils de chauffage portatifs au gaz ou au kérosène, et même une voiture laissée en marche dans le garage. Un détecteur de monoxyde de carbone est essentiel dans les résidences possédant un système de chauffage au gaz et

autres appareils fonctionnant au gaz. Cet appareil détecte des niveaux nocifs de gaz de monoxyde de carbone, lequel est incolore et inodore, mais mortel. Tels les détecteurs de fumée, les détecteurs de monoxyde de carbone peuvent fonctionner avec des piles. Par contre, pour assurer une plus grande protection, ces dispositifs devraient être raccordés en permanence, laissant les détecteurs à pile servir de système de soutien. Les raccordements du câblage sont similaires à ceux des détecteurs de fumée et peuvent être faits en parallèle.

Chaque résidence possédant une fournaise au gaz ou d'autres appareils fonctionnant au gaz devrait être munie d'un détecteur de monoxyde carbone (CO) raccordé en permanence.

COMMENT raccorder en permanence des détecteurs de monoxyde de carbone (CO)

Niveau de difficulté :

Outils et matériel

- Détecteur de monoxyde de carbone (CO)
- Tournevis isolés
- Outil multifonctions
- Câble 14/3 ou 12/3 de type NM
- Câble 14/2 ou 12/2 de type NM
- Ruban de tirage (non métallique)
- Boîtes de jonction de mur ou de plafond
- Dégaineur de câble
- Pince à long bec
- Marrettes
- Pinces à câble (si les boîtes sont métalliques)

Installer les boîtes de jonction. Découpez les ouvertures pour les boîtes de mur ou de plafond, et tirez des câbles 14/2 ou 12/2 NM à la première ouverture. Acheminez le câble 14/3 ou 12/3 de type NM entre les ouvertures additionnelles et installez les boîtes de jonction **(photo 1)**. Tirez les câbles dans les boîtes et fixez-les solidement. Dégainez environ 10 pouces sur chaque câble, coupez l'excédent pour exposer les fils isolés. Ensuite, dénudez l'isolant du bout des fils sur une longueur de 3/4 de pouce.

Raccorder le premier détecteur. Pour raccorder en parallèle les détecteurs de monoxyde de carbone de façon permanente, commencez par épisser le fil noir provenant du câble d'alimentation avec le fil noir du câble de dérivation et le fil noir du module de raccordement du premier détecteur. Ensuite, raccordez le fil blanc (neutre) du câble d'alimentation au fil blanc du câble de dérivation et au fil blanc du module de raccordement du premier détecteur. Puis épissez le fil rouge du câble de dérivation avec le fil de couleur différente (dans ce cas, le fil jaune) du module de raccordement. Un fil de mise à la terre n'est pas requis **(photo 2)**. Le fil de couleur différente raccorde les détecteurs en parallèle pour sonner une alarme générale lorsqu'il y a détection d'un niveau élevé de monoxyde de carbone par un seul détecteur.

Raccorder les autres détecteurs. Raccordez les autres détecteurs en faisant des épissures avec les fils de couleur identique et ce, pour chaque boîte de jonction **(photo 3)**. Fixez les plaques de montage au mur ou au plafond. Ensuite, installez les garnitures et branchez les modules de raccordement dans chacun des détecteurs. Fixez les détecteurs aux plaques de montage. Mettez le circuit sous tension au panneau principal et testez le système en actionnant le bouton d'essai.

1 *Placez les boîtes électriques pour les détecteurs de monoxyde de carbone sur un mur ou au plafond.*

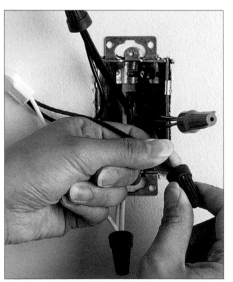

2 *Utilisez un câble de type 14/2 ou 12/2 NM pour alimenter le premier détecteur à partir du panneau principal.*

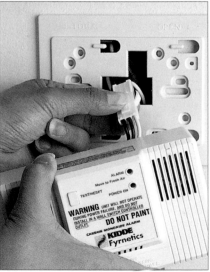

3 *Raccordez les détecteurs suivants en parallèle en utilisant des câbles de type 14/3 ou 12/3 NM.*

5 Appareils, électroménagers et équipements

Chapitre 6

Câblage spécialisé

Jusqu'à maintenant, seuls les sujets traitant des raccordements résidentiels standards à 120 et 240 volts ont été traités. Cependant, plusieurs dispositifs et appareils utilisés dans les résidences modernes requièrent une tension beaucoup moins élevée. Quelques exemples incluent les sonnettes, les carillons, les minuteries, les sondes, les alarmes, les thermostats, les antennes et l'appareillage de télécommunications. Parce que le câblage à basse tension présente moins de risques, le Code de l'électricité ne fait que survoler le sujet, à part les applications concernant les véhicules récréatifs et les installations des terrains réservés à ces véhicules.

Puissance à basse tension

Qu'est-ce que c'est et comment ça fonctionne

La puissance à basse tension regroupe les appareils fonctionnant à une tension de 30 volts ou moins, alimentés via des transformateurs réduisant la tension résidentielle standard de 120 volts à une tension plus basse en fonction des besoins spécifiques de l'appareil concerné. Un transformateur peut être installé sur une boîte de jonction ou à proximité. Dans les deux cas, le câblage à basse tension est raccordé au transformateur, lequel est raccordé au circuit de 120 volts amené à la boîte. Le courant est converti en passant par la boîte de jonction et le transformateur, et alimente ensuite le dispositif ou l'interrupteur fonctionnant à basse tension.

Les dispositifs spécialisés, tels les minuteries et les détecteurs de chaleur, utilisent la tension standard de 120 volts. Les appareils à basse tension, tels les carillons, les téléphones et les thermostats, utilisent une tension de 30 volts ou moins.

Transformateurs à basse tension

Un transformateur est généralement composé de deux bobines de fils fermement enroulés. Les bobines primaire et secondaire sont très proches l'une de l'autre, et lorsqu'un courant est appliqué à la bobine primaire, un courant est induit dans la bobine secondaire par la génération d'un champ magnétique. Dans un transformateur à basse tension ou un transformateur abaisseur, la bobine primaire à 120 volts possède plus d'enroulements que la bobine secondaire. Une diminution des enroulements produit une diminution proportionnelle de la tension, la bobine secondaire générant une tension comprise entre 8 et 24 volts.

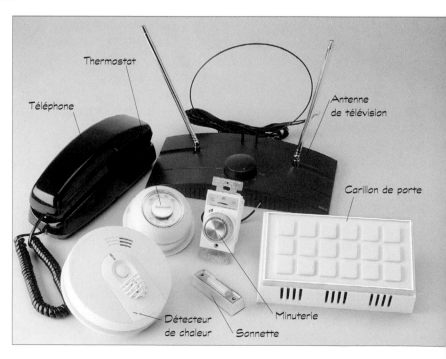

Thermostat

Téléphone

Antenne de télévision

Carillon de porte

Détecteur de chaleur

Sonnette

Minuterie

Transformateur 24 volts

Transformateur de 8 à 24 volts

Transformateur 16 volts

◀ **Les appareils fonctionnant à basse tension** sont alimentés par un transformateur abaisseur qui réduit la tension standard de 120 volts à la tension plus basse requise.

Installer et raccorder la boîte de jonction. Installez une boîte de jonction octogonale et l'équerre de montage sur le montant de bois approprié. Ensuite, en utilisant un tournevis, retirez les pastilles de la boîte pour permettre le tirage du câble d'alimentation et des fils de basse tension **(photo 1)**. Tirez le câble dans la boîte de jonction à travers la pince à câble, laissant un minimum de 6 pouces de câble à l'intérieur de la boîte. Serrez la pince à câble, dégainez le câble jusqu'à 1/2 pouce de la pince et dénudez les fils sur une longueur de 3/4 de pouce **(photo 2)**.

Installer et raccorder le transformateur. Vissez le transformateur sur la boîte de jonction, serrez-le en place, et tirer les fils du transformateur à l'intérieur de la boîte **(photo 3)**. Épissez les deux fils noirs du transformateur avec les fils blanc et noir du circuit d'alimentation. Raccordez le fil vert de mise à la terre du transformateur au fil en cuivre nu provenant de l'alimentation et serrez-le à la vis de mise à la terre au fond de la boîte **(photo 4)**. Terminez en vissant le couvercle de la boîte.

COMMENT installer un transformateur à basse tension

Niveau de difficulté : ➤

Outils et matériel ━━━━━━

- ◆ Tournevis isolés
- ◆ Perçoir à pastille
- ◆ Câble 14/2 de type NM
- ◆ Équerre de montage et vis ou clous
- ◆ Boîte de jonction octogonale
- ◆ Dégaineur de câble

- ◆ Marteau d'électricien
- ◆ Pince à long bec
- ◆ Pince à câble
- ◆ Transformateur avec écrou autobloquant
- ◆ Marrettes
- ◆ Dénudeur de fils

1 Premièrement, installez une boîte de jonction et enlevez deux pastilles pour permettre le passage du câble d'alimentation et du transformateur.

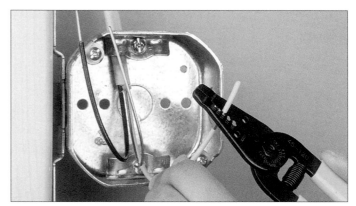

2 Tirez le câble du circuit dans la boîte, fixez-le solidement et dénudez les fils du câble.

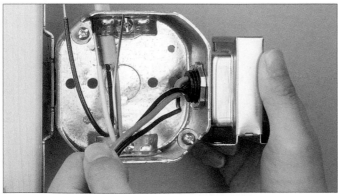

3 Fixez le transformateur à basse tension à la boîte de jonction. Tirez les fils du transformateur à l'intérieur de la boîte.

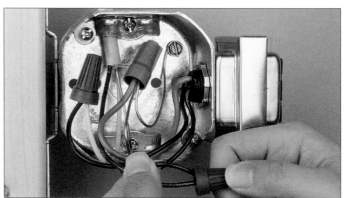

4 Épissez les fils du transformateur avec les fils appropriés du circuit d'alimentation. Faites les connexions de mise à la terre.

Câblage à basse tension

À cause de la quantité faible de courant qu'il porte, le câblage à basse tension n'a besoin que d'une gaine mince d'isolant en plastique. Le câblage à basse tension est disponible en conducteurs individuels ou en un ensemble de conducteurs enveloppés dans un câble. Ce type de câblage sert à maints usages, soit le raccordement de cloches et de carillons, ou des équipements complexes de cinéma maison, de télé-communications ou de réseaux informatiques (voir le tableau ci-dessous, «Câbles et fils à basse tension»). Géné-ralement, la gamme des calibres des fils à basse tension se situe de 14 à 24 (AWG), et même plus petits. Le Code interdit de passer ce genre de câblage dans les mêmes conduits ou câbles que les conducteurs portant une tension normale. De plus, les fils à basse tension ne peuvent partager une boîte contenant du câblage à plus haute tension, à moins que la boîte ne soit divisée en conséquence. Il faut prévoir un dégagement minimum de 2 pouces entre les fils à basse tension et ceux à plus haute tension.

CONSEIL PRATIQUE
Tirer les fils à basse tension

Le câblage à courant alternatif à plus haute tension pou-vant causer des interférences dans les signaux contenus dans les fils à basse tension, il est important de prévoir correctement une installation de câblage à basse ten-sion. À moins qu'il ne puisse en être autrement, il faut éviter de passer les câbles à basse et à haute tension ensemble ou de les poser parallèlement. Si c'est abso-lument indispensable, limitez ces chevauchements à une longueur maximale de 6 pieds. Par contre, il est accep-table que les câbles à basse et à haute tension se croi-sent à un angle de 90 degrés. Généralement, il est pré-férable de séparer les câbles différents et de les faire passer sur des côtés opposés des montants. Ne jamais placer des fils à basse et à haute tension dans une même boîte de jonction.

Câbles et fils à basse tension

Type de fil	Description	Calibre	Usage habituel
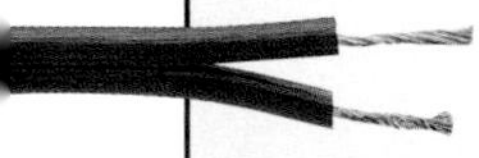 Cordon de lampe *Cordons détachables*	Deux fils isolés pouvant être tirés ou dégagés à part	18	Lampes, petits appareils, cordons
Ruban plat	Plusieurs fils isolés, codés par couleur, pouvant être dégagés à part	24	Circuits informatiques/ connexions en série pour claviers, numériseurs, imprimantes
 Câblage de sonnette	Conducteurs simples ou multiples isolés, codés par couleur	18	Sonnettes, carillons, thermostats, minuteries, circuits de contrôle
 Câble coaxial pour vidéo	Un conducteur simple isolé enveloppé dans un papier d'aluminium et un écran tressé	RG-59 *Noyau de calibre 22*	Antennes de télévision, cinéma maison
	Câble à quatre conducteurs avec écran contenant 2 écrans en papier d'aluminium et 2 écrans tressés	RG-6 *Noyau de calibre 18*	Câble, satellite, antennes de télévision, cinéma maison
 Câblage de téléphone	Câble contenant quatre câbles isolés, codés par couleur	24–28	Permanent, à l'intérieur, câblage de téléphone résidentiel
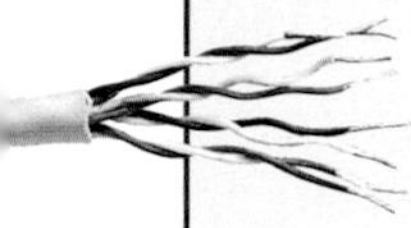 Câble de catégorie 5	Câble contenant quatre paires de fils isolés, codés par couleur	24	Capacité accrue du circuit pour les ordinateurs, télécommunications

Les câbles et fils à basse tension *sont offerts dans une grande gamme de modèles et de calibres prévus pour de multiples usages, incluant les raccordements des sonnettes et des carillons, l'appareillage de télécommunications et le cinéma maison.*

▶ *Un circuit de **sonnette** regroupe trois connexions : la première entre le transformateur et le bouton-poussoir, la deuxième entre le transformateur et le carillon, et la troisième entre le carillon et le bouton-poussoir.*

Les fils à basse tension peuvent être tirés, agrafés et épissés de la même manière que les fils conventionnels. Tout comme les connexions du câblage à pleine tension qui doivent être raccordées à des bornes ou être épissées dans des boîtes de jonction, les fils à basse tension doivent être connectés ou épissés à l'intérieur d'un bornier ou d'une autre sorte de dispositif de connexion spécialisé. De nos jours, la plupart des équipements électroniques sont fournis avec leur câblage et borniers spécialisés pour assurer des connexions correctement isolées. Des connecteurs d'usage courant sont aussi disponibles et sont généralement codés par couleur, soit rouge pour les conducteurs de calibre 22 à 18 et bleu pour les conducteurs de calibre 16 à 14.

Méthodes de câblage
Sonneries et carillons

Bien que les carillons soient plus populaires que les sonneries, leur méthode de câblage est essentiellement la même. Considérant que les carillons nécessitent une tension d'opération de moins de 120 volts, il faut prévoir l'installation d'un transformateur abaisseur pour réduire la tension résidentielle à 24 volts. Un système raccordant plusieurs dispositifs de signalisation nécessitera un transformateur de capacité suffisante pour la puissance requise. Par contre, certains systèmes fonctionneront à une tension aussi basse que 15 volts. Si le transformateur n'est pas déjà en place, consultez la section « Comment installer un transformateur à basse tension », page 182. Assurez-vous d'utiliser un transformateur compatible avec le système à installer.

Une fois le transformateur installé, trois raccordements séparés doivent être prévus pour compléter le circuit. Le bouton-poussoir agit comme interrupteur qui, en étant pressé, complète le circuit et fait retentir le signal.

COMMENT installer un carillon de porte

Niveau de difficulté :

Outils et matériel

◆ Perceuse et forêt de ³/₈ de pouce	◆ Carillon
◆ Tournevis isolés	◆ Pince à long bec
◆ Vérificateur de continuité	◆ Câblage de sonnerie à basse tension
◆ Multimètre	◆ Outil multifonctions
◆ Ruban de tirage (non métallique)	◆ Vis papillon au besoin
◆ Deux boutons-pressoirs	◆ Fusil à calfeutrer et mastic au silicone

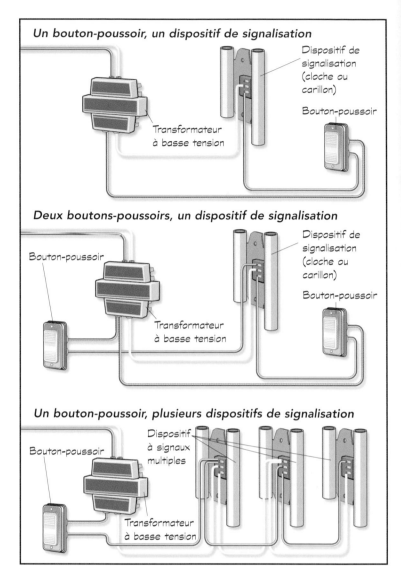

Un bouton-poussoir, un dispositif de signalisation

Dispositif de signalisation (cloche ou carillon)

Bouton-poussoir

Transformateur à basse tension

Deux boutons-poussoirs, un dispositif de signalisation

Bouton-poussoir

Dispositif de signalisation (cloche ou carillon)

Bouton-poussoir

Transformateur à basse tension

Un bouton-poussoir, plusieurs dispositifs de signalisation

Bouton-poussoir

Dispositif à signaux multiples

Transformateur à basse tension

Installer le carillon. Choisissez un emplacement pour le carillon — ou dispositif de signalisation — et fixez-le au mur **(photo 1)**. Si le mur est en gypse, utilisez des vis papillon pour fixer le carillon. Si le mur est en maçonnerie, utilisez des vis à maçonnerie avec manchons.

Raccorder les boutons-poussoirs. Faites passer le câblage entre le transformateur et chaque emplacement de bouton-poussoir, et ensuite du carillon à chaque bouton-poussoir, en étiquetant les fils en conséquence. Percez un trou de ³/₈ de pouce à travers le revêtement du mur extérieur et tirez le câblage à chaque bouton-poussoir **(photo 2)**. Testez les boutons-poussoirs avec un testeur de continuité et faites les raccordements.

Raccorder le transformateur et le carillon. Assurez-vous que le circuit du transformateur est hors tension. Ensuite, dénudez les deux fils provenant des boutons-poussoirs des portes avant et arrière en enlevant environ ¹/₂ pouce d'isolant de chaque fil, et faites les raccordements aux vis appropriées du transformateur **(photo 3)**. Dénudez les fils du carillon provenant des boutons-poussoirs, et raccordez aux vis identifiées « avant » ou « arrière » **(photo 4)**. Raccordez un fil à la vis du carillon identifiée « trans » **(photo 5)**. Tirez l'autre bout de ce fil jusqu'au transformateur à basse tension et raccordez-le à la vis non utilisée du transformateur.

Terminer le travail. Après avoir testé le système avec un multimètre, calfeutrez les trous extérieurs et installez les boutons-poussoirs. Posez le couvercle décoratif sur le carillon **(photo 6)**. Réparez et finissez le mur en gypse endommagé, si nécessaire.

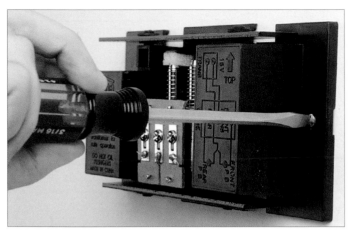

1 Installez le carillon à un endroit où il sera entendu dans toute la maison.

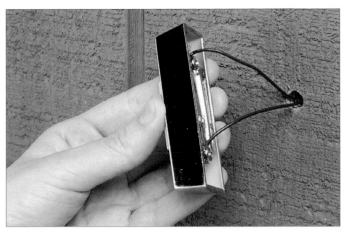

2 Posez un bouton-poussoir à chaque entrée de la maison. Calfeutrez autour de chaque bouton-poussoir pour empêcher l'infiltration de l'humidité.

3 Connectez un fil rouge de chaque bouton-poussoir à une borne vissable du transformateur à basse tension.

4 Raccordez les fils rouges provenant des boutons-poussoirs aux bornes appropriées du carillon.

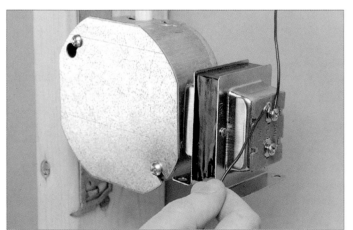

5 Raccordez un fil entre le transformateur du carillon et la borne non utilisée du transformateur à basse tension.

6 Installez le carillon et les couvercles des boutons-poussoirs, et réparez les murs de gypse endommagés si nécessaire.

CONSEIL PRATIQUE

Tester un carillon de porte

Une fois le système de carillon installé, alimentez le circuit (voir « COMMENT installer un carillon de porte », page 184). Pressez chaque bouton pour vous assurer du bon fonctionnement du système. Si le carillon sonne, l'installation est réussie. Si les boutons-poussoirs ne fonctionnent pas, le problème réside probablement dans le transformateur ou dans le câblage entre le transformateur et le carillon. Si seulement un des boutons fonctionne, le problème est soit au bouton-poussoir soit dans le câblage reliant le bouton au carillon. Si le transformateur ne bourdonne pas, il peut être défectueux ou le circuit peut être mort. Pour tester le circuit, posez les sondes d'un multimètre aux extrémités des fils du circuit et réalimentez le circuit. Si le multimètre ne mesure pas de tension en deçà de 2 volts de la tension requise, remplacez le transformateur. Si la mesure de tension est correcte, faites vérifier le circuit par un maître électricien.

Minuteries

Les minuteries peuvent allumer l'appareil d'éclairage du balcon au crépuscule ou contrôler un thermostat pendant les périodes d'absence. De plus, les minuteries peuvent faire fonctionner des appareils pour des périodes prédéterminées, éteignant une lampe chauffante ou un ventilateur d'évacuation lorsque son fonctionnement n'est plus requis. Des minuteries modernes de type digital peuvent être programmées pour effectuer des tâches d'automatisation sophistiquées, tels l'allumage et la fermeture aléatoires de plusieurs appareils d'éclairage et d'autres équipements pour simuler une présence à la maison lors des absences prolongées. Des interrupteurs à minuterie fonctionnent avec des cames situées sur un cadran électronique motorisé. Lorsqu'une came atteint une heure prédéterminée, elle ouvre ou ferme le circuit contrôlé. Une minuterie digitale fonctionne essentiellement de la même manière, ouvrant et fermant un circuit électroniquement en utilisant des contrôles à bouton-poussoir. Des interrupteurs temporisés, par contre, sont généralement actionnés manuellement en tournant un mécanisme à ressort. Installez une minuterie en raccordant l'appareil à contrôler dans la boîte de la jonction. Une minuterie doit être raccordée dans le milieu d'un circuit.

COMMENT *raccorder une minuterie*

Niveau de difficulté :

Outils et matériel

- Tournevis isolés
- Dénudeur de fil
- Boîte de jonction pour interrupteur
- Marrettes rouges et vertes
- Pince à long bec
- Dégaineur de câble
- Interrupteur à minuterie
- Câble 14/2 de type NM

Tirer les câbles. Tirez les câbles dans la boîte de jonction de l'interrupteur et fixez-les en place avec un excédent de câble de 8 pouces. Prévoyez un total de deux câbles, soit un provenant du circuit d'alimentation et l'autre provenant de l'appareil ou du dispositif à contrôler. Dégainez le câble et dénudez les fils à l'intérieur de la boîte de jonction **(photo 1)**.

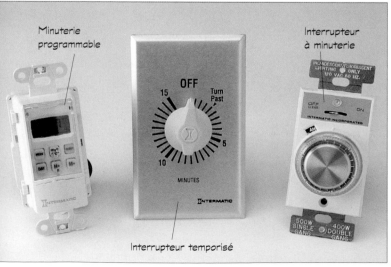

Plusieurs minuteries sont conçues en fonction de l'usage requis, tels les minuteries programmables et les interrupteurs à minuterie.

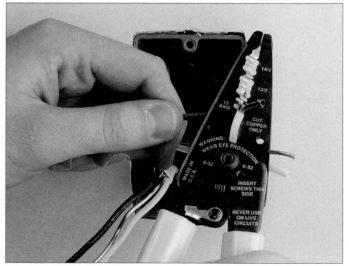

1 *Les interrupteurs à minuterie nécessitent deux fils, soit un provenant du circuit d'alimentation et l'autre de l'appareil à contrôler.*

Raccorder les fils de phase et les fils de neutre. La minuterie sera munie de trois fils. À l'aide d'une marrette de couleur rouge, épissez à l'intérieur de la boîte de jonction le fil noir de la minuterie avec le fil noir du circuit d'alimentation. Ensuite, raccordez le fil rouge sous tension de la minuterie au fil noir allant à l'appareil **(photo 2)**. Avec une marrette de couleur rouge, épissez les deux fils blancs de neutre à l'intérieur de la boîte avec le fil blanc de neutre de la minuterie **(photo 3)**.

Raccorder ensemble les fils de mise à la terre et installer la minuterie. Avec une marrette de couleur verte, épissez les fils de mise à la terre provenant du circuit d'alimentation et de l'appareil contrôlé par la minuterie **(photo 4)**. Si vous utilisez une boîte en métal, raccordez l'ensemble de ces fils à la vis de mise à la terre au fond de la boîte. Glissez les fils épissés à l'intérieur de la boîte et installez la minuterie en la vissant à la boîte de jonction **(photo 5)**.

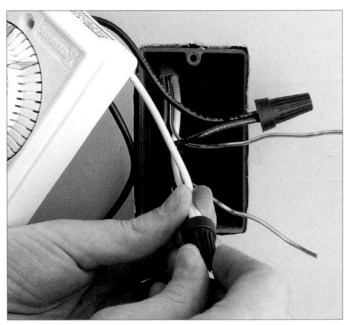

2 Épissez les fils sous tension provenant de l'interrupteur avec ceux du circuit d'alimentation et de l'appareil à contrôler.

4 Épissez les fils de mise à la terre du circuit d'alimentation et de l'appareil. Si la boîte est métallique, raccordez-les à la boîte de jonction.

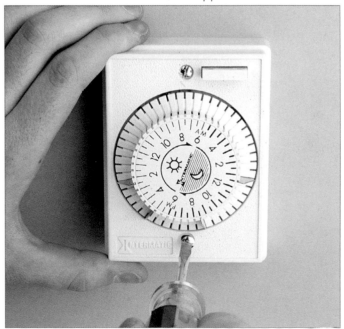

3 À l'intérieur de la boîte de jonction, épissez le fil de neutre de l'interrupteur avec les fils de neutre du circuit d'alimentation et de l'appareil.

5 Glissez le câblage dans la boîte de jonction avec soin et fixez l'interrupteur à la boîte.

Raccordement d'un interrupteur temporisé.

Parce qu'un interrupteur temporisé, contrairement à un interrupteur à minuterie, ne requiert pas de raccordement de neutre, il peut être raccordé soit au début soit au milieu d'un circuit. Seuls deux fils seront raccordés à l'interrupteur temporisé, contrairement à trois pour l'interrupteur à minuterie. Raccordez les fils noirs d'alimentation provenant de l'interrupteur minuté aux fils noirs sous tension du circuit et de l'appareil, et ensuite épissez les deux fils de neutre du circuit. Raccordez ensemble les fils de mise à la terre en cuivre provenant des câbles à la vis au fond de la boîte, si la boîte est en métal. Une minuterie programmable digitale est généralement raccordée de la même manière.

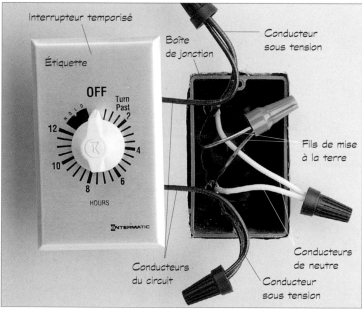

Un interrupteur temporisé permet à un appareil de fonctionner une période de temps déterminée, contrairement à une minuterie qui met l'appareil en marche à une heure précise.

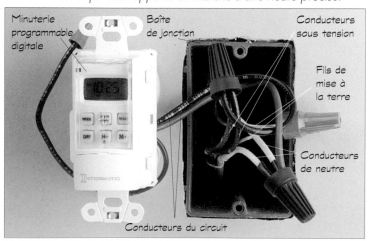

Une minuterie digitale est programmable, permettant à l'utilisateur de déterminer plusieurs cycles d'opération journaliers. Les cycles d'opération peuvent être programmés à intervalles réguliers ou aléatoires.

Détecteurs et alarmes

Les dispositifs des systèmes d'alarme et de détection sont raccordés par des circuits à basse tension similaires à ceux qu'on utilise pour raccorder des sonneries et des carillons. Étant relativement sécuritaire et facile d'installation, le câblage à basse tension est idéal pour le bricoleur voulant installer un système de sécurité ou d'alarme dans sa résidence.

Il existe plusieurs sortes de détecteurs : pour détecter le mouvement, la fumée, le feu, la chaleur, le gaz ou même la présence humaine. Par exemple, un détecteur passif de mouvement à infrarouge (PIR) peut détecter la chaleur émise par le corps humain. Ces dispositifs sont utilisés pour détecter des intrus traversant une zone sécurisée. Lorsqu'un mouvement est détecté, une lampe témoin s'allume et reste allumée jusqu'à l'arrêt du mouvement. La lampe témoin restera allumée pour une période déterminée et s'éteindra automatiquement.

Les détecteurs de fumée sont conçus pour sonner l'alarme avant que la concentration de feu et de fumée soit assez intense pour envahir la maison. Les détecteurs de fumée à ionisation contiennent des molécules électriquement chargées provoquant un débit de courant dans la chambre de détection. Les particules de fumée attirées vers les ions réduisent le débit du courant, déclenchant l'alarme. Par ailleurs, les détecteurs photoélectriques utilisent une cellule photo sensible à la lumière. Lorsque la fumée interrompt la source de la lumière, un signal non complété fait sonner l'alarme. Les détecteurs de flammes à l'infrarouge sont sensibles aux émissions d'énergie rayonnante à haute fréquence caractérisant les flammes vacillantes. Les détecteurs de chaleur à température fixe actionnent les dispositifs de signalisation de deux façons, soit à l'aide

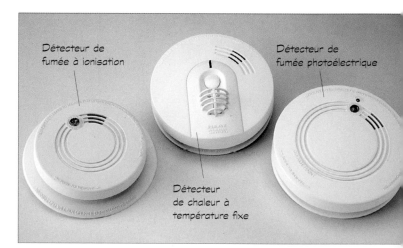

Les détecteurs de chaleur, de fumée et de flammes détectent les incendies par l'intermédiaire de l'ionisation de molécules chargées, par la réflexion photoélectrique des particules de fumée, par la température ou par la transmission de faisceaux infrarouges.

d'une tige de métal ayant une basse température de fonte actionnant un contact lorsque la température atteint le niveau déterminé, soit avec un bimétal complétant un circuit lorsqu'une des lames de métal chauffée prend assez d'expansion pour toucher l'autre lame. Les détecteurs de chaleur à taux de compensation peuvent mesurer un écart de température en calibrant l'expansion de l'air.

Un détecteur de mouvement peut être muni d'une sonde de type infrarouge passive ou de type ultrasonique. Les détecteurs ultrasoniques émettent des sons à haute fréquence, déclenchant une alarme lorsque le son réfléchi change de fréquence. Plusieurs types de détecteurs peuvent être utilisés dans un système complet de sécurité résidentielle.

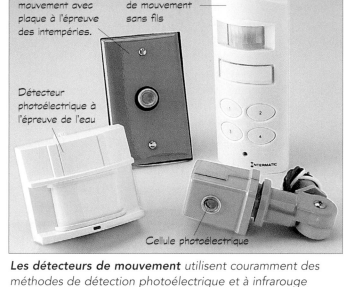

Détecteur de mouvement avec plaque à l'épreuve des intempéries.

Détecteur de mouvement sans fils

Détecteur photoélectrique à l'épreuve de l'eau

Cellule photoélectrique

Les détecteurs de mouvement utilisent couramment des méthodes de détection photoélectrique et à infrarouge passives, mais sont aussi disponibles avec détection par ultrasons. D'autres méthodes incluent la détection par vibrations, acoustiques et thermiques.

COMMENT raccorder un détecteur de mouvement

Niveau de difficulté :

Outils et matériel

- Tournevis isolés
- Dénudeur de fil
- Boîte de jonction pour interrupteur
- Marrettes vertes et rouges
- Pince à long bec
- Dégaineur de câble
- Détecteur de mouvement
- Câble 14/2 de type NM

Installer la boîte de jonction Choisissez un endroit approprié pour le détecteur et installez la boîte de jonction **(photo 1)**. Tirez le câble dans la boîte. Un détecteur de mouvement peut être installé soit au milieu soit à la fin d'un circuit.

Câbler et installer le détecteur. Avec des marrettes de couleur rouge, raccordez un des fils noirs provenant du détecteur au fil noir du circuit d'alimentation, et ensuite raccordez l'autre fil noir au fil noir de l'appareil **(photo 2)**. Ensuite, épissez les fils de neutre du circuit et de l'appareil. Le raccordement du détecteur ne requiert pas de connexion de neutre. Épissez les fils de mise à la terre. Si une boîte de métal est utilisée, raccordez les fils de mise à la terre à la vis de mise à la terre de la boîte. Installez le détecteur de mouvement sur la boîte de jonction **(photo 3)**. Réglez les contrôles de temporisation et de sensibilité, et testez l'interrupteur de contournement.

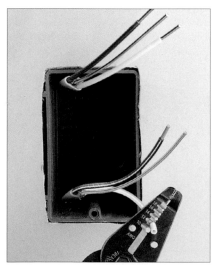

1 *Placez le détecteur de mouvement à un endroit stratégique permettant de détecter la présence d'un intrus.*

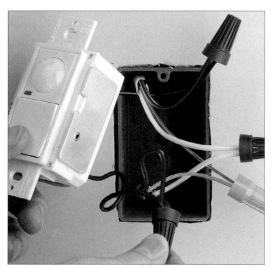

2 *Épissez les fils d'alimentation, de neutre et de mise à la terre du détecteur de mouvement avec les fils correspondants du circuit d'alimentation.*

3 *Fixez le câblage et posez le boîtier du détecteur. Réglez et testez les commandes.*

6 Câblage spécialisé

Thermostats

Les thermostats peuvent être raccordés à des circuits à basse ou à haute tension, selon le genre de système de chauffage, de ventilation et d'air climatisé utilisé dans la maison. Les thermostats à basse tension sont généralement utilisés pour contrôler les systèmes de CVAC centraux, contrairement aux thermostats à haute tension qui contrôlent les systèmes multi-zones. Dès qu'un thermostat détecte un changement de la température ambiante, il commande le démarrage du système de CVAC. Un thermostat à basse tension, alimenté par un transformateur abaisseur de 120 à 24 volts, peut nécessiter jusqu'à six fils pour transmettre ce signal de commande. Habituellement, un système à haute tension possède quatre fils et est alimenté par un circuit à 240 volts. De nos jours, la plupart des thermostats sont programmables, permettant à l'utilisateur de monter ou d'abaisser la température à des heures prédéterminées. Par exemple, abaisser la température pendant la journée lorsqu'on est au travail permet d'économiser de l'énergie de façon significative, ce qui résulte en des économies sur les factures de chauffage.

COMMENT raccorder un thermostat de CVAC à basse tension

Niveau de difficulté : ✎

Outils et matériel

- Tournevis isolés
- Dénudeur de fil
- Transformateur à basse tension
- Marrettes vertes et rouges
- Pince à long bec
- Boîte de jonction octogonale
- Câble de circuit
- Pinces à câble
- Thermostat programmable à basse tension

Installer la boîte de jonction. Installez une boîte de jonction octogonale à l'endroit prévu. Tirez le câble d'alimenta-

tion dans la boîte et fixez-le. Dégainez le câble et dénudez les fils du circuit **(photo 1)**.

Installer et raccorder le transformateur. Fixez le transformateur à la boîte de jonction, et épissez les fils du transformateur et du circuit d'alimentation (voir « Comment installer un transformateur à basse tension », page 182) **(photo 2)**. Raccordez les fils de mise à la terre du transformateur et du circuit d'alimentation à la vis de mise à la terre de la boîte de jonction et vissez le couvercle sur la boîte. Raccordez les fils sous tension de couleur rouge provenant de l'unité de CVAC et du thermostat aux bornes du transformateur à basse tension.

Raccorder le thermostat. Tirez les fils de l'unité de CVAC et du transformateur à travers la base du thermostat et fixez la base au mur. Raccordez les fils rouges du transformateur à la borne identifiée Rh et un conducteur de liaison de la borne Rh à la borne Rc. Raccordez les autres fils de l'unité CVAC aux bornes du thermostat selon les instructions du fabricant **(photo 3)**. Peignez les têtes de bornes de la même couleur que les fils pour référence future, et installez le thermostat et la plaque décorative.

1 Déterminez l'endroit du thermostat — un lieu central est préférable.

2 Installez un transformateur à basse tension sur la boîte de jonction et épissez les fils de circuit à la source d'alimentation.

3 Tirez les fils provenant de l'unité de CVAC à travers la base du thermostat et raccordez-les aux bornes désignées.

COMMENT *raccorder un thermostat à haute tension*

Niveau de difficulté : 🦅

Outils et matériel

- Tournevis isolés
- Dénudeur de fil
- Thermostat à haute tension
- Marrettes jaunes et vertes

- Pince à long bec
- Câble 14/2 de type NM
- Ruban électrique
- Boîte de jonction rectangulaire
- Dégaineur de câble

Installer la boîte de jonction. Installez une boîte rectangulaire à l'endroit prévu pour le thermostat. Tirez le câble d'alimentation à l'intérieur de la boîte et fixez-le à l'aide de pinces à câble intégrées, et ensuite dénudez les fils **(photo 1)**.

Raccorder le thermostat. Avec les marrettes jaunes, épissez les fils de couleur rouge du thermostat avec les fils blanc et noir du circuit. Identifiez le fil blanc avec du ruban noir. Raccordez les fils de charge noirs provenant du thermostat aux fils blanc et noir de l'appareil de chauffage, encore une fois en identifiant le fil blanc avec du ruban noir **(photo 2)**. Épissez les fils de mise à la terre. Si vous utilisez une boîte métallique, raccordez les fils de mise à la terre à la vis au fond de la boîte.

1 Installez une boîte électrique et tirez le câble d'alimentation à l'intérieur. Enlevez la gaine sur une longueur de 6 pouces et dénudez les fils.

2 Raccordez les fils d'alimentation du thermostat aux fils du circuit et les fils de charge à l'appareil de chauffage. Épissez les fils de mise à la terre. Si la boîte est métallique, raccordez-les à la boîte de jonction.

Antennes

Les antennes sont conçues pour transmettre et recevoir des ondes électromagnétiques. Par exemple, lorsqu'une onde transmise est reçue par l'antenne, un courant est induit dans l'antenne. Ce courant se propage dans les fils raccordant l'antenne à votre téléviseur, ce qui rehausse la réception du signal. La qualité de cette réception dépend largement du type d'antenne utilisée et de la puissance du signal reçu. Les antennes de première génération sur mât, qu'on aperçoit sur les toits des résidences, ont plusieurs limitations techniques et certains usages sont restreints par le Code. Le Code spécifie le genre de matériaux à utiliser pour la construction des antennes et des fils de raccordement, leurs dimensions,

Gardez les antennes sur mât à une distance sécuritaire des fils électriques et assurez-vous qu'elles sont raccordées à une électrode de mise à la terre enfouie dans le sol à une profondeur minimale de 8 pieds.

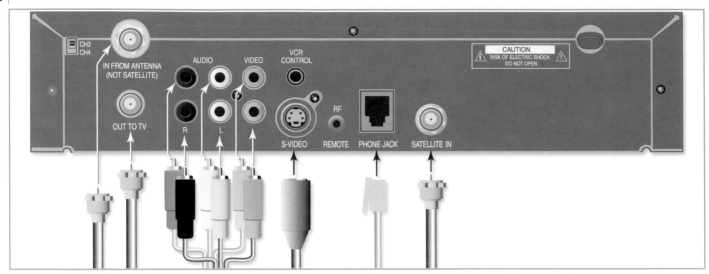

Pour le raccordement d'un système de réception par satellite, faites les connexions entre l'antenne, le récepteur et l'amplificateur/filtre avec les câbles codés par couleur. Ces câbles seront interconnectés avec l'antenne parabolique.

et comment ils doivent être épissés et fixés. Il est important de positionner les antennes sur mât de façon qu'elles évitent tout contact avec les lignes électriques. De plus, les antennes de télévision et de radio doivent être mise à la terre pour les protéger contre la foudre.

À cause des variables associées à la qualité du signal reçu par une antenne conventionnelle sur mât, plusieurs améliorations à ce système sont employées. De nos jours, plusieurs antennes utilisent des fils de raccordement coaxiaux pour améliorer la réception. D'autres choix incluent les pré-amplificateurs, les récepteurs à haute sensibilité et les antennes directionnelles pouvant pivoter avec des moteurs à commande à distance. Une antenne pivotante est généralement opérée par un transformateur à basse tension réduisant la tension de 120 volts à 24 volts, ce qui donne une puissance suffisante pour actionner le moteur. Lorsque disponibles, la plupart des résidences modernes ont des connexions par câble offrant une réception à raccordement direct. Ce genre d'antenne utilise généralement un câble coaxial à gaine électrostatique de type RG6 qui comprend deux gaines en aluminium, chacune recouverte d'une deuxième gaine tressée. Cette gaine prévient la perte ou la dégradation du signal aux plus hautes fréquences électromagnétiques.

Plusieurs propriétaires n'ayant pas de possibilité de raccordement à la télévision par câble optent pour un système par satellite qui permet de capter les signaux de télévision. La réception par satellite offre une gamme plus vaste de programmes et assure souvent une réception de meilleure qualité. Un système de télévision résidentiel par satellite (STRS) comprend un transmetteur émettant un faisceau à micro-ondes vers un satellite de télécommunications, le satellite lui-même, une antenne de réception parabolique et un récepteur de télévision par satellite, connu sous le

nom de TVRO (Television Receive Only). Une fois le signal reçu, le satellite retourne le signal en le transmettant vers la terre (transpondeur), où il peut être reçu par n'importe quelle antenne parabolique dirigée vers le satellite et syntonisée à la bonne fréquence. Un dispositif appelé cornet de source (feedhorn), situé au point focal de l'antenne parabolique (en forme de soucoupe) fait la mise au point du signal et le dirige vers un filtre passe-bas (Low Noise Block Converter) (voir l'illustration, page 194). Le signal est ensuite amplifié et envoyé au récepteur numérique du système par satellite (DSS) de votre téléviseur. Les réglages vidéo et audio sont effectués par le récepteur A/V situé près de votre téléviseur.

COMMENT *installer un système de télévision par satellite*

Niveau de difficulté :

Outils et matériel

◆ Antenne parabolique	◆ Récepteur DSS
◆ Amplificateur avec filtre passe-bas	◆ Ruban de tirage
◆ Câble coaxial de type RG6	◆ Récepteur A/V
	◆ Tournevis isolés
	◆ Outil multifonctionnel

Pour l'installation d'une antenne de grande dimension, prévoyez aussi un positionneur d'antenne, un câble à moteur d'antenne et un câble de moteur polarisé.

Fixer l'antenne parabolique. Choisissez un endoit facilement accessible à une distance minimale de votre téléviseur. À moins de ne pas avoir le choix, évitez de la monter sur le toit et éloignez-la de tout métal susceptible d'interférer avec la réception du signal ou qui pourrait poser un risque électrique. Suivez les instructions du fabricant pour l'installation de l'antenne et de ses composantes **(photo 1)**.

Raccorder l'antenne. Raccordez l'antenne selon les instructions du fabricant. Deux câbles coaxiaux proviendront de l'amplificateur/filtre. Sur une antenne de grande dimension, il y aura aussi un câble pour le moteur polarisé et un pour le moteur de positionnement de l'antenne. Considérant que les câbles sont fournis avec les connecteurs préfixés et qu'il ne devraient pas être coupés ou épissés, prévoyez le chemin qu'ils emprunteront avant de les acheter **(photo 2)**.

Raccordements du récepteur DSS. Faites les raccordements au récepteur selon les directives du fabricant. Si

l'antenne est installée dans la cour arrière, installez les câbles à enfouissement direct dans une tranchée de 1 à 2 pouces de largeur sur 6 à 8 pouces de profondeur. Raccordez les deux câbles coaxiaux du filtre passe-bas au récepteur digital (DSS). Pour les antennes grand format, le câble du moteur de polarisation contiendra trois fils : rouge, blanc et noir. Raccordez aux bornes appropriées du récepteur DSS. Un câble utilisé pour le moteur de positionnement contiendra quatre fils (brun, bleu, vert et orange). Raccordez aux bornes appropriées du récepteur DSS **(photo 3)**.

Positionner l'antenne. Raccordez le système de réception par satellite à votre téléviseur et utilisez l'indicateur de puissance du signal affiché sur l'écran de votre téléviseur pour vous permettre de positionner l'antenne parabolique en fonction de la meilleure réception disponible **(photo 4)**.

1 Les antennes paraboliques doivent être dirigées précisément vers un satellite positionné sur une orbite fixe autour de la Terre.

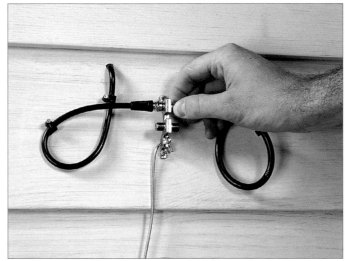

2 Suivez les instructions du fabricant pour les raccordements de votre système par satellite, surtout s'il contient des moteurs à polarisation et d'antenne.

3 Raccordez les câbles coaxiaux à filtre passe-bas (LNB) Si nécessaire, répétez pour les câbles des moteurs à polarisation et d'antenne.

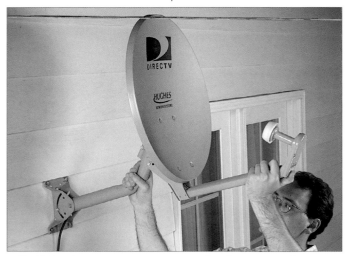

4 Faites les raccordements entre le récepteur et le poste de télévision, et positionnez l'antenne en fonction d'une réception optimale. Suivez les instructions du fabricant pour les raccordements des dispositifs périphériques.

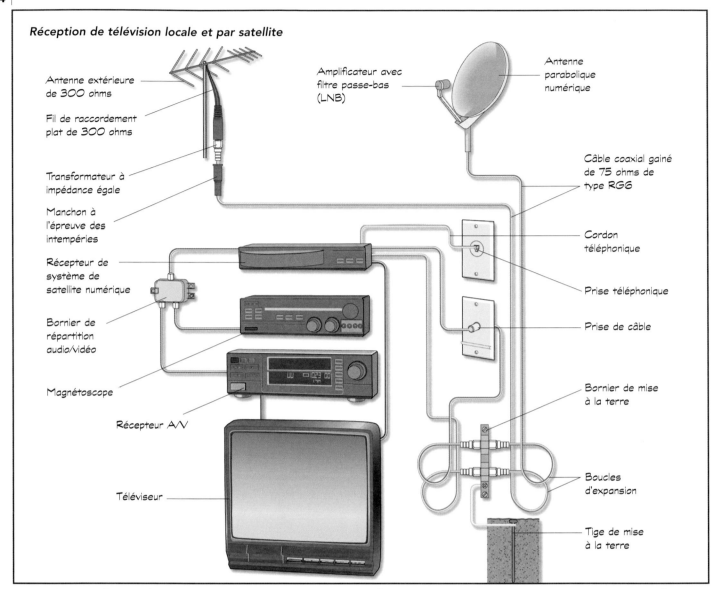

Réception de télévision locale et par satellite

Antenne extérieure de 300 ohms

Fil de raccordement plat de 300 ohms

Transformateur à impédance égale

Manchon à l'épreuve des intempéries

Récepteur de système de satellite numérique

Bornier de répartition audio/vidéo

Magnétoscope

Récepteur A/V

Téléviseur

Amplificateur avec filtre passe-bas (LNB)

Antenne parabolique numérique

Câble coaxial gainé de 75 ohms de type RG6

Cordon téléphonique

Prise téléphonique

Prise de câble

Bornier de mise à la terre

Boucles d'expansion

Tige de mise à la terre

Un câble coaxial gainé de type RG6 est utilisé pour raccorder les fils plats d'antenne au récepteur satellite via un transformateur à impédance égale. La réception d'une antenne de 300 ohms peut être améliorée en raccordant un câble coaxial de 75 ohms de type RG59 entre un transformateur approprié et votre téléviseur.

Télécommunications

Le câblage de télécommunications inclut le câblage pour téléphones conventionnels et le câblage de transmission de données informatiques. Dans cette section, nous nous limiterons aux explications concernant le câblage téléphonique (voir le chapitre 9, pages 252-275, « Domotique résidentielle » pour plus d'information). Avant de procéder à des modifications de votre réseau de câblage téléphonique résidentiel, vérifiez les règlements applicables de votre compagnie locale de téléphone. Les règlements fédéraux définissent vos responsabilités concernant l'entretien et les raccordements de votre système. Par exemple, la compagnie de téléphone peut être responsable du branchement extérieur des lignes téléphoniques, tandis que vous être responsable de tout le câblage situé en aval de ce point. Une prise modulaire téléphonique peut être requise

permettant de débrancher le réseau situé de votre côté du point de démarcation.

Le câblage de téléphone est généralement fourni sous forme de cordons pour postes téléphoniques et de câblage en vrac à quatre conducteurs. Un cordon pour poste téléphonique est un cordon plat servant à raccorder les appareils téléphoniques aux prises murales. Il ne devrait pas être utilisé à d'autres fins. Le câblage en vrac utilisé en service résidentiel est composé de fils codés par couleur permettant une identification facile de ceux-ci. La plupart des réseaux téléphoniques résidentiels ne requièrent que quatre fils conducteurs (câble à deux paires), dont une paire pour raccorder le poste téléphonique et l'autre paire pour le raccordement d'une deuxième ligne prévue pour un télécopieur ou un modem. Les codes de couleurs pour

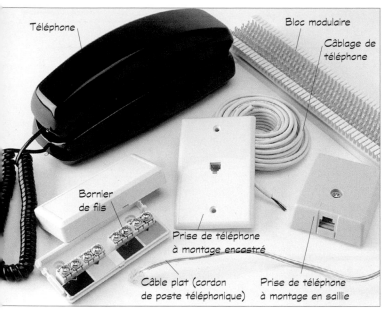

Téléphone

Bloc modulaire

Câblage de téléphone

Bornier de fils

Prise de téléphone à montage encastré

Câble plat (cordon de poste téléphonique)

Prise de téléphone à montage en saillie

Un réseau téléphonique de base comprend une entrée de service, un bornier de raccordement, du câblage en vrac, des prises à montage encastré ou en saillie, des câbles plats, et un poste téléphonique.

CONSEIL PRATIQUE
Combien de postes?

De façon générale, la compagnie de téléphone fournit à la résidence une ligne assez puissante pour permettre le raccordement de cinq postes sur la même ligne. Par contre, considérant que les postes téléphoniques varient en puissance selon le modèle, la quantité maximum de postes pouvant être raccordés à la ligne dépendent de la puissance requise de chaque poste individuel. La puissance requise est représentée par un nombre appelé indice d'équivalence de sonnerie (REN). Le nombre total de postes téléphoniques pouvant être raccordés à la ligne est déterminé en additionnant les REN de chaque poste. Si le nombre n'excède pas cinq, il n'y aura pas de problème. Si le nombre excède cinq, les postes fonctionneront, mais il est possible que certains appareils ne puissent sonner. Vous avez le choix de réduire le nombre de postes ou d'en remplacer un ou plusieurs par des postes portant un nombre REN moins élevé.

6 Câblage spécialisé

fils de téléphone peuvent consister en couleurs unies ou en bandes de deux couleurs. Les couleurs standards sont le rouge, le vert, le jaune et le noir. Les couleurs en bandes sont plus variées. Les variations de câbles téléphoniques ci-dessous montrent des conducteurs avec bandes alternantes de vert et blanc, orange et blanc, et bleu et blanc.

Le diagramme indique le procédé pour raccorder des prises à deux paires ou à trois paires. Chaque paire inclut un fil de pointe et un fil de boucle. Le fil de pointe sur une ligne simple est généralement vert, tandis que le fil de boucle est généralement de couleur rouge. Dans tous les cas, il est important que les couleurs des fils correspondent dans l'ensemble d'un réseau de câblage téléphonique.

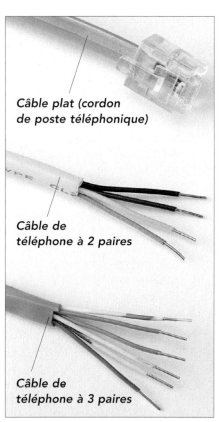

Câble plat (cordon de poste téléphonique)

Câble de téléphone à 2 paires

Câble de téléphone à 3 paires

Utilisez du câble de téléphone en vrac pour les raccordements entre les borniers et les prises murales. Utilisez les cordons plats pour raccorder les postes téléphoniques ou les appareils de transmission de données aux prises.

Ce schéma de prise téléphonique illustre les raccordements d'un câble standard à trois paires. Une installation à quatre paires inclurait un fil blanc avec bandes brunes et un fil brun avec bandes blanches. Les numéros de fentes concordent avec des prises à 4 et 6 bornes, et ne s'appliqueraient pas à une installation nécessitant une quatrième paire de fils. Dans une paire de fils de téléphone, chaque fil est identifié par une polarité de pointe (+) ou de boucle (-). De plus, chaque paire est codée selon une légende de couleurs consistant en une couleur primaire ou un ensemble d'une couleur primaire et d'une couleur secondaire.

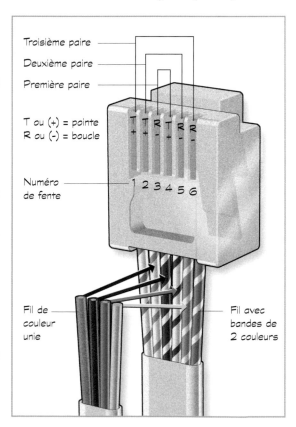

Troisième paire

Deuxième paire

Première paire

T ou (+) = pointe
R ou (-) = boucle

Numéro de fente

1 2 3 4 5 6

Fil de couleur unie

Fil avec bandes de 2 couleurs

Les fils de téléphones peuvent être raccordés du bornier principal jusqu'à chaque prise de façon indépendante, en ligne droite raccordant les prises dans une boucle ouverte ou avec une boucle fermée retournant au bornier principal. Un bris dans un câble alimentant une prise indépendante résultera en une coupure de service n'affectant que cette prise. Un bris dans une boucle ouverte coupera le service à toutes les prises situées en aval du bris. Par contre, un bris dans une boucle fermée n'empêchera pas le signal de se rendre au point de coupure de l'une ou l'autre des directions.

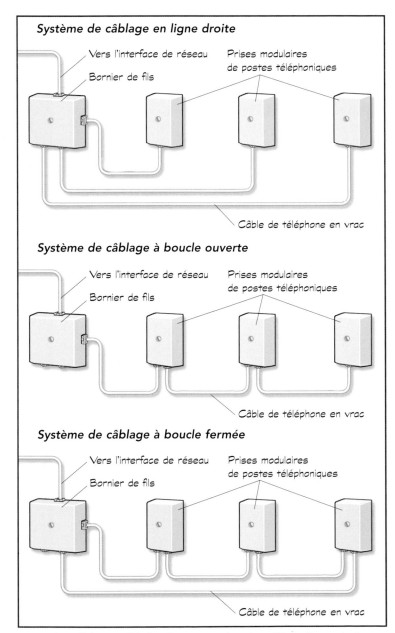

Système de câblage en ligne droite

Vers l'interface de réseau
Prises modulaires de postes téléphoniques
Bornier de fils
Câble de téléphone en vrac

Système de câblage à boucle ouverte

Vers l'interface de réseau
Prises modulaires de postes téléphoniques
Bornier de fils
Câble de téléphone en vrac

Système de câblage à boucle fermée

Vers l'interface de réseau
Prises modulaires de postes téléphoniques
Bornier de fils
Câble de téléphone en vrac

Le câblage téléphonique peut être installé en ligne droite, où chaque poste téléphonique est directement raccordé à un bornier, ou en système en boucle, où le câblage défile de prise en prise dans une boucle ouverte ou fermée retournant au bornier et assurant un second chemin de câblage. Un maximum de trois prises peuvent être raccordées à un bornier.

COMMENT *raccorder une prise de téléphone*

Niveau de difficulté :

Outils et matériel

- Pince à long bec
- Dénudeur de fil
- Prise de téléphone
- Câble de téléphone en vrac
- Bornier de fils téléphoniques
- Ruban de tirage (non métallique)
- Tournevis isolés
- Testeur de ligne téléphonique
- Agrafes à câble

Raccorder le bornier. Enlevez 2 pouces de gaine du bout d'un câble de téléphone, exposant les fils situés à l'intérieur. Assurez-vous que le câble est de longueur suffisante pour rejoindre l'endroit prévu pour la nouvelle prise. Ne prévoyez aucune prise à une distance supérieure à 200 pieds du point de démarcation de l'entrée téléphonique. Si le bornier est prévu avec des vis codées par couleur, dénudez les fils du câble et raccordez-les à la vis de couleur appropriée du bornier **(photo 1)**.

Tirer le fil téléphonique. Tirez le fil téléphonique du bornier jusqu'à l'endroit de la nouvelle prise. Assurez-vous de laisser un dégagement de 6 pouces entre deux câbles parallèles et de plus de 5 pieds de tout câblage nu. De plus, évitez de tirer le câble près de prises de courant ou autres causes potentielles d'interférence électromagnétique.

Câbler et installer la prise. Tirez le câble dans l'ouverture prévue pour la prise téléphonique **(photo 2)**. Retirez 2 pouces de gaine et dénudez les fils individuels **(photo 3)**. Raccordez les fils de téléphone aux vis de couleur appropriées de la prise, replacez la plaque et fixez la prise au mur **(photo 4)**.

Tester la prise. Une fois la prise fixée au mur, elle est prête à être testée. Insérez le bout du testeur dans la prise **(photo 5)**. Si la prise est câblée correctement, la diode sur le boîtier sera de couleur verte; sinon, elle sera de couleur rouge. La diode ne s'allumera pas s'il n'y a aucun raccordement.

Tester le poste téléphonique. Branchez le poste dans la prise et attendez une tonalité **(photo 6)**. S'il n'y a pas de tonalité, désassemblez la prise et vérifiez le câblage. S'il y a tonalité, composez un numéro. La tonalité devrait arrêter dès le début de la composition du numéro. Si elle n'arrête pas, les fils doivent être inversés. Reconnectez les fils dans la bonne séquence.

Les systèmes téléphoniques récents utilisent des prises modulaires au lieu de borniers à vis. Elles sont aussi

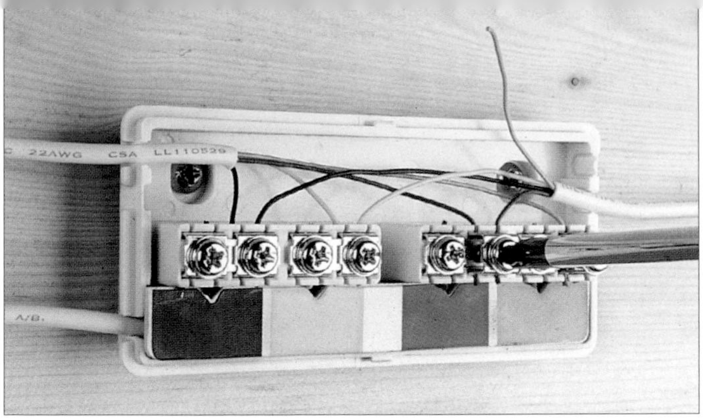

1 *Raccordez les fils du câble téléphonique aux vis de bornier ou au bloc modulaire.*

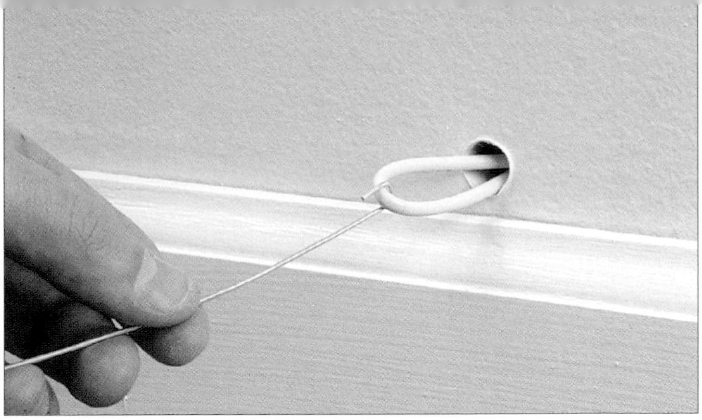

2 *Tirez le câblage à travers le mur jusqu'à l'endroit de la prise du poste téléphonique.*

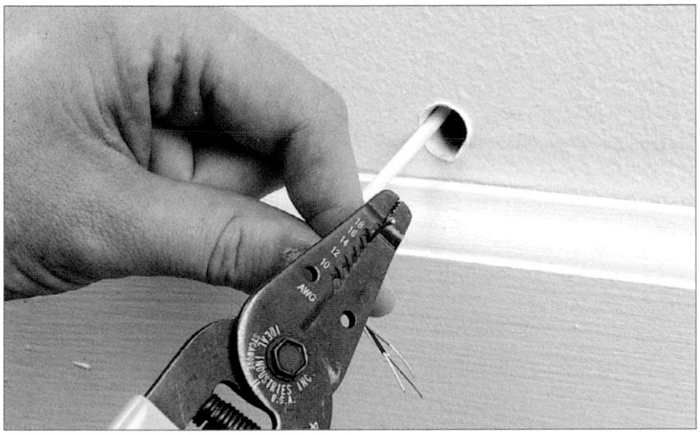

3 *Tirez le câble à travers le mur, dégainez-le et dénudez les fils individuels.*

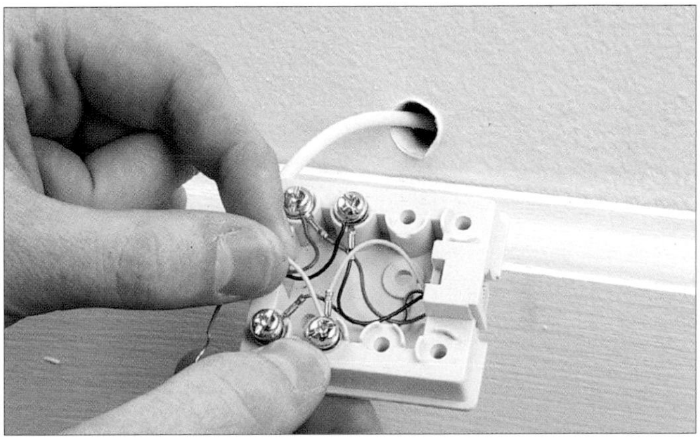

4 *Installez la prise téléphonique, raccordez les fils aux vis du bornier et fixez le couvercle.*

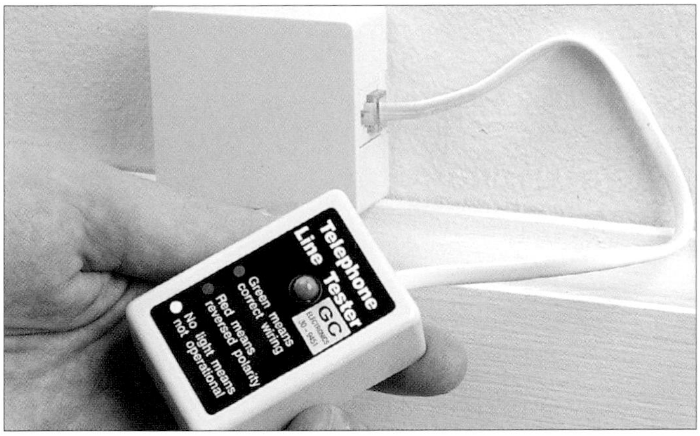

5 *Avec un testeur à ligne téléphonique, vérifiez la polarité de la prise. Une lumière verte confirme un bon raccordement.*

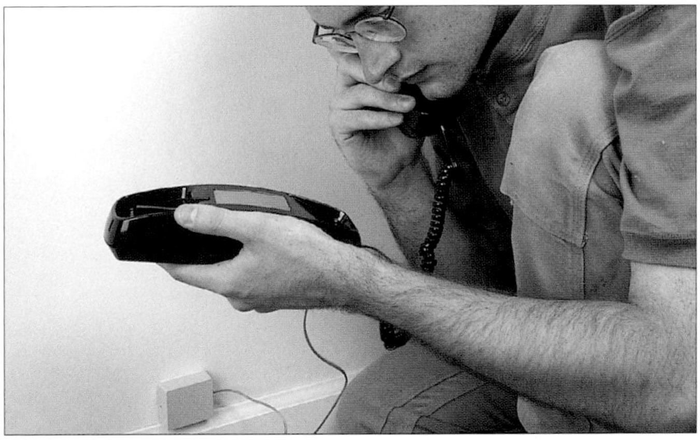

6 *Branchez le poste dans la prise et attendez la tonalité. S'il n'y a pas de tonalité, vérifiez le câblage.*

connues sous le nom de connecteurs à déplacement de l'isolant (IDC). Un bloc modulaire standard de type M, ou 66, dispose de connections pour 25 paires de fils. Des blocs supplémentaires peuvent être ajoutés au besoin. Un outil spécial à dépression est requis pour insérer les fils dans un bloc modulaire, ce qui élimine le besoin de dénuder les fils avant de les raccorder au bloc.

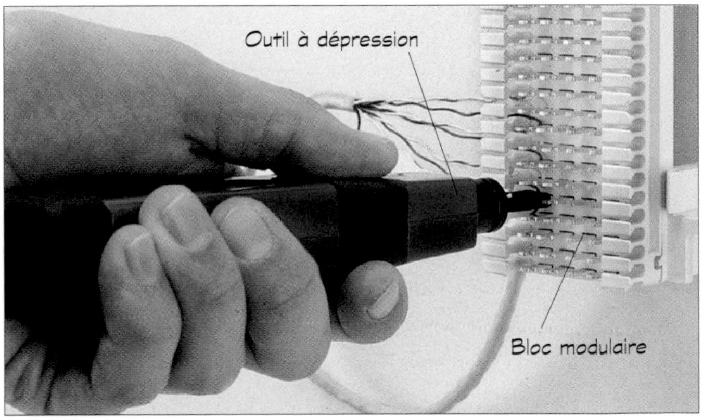

Un outil à dépression *pousse les fils dans le bloc modulaire. Comme c'est un système autoraccordant, il n'est pas requis de dénuder les fils avant l'installation.*

Chapitre 7

Câblage extérieur et éclairage à basse tension

Le courant et l'éclairage extérieurs servent à éclairer les allées, les entrées de voitures, les piscines, les patios et les cours pour assurer la sécurité de la résidence. Des prises extérieures sont requises pour alimenter des appareils, des outils et des équipements électriques situés à l'extérieur. Avant de procéder à ces travaux, il faut comprendre en quoi ceux-ci diffèrent des installations électriques intérieures et se familiariser avec les différentes prescriptions des codes. Certaines municipalités exigent que les travaux électriques extérieurs soient effcctuées par un maître électricien, tandis que d'autres demandent que le travail soit inspecté.

Pourquoi c'est différent
Circuiterie

Le câblage extérieur souterrain ou aérien nécessite une certaine protection contre les éléments. Les installations sont sujettes à endommagement par la glace, les fluctuations de la température, la corrosion, le gel, les outils de jardin et l'équipement d'excavation. Les câbles aériens doivent être installés à une hauteur suffisante pour ne pas être dangereux pour les personnes et les objets en dessous. Généralement, une hauteur de 12 pieds est suffisante pour le travail résidentiel, mais n'est pas toujours pratique, et

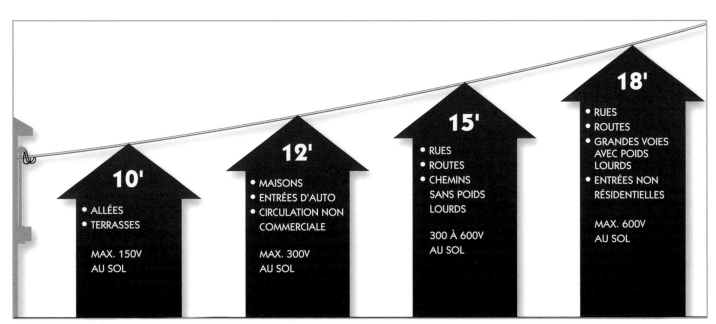

Pour les câbles jusqu'à 600 volts, le Code prescrit la hauteur de montage acceptable entre les câbles aériens et le sol.

Prescriptions de profondeur d'enfouissement de câbles souterrains

Condition	Câble à enfouissement direct	Conduit rigide non métallique (PVC)	Conduit rigide et intermédiaire
Terrain vague ou gazonné avec circulation pédestre	24"	18"	6"
Tranchées recouvertes de 2 pouces de béton	18"	12"	6"
Sous les rues, les autoroutes, les allées, les entrées de garage et les stationnements	24"	24"	24"
Entrées d'auto de résidences unifamiliales ou jumelées, utilisation résidentielle seulement	18"	18"	18"

Le Code requiert de conserver une distance minimale entre le haut d'un câble ou d'un conduit enfoui et la surface du sol fini ou autre revêtement de surface.

n'offre aucune protection contre le danger de branches d'arbre et de mauvais positionnement d'échelles. Pour éviter les dangers des installations aériennes, il est souvent préférable d'enfouir les câbles et les conduits électriques. Installer le câblage électrique souterrain dans un conduit enfoui est une option. Par contre, si un câble est approuvé à cette fin, il peut être enfoui directement dans le sol.

Les câbles d'alimentation et de dérivation, connus sous le nom de câbles UF, sont approuvés pour les raccordements à l'extérieur et pour l'enfouissement direct. Considérant que le câblage de type UF ressemble au câblage ordinaire de type NM, assurez-vous que le câblage utilisé porte la désignation indiquée. Contrairement aux câbles de type NM qui sont enveloppés de papier et recouverts d'une

Types de conduits et de câbles extérieurs

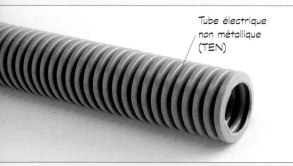

Tube électrique non métallique (TEN)

◄ **Les conduits non métalliques flexibles** n'offrent qu'une protection limitée aux câbles et conducteurs souterrains.

► **Le câble d'alimentation de type UF** est approuvé pour l'enfouissement direct. L'étiquetage de la gaine identifie les capacités de résistance aux rayons UV et à la corrosion.

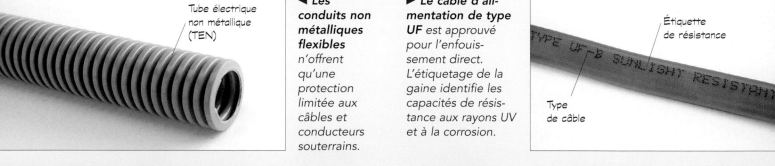

Étiquette de résistance

Type de câble

Tube électrique métallique (TEM)

Conduit rigide métallique

Conduit rigide non métallique

◄ **Les conduits rigides** offrent une protection accrue pour les câbles souterrains, mais l'infiltration de l'eau et la corrosion subséquente restent un problème inévitable.

► **Le câble de type UF** ne possède pas d'isolant de papier entre les fils et la gaine extérieure. Les fils sont recouverts d'une gaine en thermoplastique, offrant une résistance à l'eau mais les rendant difficiles à dénuder.

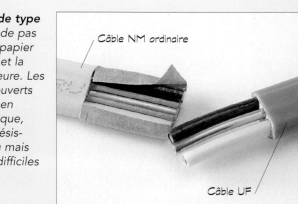

Câble NM ordinaire

Câble UF

gaine de plastique, les fils de câblage de type UF sont moulés dans le plastique. Le câblage de type UF installé hors terre doit être protégé par un conduit.

Les câbles à enfouissement direct doivent être enterrés à une profondeur suffisante pour les protéger de toute excavation normale, sans être à une profondeur telle qu'il pourraient entrer en conflit avec la tuyauterie d'eau ou avec les câbles électriques de distribution. Le Code précise la profondeur d'enfouissement minimale requise pour les câbles souterrains : 24 pouces pour les câbles à enfouissement direct, 18 pouces pour les conduits rigides non métalliques, et 6 pouces pour les conduits métalliques intermédiaires et les conduits rigides. Il est permis d'enfouir les câbles à une profondeur moindre si le circuit est protégé par un disjoncteur différentiel de faute à la terre, mais cette installation n'est pas recommandée parce qu'il est toujours possible de vouloir un jour planter un arbuste ou un arbre au-dessus du câble, ce qui augmenterait les possibilités d'endommagement.

Les plus récents câbles portent des identifications supplémentaires sur la gaine, telle la résistance aux rayons UV ou à la corrosion. Prendre note que le fait que les conducteurs des câbles UF soient moulés dans le plastique rend plus difficile la tâche de dénuder les fils individuels.

Imperméabilisation

Non seulement les appareils, boîtes, prises, connecteurs et accessoires utilisés à l'extérieur doivent-ils être conçus en fonction des codes, il doivent aussi offrir une certaine résistance aux éléments. L'appareillage électrique utilisé à l'extérieur doit être à l'épreuve des intempéries et, dans certains cas, être étanche. Pour ces raisons, les matériaux et équipements électriques utilisés à l'extérieur doivent différer de ceux utilisés pour le travail à l'intérieur.

Matériaux et équipement
Boîtes électriques extérieures

Les boîtes électriques extérieures sont disponibles en versions à l'épreuve de l'eau et étanche. Les boîtes à l'épreuve de l'eau possèdent des couvercles à ressort à fermeture automatique, mais elles ne sont pas étanches. Ce type de boîte possède une garniture de néoprène et peut être utilisée dans les endroits mouillés tant que le couvercle est fermé. Il est préférable d'installer des boîtes à l'épreuve de l'eau aux endroits où elles ne pourront être sujettes à la pénétration de l'eau par le vent ou les inondations. Les boîtes étanches, par contre, sont scellées avec une garniture étanche et peuvent résister à une pluie diluvienne ou à une saturation temporaire. Ces boîtes sont approuvées pour installation dans les endroits mouillés.

▶ *Les boîtes de prises à l'épreuve de l'eau sont scellées avec des garnitures étanches en mousse. Un couvercle se referme sur chaque prise. Les couvercles d'interrupteurs possèdent des leviers à l'épreuve de l'eau.*

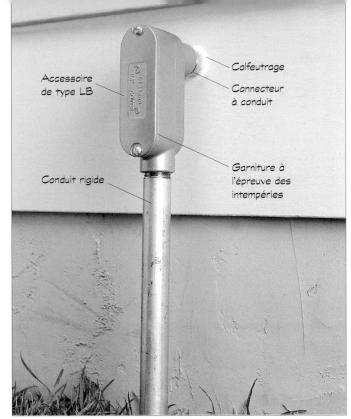

Les câbles extérieurs enfouis doivent être protégés dans un conduit rigide lorsqu'ils pénètrent dans une tranchée ou en émergent.

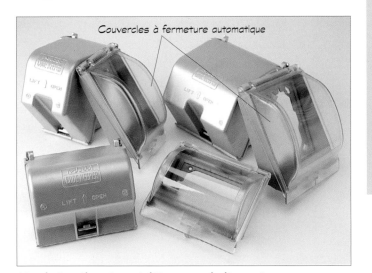

Une boîte électrique à l'épreuve de l'eau n'est pas étanche. Elle est approuvée pour les endroits mouillés seulement si le couvercle reste fermé.

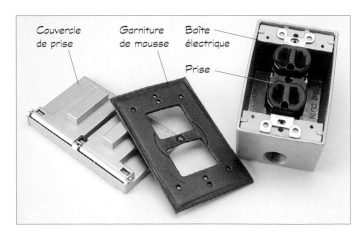

Prises et interrupteurs

Toute prise alimentant des services électriques extérieurs d'une résidence ou d'une dépendance doit être protégée par un disjoncteur différentiel de faute à la terre. Bien que les prises à GFCI puissent être utilisées, elles ont tendance à se déclencher sans raison lorsque soumises aux intempéries. Il est préférable de raccorder votre circuit d'extérieur à un câble connecté directement à un disjoncteur avec protection GFCI.

Chaque résidence doit posséder au moins une prise à l'avant de la maison et une à l'arrière. Ces prises doivent être installées à moins de 6 ½ pieds du niveau du sol fini. De plus, chaque prise prévue pour un usage sans surveillance, telle une prise alimentant un moteur de pompe, doit être munie d'un couvercle à l'épreuve des intempéries protégeant la boîte même lorsque la fiche est dans la prise. Les couvercles de prise sont disponibles pour installation à l'horizontale et à la verticale, et peuvent être fixés soit sur la boîte soit sur le dispositif lui-même.

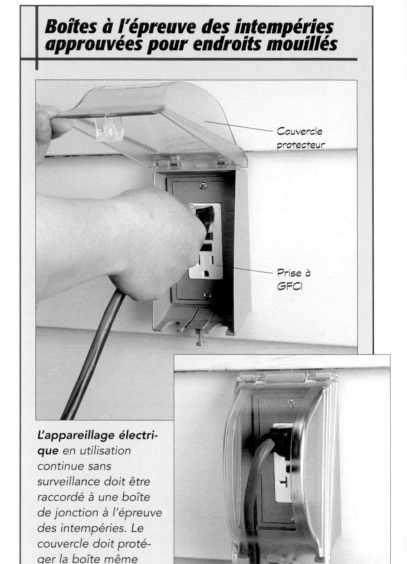

Boîtes à l'épreuve des intempéries approuvées pour endroits mouillés

Couvercle protecteur

Prise à GFCI

L'appareillage électrique en utilisation continue sans surveillance doit être raccordé à une boîte de jonction à l'épreuve des intempéries. Le couvercle doit protéger la boîte même lorsqu'une fiche y est branchée.

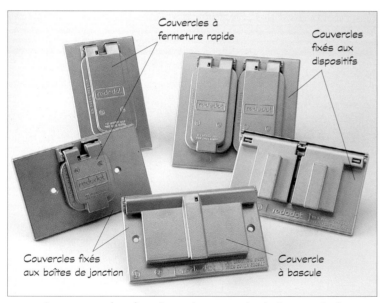

Couvercles à fermeture rapide

Couvercles fixés aux dispositifs

Couvercles fixés aux boîtes de jonction

Couvercle à bascule

Les couvercles de prise prévus pour les boîtes verticales ou horizontales peuvent être installés soit sur les boîtes soit sur les dispositifs. Les couvercles peuvent être du type à ressort, vissable ou à bascule.

Une prise extérieure peut être installée sur un mur, un poteau ou n'importe quel autre support solide. Si une boîte est vissée à un poteau de bois, assurez-vous qu'il s'agisse de bois traité pour retarder la pourriture. Les boîtes électriques à l'épreuve des intempéries peuvent aussi être installées à une extrémité filetée d'un bout de conduit rigide galvanisé de 2 pouces et demi de diamètre, dont l'autre extrémité est noyée dans un bloc de béton. Utilisez un seau de 2 gallons rempli de béton pour former la base du poteau. Les profondeurs d'enfouissement varient selon le lieu géographique.

Une boîte de prise sur pied doit être supportée par un conduit rigide métallique installé à une hauteur minimum de 12 pouces et à un maximum de 18 pouces au-dessus du niveau du sol. Préférablement, installez un deuxième support, tel un autre conduit.

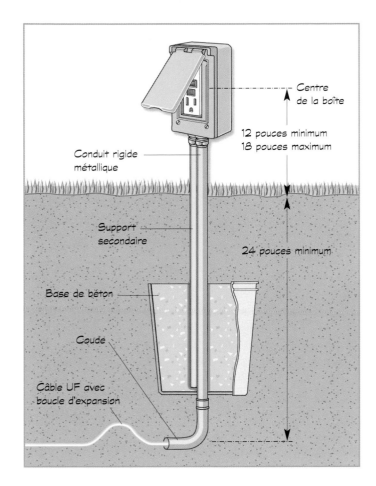

- Centre de la boîte
- 12 pouces minimum
- 18 pouces maximum
- Conduit rigide métallique
- Support secondaire
- 24 pouces minimum
- Base de béton
- Coude
- Câble UF avec boucle d'expansion

- Couvercle pour boîte double
- Couvercles à prise ou à interrupteur
- Couvercles pour boîtes simples
- Couvercle pour boîte double

▲ *Les boîtes et couvercles à l'épreuve des intempéries* sont disponibles pour les interrupteurs unipolaires, bipolaires et à trois voies. Des couvercles sont aussi disponibles pour les combinaisons interrupteur/lampe témoin ou interrupteur/prise.

◄ *Un conduit rigide métallique coulé dans une base de béton* peut être utilisé comme support pour fixer une prise extérieure à l'épreuve des intempéries (avec support secondaire). Vérifiez les prescriptions des codes applicables pour les hauteurs de montage hors sol minimum et maximum.

Les boîtes et couvercles à l'épreuve des intempéries sont requis pour protéger les interrupteurs extérieurs des éléments. Des couvercles extérieurs à levier sont disponibles pour les regroupements de un, deux et trois interrupteurs, ainsi que pour une combinaison d'un interrupteur et d'une prise.

Conduits, connecteurs et accessoires

Tel que mentionné dans la section « Circuiterie » (page 199), le câblage extérieur est généralement protégé par un conduit rigide dans les installations au-dessus du sol et lorsqu'il entre dans une tranchée souterraine ou en émerge. Les conduits métalliques intermédiaires (IMC) sont souvent

7 Câblage extérieur et éclairage à basse tension

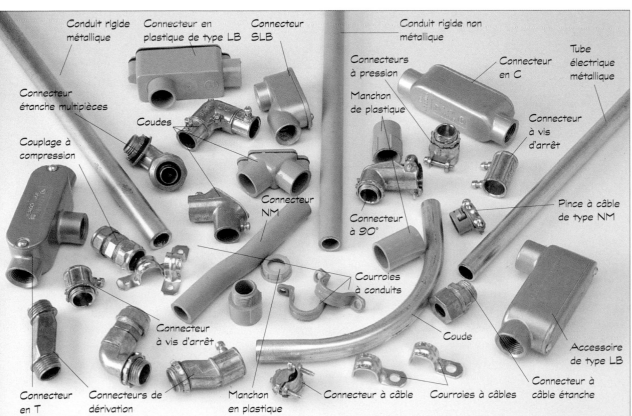

- Conduit rigide métallique
- Connecteur en plastique de type LB
- Connecteur SLB
- Conduit rigide non métallique
- Connecteurs à pression
- Connecteur en C
- Tube électrique métallique
- Connecteur étanche multipièces
- Coudes
- Manchon de plastique
- Connecteur à vis d'arrêt
- Couplage à compression
- Connecteur NM
- Connecteur à 90°
- Pince à câble de type NM
- Courroies à conduits
- Connecteur à vis d'arrêt
- Coude
- Accessoire de type LB
- Connecteur en T
- Connecteurs de dérivation
- Manchon en plastique
- Connecteur à câble
- Courroies à câbles
- Connecteur à câble étanche

Le câblage extérieur peut être protégé par un conduit métallique rigide ou intermédiaire. Cependant, certains codes peuvent restreindre l'utilisation du conduit rigide non métallique. Chaque type de conduit possède ses propres connecteurs, manchons et accessoires.

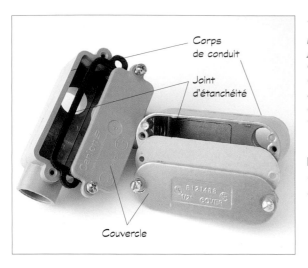

Corps
de conduit

Joint
d'étanchéité

Couvercle

◀ *Un connecteur LB*
protège le câble à la
jonction du câble intérieur
de type NM avec le câble
extérieur de type UF. Les
accessoires dirigent le
câble d'un conduit à une
tranchée.

▶ *Une allonge de boîte*
est souvent utilisée pour
augmenter le volume
intérieur d'une boîte
existante, ce qui permet
le raccordement d'un
circuit de dérivation.

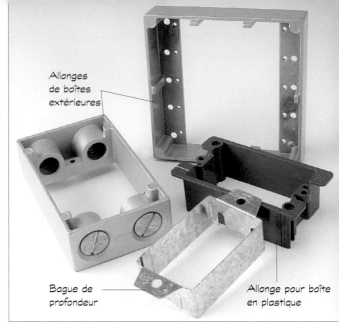

Allonges
de boîtes
extérieures

Bague de
profondeur

Allonge pour boîte
en plastique

utilisés, mais la plupart des codes permettent l'utilisation de conduits rigides non métalliques, fabriqués de chlorure de polyvinyle (PVC) de cédule 80. Quel que soit le type de conduit utilisé, il faudra faire une variété de connexions. Des connecteurs spéciaux sont disponibles pour les conduits métalliques et non métalliques incluant des manchons pour joindre les éléments droits, des coudes, des écrous autobloquants et des accessoires variés. Assurez-vous que les connecteurs utilisés ont été choisis en fonction du matériau et de la catégorie de conduit utilisé.

Un connecteur spécial en forme de L appelé LB est requis au point de passage entre l'intérieur et l'extérieur de la maison. Le connecteur LB renferme le joint entre le câble intérieur et le câble extérieur de type UF passant du mur extérieur de la maison à la tranchée prévue. Les connecteurs LB sont munis d'une garniture scellant la connexion pour la protéger des éléments.

Un autre accessoire utile est l'allonge de boîte, utilisée pour augmenter le volume d'une boîte de prises ou de jonction existante, ce qui permet le raccordement d'un circuit supplémentaire. Cette méthode est souvent employée pour éviter des travaux considérables de circuiterie et/ou de rénovation.

Lampes et éclairage de cour

Le Code exige que chaque résidence possède des sorties contrôlées pour éclairage extérieur qui permet l'éclairage des entrées ou des sorties accessibles au niveau du sol, ainsi que des garages adjacents ou détachés de la résidence principale. En plus de cet éclairage obligatoire, il est possible d'éclairer un bassin, un jardin, une composition florale ou toute autre caractéristique de votre cour. Quel que soit l'usage, vous devriez vous familiariser avec les différentes sortes d'éclairage extérieur disponibles.

Pour l'éclairage extérieur tout usage, les lampes de types R (réflecteur) ou PAR (réflecteur parabolique aluminisé) sont appropriées. Ces lampes à longue durée de vie résistent aux effets du temps et ont une surface intérieure réfléchissante offrant une lumière éclatante. Bien que les lampes de type PAR ne soient pas affectées par les intempéries, il n'en va pas de même pour toutes les lampes de type R. Vérifiez l'étiquetage avec soin. Pour utiliser ce genre de lampe, il faut prévoir l'installation de douilles de lampe à l'épreuve des intempéries. Des douilles de lampe pour installation simple, double ou triple sont disponibles à la fois pour les boîtes rondes ou rectangulaires. Certaines installations peuvent être pourvues d'un interrupteur de détection de mouvement.

Pour l'éclairage d'ambiance et de cour, les appareils à 120 volts et à basse tension peuvent convenir. Un appareil d'éclairage à 120 volts peut être installé sur un poteau prévu avec un cordon de rallonge. Si le choix de l'éclairage à basse tension est retenu, il faudra installer un transformateur abaisseur de 120 à 12 volts prévu pour installation sur le mur extérieur de la résidence.

Lampe de type R   Lampe de type PAR

Les lampes de type R (réflecteur) et de type PAR (réflec-
teur parabolique aluminisé) sont généralement utilisées
pour l'éclairage général extérieur et comme projecteurs.

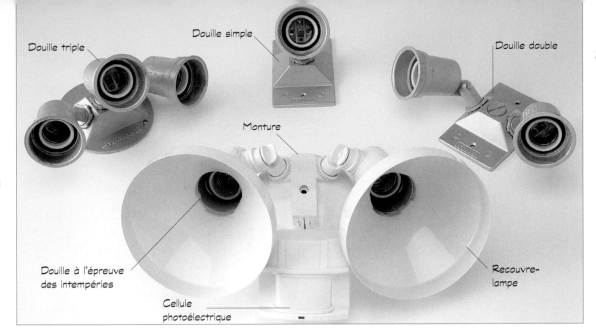

▶ Les lampes à usage extérieur doivent être installées dans des montures avec douilles à l'épreuve des intempéries. Les montures peuvent être composées de une, deux ou trois douilles, ainsi que d'un détecteur de mouvement.

Douille triple

Douille simple

Douille double

Monture

Douille à l'épreuve des intempéries

Recouvre-lampe

Cellule photoélectrique

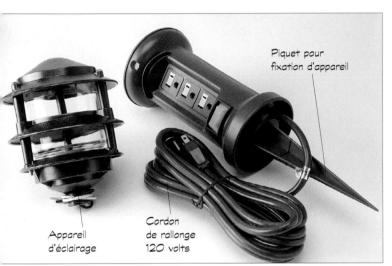

Piquet pour fixation d'appareil

Appareil d'éclairage

Cordon de rallonge 120 volts

▲ Plusieurs appareils d'éclairage extérieurs à 120 volts sont disponibles avec un piquet pouvant être planté dans le sol à la distance maximale permise par la longueur du cordon de rallonge.

Transformateur de 120 à 12 volts à usage extérieur

Appareils d'éclairage à basse tension

Piquets pour fixation d'appareil

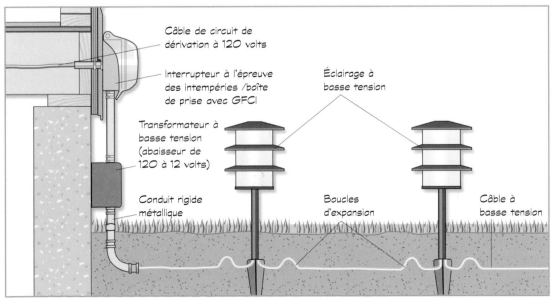

Câble de circuit de dérivation à 120 volts

Interrupteur à l'épreuve des intempéries /boîte de prise avec GFCI

Éclairage à basse tension

Transformateur à basse tension (abaisseur de 120 à 12 volts)

Conduit rigide métallique

Boucles d'expansion

Câble à basse tension

▲ Les appareils d'éclairage à basse tension, alimentés par des transformateurs abaisseurs d'extérieur, sont généralement alignés le long d'une allée pour offrir un bas niveau d'éclairage sécuritaire ou d'ambiance.

◀ Utilisez l'éclairage à basse tension pour éclairer une allée ou une entrée. L'éclairage doit être raccordé via un transformateur abaisseur à basse tension.

Éclairage extérieur

L'éclairage extérieur constitue une partie importante de tout système d'éclairage résidentiel, qu'il soit utilisé pour l'éclairage paysager, pour mettre en relief des éléments de design sur ou autour de la maison, ou pour assurer les déplacements sécuritaires des occupants de la résidence ou de leurs invités.

▲ *Un éclairage indirect positionné stratégiquement* invite le visiteur à parcourir ce sentier bordé d'arbres.

▲ *Un appareil d'éclairage de balcon simple* proche d'une entrée fournit un accueil chaleureux aux visiteurs.

▼ *Des bollards décoratifs* rehaussent l'apparence de cette terrasse, alors que les lampes de marche assurent une certaine sécurité à l'utilisateur.

▲ **L'éclairage à basse tension** confère un caractère de distinction à cette résidence, tout en attirant l'attention sur les allées, les aires extérieures et l'aménagement paysager.

▼ **Des bandes de micro-lumières** font ressortir ces marches extérieures, avertissant le marcheur imprudent de leur présence.

Éclairage extérieur (suite)

▶ *Les lampes portatives sur cordées* ajoutent de l'éclat aux occasions spéciales telle cette fête en plein air.

▼ *Les appliques murales* assurent la sécurité sur cette terrasse étroite.

▶ *L'éclairage d'allée et l'éclairage indirect* s'associent pour accentuer le charme nocturne de cette résidence.

▲ **Un réseau d'éclairage extérieur à basse tension** permet l'utilisation des lieux bien après le crépuscule.

▼ **De grandes fenêtres** nues nécessitent des concepts d'éclairage intérieur et extérieur équilibrés.

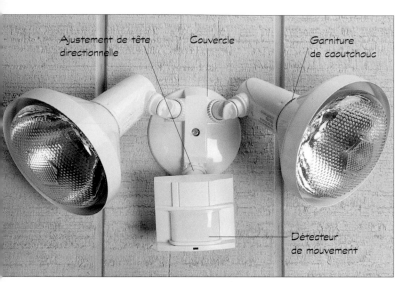

Ajustement de tête directionnelle

Couvercle

Garniture de caoutchouc

Détecteur de mouvement

Une composante importante d'un système de sécurité résidentiel consiste en un ensemble de lampes extérieures avec détecteur de mouvement intégré.

Détecteurs et minuteries

Les lampes extérieures combinées à un dispositif de détection de mouvement ou à minuterie augmentent la fiabilité de votre système de sécurité. Les détecteurs de mouvement à infrarouge se déclenchent dès qu'un objet se présente dans son champ de vision. Le détecteur est généralement fixé à une douille spéciale sur une monture d'appareil d'éclairage extérieur prévu pour des lampes de type R ou PAR. Une cellule photoélectrique empêche le déclenchement pendant la journée et une minuterie détermine la durée de fonctionnement de la lampe lors de l'absence de mouvement continu. Un interrupteur manuel peut être utilisé pour passer outre au contrôle automatique.

L'éclairage extérieur peut aussi être contrôlé par une minuterie intérieure à la place d'un interrupteur conventionnel. Par contre, il y a un désavantage : il faut savoir si telle lampe est compatible avec une minuterie particulière. Certains interrupteurs ne peuvent être utilisés qu'avec des lampes incandescentes. Les minuteries utilisant des lampes de type R et PAR peuvent ne pas être capables de prévenir l'endommagement de celles-ci dans le cas d'une surcharge, et la charge maximale devrait être limitée à 150 watts.

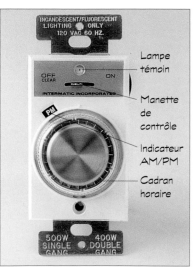

INCANDESCENT/FLUORESCENT LIGHTING ONLY 120 VAC 60 HZ.

Lampe témoin

OFF CLEAR — ON

INTERMATIC INCORPORATED

Manette de contrôle

PM

Indicateur AM/PM

Cadran horaire

500W SINGLE GANG 400W DOUBLE GANG

Raccorder l'éclairage extérieur sur une minuterie offre une sécurité accrue, surtout lors des absences prolongées.

Préparation du câblage
Planification

Quel que soit votre projet d'éclairage et de services électriques extérieurs, le travail doit être planifié. Ensuite, gardez un certain niveau de précaution avant de commencer. Tel que pour l'éclairage intérieur, planifiez l'installation en déterminant l'emplacement des prises, des interrupteurs, des appareils d'éclairage, des moteurs de pompes et de gicleurs, des tranchées et des parcours de câbles. Votre plan devrait aussi tenir compte des endroits où se trouvent des structures majeures tels piscines et bassins, dépendances, patios et matériel de jardin. De plus, il faut planifier selon certains éléments potentiellement dangereux tels les grands arbres, les rochers et les dangers souterrains comme la tuyauterie, les câbles et les installations septiques. En fait, communiquez avec les services publics et votre administration municipale pour vous aider à localiser les services souterrains avant de compléter votre plan de travail. Pour éviter des conséquences et dépenses inutiles, il est préférable d'être averti plutôt que surpris.

Prolongement des services

Prévoyez le prolongement des services électriques du panneau principal vers l'extérieur via le sous-sol ou le vide sanitaire, ou par un surplomb du toit. Utilisez un connecteur de type LB sur le mur extérieur de la maison pour prolonger les services provenant du sous-sol ou du vide sanitaire. Passez un bout de conduit rigide à travers le mur pour rejoindre la boîte de jonction intérieure et le connecteur de type LB. Pour passer le câblage à travers un avant-toit, installez une boîte de jonction sur la surface du soffite et installez un conduit en PVC de cédule 80 ou de type rigide métallique vers une tranchée. Si possible, installez le conduit à côté d'une descente pluviale pour qu'il soit moins visible.

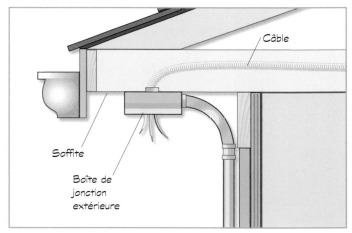

Câble

Soffite

Boîte de jonction extérieure

Amenez l'électricité à l'extérieur en installant une boîte de jonction sur un mur extérieur accessible de votre sous-sol ou sur un soffite de toit accessible du grenier.

COMMENT prolonger l'électricité à l'extérieur

Niveau de difficulté :

Outils et matériel

- Tournevis isolés
- Ruban à mesurer
- Pince à long bec
- Câble 14/2 de type NM
- Équerre de fixation
- Conduit rigide
- Connecteur à compression (si métallique)
- Calfeutrage
- Forets de maçonnerie
- Masse à manche court
- Vis à maçonnerie

- Marteau d'électricien
- Perceuse
- Pinces à câble
- Agrafes à câble
- Boîte de jonction
- Connecteur LB
- Coude
- Conduit court
- Courroies de fixation
- Perceuse à étoile
- Lunettes de sécurité
- Gants de travail
- Perçoir à pastilles

Réaliser une sortie de câble. Choisissez un endroit pour le prolongement des services électriques à l'extérieur de votre maison. Ce point devrait être le plus proche possible de votre panneau principal. Faites une sortie au mur à au moins 3 pouces de la solive ou de l'élément de charpente le plus proche pour pouvoir centrer la boîte de jonction **(photo 1)**. À l'aide d'un foret d'un diamètre légèrement supérieur au conduit utilisé, percez un trou vers l'endroit prévu pour la boîte **(photo 2)**. Si les murs extérieurs sont faits de maçonnerie, mesurez le point de sortie sur le mur extérieur à partir d'un point de référence commun. Muni de lunettes de sécurité et des gants de travail, utilisez un foret à maçonnerie et une masse pour faire un trou d'accès. Évitez de percer la rangée supérieure d'un mur en blocs de béton. Généralement, cette rangée est plus solide et sert d'élément structural.

Installer une boîte de jonction et un connecteur LB. À l'intérieur de la maison, installez une boîte de jonction sur une équerre de fixation et fixez-y un connecteur LB **(photo 3)**. Ensuite, avec un perçoir à pastilles, ouvrez l'accès de câble, tirez le câble d'alimentation dans la boîte et fixez-le en utilisant une pince à câble. De l'extérieur, insérez un bout de conduit de longueur suffisante pour atteindre la boîte, vissez-le à la boîte et vissez-y le connecteur LB **(photo 4)**. Scellez le joint autour du connecteur LB avec du calfeutrage.

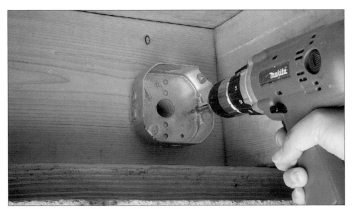

1 *Déterminez un point de sortie à au moins 3 pouces de tout élément structural.*

2 *Avec un foret à maçonnerie, percez un trou à travers le mur extérieur.*

3 *Installez la boîte de jonction sur l'ouverture et tirez le câble d'alimentation.*

4 *Utilisez un petit bout de conduit pour faire la connexion entre le connecteur LB et la boîte de jonction.*

7

Câblage extérieur et éclairage à basse tension

Fixer un coude. Au bout du connecteur LB, installez un bout droit de conduit rigide fileté (ou en PVC cédule 80) de longueur suffisante pour se rendre à la tranchée. Fixez le conduit au mur de fondation en utilisant des courroies à conduit et des vis auto- taraudeuses ou des vis à maçonnerie **(photo 5)**. Utilisez un connecteur à compression pour attacher un coude au bout du conduit droit. Le coude devrait être installé assez profondément dans la tranchée pour protéger le câble de type UF **(photo 6)**.

5 *Raccordez un bout de conduit du connecteur LB jusqu'à la tranchée.*

6 *Un coude protégera la câble jusqu'à la tranchée. Un manchon installé sur l'extrémité préviendra le frottement.*

Creuser une tranchée

Avant de commencer à creuser une tranchée, assurez-vous de savoir ce qui se trouve en dessous. En creusant au hasard, vous risquez de percer une conduite d'eau ou un câble téléphonique, électrique ou de câblodistribution. Avant de commencer, vérifiez avec les services publics s'il y a des lignes souterraines aux endroits prévus pour l'excavation. Dans la plupart des régions, il est requis d'aviser la compagnie de service public de vos intentions et d'obtenir sa permission avant de procéder aux travaux. Une fois l'autorisation obtenue, la tranchée peut être creusée au moyen d'une pelle, d'une pioche, d'une rétrocaveuse ou de tout autre équipement approprié. Les tranchées doivent être les plus étroites et les plus courtes possible pour réduire les coûts et éviter d'endommager l'aménagement paysager autant que possible. De plus, assurez-vous toujours de prévoir une boucle d'expansion dans le câble lorsqu'un câble de type UF pénètre dans un conduit ou en sort (voir le tableau « Prescriptions de profondeur d'enfouissement de câbles souterrains », page 200). À cause de la pression du sol sur le câble, tirer trop l'endommagera ou le coupera.

Pour éviter l'endommagement du câble par le gel et par la pression du sol, laissez toujours une boucle d'expansion dans le câble lorsqu'il pénètre dans un conduit ou en ressort.

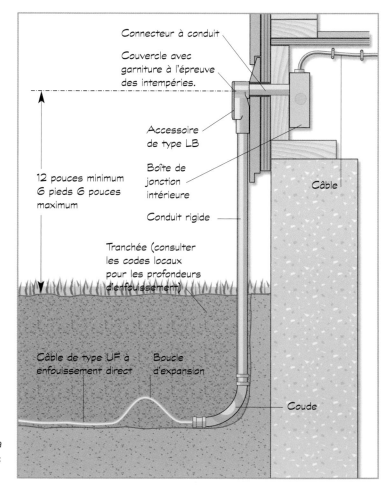

Connecteur à conduit

Couvercle avec garniture à l'épreuve des intempéries.

Accessoire de type LB

Boîte de jonction intérieure

Conduit rigide

Câble

12 pouces minimum
6 pieds 6 pouces maximum

Tranchée (consulter les codes locaux pour les profondeurs d'enfouissement)

Câble de type UF à enfouissement direct

Boucle d'expansion

Coude

COMMENT *installer un câble UF*

Niveau de difficulté :

Outils et matériel

- Pelle ronde
- Rétrocaveuse (optionnel)
- Pince ajustable
- Bâche en plastique de 6 mils
- Manchons et connecteurs à compression
- Gants de travail
- Masse à manche court
- Piquets de bois
- Cordeau et craie
- Corde de maçon
- Câble UF à enfouissement direct
- Connecteur LB
- Conduit rigide

Tracer et excaver la tranchée. En commençant au point de sortie de l'électricité, utilisez le cordeau et la craie pour délimiter le périmètre de la tranchée. Avec une masse, enfoncez des piquets juste à l'extérieur du tracé et tirez une corde de maçon entre les piquets **(photo 1)**. Avec une pelle ronde, enlevez la couche supérieure de gazon entre les cordes et disposez-la sur la bâche de plastique. Posez une seconde bâche de plastique sur la longueur complète de la tranchée. Cette deuxième bâche servira à recueillir la terre excavée au fur et à mesure qu'elle sera enlevée de la tranchée **(photo 2)**.

Installer le conduit et épisser le câble. Installez un bout de conduit rigide droit (en métal ou en PVC cédule 80) du connecteur LB jusqu'à la tranchée à la profondeur requise par le Code, puis, en utilisant un connecteur à compression et une pince ajustable, fixez-y un coude. Au bout du coude, installez un autre connecteur à compression avec un manchon en plastique prévu pour empêcher l'endommagement du câble UF. Ensuite, tirez le câble UF dans le coude à travers le connecteur LB, puis à l'intérieur de la boîte de jonction **(photo 3)**. Épissez les fils du câble UF et du câble d'alimentation ensemble **(photo 4)**.

1 *Installez des piquets le long de la tranchée, en commençant au connecteur LB et en finissant à l'appareil à raccorder.*

2 *Mettez de côté le gazon avec soin pendant le creusage de la tranchée pour faciliter le remplacement une fois le travail fini.*

3 *Installez un coude vers la tranchée. Ensuite tirez le câble à travers le coude et dans la boîte de jonction.*

4 *Épissez le câble NM et le câble UF à l'intérieur de la boîte de jonction.*

7 Câblage extérieur et éclairage à basse tension

Poser le câble et remplir la tranchée. Posez le câble UF au fond de la tranchée jusqu'au point de raccordement et tirez-le à travers le coude de sortie. Fixez le bout du câble à la prise, à l'interrupteur ou à l'appareil électrique extérieur à raccorder. (Si la tranchée doit traverser une allée, consulter les instructions ci-dessous intitulées « Prolonger une tranchée sous les trottoirs et entrées ».) Pour prévenir une tension inutile sur le câble, assurez-vous de laisser une boucle d'expansion dans le câble à chaque point d'entrée ou de sortie **(photo 5)**. Remblayez avec soin la tranchée et replacez le gazon. Faites attention aux roches pointues **(photo 6)**.

5 Lors de la pose du câble dans la tranchée, prévoyez une boucle d'expansion, de façon à prévenir l'endommagement inutile du câble.

6 Après avoir remblayé la tranchée, reposez le gazon enlevé avec soin.

CONSEIL PRATIQUE

Prolonger une tranchée sous les trottoirs et entrées

Si le câble souterrain (type UF) doit être prolongé sous un trottoir ou une entrée, le câble doit être protégé par un conduit rigide. Excavez la tranchée jusqu'au trottoir et prolongez-la sur le côté opposé. Pour faire le lien entre les deux tranchées, coupez un morceau de conduit rigide approximativement 12 pouces plus long que l'espace à franchir. Il y a deux ou trois manières de passer le conduit sous le trottoir. Une manière est de former un bout de conduit en pointe et de le passer sous le trottoir en le frappant avec une masse. Une autre manière consiste à placer un capuchon sur le bout du tuyau et à l'enfoncer jusqu'à l'autre côté. Si le capuchon est omis, le tuyau sera plus facile à enfoncer, mais il sera très difficile d'enlever la terre qui se sera infiltrée dans le conduit. Dans les deux cas, une fois le tuyau sorti de l'autre côté, coupez le bout endommagé en prenant soin de ne pas laisser des bords acérés. Placez du ruban sur la gaine du câble pour le protéger de l'écorchure lors de l'entrée dans le conduit.

Pour joindre les deux tranchées, encapuchonnez le bout du conduit et enfoncez-le sous le trottoir en utilisant une masse et un bloc de bois.

Méthodes de câblage extérieur

Prises

Les boîtes standards en métal ou en plastique ne peuvent pas être installées à l'extérieur parce qu'elles ne sont pas étanches. Les boîtes étanches sont fabriquées de plastique, d'aluminium, de bronze ou d'acier zingué. Si le câble est du type UF à enfouissement direct, il peut être placé dans une tranchée à la profondeur requise par le Code. Les sections de câble exposées doivent être protégées par un conduit rigide. Vérifiez les prescriptions locales des codes applicables.

COMMENT installer une prise extérieure

Niveau de difficulté : 🐾

Outils et matériel

- Tournevis isolés
- Outil multifonctions
- Pince à long bec
- Câble UF à enfouissement direct
- Prise (avec GFCI si requis)
- Boîte à l'épreuve des intempéries
- Couteau universel
- Pince ajustable
- Conduit rigide
- Connecteurs de conduit à compression
- Oreilles de fixation
- Coude

Installer la boîte de la prise. Qu'elle soit installée sur un mur, un poteau ou sur un conduit métallique rigide, une prise extérieure doit être complètement à l'épreuve des intempéries **(photo 1)**. Si la prise doit être installée sur un poteau de bois, installez les attaches spéciales appelées oreilles de fixation sur l'arrière de la boîte de la prise et vissez la boîte en place. Pour l'installation sur un tuyau, commencez en ancrant un coude et une section de conduit droit au bout de la tranchée excavée (voir l'illustration, page 203). Ensuite, à l'aide d'un connecteur à compression, fixez la boîte au bout supérieur de la section de conduit **(photo 2)**. Centrez la boîte de la prise entre 12 et 18 pouces du niveau du sol.

Tirer le câble et dénuder les fils. Fixez un manchon de plastique au bout du coude et tirez le câble UF par le conduit de la tranchée jusqu'à la boîte de la prise. Tirez le câble dans la boîte et sécurisez-le en place **(photo 3)**. Avec un couteau universel et une pince à long bec, retirez la gaine de câble en thermoplastique sur une longueur de 10 pouces pour libérer les fils situés à l'intérieur. Coupez l'excédent de gaine et dénudez les fils avec un outil multifonctions **(photo 4)**.

1 Installez une prise extérieure sur un mur ou sur un poteau, ou fixez-la à une terrasse.

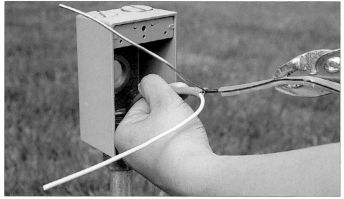

2 Une autre méthode pour installer une prise extérieure consiste à l'installer sur une ou deux longueurs de conduit en métal ancré dans une base de béton.

3 Pour prévenir l'endommagement du câble, installez un manchon en plastique sur les bouts des conduits.

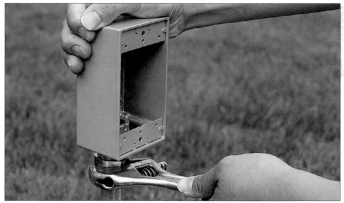

4 À cause de sa gaine thermoplastique recouvrant les fils, ceux-ci sont difficiles à dénuder.

7 Câblage extérieur et éclairage à basse tension

Raccorder et sceller la boîte de la prise. Raccordez les fils noir d'alimentation, blanc de neutre et de mise à la terre aux bornes appropriées de la prise **(photo 5)**. Fixez la prise à la boîte (utilisez une prise avec GFCI si le circuit en amont n'est pas protégé par un GFCI) ; ensuite placez la garniture en mousse sur la boîte pour la sceller **(photo 6)**. Terminez l'installation en installant le couvercle de la boîte. Alimentez le circuit et vérifiez-le. Si une prise avec GFCI a été utilisée, pressez le bouton d'essai sur la prise et ensuite pressez le bouton de réarmement.

5 Faites les connexions entre les fils d'alimentation et de neutre et les bornes de la prise, et raccordez le fil de mise à la terre à la vis prévue.

6 Scellez la boîte de prise extérieure en utilisant la garniture de mousse fournie avec la boîte.

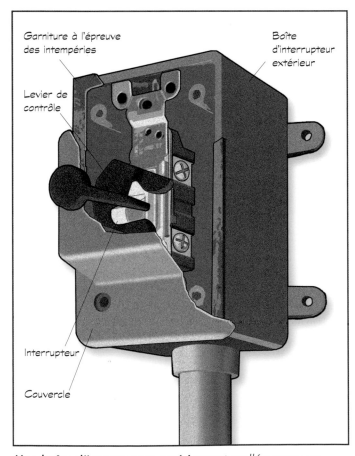

Garniture à l'épreuve des intempéries

Boîte d'interrupteur extérieur

Levier de contrôle

Interrupteur

Couvercle

Une boîte d'interrupteur extérieur est scellée avec une garniture de mousse. Un levier sur le couvercle contrôle l'interrupteur fixé sur le côté intérieur du couvercle.

Interrupteurs

Comme les boîtes de prises, les boîtes d'interrupteurs extérieurs sont étanches et scellées avec des garnitures de mousse. Un levier situé sur l'extérieur du couvercle de la boîte permet d'actionner un interrupteur conventionnel vissé à la surface intérieure du couvercle. Un câble UF est acheminé à la boîte de l'interrupteur par un conduit rigide attaché par un connecteur à compression étanche.

COMMENT installer un interrupteur extérieur

Niveau de difficulté :

Outils et matériel

- Tournevis isolés
- Outil multifonctions
- Pince à long bec
- Boîte d'interrupteur et couvercle à l'épreuve des intempéries
- Connecteur à compression

- Perçoir à pastilles
- Couteau universel
- Pince ajustable
- Câble UF à enfouissement direct
- Interrupteur conventionnel
- Oreilles de fixation
- Conduit rigide

Installer la boîte d'interrupteur. Fixez les oreilles de fixation à l'arrière de la boîte de l'interrupteur et vissez la boîte à la position désirée. Utilisez un connecteur pour fixer un bout droit de conduit rigide au bas de la boîte de l'interrupteur. Ensuite, installez un coude sous la section de conduit droit prolongeant l'installation jusqu'à la tranchée. Ancrez le conduit dans une base de béton (voir « Prises et interrupteurs », page 202).

Tirer le câble et dénuder les fils. Fixez un manchon de plastique au bout du coude et tirez le câble UF par le conduit de la tranchée jusqu'à la boîte de l'interrupteur **(photo 1)**. Tirez le câble dans la boîte et sécurisez-le en place **(photo 2)**. Avec le couteau universel, dégagez la gaine thermoplastique sur une longueur de 10 pouces. Pour accéder aux fils, détachez et coupez la gaine excédentaire. Utilisez l'outil multifonctions pour dénuder les fils **(photo 3)**.

Raccorder et sceller la boîte de l'interrupteur.
Raccordez les fils d'alimentation du circuit aux bornes de l'interrupteur, épissez les fils de neutre et raccordez les fils de mise à la terre à l'interrupteur et à la vis de mise à la terre au fond de la boîte (boîte en métal seulement) **(photo 4)**. Finalement, glissez le câblage à l'intérieur de la boîte et vissez le couvercle sur la boîte. Installez la garniture en mousse au boîtier de l'interrupteur et fixez le couvercle sur la boîte par-dessus l'interrupteur **(photo 5)**. Après avoir alimenté le circuit, testez le levier de contrôle sur le couvercle et assurez-vous qu'il actionne la manette de l'interrupteur.

1 *Des oreilles de fixation facilitent l'installation d'une boîte d'interrupteur. Un connecteur collé raccorde le conduit à la boîte.*

2 *Tirez le câble UF de la tranchée et le câble de l'appareil d'éclairage jusqu'à la boîte de l'interrupteur.*

3 *Exposez les fils, coupez l'excédent de gaine et dénudez les fils.*

4 *Raccordez les fils d'alimentation, de neutre et de mise à la terre.*

5 *Glissez les fils à l'intérieur de la boîte, installez la garniture de mousse et vissez le couvercle.*

7 Câblage extérieur et éclairage à basse tension

Appareils d'éclairage

Utilisez l'éclairage extérieur pour fournir l'éclairage de base requis et l'éclairage de travail, ou pour assurer un éclairage d'ambiance. Combiné avec des détecteurs de mouvement, l'éclairage extérieur peut aussi être utilisé comme partie intégrante d'un système de sécurité résidentiel. Tout l'éclairage extérieur, qu'il soit pratique ou décoratif, doit être à l'épreuve des intempéries. Un appareil d'éclairage extérieur peut être installé au plafond d'une véranda, sur un mur de bâtiment ou sur un poteau. Les appareils montés sur tuyau sont fixés à l'aide de connecteurs filetés, tandis que les projecteurs nécessitent des douilles spéciales possédant des têtes orientables dans toutes les directions. Un tête orientable supplémentaire est souvent fournie pour l'installation d'un détecteur de mouvement. (Voir « Lampes et éclairage de cour », page 204, et « Détecteurs et minuteries », page 210.)

COMMENT installer un appareil d'éclairage avec détecteur de mouvement

Niveau de difficulté :

Outils et matériel ──────────────

- Tournevis isolés
- Scie
- Perçoir à pastilles
- Ruban de tirage (non métallique)
- Câble 14/2 de type NM
- Boîte rectangulaire à l'épreuve des intempéries
- Outil multifonctions
- Boîte de jonction intérieure pour interrupteur
- Marrettes
- Appareil d'éclairage extérieur avec détecteur de mouvement

Installer la boîte d'interrupteur. Avec une scie, découpez une ouverture pour une boîte intérieure d'interrupteur et tirez le câble du circuit d'alimentation jusqu'à l'ouverture. Tirez le câble à l'intérieur de la boîte, installez la boîte et fixez le câble avec des brides de serrage **(photo 1)**.

Installer le boîtier de l'appareil d'éclairage. Percez un trou de câble dans le mur extérieur pour l'appareil de détecteur de mouvement et tirez un câble de la boîte de l'interrupteur jusqu'à l'emplacement de l'appareil. Tirez le câble à l'intérieur de la boîte et installez la boîte au mur. Serrez les vis de montage jusqu'à ce que la bride de la boîte soit scellée au revêtement extérieur. Fixez le câble à la boîte **(photo 2)**.

Raccorder l'interrupteur. Dans la boîte de l'interrupteur, raccordez les fils noirs du circuit d'alimentation et du

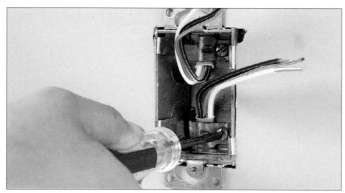

1 Découpez une ouverture dans un mur extérieur et installez une boîte d'interrupteur intérieur dans celle-ci.

2 Percez un trou de câble dans le mur extérieur pour le raccordement de l'appareil d'éclairage. Tirez le câble de l'interrupteur à travers le trou.

4 Assemblez l'appareil et le détecteur de mouvement selon les instructions du fabricant.

5 Tirez les fils à travers la plaque de montage, épissez les fils et raccordez la mise à la terre.

câble de l'appareil d'éclairage aux bornes de l'interrupteur. Ensuite raccordez les fils de mise à la terre à l'interrupteur. Terminez les raccordements en épissant les fils blanc de neutre provenant du câble d'alimentation et de l'appareil **(photo 3)**.

Assembler et raccorder l'appareil d'éclairage.

Suivant les directives du fabricant, attachez le détecteur de mouvement à la douille à l'épreuve des intempéries **(photo 4)** ; ensuite tirez les fils du détecteur et des douilles de lampe à travers la plaque de montage. Installez les garnitures et les rondelles pour imperméabiliser l'appareil. Épissez le fil rouge du détecteur avec les fils noirs des douilles de lampe. Ensuite, raccordez les fils nus de mise à la terre provenant de l'interrupteur à la borne de mise à la terre du boîtier de l'appareil d'éclairage. Positionnez la garniture sur le boîtier de l'appareil et épissez le fil blanc de l'interrupteur avec le fil de neutre blanc de l'appareil. Répétez avec le fil noir de l'interrupteur et le fil noir de l'appareil **(photo 5)**.

Installer l'appareil d'éclairage.
Glissez les fils dans la boîte, installez l'appareil sur la garniture et vissez la plaque de montage sur la boîte. Mettez le circuit sous tension et testez l'interrupteur, les lampes et le détecteur **(photo 6)**.

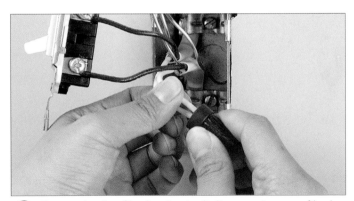

3 Raccordez les fils du circuit d'alimentation aux fils de l'appareil, connectez les fils de mise à la terre et épissez les fils de neutre.

6 Glissez les fils dans le boîtier de l'appareil et vissez la plaque de montage sur le boîtier.

Circuit extérieur pour prise, interrupteur et appareil d'éclairage

Dans ce circuit extérieur, une prise avec GFCI protège les fils du circuit ainsi que l'interrupteur et l'appareil d'éclairage des chocs électriques. Un câble à deux conducteurs alimente les bornes de la prise et continue vers l'interrupteur et l'appareil d'éclairage.

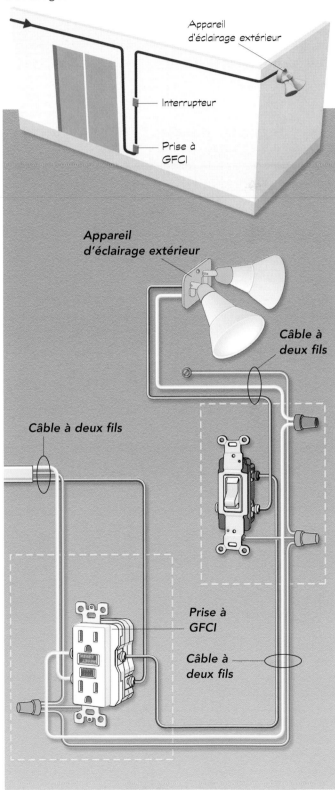

Appareil d'éclairage extérieur

Interrupteur

Prise à GFCI

Appareil d'éclairage extérieur

Câble à deux fils

Câble à deux fils

Prise à GFCI

Câble à deux fils

7 Câblage extérieur et éclairage à basse tension

Conception de systèmes d'éclairage à basse tension

L'installation d'un éclairage à basse tension constitue l'un des projets les plus populaires chez les bricoleurs. Puisque les circuits fonctionnent à une tension de 12 volts au lieu de la tension résidentielle standard de 120 volts, l'installation à basse tension est plus sécuritaire que le câblage de maison. Certains fabricants recommandent d'alimenter le circuit lors du raccordement des appareils d'éclairage, ce qui permet de voir les résultats immédiatement. (Toujours suivre les instructions du fabricant.)

L'installation est beaucoup plus facile. Pour la plupart des systèmes, branchez un transformateur abaisseur dans une prise de courant conventionnelle avec GFCI et raccordez le câblage aux appareils d'éclairage. Travailler avec une installation à bas voltage ne nécessite pas le tirage de fils dans des conduits ou l'enfouissement à une profondeur aussi grande que le câblage conventionnel à 120 volts. Les besoins varient, mais la plupart des fabricants ne requièrent d'enterrer les fils qu'à quelques pouces.

L'installation rapide permet de modifier facilement le système en ajoutant ou en déplaçant des appareils à de nouveaux emplacements. Considérant que l'aménagement paysager a tendance à changer au fil des ans, il y a un avantage à utiliser un système à basse tension pouvant être modifié selon l'environnement.

Concepts de base. Étudiez votre propriété pour identifier les meilleurs emplacements pour des lampes à basse tension. Notez l'effet du clair de lune sur l'aménagement paysager, en gardant en tête l'utilisation de l'espace pendant la nuit. La plupart des propriétaires utilisent l'éclairage à basse tension pour obtenir un effet particulier.

- *Rehausser des points précis.* Utilisez les lampes pour éclairer indirectement un arbre ou un buisson. Ou dirigez un projecteur vers une statue de jardin ou un bassin d'eau. Il est préférable de ne choisir qu'un ou deux points de convergence. En choisir trop donnerait un aspect désordonné à votre aménagement.

- *Éclairage de sûreté.* Les appareils installés le long des allées et des entrées et sur les marches ajouteront à la sécurité de votre terrain et de vos espaces extérieurs.

- *Terrasses et patios.* Les appareils à basse tension installés sur les balustrades ou sur le périmètre d'un patio livreront un bon éclairage d'ambiance. Ils aideront à profiter de ces espaces plus longtemps.

▲ *Les petits reflets* lancés par ces appareils d'allée éclairent le chemin et ajoutent une touche décorative au jardin.

▶ *Lors du choix des appareils,* souvenez-vous que les appareils installés en saillie doivent être attrayants à la lumière du jour.

Choisir un système. Il est utile de faire des esquisses de votre plan d'éclairage avant de procéder aux travaux. La perspective offerte par un plan à l'échelle vous permettra de faire des modifications aisément.

Une fois le plan arrêté, choisissez les appareils d'éclairage. Les centres de rénovation et les boutiques de luminaires offrent généralement une bonne sélection d'appareils. Les systèmes d'éclairage à basse tension comprennent généralement toutes les composantes requises. Le seul désavantage est que le choix d'appareils est limité. Les appareils visibles devraient être aussi beaux pendant la journée que durant la nuit.

◄ *Créez un point d'intérêt avec la lumière. Utilisez l'éclairage pour attirer l'œil vers certains aspects de votre jardin.*

▼ *L'éclairage d'allée à basse tension produit une douce lueur invitant les visiteurs chez vous.*

Erreurs de conception. Ne suréclairez pas. Plusieurs propriétaire font l'erreur d'installer trop d'appareils, surtout le long des sentiers et des allées. Trop éclairer ces secteurs donne l'apparence d'une piste de décollage, ce qui doit être évité à tout prix. Installez les appareils de façon qu'ils ne projettent pas de reflets dans vos fenêtres ou celles de vos voisins.

Créez un concept d'éclairage équilibré en variant différentes techniques d'éclairage. Par exemple, associez un arbre éclairé indirectement avec des appareils d'éclairage d'allée à faible lueur.

◄ *Des appareils d'éclairage installés dans des contremarches aident à assurer la sécurité sur une terrasse. Orientez le faisceau lumineux de façon à ne pas causer d'éblouissement.*

Câblage. Lors de l'assemblage des composantes d'un système d'éclairage à basse tension, déterminez la longueur requise de câblage. La longueur totale déterminera le calibre du câblage à acheter. Contrairement aux appareils à tension conventionnelle, les appareils d'éclairage à basse tension suscitent une perte de tension croissante en fonction de la distance entre l'appareil et le transformateur. Choisir le câblage en fonction de l'installation est important. Suivez les recommandations du fabricant. (Voir le conseil pratique « L'achat du câblage », page 220.)

Accessoires. Un des accessoires les plus pratiques d'un système d'éclairage à basse tension est un mécanisme permettant d'allumer ou d'éteindre les lumières. Plusieurs systèmes sont photosensibles ; ils s'allument au crépuscule et s'éteignent à l'aube. Une autre possibilité est un système s'allumant au crépuscule mais s'éteignant après une période de temps prédéterminée.

7

Câblage extérieur et éclairage à basse tension

Éclairage à basse tension

Un autre genre d'éclairage extérieur est l'éclairage à basse tension. La plus basse tension requise pour faire fonctionner ce type de système est plus sécuritaire qu'un système d'éclairage extérieur conventionnel à 120 volts. Le risque est si minime qu'un court-circuit dans un réseau à basse tension ne pourrait même pas être ressenti par un nageur. Pour cette raison, c'est le système idéal pour les piscines creusées. Plus souvent qu'autrement, l'éclairage à basse tension est utilisé pour éclairer les allées et les entrées, ainsi que pour mettre en valeur l'aménagement paysager. La puissance des lampes des appareils d'éclairage à basse tension se situe généralement entre 25 et 50 watts. Il suffit d'installer un transformateur pour réduire la tension de 120 à 12 volts. L'éclairage raccordé à un transformateur peut être installé en série continue et raccordé à des appareils plantés comme des piquets le long du chemin de câblage. Considérant le faible risque d'utilisation associé à ce genre de câblage, il n'est pas requis de l'enterrer à une profondeur excédant 6 pouces.

COMMENT installer un système d'éclairage extérieur à basse tension

Niveau de difficulté :

Outils et matériel

- Tournevis isolés
- Marteau d'électricien
- Outil multifonctions
- Câble 14/2 de type NM
- Câble UF à enfouissement direct
- Boîte en métal ou en plastique de remodelage
- Prise avec GFCI
- Pinces ajustables
- Scie
- Perçoir à pastilles
- Ruban de tirage (non métallique)
- Agrafes à câble de type 14/2
- Marrettes
- Transformateur à basse tension à l'épreuve des intempéries
- Appareils d'éclairage à basse tension avec piquets

Installer la boîte de la prise. Utilisez une scie pour faire une ouverture dans un mur extérieur où vous installerez une boîte de remodelage pour prise à un endroit proche de l'installation prévue pour le système d'éclairage à basse tension. Tirez le câble de calibre 14/2 de l'ouverture jusqu'à la source de l'alimentation (panneau principal ou prise adjacente). Tirez le câble à travers la boîte et installez la boîte **(photo 1)**.

Installer la prise avec GFCI. Dans la boîte de la prise, raccordez le fil de neutre blanc du câble de type NM à la prise GFCI. Raccordez le fil noir du circuit d'alimentation à la borne de la prise GFCI. Ensuite, raccordez le fil de mise à la terre du circuit d'alimentation à la vis de mise à

▶ *Lampe solaire suspendue*

▼ *Lampe à profil bas*

▶ *Lanterne en cuivre*

▼ *Lampe de sol à profil bas*

la terre de la prise et à la vis de la boîte (si nécessaire) **(photo 2)**. Installez la prise dans la boîte. Installez le couvercle de prise à l'épreuve des intempéries avec sa garniture, en serrant les vis de montage solidement.

Installer l'éclairage à basse tension. À l'aide des piquets fournis, plantez les appareils du réseau à basse tension. Les appareils peuvent être positionnés le long d'un mur, d'un trottoir ou d'un patio. Ils peuvent aussi être utilisés pour mettre en valeur le jardin ou une autre caractéristique de l'aménagement paysager **(photo 3)**. Installez le câble à basse tension dans une tranchée d'une profondeur minimum de 6 pouces. Attachez les fils de chaque appareil au câble souterrain **(photo 4)**.

Raccorder l'éclairage à basse tension. Laissez une boucle d'expansion dans le câble avant de le raccorder au transformateur. Raccordez le câblage à basse tension au transformateur à 12 volts selon les directives du fabricant **(photo 5)**. Installez le transformateur sous ou à côté de la prise GFCI installée précédemment. Branchez le transformateur dans la prise, alimentez le circuit et testez le système **(photo 6)**. Une fois l'installation fonctionnelle, remblayez la tranchée.

1 Faites une ouverture dans un mur extérieur pour une boîte de prise GFCI.

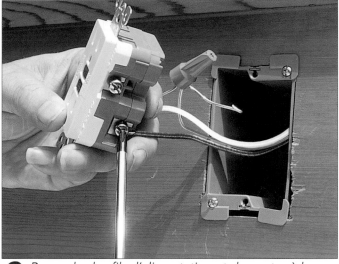

2 Raccordez les fils d'alimentation et de neutre à la prise GFCI. Raccordez le fil de mise à la terre à la borne de mise à la terre.

3 Installez les appareils d'éclairage le long d'une allée, d'une entrée ou d'un autre élément paysager.

4 Enfouissez le câble dans une tranchée d'au moins 6 pouces et attachez les fils de l'appareil au câble.

5 Suivez les instructions du fabricant pour raccorder les fils à basse tension au transformateur abaisseur de 12 volts.

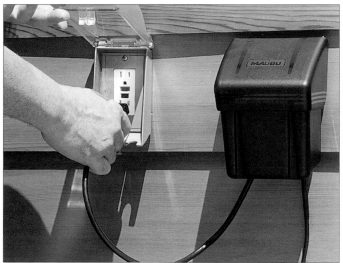

6 Branchez le transformateur dans la prise, alimentez le circuit et testez le système.

7 Câblage extérieur et éclairage à basse tension

Piscines et spas

Les piscines et les spas regagnent en popularité chez les propriétaires résidentiels. Une des raisons de cette popularité accrue est la grande disponibilité des produits dans le domaine des piscines et des spas, des pataugeuses aux piscines creusées, et incluant des spas pouvant accueillir jusqu'à huit personnes. Puisque la plupart de ces produits requièrent des pompes électriques, des filtres et des chauffe-eau, il est requis d'installer du câblage pour les raccorder.

Pour les piscines creusées grand format, il est préférable de laisser l'installation électrique à un maître électricien. En fait, plusieurs municipalités en font une exigence parce qu'il est requis d'interconnecter toutes les composantes en métal à un réseau commun de liaison. Cela veut dire que toutes les partie de métal, incluant l'acier d'armature utilisé dans les piscines creusées, doivent être raccordées par des conducteurs assurant une mise à la terre commune.

La marche à suivre diffère pour les plus petites piscines et pour les spas. Dans la plupart de ces cas, l'installation électrique n'est pas plus difficile que d'installer des interrupteurs et des prises tel que décrit dans ce livre. Si les codes locaux interdisent qu'une personne autre qu'un maître électricien fasse les raccordements, le bricoleur peut quand même tirer le câble et creuser les tranchées qui font partie intégrante de l'installation.

Le câblage aérien doit être installé à une distance d'au moins 22 pieds et demi de la surface de l'eau.

Exigences du Code

Tel que mentionné ci-dessous, le type de piscine ou de spa et sa grandeur détermineront les besoins électriques. Par contre, le Code de l'électricité a certaines exigences.

- Le câblage aérien électrique et de réseaux de télécommunications à bande large surplombant la piscine doit être situé à une distance minimale de 22 pieds et demi du niveau de l'eau, et ne peut être installé à une distance inférieure à 14 pieds et demi d'un tremplin ou d'une plate-forme. Les mêmes règlements s'appliquent aux spas.

- Le câblage pour les télécommunications tel le téléphone ou la câblodistribution doit être conservé à une distance minimale de 10 pieds de la surface de l'eau d'une piscine ou d'un spa, d'un tremplin ou d'une plate-forme.

- Le câblage souterrain doit être distant du mur intérieur de la piscine ou du spa d'au moins 5 pieds, à moins que le câblage n'alimente une composante de l'équipement.

- Les prises alimentant les pompes et autre équipements de piscine et de spa doivent être munies d'un disjoncteur différentiel de faute à la terre (GFCI), ou le circuit doit être protégé par un disjoncteur avec GFCI intégré.

- Lorsqu'un coupe-circuit est requis par le Code, le sectionneur ou le disjoncteur doit être placé bien à la vue des utilisateurs, mais éloigné d'au moins 5 pieds de la piscine ou du spa.

▲ *Les piscines hors terre* nécessitent des pompes et des filtres fonctionnant sur des circuits de 20 ampères protégés par des dispositifs avec GFCI.

▼ *Les règlements* s'appliquant aux distances du câblage électrique et de télécommunications des piscines s'appliquent aussi aux spas portatifs.

Piscines hors terre

La grandeur de la piscine détermine la méthode employée pour le raccordement et le type de câblage à utiliser. Plusieurs piscines hors terre sont vendues avec un filtre et une pompe spécifiques. Sinon, la pompe et le filtre devront être achetés séparément. Votre détaillant de piscines vous aidera à choisir l'équipement approprié.

Un circuit de 20 ampères est généralement suffisant pour le raccordement d'une pompe de ce genre. Dans la plupart des cas, il ne faut que brancher la pompe dans une prise protégée par un GFCI. La pompe du filtre de la piscine doit porter l'étiquette d'un laboratoire de vérification indépendant reconnu, tel le « Underwriters Laboratories ». Elle doit être identifiée comme « à isolant double » et être construite en prévision du raccordement d'un conducteur de mise à la masse intégré au cordon d'alimentation flexible de l'équipement. Les pompes de filtre listées ont des cordons de mise à la terre de 25 pieds.

COMMENT installer le câblage à 120 volts pour une piscine entreposable

Niveau de difficulté : 🐦🐦

Outils et matériel

- Tournevis isolé
- Outil multifonctions
- Pince à long bec
- Dégaineur de câble
- Pinces ajustables
- Perceuse portative
- Forets de bois et de maçonnerie
- Béton à mélange rapide
- Truelle
- Courroies de fixation de conduit
- Agrafes à câble
- Câble de type NM
- Boîte de jonction
- Conduit rigide

- Disjoncteur de 20 ampères avec GFCI
- Câble 12/2 de type UF à enfouissement direct
- Connecteur LB
- Boîte double à l'épreuve des intempéries
- Coudes de 90 degrés
- Connecteurs de conduit à compression
- Interrupteur et prise simple
- Écrous autobloquants et manchons en plastique ou en fibre
- Connecteur de câble de ½ pouce

Besoins de câblage. Comme un cordon de rallonge ne devrait jamais être utilisé avec ce genre d'équipement, il pourra être nécessaire d'installer une prise extérieure pour alimenter l'équipement de piscine. Il y a deux options : soit installer un circuit alimenté par un disjoncteur avec GFCI intégré, soit installer une prise conventionnelle avec GFCI. Le câblage alimenté par un disjoncteur GFCI ne doit pas être enfoui à moins de 12 pouces, et le câblage alimenté par un disjoncteur conventionnel, même avec une prise GFCI, ne doit pas être enfoui à moins de 18 pouces. La raison de cette différence est que la prise GFCI ne pourra protéger le câblage la raccordant au panneau.

Déterminer l'emplacement de la prise. Si le cordon fourni avec la pompe n'est pas de longueur suffisante pour

CONSEIL PRATIQUE
Besoins d'éclairage de piscine

Les appareils d'éclairage de piscine (luminaires) pour les piscines entreposables doivent être installés dans ou sur le mur de la piscine. L'éclairage à basse tension doit faire partie d'une ensemble complet. En d'autres mots, vous ne pouvez vous procurer les appareils d'éclairage et les transformateurs, et présumer que les composantes respecteront les exigences des codes. Les composantes doivent être testées en assemblage complet et être approuvées pour l'utilisation dans une piscine entreposable.

1 Percez la solive de rive et installez une rondelle sur le bout du connecteur LB. Protégez le câble avec un manchon.

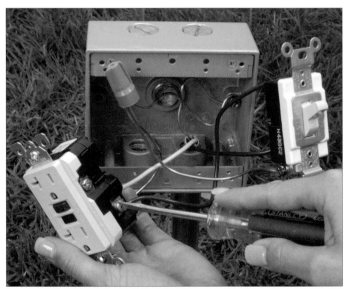

4 Raccordez le fil noir de puissance à l'interrupteur et installez un conducteur de liaison de l'interrupteur à la prise.

être branché dans une prise existante, il faudra en installer une nouvelle. Mais si vous faites l'installation, installez une combinaison de prise et d'interrupteur. Ce n'est pas requis par la présente édition du Code, mais il est plus sécuritaire de couper le circuit avant de retirer la fiche de la prise.

Amener l'électricité à l'extérieur. Cette installation peut être faite de deux manières. La première est décrite à la section « Comment prolonger l'électricité à l'extérieur », page 211. Cette méthode vous indique comment installer une boîte de jonction à l'intérieur de la maison au point de

2 Au lieu de forcer le câble à changer abruptement de direction, fixez un coude de 90 degrés au conduit.

3 Utilisez deux bouts de conduit ancrés dans le béton pour supporter la boîte de prise extérieure.

5 Branchez la pompe de la piscine et testez l'installation. L'interrupteur contrôlera l'alimentation de la prise.

7 Câblage extérieur et éclairage à basse tension

Installer le conduit. Le conduit métallique peut être vissé dans le connecteur LB ou l'installation peut être faite avec un connecteur à compression. Pour réduire le dommage au câble à la transition entre la verticale et l'horizontale, le conduit doit être plié à un angle de 90 degrés, ou prévoyez l'installation d'un coude de 90 degrés **(photo 2)**.

Installer une boîte pour prise extérieure. Il y a plusieurs manières de supporter la boîte. La première est de fixer la boîte double à un poteau de bois traité installé dans une base de béton. L'autre est de visser un bout de conduit avec un coude de 90 degrés d'approximativement 12 pouces au conduit d'alimentation se terminant dans le bas de la boîte. Coulez le béton autour des deux coudes de 90 degrés pour les fixer. Le Code requiert qu'une boîte électrique avec une prise et un interrupteur soit supportée par au moins deux conduits **(photo 3)**.

Raccorder l'interrupteur et la prise. Raccordez le fil noir du circuit d'alimentation à une des bornes en laiton de l'interrupteur. Raccordez un conducteur de liaison entre l'interrupteur et la borne en laiton de la prise. Raccordez le fil blanc de neutre du circuit d'alimentation à la borne argentée de la prise. Cette configuration de câblage permettra à l'interrupteur de contrôler l'alimentation de la prise **(photo 4)**. Glissez les fils à l'intérieur de la boîte et installez le couvercle à l'épreuve des intempéries.

Tester le circuit. Si vous installez un disjoncteur GFCI, c'est le temps. Suivez les indications décrites dans la section «Comment installer un disjoncteur anti-arc», page 78. Tels les disjoncteurs anti-arc, les disjoncteurs à GFCI ont aussi un fil intégré à raccorder à la barre de neutre. Si vous avez installé une prise GFCI, testez-la en branchant la pompe et en actionnant l'interrupteur **(photo 5)**.

sortie du câble d'alimentation. La boîte de jonction permet la transition entre le câble approuvé pour utilisation à l'intérieur et celui pour l'extérieur.

L'autre méthode proposée consiste à tirer le câble de type UF (approuvé pour enfouissement direct) du panneau de distribution jusqu'à la prise extérieure. Au point où le câble sort de la maison, fixez un bout de conduit à un connecteur de type LB et poussez le conduit à travers un trou percé dans la solive. À l'intérieur, installez une rondelle, un écrou autobloquant et un manchon pour protéger le câble **(photo 1)**.

Installation d'un spa

Les spas sont disponibles dans une grande variété de formes et de grandeurs. Les besoins électriques peuvent varier de 15 ampères et 120 volts à 50 ampères et 240 volts, selon les dimensions du bassin et la quantité de jets alimentés par la pompe. Tel que pour les piscines, les plus petites unités sont simplement raccordées dans une prise GFCI. Les plus grosses unités doivent être raccordées directement au panneau. Certains spas ont deux moteurs, un pour le pompage de l'eau et l'autre pour la soufflerie. Les plus grands spas sont disponibles avec deux pompes à eau et un moteur de soufflerie. L'ensemble complet devrait porter l'étiquette d'approbation d'un laboratoire de vérification reconnu. Installez ces équipements selon les directives du fabricant, lesquelles font partie intégrante des articles approuvés par le laboratoire.

Les spas et jacuzzis requièrent un sectionneur pour pouvoir couper l'alimentation des moteurs des pompes de circulation d'eau et des jets. Le sectionneur doit être accessible aux utilisateurs du spa mais ne peut être installé à moins de 5 pieds du spa ou du jacuzzi, ou à plus de 50 pieds, et il doit être visible des utilisateurs. Consultez les règlements locaux avant de tenter de faire cette installation. Le Code pourrait exiger que les raccordements soient faits par un maître électricien.

Installation du sectionneur d'un spa

Suivez les instructions du fabricant pour l'installation et l'emplacement du spa ou du jacuzzi. Les dégagements requis pour le câblage aérien sont les mêmes que pour les piscines. Demandez un permis de construction. Il est frustrant de devoir défaire l'installation pour déplacer le spa de quelques pieds à cause d'une dérogation aux normes.

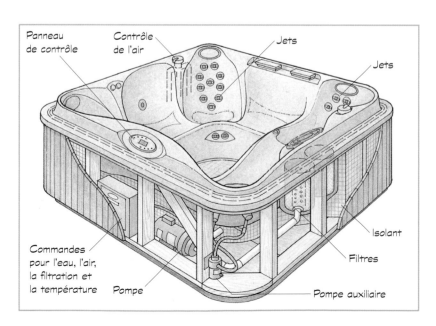

Panneau de contrôle

Contrôle de l'air

Jets

Jets

Commandes pour l'eau, l'air, la filtration et la température

Pompe

Pompe auxiliaire

Filtres

Isolant

COMMENT raccorder un sectionneur de spa de 50 ampères

Niveau de difficulté :

Outils et matériel

- Tournevis isolé
- Outil multifonctions
- Pince à long bec
- Dégaineur de câble
- Pinces ajustables
- Perceuse portative
- Foret de maçonnerie
- Ruban de tirage
- Poteau en bois traité de 4 x 4
- Sac de béton à mélange rapide
- Truelle
- Agrafes à câble
- Scie
- Connecteur à conduits et pinces
- Conduit rigide de ³/₄ de pouce

- Conduit non métallique de ³/₄ de pouce
- Connecteur LB de ³/₄ de pouce
- Connecteur de boîte de ³/₄ de pouce
- Coude de ³/₄ de pouce
- Écrous autobloquants de ³/₄ de pouce et manchons de fibre ou de plastique
- Câble de calibre 6 AWG, de type THWN
- Câble de calibre 10 AWG, de type THWN ou XHHW de couleur vert et blanc
- Disjoncteur bipolaire de 50A à 250V

Amener l'électricité à l'extérieur. Creusez une tranchée d'au moins 18 pouces de profondeur de la maison au sectionneur, et ensuite jusqu'au spa. Tirez un câble de type NM du panneau principal jusqu'à une boîte de jonction située sur le mur extérieur de la maison. À partir de ce point, tirez des fils individuels dans un conduit enfoui directement jusqu'au sectionneur, et ensuite vers le panneau de commande du spa. Cette installation requiert une combinaison de conduits métallique et non métallique. Par contre, il est possible d'utiliser seulement un conduit non métallique, ou s'il y a possibilité de bris, seulement un conduit métallique. Dans plusieurs cas, le Code local précise le genre de conduit à utiliser.

Suivez les instructions de la section « Réaliser une sortie de câble », page 211. Pour la transition entre le conduit métallique et le conduit de PVC de la portion souterraine, collez un connecteur en PVC avec bout fileté mâle à une longueur de conduit en PVC. Ensuite, utilisez un connecteur fileté pour raccorder un coude de 90 degrés au conduit de PVC **(photo 1)**.

Anatomie d'un spa. *Les équipements peuvent varier, mais dans plusieurs cas le conduit peut être acheminé sous la jupe extérieure et remonté proche du panneau de commande.*

1 Fixez un connecteur fileté au conduit en PVC et vissez-le au conduit de métal. Un manchon protège les fils.

2 Fixez le boîtier au poteau (en médaillon). Utilisez des pinces à conduit pour fixer le conduit au poteau.

3 Raccordez les fils d'alimentation aux bornes du sectionneur et raccordez les fils du spa du côté charge.

4 Actionnez le levier pour alimenter le spa. Ce genre de sectionneur est muni d'un couvercle à l'épreuve des intempéries (en médaillon).

Installer le sectionneur du spa. Fixez le boîtier du sectionneur sur un poteau de 4 x 4 ancré dans le béton **(photo 2, en médaillon)**. Installez le conduit en PVC de la maison jusqu'à l'emplacement du sectionneur et ensuite du sectionneur vers le panneau de commandes du spa. Fixez le conduit solidement **(photo 2)**.

Tracer le parcours du câblage. Tirez le câble n° 6 AWG entre le panneau et la boîte de jonction située à l'intérieur de la maison. Coupez le courant au sectionneur principal.

Retournez à l'extérieur et tirez les fils dans le conduit. Un câblage sera requis entre la maison et le sectionneur, et entre le sectionneur et le spa. Tirez deux longueurs de fil noir n° 6 AWG, une longueur de fil vert n° 10 AWG et une longueur de fil blanc n° 10 AWG si nécessaire à chaque étape. Placez du ruban rouge aux extrémités de l'un des fils noirs n° 6 AWG.

Raccordez les fils au sectionneur. Raccordez les deux fils noirs provenant de la maison aux bornes du haut du sectionneur identifiées « LINE ». Raccordez les fils noirs du panneau de commandes du spa aux bornes du sectionneur identifiées « LOAD ». Raccordez les fils de mise à la terre à la borne appropriée du sectionneur **(photo 3)**.

Faites les raccordements au panneau de commandes du spa selon les instructions du fabricant. Faites les connexions dans la boîte de jonction à l'intérieur de la maison et à l'intérieur du panneau principal.

Rétablir le courant. Certains sectionneurs nécessitent l'ajout d'un disjoncteur GFCI. Le sectionneur montré contient une protection par GFCI. Rétablissez le courant et alimentez le sectionneur du spa en actionnant le disjoncteur **(photo 4)**.

Éclairage de piscine sous l'eau

Installez l'éclairage de piscine sous l'eau en conformité avec les prescriptions du Code. Utilisez du câblage approuvé pour les endroits mouillés et faites toutes épissures au-dessus du niveau de l'eau. Toutes les composantes situées sous le niveau de l'eau doivent être étanches. De plus, le système d'éclairage complet doit être mis à la terre.

L'éclairage sous l'eau peut être raccordé à une source conventionnelle de 120 volts ou être à basse tension (12 volts). Un transformateur est requis pour réduire la tension requise par les appareils d'éclairage à basse tension. Les systèmes à basse tension sont hautement recommandés à cause du courant faible induit en cas de court-circuit, lequel ne pourrait mettre la vie d'un baigneur en danger.

CONSEIL PRATIQUE
Le respect de l'eau et de l'électricité

L'électricité et l'eau forment ensemble une combinaison meurtrière. Toujours respecter toutes les mesures de sécurité. Un piscine électrifiée peut être le résultat d'une installation mal faite.

- Si un appareil, une garniture ou une lentille semble usé ou vieux, remplacez-le.

- Utilisez toujours une lentille, lampe ou garniture de remplacement fabriquée spécifiquement pour l'appareil. Recourez au même fabricant ou à une marque générique prévue pour la marque et le modèle de l'appareil. Installer de force une composante différente est une invitation à la tragédie.

- Chaque appareil est conçu pour une lampe particulière. Si l'écriture sur la lampe n'est pas lisible, ne jamais remplacer une lampe par une autre de puissance supérieure à 400 watts. La chaleur peut faire fondre la résine qui rend le luminaire étanche.

Circuit d'éclairage sous l'eau

Pour des raisons de sécurité, le câblage électrique dans et autour des piscines doit être raccordé sur un circuit dédié. Le câblage doit être approuvé pour installation dans les endroits mouillés. Il y a des sections du Code spécifiques aux installations d'appareils d'éclairage sous-marins et aux transformateurs et détecteurs de faute à la terre les alimentant. Bien que des systèmes d'éclairage à 120 volts soient disponibles, un système à basse tension est avantageux. Ce genre de système utilise un transformateur abaisseur à l'épreuve des intempéries spécialement conçu pour alimenter des installations électriques situées sous l'eau. La tension fournie est si basse qu'un court-circuit dans le réseau d'éclairage serait imperceptible à un baigneur et que la protection par GFCI n'est pas requise. Les appareils d'éclairage sous l'eau sont installés dans des niches mouillées ou sèches sur les côtés intérieurs d'une piscine. Une niche mouillée est un boîtier de lampe étanche raccordé par un conduit à une boîte de jonction située au-dessus du niveau de l'eau plus loin de la piscine. Une niche sèche n'est pas étanche.

▼ *Des lampes pour éclairage de piscine peuvent être installées dans des niches sèches ou mouillées. Contrairement à une niche sèche, une niche mouillée est étanche. De cette manière, il est possible de remplacer une lampe sans avoir à abaisser le niveau de l'eau.*

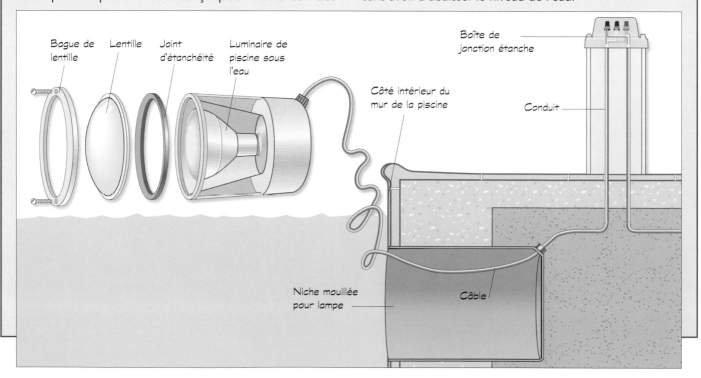

Bague de lentille · Lentille · Joint d'étanchéité · Luminaire de piscine sous l'eau · Côté intérieur du mur de la piscine · Boîte de jonction étanche · Conduit · Niche mouillée pour lampe · Câble

COMMENT *remplacer une lampe sous l'eau*

Niveau de difficulté :

Outils et matériel

- Lampe et garniture de remplacement
- Tournevis isolé

Enlever et désassembler l'appareil d'éclairage.

Coupez le courant au disjoncteur. Dans la piscine, dévissez la vis du verrou retenant le couvercle de l'appareil **(photo 1)**. Retirez le dessous, lequel est accroché dans la niche. Déroulez le cordon et retirez l'appareil de la piscine. Desserrez les vis retenant la bague de la lentille et enlevez doucement la lentille du luminaire **(photo 2)**.

Remplacer la lampe et réassembler l'appareil.

Dévissez la vielle lampe et revissez la nouvelle **(photo 3)**. Avant de réassembler le luminaire, rétablissez le courant et allumez brièvement la lampe pour vous assurer qu'elle fonctionne. Coupez le courant et réassemblez l'appareil. Puisqu'une garniture s'effrite à la longue à cause de son exposition aux produits chimiques, à la chaleur et à la compression, souvenez-vous de remplacer la vieille garniture par une nouvelle. Placez la nouvelle garniture autour de la lentille comme s'il s'agissait d'un élastique étiré autour d'un verre. Si le couvercle est fileté, serrez les vis sur des côtés opposés pour appliquer une pression uniforme et éviter des espaces pouvant causer des fuites. Placez le luminaire sous l'eau quelques minutes et vérifiez s'il y a des bulles d'air, ce qui indiquerait qu'il y a une fuite **(photo 4)**. S'il y a une fuite, désassemblez le luminaire et rescellez la garniture. Une fois assuré qu'il n'y a pas de fuite, replacez le luminaire dans la niche.

1 *Penchez-vous vers la piscine et dévissez la bague du verrou retenant le luminaire.*

2 *Desserrez le couvercle de la lentille et enlevez doucement la lentille du luminaire.*

3 *Enlevez la lampe brûlée et vissez la lampe de remplacement. Alimentez le circuit et testez l'appareil.*

4 *Réassemblez le luminaire et tenez-le sous l'eau pour vérifier la présence de bulles. Assurez-vous qu'il n'y a pas de fuite.*

7 Câblage extérieur et éclairage à basse tension

Éclairage de piscine

L'éclairage de piscine peut être aussi varié que l'éclairage à l'intérieur d'une maison. Des lampes d'accentuation peuvent être utilisées pour mettre en relief des fontaines, des aménagements paysagers et d'autres éléments du décor dans et autour d'une piscine. Un éclairage de fonction peut éclairer l'allée vers et autour de la piscine, tandis qu'un éclairage sous l'eau donne de la beauté et de la sécurité à la baignade de nuit et aux réceptions en plein air.

▶ **L'éclairage intérieur d'une piscine** attire l'attention d'une manière spectaculaire, mettant ici l'accent sur les rebords de cette piscine située à côté d'une colline.

▼ **Les luminaires extérieurs** fournissent l'éclairage d'atmosphère de cette maison et du patio de la piscine.

▲ *L'éclairage sous l'eau* met l'accent sur le jet d'eau vertical de cette fontaine et la cascade d'eau sur le mur.

▲ *Des luminaires suspendus* illuminent cette aire de réception en plein air, tandis que des appareils dissimulés éclairent la piscine.

◄ *Les éclairages de fonction et d'ambiance* agissent de concert pour harmoniser cette piscine avec cet aménagement paysager.

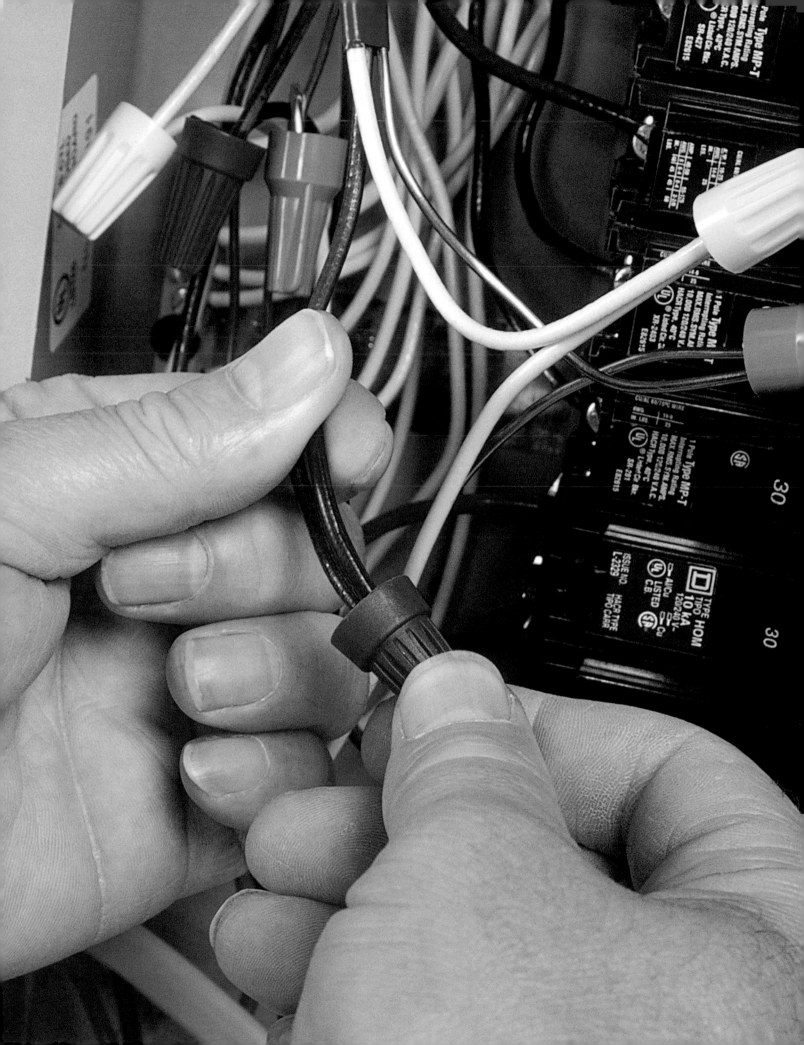

Chapitre 8

Appareillage électrique d'urgence

Les résidences d'aujourd'hui nécessitent une certaine protection contre la possibilité d'endommagement par les surtensions et la foudre, sans parler des menaces de blessures corporelles et des inconvénients consécutifs à une perte de courant. Par exemple, un éclair peut contenir 30 000 ampères de courant électrique, soit 2000 fois plus qu'un circuit résidentiel de 15 ampères.

L'équipement électronique est sensible à la foudre, qui peut détruire les systèmes de cinéma maison et d'ordinateurs dispendieux. Tout ce qui contient des circuits imprimés est à risque, incluant les systèmes de sécurité et les téléphones sans fil. La foudre traversant une ligne télépho-

nique peut faire fondre un modem. Pire, un seul éclair peut être fait de plusieurs décharges, ce qui augmente les risques de dommage.

Un système de protection contre la foudre acheminera la charge vers la terre en passant par des câbles et des

Un seul éclair peut facilement endommager votre maison si elle n'est pas munie d'un système efficace de dissipation du courant vers la terre.

électrodes. Un système efficace devrait même se prolonger aux arbres à proximité, aux dépendances et autres structures pouvant attirer la foudre. Une autre cause d'inquiétude est la possibilité de dommages causés par une surtension sur les lignes électriques. Une surtension causée par un éclair à plusieurs kilomètres de distance peut quand même endommager vos équipements électroniques et votre système de téléphone.

Pour se protéger contre les surtensions, il est important de les empêcher de pénétrer dans le câblage de la maison via le panneau principal. Cela peut être fait en installant un suppresseur de surtensions sur le panneau principal et un suppresseur individuel à chaque appareil nécessitant une telle protection. Pour fonctionner correctement, un système de protection contre les surtensions doit avoir une bonne mise à la terre qui déviera le courant excessif à travers ce réseau et vers le sol à l'extérieur (voir « Réseaux de mise à la terre », page 21). Un bon système de protection contre la foudre et les surtensions ne servira pas à grand-chose, par contre, si une panne de courant dure plusieurs journées. Il est donc prudent d'avoir l'option d'une source de génération d'électricité d'urgence (voir « Groupes électrogènes d'urgence », page 244).

Protection contre la foudre
Comprendre la foudre

La foudre se produit par suite d'une accumulation de charges négatives d'énergie électrique dans un nuage et de charges positives dans le sol. Lorsque l'air sec entre le nuage et le sol se remplit d'humidité, les charges négatives descendent pour rencontrer les charges positives ascendantes, produisant un éclair.

Tiges de captation

Un éclair descend vers la terre en incréments de 150 pieds. Lorsque la foudre tombe dans un rayon de 150 pieds d'une tige de captation, les charges positives dans le sol montent brusquement à travers le réseau de protection contre la foudre pour neutraliser l'éclair. Un système efficace de protection contre la foudre crée un cône de protection autour de la maison. Les charges positives circulent sécuritairement du sol à la tige de captation par le câble, et sautent de la tige à l'éclair chargé négativement, et non à la surface de la maison. Les tiges de captation ont généralement de 10 à 12 pouces de long et, contrairement à la croyance populaire, à cause de leur hauteur dépassant de peu celle du toit, elles n'attirent pas la foudre sur la maison.

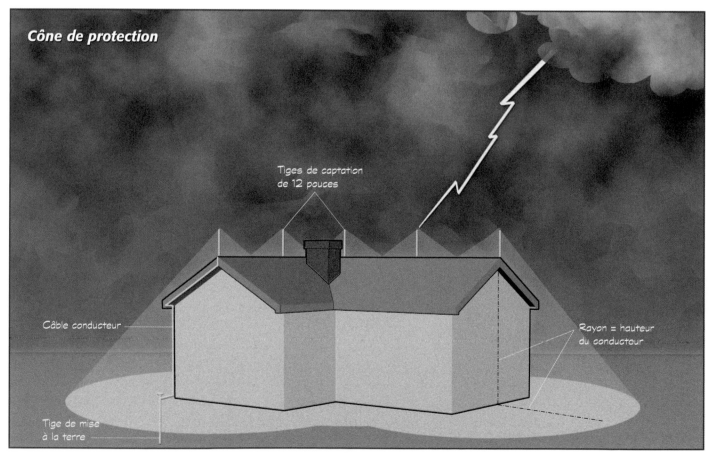

Cône de protection

Tiges de captation de 12 pouces

Câble conducteur

Rayon = hauteur du conducteur

Tige de mise à la terre

Un système efficace de tiges de captation et de tiges de mise à la terre formera un cône de protection au-dessus de votre maison. Lorsque la foudre tombera, elle frappera les tiges de captation au lieu de la maison.

Composantes d'un système de protection contre la foudre

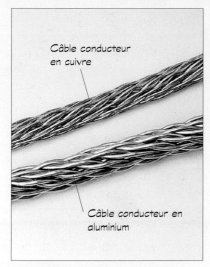

Les câbles conducteurs à faible impédance transportent sécuritairement le courant provenant de la foudre des tiges de captation situées sur votre maison et autres structures aux tiges de mise à la terre.

Câble conducteur en cuivre

Câble conducteur en aluminium

Les tiges de captation sont des composantes vitales de tout système de protection contre la foudre, détournant le courant de la maison par les câbles conducteurs vers les tiges de mise à la terre.

Les tiges de mise à la terre prennent le courant des câbles conducteurs et le dissipent sécuritairement dans le sol.

Systèmes de protection contre la foudre

Un système de protection contre la foudre fournit un chemin précis vers le sol sans causer de blessures aux personnes ni endommager la propriété. Il est muni de trois composantes majeures : (1) tiges de captation ; (2) tiges de mise à la terre ; et (3) câble conducteur à faible impédance en cuivre ou en aluminium raccordant les tiges. Les composantes en cuivre et en aluminium sont utilisées non seulement parce qu'elles sont d'excellents conducteurs d'électricité, mais aussi parce qu'elles offrent une grande résistance à la corrosion. Le cuivre est le matériau de préférence parce qu'il est un meilleur conducteur que l'aluminium et qu'une plus petite quantité est nécessaire pour transporter la même quantité de courant. Par contre, l'aluminium est requis pour les toits d'acier ou d'aluminium, car il empêche la corrosion résultant du contact entre le cuivre et l'acier ou l'aluminium. Néanmoins, même si l'aluminium est utilisé, le réseau de mise à la terre doit être en cuivre. L'aluminium ne peut être utilisé sous terre et doit être épissé dans le câble de mise à la terre à au moins 18 pouces au-dessus du niveau du sol.

Avant de procéder aux travaux, consultez les codes locaux et régionaux au cas où il y aurait des exigences particulières. Aussi, assurez-vous que toutes les composantes utilisées ont été approuvées par un laboratoire d'essai indépendant.

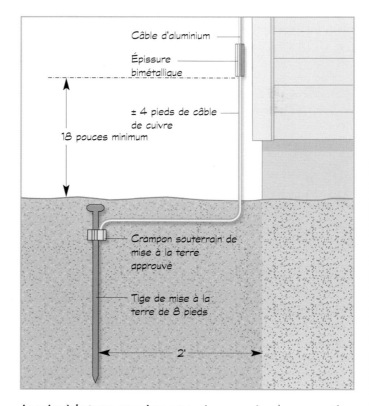

Câble d'aluminium

Épissure bimétallique

± 4 pieds de câble de cuivre

18 pouces minimum

Crampon souterrain de mise à la terre approuvé

Tige de mise à la terre de 8 pieds

2'

La mise à la terre en cuivre est toujours requise dans un système de protection contre la foudre, même lorsqu'un câble conducteur en aluminium est utilisé. L'aluminium n'est pas permis sous terre parce qu'il est vulnérable à la corrosion en raison de l'alcalinité du sol. Raccordez les câbles en cuivre et en aluminium à une distance minimale de 18 pouces au-dessus du niveau du sol.

8 Appareillage électrique d'urgence

Lors de la conception d'un système de protection contre la foudre, toujours prévoir un minimum de deux tiges de mise à la terre espacées le plus possible. Pour calculer la quantité de tiges requises, mesurez le périmètre de la maison, correspondant au total de la longueur de chaque mur extérieur. Si le périmètre a moins de 250 pieds linéaires, utilisez deux tiges ; entre 250 et 350 pieds linéaires, utilisez trois tiges ; entre 350 et 450 pieds linéaires, utilisez quatre tiges ; et ainsi de suite. Gardez les câbles horizontaux ou à angle vers le bas, et évitez les virages secs et les demi-tours.

Pour calculer la quantité de tiges de captation, mesurez la longueur cumulative des arêtes de toiture, incluant les toitures des garages et des lucarnes. Les antennes, les cheminées, les girouettes, les coupoles, les pignons et autres projections de toiture doivent tous être raccordés au câble principal en utilisant les connecteurs à câble appropriés. D'autres raccords et accessoires sont prévus pour la fixation, l'épissure et l'installation des câbles et des tiges. Assurez-vous d'utiliser le bon type de connecteur. Plus important, assurez-vous que le réseau complet soit bien mis à la terre. Si seulement une partie du réseau est mis à la terre, l'éclair peut bifurquer de côté entre diverses composantes métalliques de la toiture ou de la maison, causant un incendie lorsqu'il frappera un matériau inflammable.

Plusieurs types de pinces, raccords, crampons et épisseurs sont utilisés pour fixer le câble, installer les tiges de captation, relier le câble aux tiges de captation et de mise à la terre, et pour faire les divers raccords.

COMMENT installer un système de protection contre la foudre

Niveau de difficulté :

Outils et matériel

- Ruban à mesurer
- Papier à dessin
- Masse
- Lunettes de sécurité
- Tiges de captation de 12 x 5/8 po avec bases de montage
- Tiges de mise à la terre en acier cuivré de 8 pi x 1/2 po de diamètre
- Attaches en cuivre à un clou pour câble de 3/8 po
- Attaches de cheminée de 2 1/2 x 2 3/4 po avec tige de cheminée de 18 po
- Échelle
- Crayon et outils de dessin
- Marteau
- Pelle
- Gants de travail
- Raccords et épisseurs
- Crampons de tiges de mise à la terre en bronze de 1/2 po de diamètre
- Câble conducteur flexible en cuivre de 15/32 po de diamètre à 32 filins de calibre 17
- Connecteurs à câble droits en forme de T

Mesurer et dessiner le réseau de toiture. Une fois que vous avez arrêté votre choix de matériau (cuivre ou aluminium) — les instructions qui suivent s'appliquent au cuivre, ne pas utiliser le cuivre avec l'aluminium — mesurez la longueur et la largeur du toit de votre maison **(photo 1)** ; ensuite, dessinez le plan du toit à l'échelle. Indiquez les emplacements et dimensions de tous les éléments du toit, incluant les cheminées, les évents, les ventilateurs d'évacuation, les antennes et autres équipements. Notez sur le plan la hauteur des arêtes et des avant-toits. Cette information sera utilisée pour planifier les emplacements des composantes de votre système de protection contre la foudre.

Prévoir la disposition.
Prévoyez et dessinez les emplacements de chaque tige de captation et de mise à la terre, des parcours de câbles, tiges de cheminée, épisseurs et connecteurs **(photo 2)**. Prévoyez une tige de captation à moins de 18 pouces de chaque arête, espacée d'au plus 20 pieds le long du restant de chaque arête. Sur un toit plat ou à pente douce, prévoyez les tiges de captation à moins de 18 pouces de chaque coin, à des intervalles de 20 pieds le long des bords du

Raccords

Connecteurs à câble

Raccord de tuyau

Crampon multi-usages

Attaches à câble

Épisseurs de câble

Crampon de tige de mise à la terre

toit, et à des intervalles de 50 pieds sur le toit plat ou sur la surface du toit à pente douce. Raccordez les antennes, les évents, les tuyaux, les cheminées et autres objets de métal au câble de l'arête principale. Lors du positionnement des parcours de câble, évitez les virages et plis non requis. Souvenez-vous que chaque système nécessite au minimum deux tiges de mise à la terre espacées. Une devrait être située le plus proche possible et raccordée à votre électrode de mise à la terre de l'entrée de service au moyen d'un conducteur de liaison. L'autre devrait être située à un coin opposé en diagonale le plus loin possible de la première tige. Par contre, la distance entre chaque tige ne devrait pas excéder 100 pieds mesurés le long du périmètre de la maison. Si la distance est plus grande, une troisième tige de mise à la terre devra être placée entre les deux premières. Préparez une liste des matériaux requis et procurez-vous-les. Prévoyez un excédent de câble conducteur pour les virages, les dérivations et les raccordements.

1 Avant de concevoir un système de protection contre la foudre, prenez les mesures requises pour dessiner un plan représentatif de votre toit.

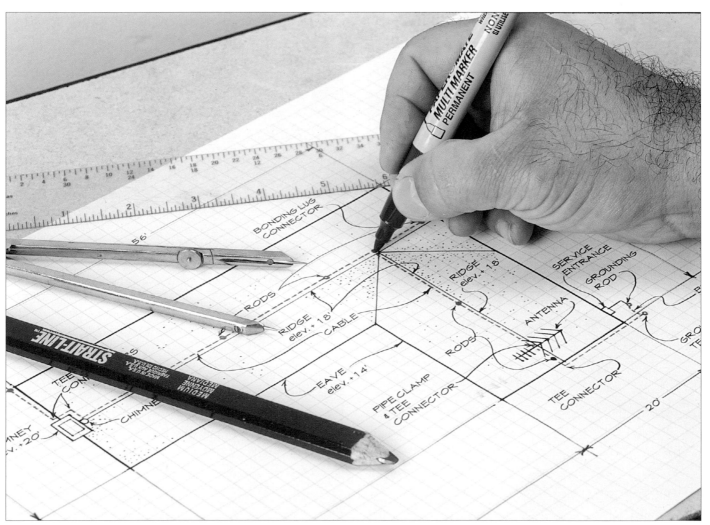

2 Vous reportant aux dimensions indiquées sur votre plan, déterminez les emplacements appropriés pour les tiges de captation et de mise à la terre, les parcours de câble et les connecteurs. En vous basant sur ces informations, dressez une liste du matériel requis pour votre système.

8 Appareillage électrique d'urgence

Installer les tiges de captation. Fixez les tiges de captation et les bases de montage sur la toiture selon le plan conçu. Suivez les instructions du fabricant et les règlements municipaux et locaux lors de l'installation des bases **(photo 3)**. À l'aide de connecteurs appropriés, raccordez tous les objets sur le toit à leur propre tige de captation ou câble conducteur, ou, s'ils sont fabriqués de métal de $3/16$ de pouce d'épaisseur ou plus, raccordez-les directement au câble conducteur principal avec une attache appropriée.

Installer le câble conducteur. Tirez le câble conducteur entre les tiges de captation et à partir de chaque tige d'extrémité jusqu'à une tige de mise à la terre. Il doit y avoir au minimum deux chemins menant des tiges de captation aux tiges de mise à la terre. Faites courir verticalement ou horizontalement, en évitant les virages brusques et les plis dans le câble. Ne pas faire de virage à rayon de moins de 8 pouces ou de 90 degrés. Fixez le câble en utilisant des attaches espacées d'au plus 3 pieds. Avec des connecteurs à compression, des sangles et des pinces, raccordez les cheminées, les tuyaux, les antennes et autres équipements de toiture au câble conducteur principal. Les câbles conducteurs s'acheminant vers les tiges de mise à la terre peuvent être dissimulés sous les avant-toits ou dans des murs extérieurs structuraux, mais ne peuvent être espacés de plus de 100 pieds autour du périmètre de la maison **(photo 4)**. Au moins deux tiges de mise à la terre sont requises pour un réseau de protection contre la foudre.

Installer les tiges de mise à la terre. Une tige de mise à la terre de 8 pieds de longueur termine chaque câble provenant de la toiture **(photo 5)**. Raccordez ces câbles aux tiges de mise à la terre en utilisant des crampons. Faites un contact entre le câble et la tige sur une longueur de 1 $1/2$ pouce ou les souder en position. Placez les tiges de mise à la terre à 2 pieds du mur de fondation, en installant la première le plus proche possible de l'entrée des services électriques. Parce qu'elles doivent se projeter jusqu'à une distance de 10 pieds sous le niveau du sol, enfouissez les tiges à une profondeur de 2 pieds.

Raccorder à la mise à la terre de l'entrée de service. Tirez un conducteur de liaison en cuivre dans une tranchée entre la tige de mise à la terre la plus proche de l'entrée de service et l'électrode de mise à la terre de l'entrée. Avec des connecteurs en bronze, reliez les deux tiges **(photo 6)**.

3 *Suivez les prescriptions du Code et les recommandations du fabricant lors de l'installation des tiges de captation.*

4 *Les câbles conducteurs s'acheminant vers le sol peuvent être dissimulés à l'arrière des arêtes de toit et sous les avant-toits.*

5 *Installez un minimum de deux tiges de mise à la terre de 8 pieds de longueur à des emplacements distants, enfouies à une profondeur de 10 pieds sous le niveau du sol.*

6 *Placez une tige de mise à la terre près de l'entrée des services électriques. Reliez l'électrode de l'entrée de service à la tige de mise à la terre par un conducteur de liaison.*

Protection contre les surtensions

Surtensions électriques

L'inconvénient majeur des systèmes de protection contre la foudre est que les tiges de mise à la terre n'offrent aucune protection contre les surtensions provenant du réseau hydro-électrique, la cause la plus fréquente de dommages dus à la foudre. Des courant électriques transitoires dans les lignes de téléphone, de câblodistribution et de télécommunications peuvent causer des surtensions indésirables. Le champ magnétique créé par un éclair peut induire une tension dans tout matériau conducteur tel le câblage ou la tuyauterie de votre résidence. Par conséquent, une protection efficace contre les surtensions est requise dans toute résidence nécessitant une protection contre ces perturbations potentielles.

Protection complète de la maison

Plusieurs personnes installent des suppresseurs de surtensions pouvant être branchés directement dans une prise, croyant ainsi protéger la maison entière. Malheureusement, ce n'est pas le cas. La suppression des surtensions doit être effectuée à deux niveaux. Premièrement au panneau principal, où la surtension peut être stoppée dès son entrée dans le câblage de la maison, deuxièmement au point d'utilisation, où toute surtension résiduelle peut être supprimée avant d'entrer dans l'appareil ou autre équipement électrique. Il est évident qu'il est préférable d'éliminer les surtensions avant qu'elle ne pénètrent dans la maison, plutôt qu'après. Un suppresseur de surtensions déviera les surtensions électriques dans le réseau de mise à la terre, permettant aux dispositifs situés aux points d'utilisation d'agir en tant que filtres électroniques, supprimant le bruit sur les lignes, ainsi que d'éliminer les surtensions résiduelles. Si votre maison possède un sous-panneau localisé à 20 pieds

ou plus du panneau principal, un deuxième dispositif devrait être prévu pour protéger celui-ci. De plus, certains systèmes de protection contre la foudre peuvent être munis d'un boîtier dédié seulement au système, adjacent au panneau principal. Ce type de boîtier contient des modules électroniques remplaçables en cas d'endommagement par une surtension traversant le boîtier. Le boîtier est alors sacrifié dans le but de protéger la résidence.

Les suppresseurs de surtensions peuvent être raccordés directement au panneau principal et installés soit à l'intérieur soit à l'extérieur du panneau. Le type qui s'installe à l'intérieur du panneau est généralement préféré parce que le suppresseur sera contenu dans l'éventualité d'une explosion pouvant causer un incendie. Le meilleur système de protection contre les surtensions et le plus facile à installer est une protection complète de la maison assurée par un suppresseur remplaçant un disjoncteur dans le panneau principal. Considérant qu'il faut installer un disjoncteur dans tous les cas, il est logique de prévoir une protection intégrée au dispositif. Ce genre de disjoncteur est muni d'une lampe témoin indiquant la fonctionnalité du suppresseur de surtensions. Un fois le dispositif installé, tous les éléments raccordés au circuit seront automatiquement protégés. Même si le système de protection est intégré dans le dispositif d'un circuit particulier, la maison complète se verra protégée, et non seulement ce circuit.

Protection au point d'utilisation

La protection contre les surtensions à une prise est couramment utilisée à cause de sa simplicité ; il suffit d'acheter le dispositif et de le brancher. Il ne faut aucun câblage supplémentaire. Cela est appelé protection au point d'utilisation. Ce genre de suppresseur de surtensions offre un filtrage à plusieurs niveaux pour éliminer le bruit dans le câblage de la maison et empêcher l'endommagement d'équipements

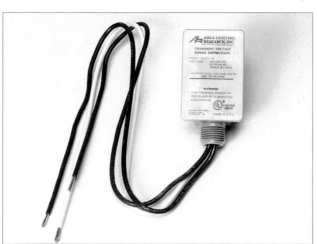

Un suppresseur est une composante essentielle d'un système de protection entière de la maison, déviant les surtensions de votre câblage de maison au réseau de mise à la terre.

Les suppresseurs de point d'utilisation préviennent le dommage à l'appareillage sensible tels les circuits informatiques et filtrent le bruit dans le câblage de maison.

8 Appareillage électrique d'urgence

électroniques sensibles. Ces dispositifs sont souvent utilisés pour protéger les micro-ordinateurs et les systèmes audio-vidéo. Certains protecteurs de point d'utilisation isolent électriquement les composantes branchées pour empêcher le transfert du bruit généré par une imprimante à l'ordinateur. Assurez-vous de vous procurer un suppresseur de surtensions avec des prises disposées de sorte qu'un transformateur enfichable ne bloquera pas les autres prises. Recherchez un dispositif offrant une protection aux lignes de téléphone et de modem.

Mise à la terre

Indépendamment de la qualité de votre suppresseur de surtensions, il ne peut être efficace s'il n'est pas connecté à un bon réseau de mise à la terre. Un réseau de mise à la terre idéal se compose habituellement d'une ou de plusieurs tiges de mise à la terre et brides approuvées. De façon générale, plus il y a de tiges de mise à la terre, meilleur est le réseau. Assurez-vous que les conducteurs de mise à la terre soient enfouis à une profondeur assez grande pour ne pas être coupés par votre tondeuse à gazon ou être autrement arrachés du réseau de mise à la terre. Consulter les codes locaux pour les profondeurs d'enfouissement des fils de mise à la terre.

La foudre génère une quantité appréciable de puissance sous forme de lignes de flux magnétique se déplaçant dans l'atmosphère. Ces lignes de force se combinent pour induire une tension énorme et une fluctuation de courant dans les lignes

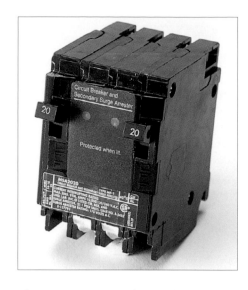

Un suppresseur de panneau principal prend l'espace requis pour un disjoncteur conventionnel. Bien que raccordé à un seul circuit, le dispositif protège la maison entière.

électriques. Cette onde circule sur la ligne jusqu'au moment où elle pénètre dans la maison via le système électrique.

Installé dans le panneau principal, un suppresseur de surtensions pour la maison complète supprime les ondes de foudre de la ligne, les déviant vers le réseau de mise à la terre (par les électrodes de mise à la terre), transformant les grandes ondes en ondes plus petites, faciles à contrôler. Les dispositifs de protection au point d'utilisation filtrent ensuite les plus petites ondes ainsi que les autres ondes pouvant être générées à l'intérieur de la maison, lesquelles pourraient endommager l'appareillage électronique sensible.

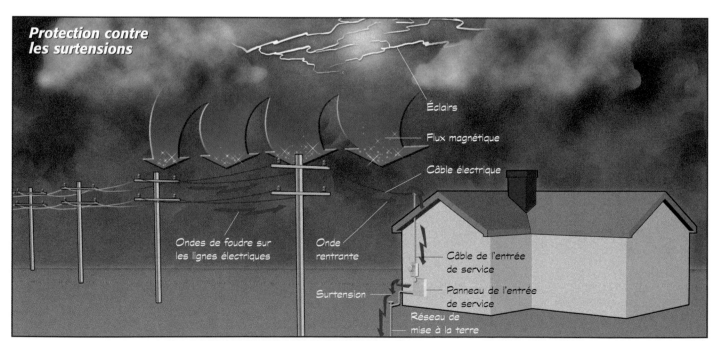

La foudre produit une quantité massive de puissance sous forme de fluctuations magnétiques traversant l'atmosphère. Ces forces pénètrent dans le câblage métallique des lignes électriques et de télécommunications, générant une surtension ou une fluctuation dans la tension. Les surtensions provenant de la foudre sont déviées vers un réseau de mise à la terre via un suppresseur de surtensions de maison entière. Un dispositif de point d'utilisation branché dans une prise prévient l'endommagement des circuits électroniques des micro-ordinateurs et autres équipements. Des suppresseurs individuels ajoutent une certaine protection aux lignes téléphoniques, empêchant par exemple la fonte de votre modem.

COMMENT installer un suppresseur de surtensions pour une maison entière

Niveau de difficulté :

Outils et matériel

- Suppresseur de surtensions pour maison entière
- Outil multifonctionnel
- Tournevis isolés
- Pince à long bec

Fermer le courant. Pour installer un suppresseur de surtensions pour maison entière dans un panneau principal, commencez en mettant hors tension le disjoncteur principal **(photo 1)**. Le courant sera fermé aux barres de tension dans lesquelles les disjoncteurs sont installés. Souvenez-vous que le panneau restera sous tension au point où le câblage est raccordé au disjoncteur principal. Retirez le couvercle du panneau et mettez-le de côté, en prenant soin de ne pas laisser tomber le couvercle lorsque la dernière vis est enlevée **(photo 2)**.

Câbler et installer le suppresseur de surtensions. Raccordez le suppresseur **(photo 3)** ; ensuite, poussez-le dans les barres omnibus, tel que pour l'installation d'un disjoncteur conventionnel. Pour le câbler, raccordez les fils rouge et noir sous tension provenant du circuit à protéger. (Tous les circuits de la maison seront protégés, même si le suppresseur n'est raccordé qu'à un seul circuit.) Ensuite, raccordez le fil blanc situé à l'arrière du suppresseur à la barre de neutre. Finalement, raccordez le fil de neutre blanc du circuit à la barre de neutre/mise à la terre du panneau principal. (Si le panneau est un sous-panneau, les fils blanc et de mise à la terre seront séparés. Raccordez le fil blanc à la barre de neutre et le fil de mise à la terre à la barre de mise à la terre.)

Replacer le couvercle et rétablir le courant. Replacez le couvercle du panneau en le revissant pour compléter l'installation du suppresseur de surtensions. Actionnez la manette du disjoncteur principal pour rétablir le courant au panneau **(photo 4)** ; ensuite, vérifiez l'installation. Selon le modèle du suppresseur, une lampe témoin rouge ou verte indiquera que le circuit est sous tension et que le suppresseur fonctionne correctement.

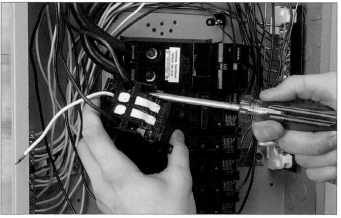

1 Fermez le courant au panneau principal et testez les circuits avant d'installer un suppresseur de surtensions pour maison complète.

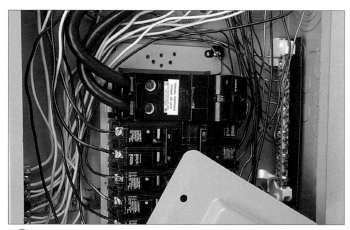

2 Enlevez le couvercle du panneau. Dans ce cas, le suppresseur occupera l'espace d'un disjoncteur bipolaire.

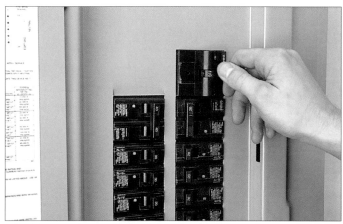

3 Câblez le suppresseur au circuit à protéger. De plus, raccordez la barre de neutre/mise à la terre.

4 Replacez le couvercle du panneau et actionnez la manette du disjoncteur principal pour tester le système. Une lampe témoin allumée sera une indication de circulation de courant.

8 Appareillage électrique d'urgence

Groupes électrogènes d'urgence

Ce qu'ils sont et comment ils fonctionnent

Dans plusieurs régions, les tempêtes d'été et d'hiver peuvent causer des interruptions de courant pouvant durer plusieurs journées. Les propriétaires résidant en régions éloignées doivent non seulement en être avertis, mais être préparés en cas de pannes de lignes électriques dues au verglas. Il ne faut qu'une seule panne prolongée pour convaincre un propriétaire des avantages de posséder un groupe électrogène d'urgence. Ce n'est pas un système obligatoire parce qu'on considère qu'il n'est pas indispensable à la survie. Un système d'appoint, par exemple, est idéal pour une résidence privée, mais pas pour un hôpital.

Un point important à retenir pour le propriétaire désirant installer un groupe électrogène est de s'assurer que le raccordement est fait selon les règlements applicables. Vérifiez les prescriptions des codes locaux avant de procéder à l'installation. Par exemple, l'installation d'un groupe électrogène ne peut être fait sans un interrupteur particulier appelé interrupteur bipolaire à deux directions. Cet interrupteur possède une position OFF située entre deux positions ON. Une des positions ON contrôle le courant provenant des lignes hydro-électriques, et l'autre contrôle celui provenant du groupe électrogène. Certains de ces interrupteurs peuvent porter les indications LINE (courant hydro), OFF, et GEN (courant de groupe électrogène). Raccorder un groupe électrogène sur une résidence en utilisant une autre sorte d'interrupteur présente un risque pour ceux qui travaillent sur les lignes électriques.

Soutien temporaire. Un groupe électrogène d'urgence est essentiellement un petit moteur fonctionnant à l'essence qui produit une quantité limitée de puissance électrique. L'avantage principal d'être propriétaire d'un groupe électrogène est de pouvoir fournir de l'électricité temporairement à la maison pour faire fonctionner les appareils essentiels tels un congélateur ou un réfrigérateur qui empêchera la nourriture de se gâter, alimenter quelques lampes, faire fonctionner une pompe de puisard ou garder la maison chaude. Il n'est pas pratique d'utiliser un groupe électrogène pour alimenter une maison entière à cause des limitations et des coûts de fonctionnement d'un tel système. L'essence est généralement utilisée pour le fonctionnement des groupes électrogènes parce que, dans la plupart des régions, il n'est pas économiquement avantageux d'installer des groupes au diesel, au propane ou au gaz naturel dans une résidence privée.

Les groupes électrogènes d'urgence sont lourds, bruyants, et nécessitent de l'air pour « respirer ». À cause de son poids, un chariot sera requis pour déplacer un appareil qui n'est pas pourvu de roues. Le bruit généré et les gaz d'échappement requièrent un emplacement extérieur ou un garage bien ventilé. Une autre possibilité consiste à

La manière la plus sécuritaire de fournir de l'électricité temporairement à votre maison pendant une panne de courant est d'utiliser un groupe électrogène d'urgence d'appoint correctement installé.

construire un petit abri spécifiquement pour cet usage. Dans tous les cas, il faut prévoir une ventilation adéquate. Certains groupes électrogènes sont munis de silencieux pour le système d'échappement, ainsi que d'un dispositif permettant d'évacuer les gaz à l'extérieur.

Programme opérationnel. La durée de fonctionnement du groupe électrogène dépend du temps pendant lequel la puissance électrique est requise et de la capacité de son réservoir d'essence. Si vous avez assez d'essence en réserve, vous choisirez peut-être de le faire fonctionner toute la journée et de le fermer la nuit, selon les conditions météorologiques. Ou si la réserve est insuffisante, le groupe peut fonctionner seulement une heure sur quatre pour garder froid votre réfrigérateur ou votre congélateur, ou seulement lorsque vous avez besoin d'eau ou de lumière. Si vous choisissez un fonctionnement intermittent, faites fonctionner le groupe pour une durée minimale de deux à trois heures juste avant d'aller vous coucher et redémarrez-le lorsque vous vous levez. Lisez attentivement le manuel de l'utilisateur pour déterminer s'il faut ajouter de l'huile au moteur avant de le démarrer.

Comme autre possibilité, certains propriétaires considèrent l'option d'alimenter la maison avec des batteries d'accumulateurs. Ce n'est pas logique, à moins d'utiliser des accumulateurs solaires. De plus, les accumulateurs fournissent du courant continu (CC), tandis que la maison utilise du courant alternatif (CA). Alimenter une maison avec des batteries d'accumulateurs pendant une panne de courant nécessiterait un gros investissement dans un onduleur capable de convertir un courant à l'autre.

Sélection

Plusieurs facteurs déterminent la sélection d'un groupe électrogène. Il faut considérer la puissance (watts), le type de moteur, la méthode de démarrage (manuel ou électrique) et la configuration de prises.

Puissance. Un groupe électrogène a une puissance de démarrage et une puissance de marche. La puissance de démarrage est requise pour démarrer un appareil, telle une pompe de puisard, et la puissance de marche est requise pour continuer de la faire fonctionner. Parce que la puissance de démarrage ne dure que quelques instants, il faudra prévoir assez de puissance pour faire fonctionner tous les circuits alimentés. Un ou deux circuits d'éclairage et de prises, un réfrigérateur, et des contrôles d'eau chaude et de chauffage nécessitent au moins un groupe électrogène d'une puissance de 4500 watts. Préférablement, un groupe électrogène d'urgence devrait avoir une puissance minimale de 6300 watts. Plus élevée est la puissance, plus de circuits peuvent y être raccordés et fonctionner en même temps. Les groupes de faible puissance pourraient ne pas fournir assez de puissance pour démarrer plusieurs électroménagers en même temps. Par contre, ils peuvent être utilisés efficacement en faisant fonctionner seulement un ou deux appareils à la fois.

Type de moteur. Le type, le fabricant et la qualité du moteur détermineront grandement si le moteur démarrera sans difficulté lorsque requis. Les groupes électrogènes sont souvent ignorés tant qu'il n'y a pas de panne de courant. Plusieurs génératrices de basse et de moyenne gamme ont des moteurs à démarrage manuel, tel un moteur de tondeuse, et elles sont tout aussi difficiles à démarrer. Les génératrices haut de gamme sont généralement plus faciles à démarrer, même lorsqu'elles n'ont pas été entretenues depuis un an. Les meilleurs moteurs ont généralement un système de démarrage à clé. Les génératrices peuvent être achetées dans les centres de rénovation.

Démarrage électrique ou manuel. Parce que le démarrage à clé est plus facile que le démarrage manuel, il est préférable. Les génératrices à démarrage électrique sont aussi plus fiables. Néanmoins, pour obtenir une meilleure performance, il est préférable de démarrer le moteur au moins deux fois par année pour s'assurer que la batterie fonctionne.

Configuration de prises. Les génératrices à basse puissance ont une prise standard à 120 volts avec protection GFCI sur leur boîtier, dans laquelle peuvent être branchés les cordons d'appareil ou une rallonge. Les génératrices de moyenne puissance ont généralement une prise de 240 volts additionnelle ressemblant à une prise standard avec deux fentes horizontales plutôt que verticales. On trouve aussi des prises verrouillables à trois fentes fournissant une tension de 120 volts. Si votre génératrice doit fournir la puissance d'une maison complète, elle doit être munie d'une prise femelle ronde verrouillable à quatre fentes. Ce genre de prise fournit les tensions à la fois de 120 et 240 volts, ce qui est requis pour alimenter une maison. Deux des fentes fournissent la tension de 240 volts, la troisième fente est le neutre et la quatrième est la mise à la terre. Une rallonge verrouillable à quatre conducteurs (mâle d'un côté et femelle de l'autre) est requise pour alimenter la maison.

La puissance devrait être clairement indiquée sur une étiquette. Ne pas confondre puissance de démarrage avec puissance de marche.

Une moteur de génératrice haut de gamme devrait être plus facile à démarrer et est plus fiable qu'un moteur de génératrice de basse ou de moyenne gamme. Elle devrait pouvoir être inopérante pendant au moins une année sans entretien.

Le démarrage électrique est généralement supérieur au démarrage manuel. Ce genre de moteur démarre avec une clé, comme une automobile. Le cordon de démarrage manuel agit comme démarreur de secours.

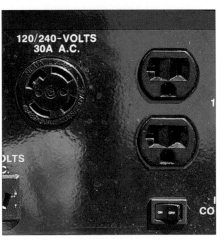

Les génératrices d'urgence peuvent avoir une multitude de prises femelles, mais seule celle identifiée « GFCI » est protégée par un DDFT. Seule une prise verrouillable à quatre fentes étiquetée 120V/240V peut être utilisée pour alimenter une maison complète.

8 Appareillage électrique d'urgence

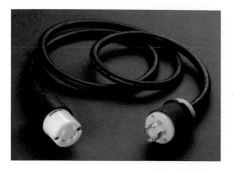

Une rallonge avec fiche à verrouillage à trois conducteurs et fil de mise à la terre est requise pour raccorder une génératrice à la maison.

Emplacement et raccordement

Une génératrice d'urgence devrait être située le plus proche possible du panneau principal. Plus longue est la rallonge, plus élevée sera la perte de tension dans le câble, réduisant la tension d'opération disponible. Pour faciliter le raccordement, la rallonge peut passer par une fenêtre ou une autre ouverture, ou par des prises et fiches installées au mur.

Il n'est pas permis de raccorder une génératrice d'urgence directement au câblage de la maison en la branchant dans une prise de sécheuse ou de cuisinière. Lorsqu'une génératrice est raccordée directement à un circuit résidentiel, l'électricité peut retourner au réseau d'alimentation habituel. En plus d'être une infraction au Code, ce peut être extrêmement dangereux pour les travailleurs de l'électricité, étant une cause possible d'électrocution ou d'incendie. Si un groupe électrogène n'est pas installé conformément, il peut retourner l'électricité au réseau électrique, causant une panne lorsque le courant sera rétabli. Le courant traversant les lignes pourra même brûler l'alternateur de la génératrice. La génératrice d'urgence doit être installée avec un interrupteur de transfert conçu pour l'usage prévu, et installée de façon à empêcher l'interconnexion accidentelle des sources de courant normal et d'urgence lorsqu'elle est en marche.

CONSEIL PRATIQUE

Puissance d'urgence intégrée

Bien que vendues dans les centres de rénovation, les génératrices peuvent être difficiles à trouver lors d'une panne électrique. Une solution gagnant en popularité dans le marché résidentiel est le groupe électrogène d'urgence intégré. Ce genre de génératrice est prévu lors de la construction de la maison, un peu comme un système de climatisation central. Telle une génératrice portative, le système démarre automatiquement dans l'éventualité d'une panne électrique. Raccordé à une source de gaz naturel ou de propane, il n'y a plus besoin d'essence.

Que votre maison soit déjà construite ou en chantier, un groupe électrogène d'urgence devrait être relativement simple et pratique à installer, sans qu'il soit nécessaire d'assurer une coordination avec votre distributeur d'énergie ou votre gouvernement municipal.

COMMENT *installer un groupe électrogène d'urgence*

Niveau de difficulté :

Outils et matériel

- Perçoir à pastilles
- Dégaineur à câble
- Pince à long bec
- Ruban électrique
- Génératrice d'urgence
- Boîtier d'interrupteur de transfert manuel
- Conduit de 1 po de diamètre
- Conduit de 3/4 de pouce
- Câble 10/3 de type NM
- Pince à câble
- Agrafes de câble de 3/4 de pouce
- Boîte de prise extérieure avec couvercle à l'épreuve des intempéries
- Prise de moteur à quatre fentes

- Tournevis isolés
- Coupe-fil ou outil multifonctions
- Marrettes
- Barre de mise à la terre
- Disjoncteur 30 ampères à 240 volts
- Perceuse et foret de 1 1/16 pouce
- Vis à bois ou de maçonnerie
- Cordon 10/4 en caoutchouc résistant à l'eau avec filins multiples
- Rallonge à trois fils à 240 volts avec fiche à verrouillage
- Produit à calfeutrage

Installer l'interrupteur de transfert. Fermez le courant sur le disjoncteur principal du panneau et enlevez le couvercle. Souvenez-vous que le disjoncteur principal reste sous tension du côté du raccordement au réseau du fournisseur. Enlevez une pastille sur le côté du boîtier du panneau et installez-y un bout de conduit de 1 pouce de diamètre **(photo 1)**. Fixez l'interrupteur de transfert à l'autre côté du conduit et vissez le boîtier de l'interrupteur au mur **(photo 2)**. Installez la barre de mise à la terre à un endroit pratique à l'intérieur du boîtier de l'interrupteur **(photo 3)**.

Déconnecter les circuits. À l'aide d'un tournevis isolé, déconnectez chaque fil noir sous tension des circuits à raccorder sur le groupe électrogène **(photo 4)**. Retirez les disjoncteurs de la barre omnibus du panneau **(photo 5)**. Identifiez les fils de neutre blancs et les fils nus de mise à la terre en cuivre pour chacun des circuits, dévissez les bornes de la barre de neutre/mise à la terre et retirez les fils de la barre **(photo 6)**. Avec du ruban adhésif, fixez ensemble les fils de chaque circuit enlevé pour référence ultérieure **(photo 7)**.

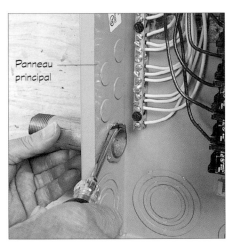

1 Fermez le courant, percez une pastille et installez un bout de conduit.

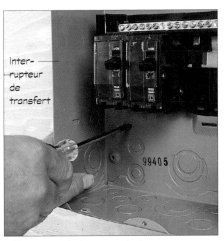

Panneau principal

2 Fixez le boîtier de l'interrupteur au conduit. Installez le boîtier.

Inter- rupteur de transfert

3 Installez la barre de mise à la terre dans le boîtier de l'inter- rupteur de transfert.

4 Desserrez les bornes sur chaque disjoncteur requis et retirez les fils noirs de circuit.

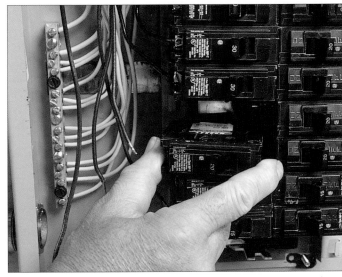

5 Après avoir déconnecté les fils sous tension, retirez les disjoncteurs de la barre omnibus du panneau principal.

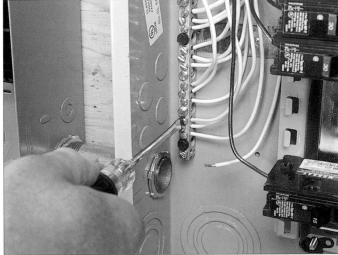

6 Pour les circuits sélectionnés, dévissez les bornes des fils de neutre et de mise à la terre, et dégagez les fils.

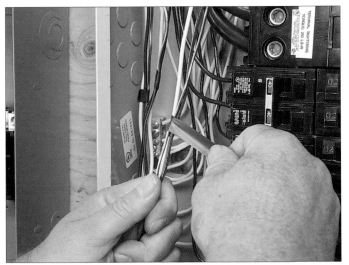

7 Séparez les fils d'alimentation, de neutre et de mise à la terre pour chaque circuit. Fixez-les ensemble avec du ruban adhésif pour aider à l'identification.

8 Appareillage électrique d'urgence

Câblage au panneau principal. Tirez un câble 10/3 de type NM à travers le bout de conduit situé entre le panneau principal et l'interrupteur de transfert **(photo 8)**. Avec une pince à câble, fixez le câble dans le boîtier du panneau et dégainez le câble pour exposer les fils. Assurez-vous d'avoir assez de câble pour rejoindre les bornes appropriées. Dénudez les fils avec un outil multifonctions. Raccordez le fil de neutre blanc et le fils de mise à la terre à la barre de neutre/mise à la terre **(photo 9)**. Raccordez les fils noir et rouge sous tension à un disjoncteur bipolaire de 30 ampères à 240 volts et fixez le disjoncteur en place **(photos 10-11)**. Veillez à replacer tout disjoncteur enlevé. Ils devraient être replacés directement sous le nouveau disjoncteur.

Raccorder l'interrupteur de transfert. Raccordez le fil nu en cuivre de mise à la terre du câble 10/3 NM à la barre de mise à la terre de l'interrupteur **(photo 12)**. Ensuite, raccordez les fils noir et rouge sous tension à un des disjoncteurs 240 volts dans le panneau de l'interrupteur et le fil blanc à la barre de neutre. À l'aide de marrettes, épissez les fils de rallonge noirs, blancs et nus aux circuits déconnectés du panneau principal **(photo 13)** ; ensuite, tirez les rallonges dans le panneau de l'interrupteur à travers le bout de conduit installé. Raccordez les fils nus de mise à la terre à la barre de mise à la terre et les fils de neutre blancs à la barre de neutre **(photo 14)**. Raccordez les fils noirs sous tension provenant de chaque circuit à un disjoncteur dans le panneau de l'interrupteur de transfert. **(photo 15)**.

8 Tirez un câble de calibre 10/3 de type NM entre le panneau principal et le panneau de l'interrupteur de transfert.

9 Raccordez les fils de neutre blancs et les fils de cuivre nu à la barre de neutre/mise à la terre du panneau principal.

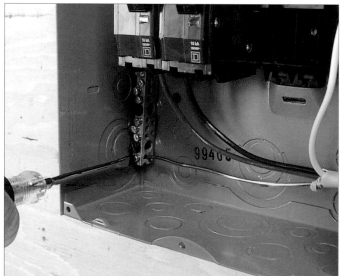

12 Raccordez le fil nu de mise à la terre du câble NM à la barre de mise à la terre du panneau de l'interrupteur.

13 Épissez les fils des rallonges isolées aux circuits déconnectés du panneau principal.

CONSEIL PRATIQUE

Sécurité de groupe électrogène

- Fonctionnant à l'essence, les génératrices d'urgence émettent des vapeurs de monoxyde de carbone. Pour cette raison, placez la génératrice à l'extérieur dans un endroit bien aéré ou dans un garage ou un abri ventilé.

- S'il n'y pas de production d'électricité après une longue période d'entreposage, suivez les instructions du fabricant pour réarmer la polarité de l'alternateur (état positif ou négatif).

- Raccordez la mise à la masse de la base de la génératrice à une connexion appropriée.

- Si l'appareil doit être entreposé, laissez de l'huile dans le moteur mais videz l'essence des lignes d'alimentation.

- Ne modifiez jamais une génératrice d'aucune façon. Utilisez un groupe électrogène d'urgence selon les recommandations du fabricant.

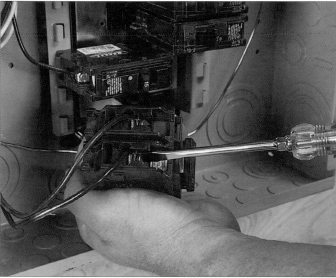

10 Raccordez les fils noir et rouge sous tension provenant du câble à un nouveau disjoncteur 30 ampères à 240 volts.

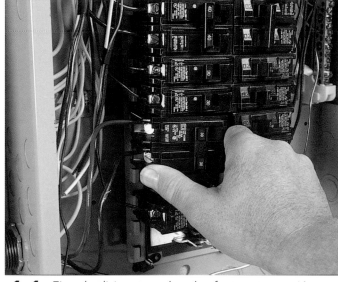

11 Fixez le disjoncteur dans les fentes appropriées des barres omnibus du panneau principal.

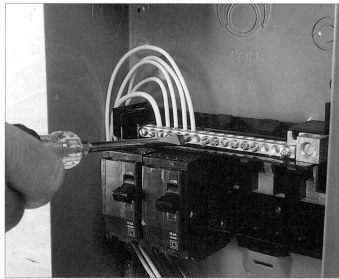

14 Raccordez des rallonges pour les fils de neutre et de mise à la terre aux barres appropriées du nouveau panneau de l'interrupteur.

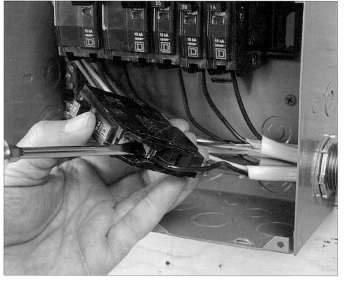

15 Raccordez chaque fil noir rallongé à un des disjoncteurs de circuit à 120 volts dans le nouveau panneau.

8 Appareillage électrique d'urgence

Installer la prise extérieure. Avec une perceuse munie d'un foret de 1 ¹/₁₆ de pouce, percez un trou dans une solive de rive extérieure. Un bout de conduit galvanisé de ³/₄ de pouce doit être inséré à travers le trou pour pouvoir fixer une prise extérieure à l'épreuve des intempéries. (Voir chapitre 7, pages 198-233, « Câblage extérieur et éclairage à basse tension ».) Installez la prise dans un endroit pratique pour le raccordement de la génératrice. Raccordez la boîte de la prise extérieure au bout de conduit galvanisé et insérez le conduit dans le trou de la solive **(photo 16)**. Vissez la boîte sur le mur extérieur, en calfeutrant le pourtour. Ensuite, tirez un bout de câble de calibre 10/3 de type NM dans la boîte de la prise, enlevez 10 pouces de gaine et fixez le câble. Avec un outil multifonctions, dénudez et découpez les fils du câble, et raccordez-les à une prise à verrouillage de 240 volts à quatre fentes identique à la prise sur la génératrice **(Photo 17)**. Les fils sous tension rouge et noir se raccordent aux bornes en laiton de la prise, le fil blanc à la borne argentée, et le fil nu à la borne verte. Fixez la prise dans la boîte et installez le couvercle à l'épreuve des intempéries. Tirez le bout opposé du câble dans le panneau de l'interrupteur de transfert et fixez-le au mur au fur et à mesure. Enlevez une pastille et tirez le câble dans le panneau. Fixez le câble avec une pince à câble. Éventrez la gaine et coupez l'excédent. Dénudez les fils et raccordez-les au disjoncteur 240 volts **(photo 18)**.

Raccorder et tester le groupe électrogène. Avant de raccorder la génératrice d'urgence, il faut construire une rallonge sur mesure. Coupez une longueur de câble de calibre 10/3 résistant à l'eau pour rejoindre la prise extérieure de la génératrice, en laissant un peu de mou dans le câble.

16 Installez une boîte extérieure pour la génératrice d'urgence.

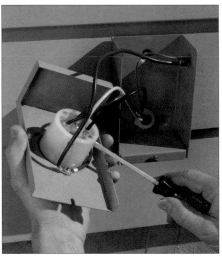

17 Raccordez la prise du moteur dans la boîte et assurez la mise à la terre.

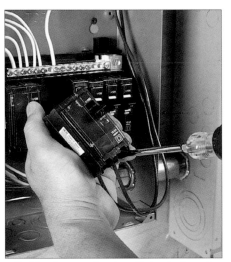

18 Raccordez le câble de la prise au panneau de l'interrupteur de transfert.

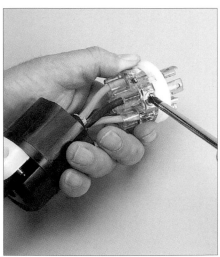

19 Raccordez une prise à quatre fentes et une fiche à quatre pointes à chaque extrémité d'une rallonge.

20 Actionnez le mode « génératrice » et branchez la rallonge.

21 Branchez l'autre bout de la rallonge dans la génératrice. Démarrez le moteur.

Retirez 1 1/2 pouce de gaine du câble et dénudez les fils. Ensuite, raccordez les fils de chaque bout à une fiche 240 volts à verrouillage à quatre pointes. Il devrait y avoir une fiche mâle sur un bout et une prise femelle sur l'autre **(photo 19)**. Les prises et fiches doivent être parfaitement adaptées aux prises de la génératrice et extérieures. Raccordez les fils noirs et rouges aux bornes en laiton, les fils blancs de neutre aux bornes argentées, et le fil nu à la borne verte. Actionnez la manette de l'interrupteur de transfert à la position GÉNÉRATRICE et branchez la rallonge dans la prise extérieure **(photo 20)**. Branchez le côté opposé de la rallonge dans la prise prévue sur la génératrice **(photo 21)**. Finalement, faites le démarrage d'essai de la génératrice. Pour des raisons de sécurité, fermez le moteur de la génératrice avant de débrancher un bout de la rallonge.

Interrupteur de transfert

Certains interrupteurs de transfert sont précâblés dans leur propre boîtier. Le panneau a son propre cordon d'alimentation flexible. Il ne faut que fermer le courant, raccorder la rallonge au panneau principal, tirer les fils de rallonge de l'interrupteur au boîtier principal, déconnecter les fils noirs provenant des disjoncteurs des circuits à alimenter par la génératrice, et les épisser avec les fils noirs du panneau de l'interrupteur. Raccordez les fils rouges aux disjoncteurs et le fil blanc à la barre de neutre du panneau principal. S'il y a un fil vert, raccordez-le à la barre de mise à la terre du panneau principal. Sur plusieurs panneaux, les barres de neutre et de mise à la terre sont combinées en une seule barre. Raccordez la génératrice à l'interrupteur de transfert avec une prise femelle 240 volts à verrouillage à quatre fentes dans la prise située sur le devant du panneau.

1 Certains interrupteurs de transfert sont précâblés, ce qui simplifie leur raccordement au panneau principal. Fixez les fils de l'interrupteur au panneau principal et tirez les fils dans le panneau.

2 Épissez les fils noirs aux disjoncteurs, attachez les fils rouges aux fentes vides, et raccordez les fils de neutre et de mise à la terre à la barre de neutre/mise à la terre.

3 Raccordez la génératrice à l'interrupteur de transfert avec une prise femelle à verrouillage à quatre fentes.

8 Appareillage électrique d'urgence

Chapitre 9

Domotique résidentielle

La domotique résidentielle a rapidement gagné en popularité depuis ses débuts dans les années 1970. Auparavant, le câblage de qualité moindre et les mauvaises connexions causaient du bruit et de l'interférence sur les liens de communication. De nos jours, les systèmes de câblage intégré éliminent ce problème. Un système de câblage intégré utilise une bande passante plus large, permettant à plus d'information d'être transmise. Le câblage intégré, tel le câblage de catégorie 5 (CAT 5), est essentiel aux communications téléphoniques, de télécopieur, et aux transmissions de données informatiques à haute vitesse. Il est maintenant installé dans plusieurs nouvelles constructions résidentielles, sous de nouvelles appellations tels contrôle sur tension de ligne, protocole de conception, réseau résidentiel ou maison intelligente, lesquelles font maintenant partie intégrante de notre vocabulaire. Originellement, les appareils individuels étaient automatisés pour fins d'économie d'énergie, offrant ainsi une sécurité intégrée et simple d'utilisation. Plusieurs des appareils de nos jours sont conçus en fonction d'une intégration complète à un réseau résidentiel et peuvent être contrôlés soit directement soit à distance. Tous les systèmes d'électricité, de chauffage, de climatisation, de plomberie, d'éclairage et même de communications, d'informatique, de sécurité et d'audio-visuel peuvent être regroupés sous un même système de contrôle. Les électroménagers communiquant avec ce système peuvent s'auto-diagnostiquer pour l'entretien et les réparations, ou simplement pour vous faire penser de passer à l'épicerie. En utilisant des connexions à Internet, ces appareils seront bientôt capables de télécharger leurs mises à niveau de logiciels ou même faire l'épicerie à votre place. Ces systèmes pourront être contrôlés via une console centrale dans la maison, programmée et fonctionnant au moyen de votre ordinateur, ou même être contrôlés à distance d'un autre endroit. Les systèmes présentement en émergence agissent en tant que portail résidentiel, ou point de convergence d'entrée, à travers lequel les données et les services provenant de l'extérieur peuvent pénétrer dans la maison et être distribués.

Maison intelligente de base
Commande de porteur de ligne électrique

Selon le type, des systèmes de domotique résidentielle peuvent être câblés au moyen de câblage structuré spécial ou du câblage résidentiel conventionnel. Ils peuvent aussi être commandés à distance par des signaux de radiofréquence. Le câblage requis pour relier les commutateurs d'éclairage, les thermostats, les cinémas maison et d'autres dispositifs à un microprocesseur est extrêmement difficile à faire dans une maison existante et est habituellement réservé aux nouvelles constructions. Le câblage en surface est une possibilité, si vous êtes déterminé à avoir un système câblé. Quelques propriétaires peuvent choisir cette méthode parce que les systèmes câblés sont extrêmement fiables. Cependant, un système câblé de domotique résidentielle requérant plusieurs modifications coûtera des milliers de dollars, un montant qui doublera pour le câblage à l'intérieur des murs. Il est plus simple et plus rentable d'installer un système qui transmet des commandes à vos dispositifs électroniques par le câblage existant de la maison et/ou ondes radio.

Un porteur de ligne électrique (PLC) peut être n'importe quel contrôleur d'automation qui permet aux signaux de commande à sens unique d'être transmis au-dessus d'un système électrique standard sans avoir à faire passer des fils additionnels. Les impulsions numériques codées envoyées dans le câblage de maison commandent les circuits électriques désignés. L'émetteur peut être un clavier de commande fixé au mur ou une commande à distance sur porte-clefs. Avec un émetteur à distance sans fil, vous pouvez vous asseoir dans votre fauteuil préféré, flâner dehors dans votre cour ou même arriver en voiture à la maison, et pouvoir allumer ou fermer n'importe quel dispositif dans la maison. Si vous voulez éteindre les lumières de l'étage tandis que vous regardez la télévision au rez-de-chaussée, vous pouvez le faire simplement en pressant un bouton. Vous pouvez monter des émetteurs et des

Types de contrôleurs de signal

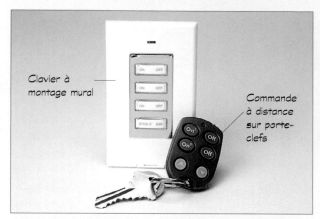

Vous pouvez employer un clavier de contrôle mural *pour commander n'importe quelle fonction d'un endroit particulier à l'intérieur de votre maison, alors qu'une commande à distance sur porte-clefs prolonge cette commande à l'extérieur.*

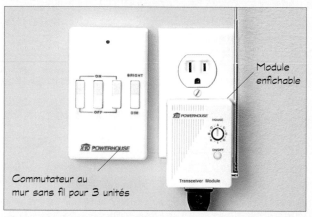

Un commutateur à distance *transmet des signaux de commande à n'importe quel nombre de récepteurs ou d'unités de commande enfichables (modules) dans une maison.*

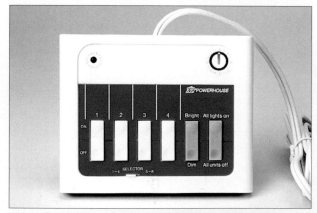

Une commande centrale enfichable *transmet des signaux sur une ligne conventionnelle de courant alternatif (CA) aux modules enfichables de commande X-10 de n'importe quel endroit que vous choisissez.*

récepteurs de PLC dans un mur comme une prise ou un commutateur standard, ou les brancher à une sortie électrique standard. Utilisez une console de commande centrale pour tout actionner à partir d'un endroit. Aujourd'hui, vous pouvez commander pratiquement n'importe quel dispositif électrique en utilisant des claviers de contrôle, des écrans tactiles, des commandes à distance portatives ou même votre voix.

Minuterie

Dans le passé, une minuterie mécanique ne pouvait commander qu'un seul dispositif. Aujourd'hui, les commandes standards des minuteries de domotique résidentielle peuvent contrôler indépendamment ou ensemble de multiples tâches à la grandeur de votre maison. Les commandes avancées des minuteries peuvent faire fonctionner un appareil directement ou à distance, et peuvent même actionner le système de sécurité aléatoirement. Si le courant est interrompu, ils sont munis d'un accumulateur de secours.

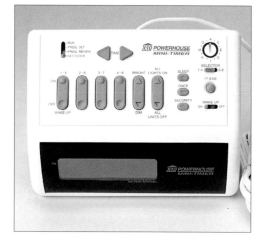

Une commande de à distance *par minuterie peut commander de multiples modules à différentes heures, pour régler les niveaux d'éclairage ou fonctionner avec le système d'alarme.*

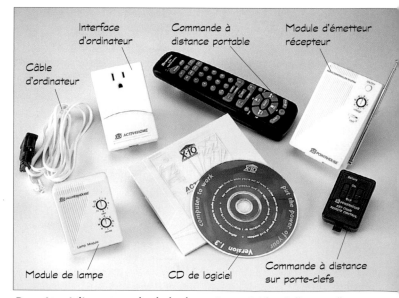

Pour être à l'avant-garde de la domotique résidentielle, *installez un système de commande par logiciel d'ordinateur qui actionne tout, des lumières aux électroménagers jusqu'au cinéma maison.*

Commande par ordinateur

Les normes ou protocoles courants d'automatisation prévoient l'interaction entre les ordinateurs et les dispositifs de domotique résidentielle. De tels systèmes permettent aux propriétaires de maisons de télécharger des programmes d'automatisation dans leurs micro-ordinateurs. Vous pouvez employer les logiciels disponibles pour commander des dispositifs par simple clic de souris aux moments et aux endroits requis. Vous pouvez également faire un appel téléphonique pour communiquer avec votre ordinateur et commander n'importe quel dispositif situé dans votre maison. Appelez la maison à partir du bureau et votre baignoire à remous fonctionnera, les lumières de sécurité extérieures seront allumées et votre nourriture sera prête avant que vous arriviez à la maison.

Télécommande sans fil

Les dispositifs à télécommande se basent sur des transmissions de radiofréquence pour actionner des lumières et des appareils à partir d'un endroit éloigné à une distance limitée de votre maison, telle votre cour, allée ou garage. Tel que mentionné, ces commandes prennent la forme de porte-clefs, de commutateur mural ou de télécommande comme celle que vous employez pour actionner votre téléviseur. L'émetteur récepteur, qu'il soit fixé au mur ou fiché dans une prise, reçoit et transmet les signaux radio par votre câblage de maison pour commander un appareil, un électroménager ou tout autre dispositif.

Réseautique résidentielle

La réseautique résidentielle pénètre le marché rapidement sur les talons de la domotique résidentielle. Pratiquement chaque appareil utilisé dans la maison est aujourd'hui équipé d'un certain type de processeur électronique fonctionnant indépendamment. La réseautique résidentielle est un système de circuits interreliés permettant le partage électronique de l'information. Une telle réseautique permet à tous vos appareils de fonctionner comme un ensemble contrôlé par un seul système de commande. Il y a trois sortes de réseaux : informatique, divertissement et commande. Un réseau informatique relie les micro-ordinateurs (PC) et les périphériques tels que les imprimantes, les numériseurs et les télécopieurs. Un réseau de divertissement relie l'équipement comme des téléviseurs, des magnétoscopes, des chaînes stéréos et des lecteurs de DVD. Un réseau de commande (le cerveau du système) relie l'éclairage, la commutation, la sécurité, l'irrigation de pelouse, le chauffage, la ventilation, la climatisation, la plomberie, et tout autre équipement mécanique et électronique à un centre de contrôle.

Commande de surtension

Quelques systèmes de domotique résidentielle utilisent les lignes électriques pour transmettre leurs signaux. Malheureusement, beaucoup d'appareils, comme des téléviseurs et des imprimantes d'ordinateur, peuvent créer du bruit dans le câblage de réseau, réduisant la clarté des signaux. Quand un système de domotique se ferme ou s'allume involontairement, ou de temps en temps ne fonctionne pas du tout, c'est peut-être la raison. Si vous croyez que c'est le cas, débranchez l'appareil pour voir si le système fonctionnera alors correctement. Si un appareil pose un problème, vous devez le brancher à un filtre de surtensions de bonne qualité pour filtrer le bruit généré. Ce type de filtre est semblable à l'adaptateur à multiples sorties auquel vous branchez votre ordinateur pour le protéger contre des surtensions, mais il doit être de la meilleure qualité et indiqué « filtre » sur le boîtier.

Des surtensions à haute puissance (impulsions de foudre) doivent être arrêtées avant, et non après qu'elles ont pénétré dans le câblage de la maison. Vous ne pouvez pas dépendre seulement du suppresseur de surtensions de la barre de prises multiples pour protéger votre système. Les dispositifs électroniques sont extrêmement sensibles et les produits de domotique résidentielle ne font pas exception. Les systèmes peuvent s'allumer ou se fermer par eux-mêmes si une surtension ou une crête de tension causée par un orage ou toute autre cause,

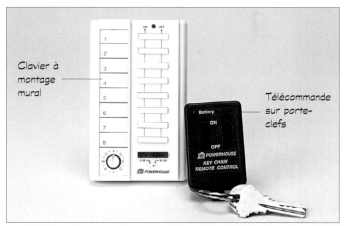

Les commandes sans fil emploient les fréquences radio, dans la maison ou à l'extérieur de la maison, pour actionner à distance n'importe quel dispositif relié à votre système de domotique.

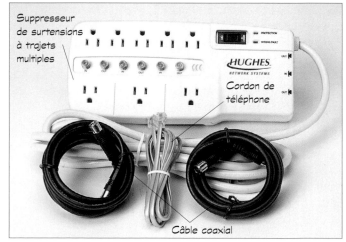

Un suppresseur de surtensions à trajets multiples peut éliminer le bruit dans le câblage pouvant interférer avec la transmission de signaux de domotique.

voyage sur la ligne électrique. Une réduction de puissance ou l'interruption provisoire de courant par une entreprise de service public peut également affecter les dispositifs électroniques. Cependant, les surtensions peuvent être réduites au minimum en installant un type spécial d'intercepteur de surtension (suppresseur) dans le panneau principal de service. L'unité prend l'espace d'un disjoncteur standard. Vous protégez simplement votre circuit de commande de domotique résidentielle par le dispositif de protection contre les surtensions. Un tel dispositif protégera un système électrique résidentiel en entier.

Normes de transmission de données

Protocoles de conception

Chaque système de domotique résidentielle se compose d'émetteurs, de récepteurs et des signaux transmis entre eux. Comme on pourrait le penser, n'importe quelle compagnie peut développer son propre système de normes de conception, ou protocole, et l'employer pour recevoir et envoyer des signaux sur le câblage de votre maison pour commander ses propres produits d'automatisation. Les protocoles les mieux connus et les plus populaires sont X-10, CEBus et LonWorks.

X-10

La technologie X-10 commande des circuits par l'envoi de signaux d'un point à un autre, ce qui élimine la nécessité de faire passer des fils. Cela rend X-10 particulièrement approprié aux maisons existantes. Ne pas devoir couper des cloisons sèches pour tirer des fils économise des frais de main-d'œuvre et de matériaux, ce qui réduit le coût d'installation d'un système complet de domotique résidentielle.

Dans un système X-10, des signaux sont transmis en modulant des éclats de radiofréquence (RF) de puissance de 120-kilohertz (kHz). Ces éclats de RF se composent d'un code de début et d'un code de maison, avec les codes de fonction et d'unité. Ceux-ci sont superposés sur la tension de votre câblage de maison. Tout simplement, un éclat de puissance est équivalent au chiffre 1, et un manque d'un éclat est équivalent au 0 numérique. Une combinaison de 1 et de 0 (système binaire) représente une commande particulière. Les systèmes X-10 fournissent 32 codes, connus sous le nom de groupes d'adresses. Il y a 16 codes de maison et 16 codes d'unité qui, en association, fournissent jusqu'à 256 adresses uniques pour assignation à différents dispositifs. Chaque récepteur dans le système répondra seulement à une des commandes (jusqu'à six) données pour une adresse spécifique : « ON », « OFF », « DIM », « BRIGHT », « ALL LIGHTS ON » ou « ALL LIGHTS OFF ». Par exemple, un module d'appareil peut recevoir un signal pour s'allumer, alors qu'un commutateur de mur est commandé pour abaisser l'intensité d'une lampe, tandis qu'une prise murale reçoit l'ordre de couper l'alimentation au dispositif branché. Les modules sont disponibles pour les commutateurs et les gradateurs d'éclairage, les détecteurs de présence, les minuteries, etc. Placez une commande principale à votre chevet ou près de votre fauteuil. Pour la commande générale, votre ordinateur peut prendre le contrôle.

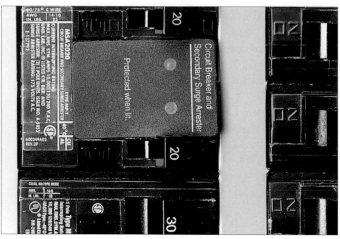

Un dispositif de suppression de surtensions installé dans votre panneau principal protégera votre circuit entier de maison contre une surtension massive ou un panne partielle de courant.

Un module de lampe ou d'appareil peut être programmé selon n'importe quel des 16 codes de maison en combinaison avec n'importe quel des 16 codes d'unité. Les codes peuvent commander jusqu'à 256 dispositifs.

Diverses composantes de domotique tels des commutateurs, des prises de courant, des gradateurs et des détecteurs peuvent être actionnés à partir d'une seule commande principale.

CEBus

CEBus est un protocole de transmissions pour des réseaux de domotique développés par l'Association de l'industrie électronique (EIA) et l'Association de fabricants d'électronique pour consommateurs (CEMA). Les signaux de CEBus peuvent être transmis sur des lignes électriques à CA, sur les fils de basse tension, les câbles de catégorie 5, les câbles coaxiaux, les fréquences radio et infrarouges, et sur les fibres optiques. Les normes CEBus ont été conçues pour augmenter la télécommande et la surveillance à distance des systèmes mécaniques, électriques, de divertissement résidentiel, de sécurité et d'autres systèmes. Les dispositifs de CEBus communiquent en utilisant un langage de commande appelé CAL, qui inclut des commandes spécifiques aux dispositifs tels avancement rapide, rembobinage, volume vers le haut, température vers le bas, etc. Il diffère du système X-10 parce qu'il emploie les signaux variables pour changer l'intensité de chaque éclat de radiofréquence. La longueur de l'éclat détermine si le nombre numérique créé est un 1 ou un 0. Les normes de CEBus rendent aussi les communications plus fiables parce qu'elles exigent qu'un système puisse récupérer des erreurs de signalisation.

LonWorks

LonWorks est une norme d'avant-garde pour la réseautique résidentielle, fournissant un véhicule pour la communication entre les produits de commande et les systèmes. Le protocole propose des directives de conception pour les produits et les systèmes compatibles avec LonWorks, les certifie et les promeut. La norme le plus récente basée sur LonWorks, connue sous le nom d'EIA-709, a été développée par CEMA. C'est maintenant une norme utilisée dans l'industrie, considérée par certains comme le choix le plus approprié pour automatiser l'éclairage, le chauffage, la ventilation, la climatisation et autres systèmes en raison de sa compatibilité avec d'autres formats. En plus de la domotique résidentielle, ses systèmes sont employés commercialement dans le transport, la gestion d'énergie pour les grands bâtiments et le contrôle des équipements industriels.

Maison intelligente

La Maison intelligente (Smart House) est une société en commandite constituée par l'Association nationale des constructeurs résidentiels (NAHB) qui invite des fabricants concurrents en domotique résidentielle à développer des produits et des applications technologiques à employer pour le contrôle de la sécurité, du divertissement, de l'éclairage et d'autres systèmes résidentiels. L'intention est d'unifier le câblage de tels systèmes pour simplifier l'installation et réduire des coûts.

Le câblage de Maison intelligente se compose de câblage pour la puissance conventionnelle et la transmission de données numériques; de câbles pour transmettre des données numériques et la tension du courant continu (CC) afin d'actionner des sondes de commande; et de câbles de communications pour vidéo et télécommunications. Ces câbles commandent des appareils, surveillent leur état et transmettent l'information. L'inconvénient du système de la Maison intelligente est qu'il appartient au domaine du privé qui exige que le câblage et le service soient faits sur mesure.

Quelle que soit la norme de transmission de données que vous employez, que ce soit X-10, CEBus, LonWorks ou Maison Intelligente, rappelez-vous que les communications sur ligne électrique sont généralement insuffisantes. Pour commander la multitude de dispositifs électroniques et d'équipement généralement retrouvés dans les maisons d'aujourd'hui, d'autres types de méthodes de communication doivent également être soutenus, y compris les systèmes sans fil comme la transmission de la fréquence infrarouge (IR) et par radio (RF).

Méthodes de transmission de signaux

Norme de transmission	Méthodes de transmission	Coût relatif
X-10	Ligne électrique	Bas
CEBus	Ligne électrique, paire torsadée, câble coaxial, radiofréquence, infrarouge, fibre optique	Bas à moyen
LonWorks	Ligne électrique, paire torsadée, radiofréquence, autres modes soutenus par émetteurs auxiliaires	Bas à moyen
Maison intelligente	Câblage sur mesure seulement	Moyen à élevé

Les normes énumérées ci-dessus prévoient la transmission de données par une variété de méthodes de signalisation, chacune avec son propre coût relativement aux autres.

Utilisations de la domotique résidentielle

Électroménagers et systèmes d'éclairage

Les utilisations en domotique résidentielle sont aussi diverses que les utilisateurs. Vous pouvez, par exemple, souhaiter actionner les lumières extérieures à l'aide d'une commande sur porte-clefs. Cela devient intéressant lorsque vous devez rentrer l'épicerie après le crépuscule et cherchez la bonne clef pour ouvrir la porte. Si vous êtes fatigué de rappeler aux enfants d'éteindre les lumières de la salle de bains, zappez-les avec votre télécommande de fauteuil. Si vous souhaitez éteindre ou allumer des lumières à partir de votre chambre à coucher, utilisez votre télécommande de chevet. Vous pouvez commander un dispositif simple, comme atténuer une lumière de chambre à coucher, ou un système d'éclairage entier. L'éclairage est généralement automatisé. Au commencement, le câblage d'automatisation assurait la sécurité en permettant aux personnes d'allumer des lumières dans différentes salles à des heures diverses. L'automatisation a évolué pour inclure des lumières extérieures de sécurité et l'éclairage paysager, entre autres. Chaque membre d'une maison peut posséder son propre émetteur de porte-clefs commandant la maison complète, y compris l'activation des systèmes de secours. Si quelqu'un avec un problème de santé est dans le jardin et est incapable de rentrer à la maison pour recevoir de l'assistance, l'aide peut être appelée en utilisant un émetteur de porte-clefs. Un bouton déclenche une alarme ou transmet un appel à la police ou au service médical d'urgence. Vous pouvez commander toutes les lumières et tous les appareils dans votre maison en reliant chacun à son propre émetteur récepteur, en branchant des modules aux prises standards, ou en remplaçant des commutateurs et des prises par des dispositifs automatisés. Un tel équipement peut être contrôlé par un ordinateur ou une minuterie ; ou actionné par la chaleur, un mouvement, l'infrarouge passif (lumière) ou une sonde ultrasonique (son).

Chauffage, ventilation et air climatisé

La gestion d'énergie est devenue un élément important dans l'automatisation résidentielle. Le chauffage, la ventilation et les systèmes de climatisation (CVAC) sont facilement programmés dans un système informatique résidentiel. D'un clic de souris, vous pouvez indépendamment contrôler la température dans chaque chambre ou zone de votre maison, ce qui a pour résultat des économies significatives d'énergie. Vous pouvez programmer différentes températures pour la nuit et le jour, et même programmer une température désirée pour la période des vacances. Les commandes de zone permettent à un propriétaire de compenser les conditions variables de température dans les espaces exposés à différents degrés de gain ou de perte de chaleur. Par exemple, les conditions dans une salle faisant face au sud avec une superficie importante de verre seront sensiblement différentes de celles qui prévalent dans une salle faisant face au nord et ayant un

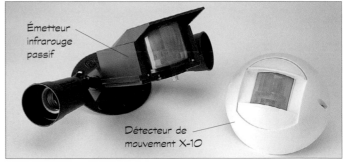

Les émetteurs extérieurs, comme les contrôleurs passifs d'infrarouge et les cellules photoélectriques, peuvent ordonner aux dispositifs intérieurs et extérieurs de s'allumer ou de s'éteindre à une heure prédéterminée.

Les thermostats à communications peuvent commander et surveiller le chauffage, la ventilation et le système de climatisation de votre maison, soit indépendamment soit par zone.

foyer. Si les ordinateurs ne sont pas votre dada, vous pouvez décider d'employer un autre type de système, tels les signaux X-10 câblés ou les thermostats qui fonctionnent en détectant les changements dans les températures extérieures. De tels thermostats à communications peuvent posséder des sondes multiples d'intérieur, d'extérieur et d'endroit humide. Les ports, ou points d'accès, vous permettent de faire à distance des sélections de température et d'heure. D'autres systèmes de CVAC qui se prêtent aux commandes automatisées incluent des dispositifs de circulation d'air comme des ventilateurs d'aération et d'évacuation, les volets et les rideaux motorisés, des portes, des fenêtres et des lucarnes. Les possibilités sont sans limites.

Plomberie

Des systèmes de plomberie d'eau et de gaz naturel peuvent être automatisés pour être plus fonctionnels et plus sûrs. Des robinets d'isolement de gaz peuvent maintenant être électroniquement commandés pour se fermer lorsqu'un feu est détecté ou à des heures prédéterminées. De même, des conduites d'eau peuvent être fermées en cas d'urgence ou des systèmes d'irrigation réglés pour démarrer avec une commande à distance. Des sondes photoélectriques peuvent même être utilisées pour ouvrir ou fermer automatiquement vos robinets d'eau ou rincer votre toilette. D'autres possibilités incluent des adoucisseurs d'eau, des piscines, des spas, des laveuses et sécheuses de vêtements, des chauffe-eau, lesquels peuvent tous être rattachés à des sondes, des minuteries et/ou des systèmes de sécurité. Ces systèmes ont habituellement un dispositif d'évitement manuel ou une protection d'urgence par accumulateurs en cas de pannes électriques ou de mauvais fonctionnement.

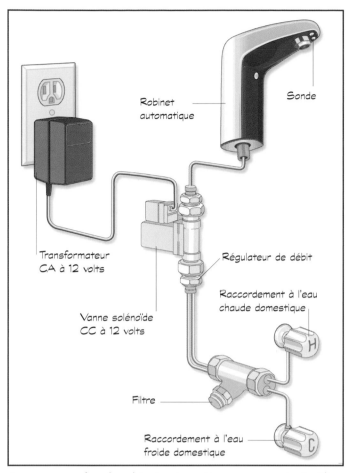

Les commandes de robinet automatiques sans contact utilisent une sonde fixée au mur pour commencer ou arrêter le débit de l'eau. Il suffit de passer la main devant la sonde pour actionner la commande de robinet.

Sécurité résidentielle

L'aspect le plus important de l'automatisation résidentielle est une plus grande sécurité. Les systèmes peuvent décourager, détecter et arrêter les intrus ; ils peuvent avertir de la présence de fumée, de feu ou de monoxyde de carbone ; ils peuvent appeler à l'aide. Les systèmes de domotique résidentielle utilisent des composantes indépendantes et les rattachent à un réseau simple et centralement commandé pour assurer une protection complète. Un tel réseau peut se composer d'alarmes de périmètre, de lumières, de sondes de détection, de dispositifs de communications et de contrôleurs de systèmes. Par exemple, un bon éclairage de périmètre comme force de dissuasion des rôdeurs. Les détecteurs de mouvement peuvent vous avertir de la présence de quelqu'un sur votre propriété avant qu'il ait atteint votre maison. Les portes peuvent être contrôlées à distance et surveillées par une télévision en circuit fermé. Les fenêtres et les portes peuvent être équipées d'alarmes qui détectent le bruit du verre cassé. Vous pouvez installer des commutateurs magnétiques qui détectent l'ouverture d'une fenêtre ou d'une porte, ou des écrans qui déclenchent une alarme lorsqu'ils sont coupés. Dans la maison, plusieurs types de détecteurs peuvent être employés pour avertir de la présence de fumée, de feu, de chaleur ou de gaz. Ces dispositifs peuvent tous être reliés pour déclencher une alarme dans la maison tout en signalant simultanément une urgence à une centrale située à des kilomètres de distance. Votre système entier de sécurité résidentielle peut être relié à un composeur automatique qui envoie un message pré-enregistré directement à la centrale de sécurité, au poste de police, à la caserne des pompiers, aux services d'urgence ou à n'importe quelle autre personne.

Utilisez un robinet automatique pour ouvrir ou fermer l'eau sans avoir à toucher une poignée de robinet, ce qui augmente le degré d'hygiène dans votre salle de bains ou votre cuisine.

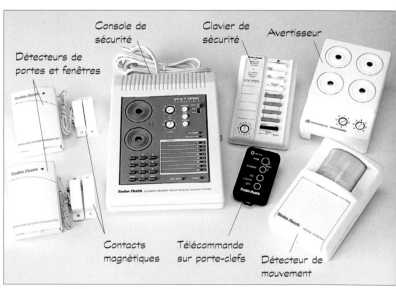

Un système de sécurité à signalisation/voix peut émettre une alarme, faire clignoter toutes vos lumières pour attirer l'attention et composer un numéro de téléphone préprogrammé pour transmettre un message enregistré. Les systèmes sans fil peuvent surveiller des zones multiples, être programmés à distance, indiquer l'état du système d'alarme et déclencher une alarme silencieuse.

Systèmes de divertissement

Une autre utilisation populaire en domotique résidentielle est le contrôle d'un centre de divertissement ou d'un cinéma maison. Les progrès technologiques apportent constamment de nouveaux produits sur le marché, tels les magnétoscopes de haute fidélité (VCR), les lecteurs de disques (CD), les lecteurs de vidéodisques (DVD), les systèmes satellites numériques (SAD) et la télévision interactive. Ajoutez ceux-ci aux appareils conventionnels comme les téléviseurs, téléphones, récepteurs stéréo, enregistreurs de bandes vidéo, consoles de jeu vidéo et d'innombrables autres appareils électroniques, et vous avez une recette parfaite pour un amalgame embrouillé de câblage dans votre maison. Ces systèmes doivent être soigneusement installés même indépendamment. Ils peuvent cependant être intégrés dans un seul système en utilisant la domotique résidentielle. Des contrôleurs peuvent être programmés pour commander le bruit, la vibration, les commutateurs de puissance et la communication entre les dispositifs. Vous pouvez, par exemple, installer un dispositif pour commander à distance un centre de divertissement. Vous pouvez programmer un système qui s'allumera ou s'éteindra quand, à distance, vous composerez votre numéro de téléphone et laisserez sonner un certain nombre de coups. Ou vous pouvez contrôler le volume de sorte qu'il baisse automatiquement quand le téléphone sonne et remonte quand on raccroche. Des commandes d'automatisation peuvent être programmées pour actionner tout, des niveaux d'éclairage à la fermeture automatique de rideaux, de la commutation des postes de télévision au choix d'un équipement, tout à la poussée d'un seul bouton. De tels programmes personnalisés s'appellent macros.

Télécommunications et réseautique

La science et la technologie ont poussé les méthodes de télécommunications au-delà de l'échange simple des voix sur un fil téléphonique. Aujourd'hui, les télécommunications incluent la transmission par télécopieur, les systèmes de téléconférences, les systèmes de téléphone multilignes, la transmission de données en ligne, l'enregistrement et la récupération de messages, et même l'échange visuel. Comme nous l'avons illustré dans ce chapitre, le téléphone est lui-même une partie importante de plusieurs systèmes de domotique résidentielle, servant à véhiculer l'information à l'extérieur en signalant à distance et en alertant les services de sécurité par composition automatique.

Un des aspects les plus importants des télécommunications d'aujourd'hui est la capacité des systèmes informatiques de se mettre en réseau, y compris les dispositifs périphériques d'équipement et de communications. C'est particulièrement précieux dans un monde où de plus en plus de personnes travaillent à la maison. Être relié à un réseau vous permet de partager des fichiers électroniques et de l'équipement avec n'importe quelle autre personne reliée au même réseau. Ces réseaux locaux, ou LAN, peuvent être limités à un bâtiment ou à un voisinage entier. Les réseaux de secteur large (WAN) peuvent se prolonger sur de plus grandes distances. En

Types de contrôles automatisés

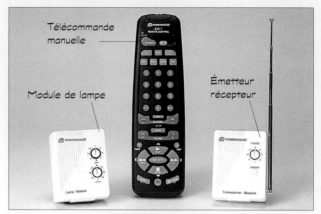

Utilisez un émetteur récepteur, un module de lampe et une télécommande universelle pour contrôler un cinéma maison, des équipements audiovisuels, et même pour atténuer l'éclairage.

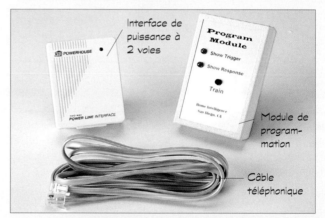

Donnez des commandes de contrôle aux dispositifs X-10 avec des contrôleurs téléphoniques. Ils fonctionnent également avec les répondeurs et l'audio-messagerie. Les codes de sécurité découragent l'accès non autorisé.

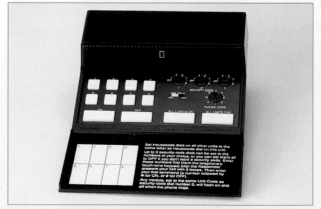

Les contrôleurs de macros vous permettent de développer et transmettre automatiquement des ordres et des commandes complexes pour multiples dispositifs.

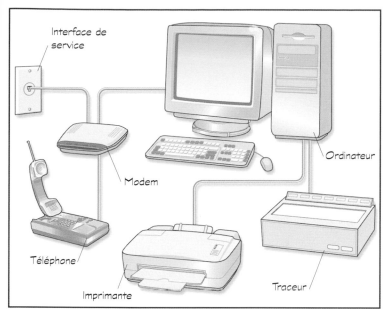

Un ordinateur sert de console de commande centrale pour opérer un réseau de périphériques et d'équipements se prolongeant dans et à l'extérieur de votre maison.

somme, un système de commande automatisé relié à un réseau peut facilement être partagé entre multiples endroits.

Avec l'arrivée de la fibre optique, laquelle emploie la lumière laser pour transmettre des signaux par les fibres de verre, la portée des télécommunications promet de devenir encore plus grande. Dans un avenir rapproché, les signaux de fibre optique pourront porter la voix, la musique et les sons générés par ordinateur ; les graphiques, les photographies et les images visuelles ; et effectuer des transmissions de données à chaque résidence.

Systèmes extérieurs

Hormis l'éclairage et la sécurité résidentielle, vous pouvez automatiser votre maison pour satisfaire différents besoins extérieurs. Le système extérieur le plus automatisé est l'arrosage de pelouse et de jardin. Un système d'irrigation, qu'il soit au-dessus ou sous la terre, peut facilement être contrôlé par une minuterie pour ouvrir ou fermer l'eau à une heure prédéterminée. Un contrôleur peut être programmé pour déterminer, changer ou décommander des périodes d'irrigation, et même pour déclencher des zones d'arrosage multiples à différentes heures. Il existe beaucoup d'utilisations moins connues pour l'automatisation extérieure. Un spa ou une piscine, par exemple, peut être câblé pour se remplir automatiquement ou pour faire savoir quand il est occupé. Une sonde d'occupation peut être reliée à une alarme qui vous fait savoir si quelqu'un, tel un enfant, est tombé dans la piscine. Une autre utilisation pourrait être un système de dégivrage de toiture ou d'entrée de garage qui peut être actionné à distance ou par une sonde de température. Avec les changements technologiques rapides, les choix disponibles à l'avenir aux propriétaires de maison ne seront limités que par les limites de leur imagination.

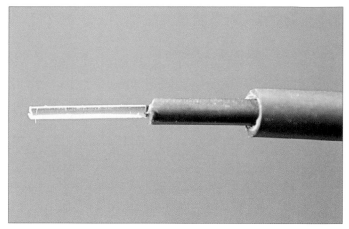

Dans un proche avenir, les câbles de fibre optique joueront un rôle central dans la transmission des signaux de télécommunications entre la maison et le bureau.

Un système d'irrigation en surface ou souterrain est un candidat idéal pour l'automatisation, fournissant au propriétaire fonctionnalité et fiabilité. Vous pouvez programmer des commandes automatiques d'irrigation pour actionner des zones de valves multiples et pour obtenir des périodes d'arrosage indépendantes pour chaque zone.

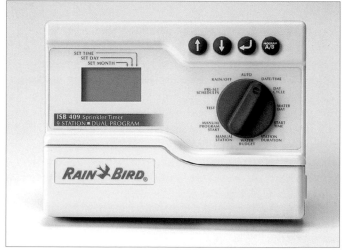

Une soupape est reliée à une commande qui actionnera automatiquement votre système d'irrigation.

Projets X-10
Contrôle de l'éclairage

Bien que les projets de domotique résidentielle puissent varier considérablement en coûts et difficultés d'installation, l'éclairage est un secteur qui est relativement peu coûteux et facile à contrôler. C'est une bonne manière de se familiariser avec le système avant d'installer des dispositifs d'automatisation dans toute votre maison. Des systèmes de contrôle de d'éclairage par télécommande et commandés par ordinateur sont décrits dans les projets suivants.

COMMENT installer un appareil d'éclairage avec commande à distance

Niveau de difficulté : 🦇

Outils et matériel

- Module émetteur récepteur X-10
- Commutateur mural X-10 ou module de gradation (optionnel)
- Télécommande universelle X-10
- Module enfichable X-10 pour lampe

Installer le module de lampe. Branchez le module de lampe à la prise située à côté de la lumière que vous voulez contrôler **(photo 1)**. Par exemple, une lampe de table dans la salle de séjour visible de l'extérieur de votre maison. Branchez alors la lumière au module de lampe.

Installer l'émetteur récepteur. Branchez le module émetteur récepteur dans une prise électrique standard proche de l'endroit où vous voulez contrôler la lumière **(photo 2)**. Par exemple, placez le module près de votre fauteuil préféré ou à votre chevet. Déployez l'antenne sur le module. (Comme autre option, vous pouvez installer un commutateur mural X-10 ou un module de gradation à un endroit approprié dans votre maison, nouvellement câblé à cette fin ou en remplacement d'un commutateur existant.)

Déterminer les codes et tester la télécommande. En suivant les recommandations du fabricant, déterminez les codes d'unité de sorte qu'ils n'interfèrent pas l'un avec l'autre. Réglez le cadran sur le module émetteur et le module récepteur au même code de maison Par exemple, réglez les cadrans au code de maison A et au code d'unité 1. Si vous avez des unités X-10 additionnelles contrôlant d'autres dispositifs, réglez-les au même code de maison mais à différents codes d'unité. N'importe quel récepteur qui a le même code de maison et d'unité sera contrôlé par un émetteur transmettant ce code de maison et d'unité. Une fois que vous avez déterminé les codes, dirigez la télécommande universelle vers l'émetteur récepteur et appuyez sur le bouton approprié de commande pour tester le système **(photo 3)**.

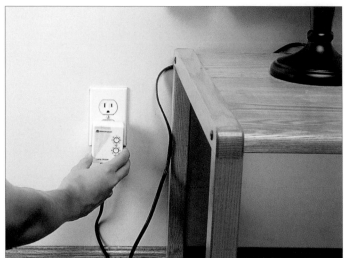

1 Installez un module de lampe pour relier n'importe quelle lampe enfichable à un système télécommandé d'automatisation.

2 Un module émetteur récepteur relaie les commandes d'une télécommande universelle au module de lampe.

3 Les combinaisons des codes de maison et d'unité vous permettent d'actionner à distance jusqu'à 256 dispositifs indépendants.

COMMENT installer un appareil d'éclairage avec contrôle par ordinateur

Niveau de difficulté : 🦇🦇🦇

Outils et matériel

- Module émetteur récepteur X-10
- Module d'interface d'ordinateur
- Câble série
- Logiciel d'automatisation

- Télécommande universelle X-10
- Module enfichable X-10 pour lampe
- Commutateur mural X-10 ou module de gradation (optionnel)

Installer l'interface d'ordinateur. Installez le système télécommandé tel que décrit précédemment. Ensuite, branchez le module d'interface d'ordinateur à une prise à côté de votre ordinateur **(photo 1)**. Branchez alors le câble série du module d'interface d'ordinateur au port série de votre ordinateur **(photo 2)**.

CONSEIL PRATIQUE
Éclairage de sécurité

Pour faire de votre maison un endroit plus sûr la nuit, installez des commutateurs lumineux ou songez à placer des sondes d'occupation dans les vestibules, les escaliers, les paliers et autres secteurs critiques. Si possible, prévoyez un système d'éclairage de secours par accumulateurs.

Installer le logiciel et programmer le système.
Installez le logiciel d'automatisation et programmez les données du système selon les instructions du fabricant **(photo 3)**. Vous pourrez alors contrôler le système avec votre programme, en cliquant sur une icône avec votre souris ou simplement en appuyant sur un bouton de votre clavier **(photo 4)**.

1 Branchez un module d'interface d'ordinateur à une prise protégée contre les surtensions située près de votre ordinateur.

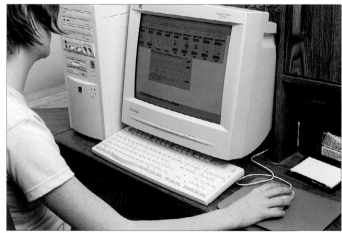

2 Au moyen d'un câble série, reliez le module au port série de votre ordinateur.

3 Installez le logiciel d'ordinateur et programmez votre système.

4 Testez le système. Cliquez sur une icône avec la souris ou tapez une commande au clavier.

Système d'irrigation

Un système d'irrigation automatisé est très utile. Vous pouvez contrôler une ou plusieurs zones d'irrigation à des heures préréglées et régler des niveaux de pression d'eau pour chaque zone, selon le terrain et les caractéristiques du microclimat, sans avoir le souci de vous rappeler de fermer le système avant d'aller vous coucher. Une sonde d'humidité peut même être incluse pour fermer le système les jours pluvieux. Un tel système peut également être rattaché à des instruments de vérification du temps pour s'ajuster automatiquement au vent, à l'humidité et à d'autres conditions météorologiques.

COMMENT installer un contrôleur d'irrigation

Niveau de difficulté : *(pour soupapes automatiques d'irrigation standards à 24 volts)*

Outils et matériel

- Contrôleur d'irrigation automatique
- Pile alcaline de 9 volts
- Tournevis isolés
- Outil multifonctions
- Raccords étanches
- Pince à long bec
- Raccords en tire-bouchon
- Vis à bois ou à maçonnerie n° 10 x 1 ¼ po
- Câble à enfouissement direct multiconducteur codé par couleurs de calibre n° 18 (calibre n°14 pour des distances supérieures à 800 pi)

Positionner et installer le contrôleur. Positionnez le contrôleur d'irrigation à l'intérieur de la maison à côté d'une prise standard CA à 120 volts **(photo 1)**. (Si le vôtre est une unité fonctionnant à 50 hertz, il nécessitera une prise de 240 volts.) Le secteur devrait être entièrement protégé contre la lumière intense du soleil, l'humidité et les températures de moins de 32 degrés ou de plus de 120 degrés Fahrenheit. Ne pas brancher l'unité sur une prise alimentant un équipement ou appareil à haute tension tel un moteur de porte de garage et une sécheuse à linge. Ne pas utiliser non plus une prise contrôlée par un commutateur. La plupart des contrôleurs peuvent être montés verticalement ou horizontalement. Installez la minuterie en utilisant deux vis n° 10 de 1 ¼ pouce pour bois ou pour maçonnerie. Laissez les vis ressortir du mur de ⅛ à ¼ de pouce, alignez les trous de montage sur le dos de l'unité au-dessus des vis et serrez **(photo 2)**. Ne pas brancher le transformateur avant d'avoir raccordé l'unité.

Installer le système de soutien par accumulateurs. Raccordez une pile alcaline de 9 volts non rechargeable à la borne de pile dans le contrôleur et fixez la pile. La pile gardera la mémoire et préservera votre programmation pour une période de six heures s'il y a une panne de courant **(photo 3)**. Par contre, le système d'irrigation ne fonctionnera pas tant que le courant ne sera pas rétabli. Si la pile se décharge, vous perdrez votre programmation, mais la plu-

part des systèmes se transféreront automatiquement sur un programme par défaut d'irrigation quotidienne de 10 minutes par station de valve, jusqu'à ce que le système soit reprogrammé. Remplacez la pile de soutien au moins une fois par an, mais faites attention de ne pas débrancher le transformateur, car il y aurait perte de la programmation.

Préparer le câblage. Pour câbler les soupapes d'irrigation, utilisez un câble multiconducteur codé par couleurs de calibre 18 à enfouissement direct ou de calibre 14 pour des distances excédant 800 pieds **(photo 4)**. Dans l'un ou l'autre cas, soyez certain que le câble que vous employez possède un conducteur de plus que le nombre de soupapes à câbler (le conducteur supplémentaire est un fil commun.) Par exemple, si vous câblez huit soupapes, employez un câble de neuf conducteurs. S'il y a des fils supplémentaires, vous pouvez attacher du ruban adhésif à ces derniers pour usage futur. Souvenez-vous que tout le câblage souterrain doit avoir des raccordements étanches et être approuvé pour enfouissement direct. Consultez les prescriptions réglementaires locales avant de faire du câblage.

Raccorder les soupapes d'irrigation. Ouvrez le panneau d'accès sur le contrôleur d'irrigation. Selon le modèle, vous aurez quatre, six ou huit bornes de stations numérotées pour les fils de soupape et une borne pour un fil commun. Si votre modèle peut convenir à une soupape principale, une autre borne sera identifiée MV. Le fil commun est habituellement le conducteur neutre de couleur blanche dans le câble multibrins. Les autres conducteurs sont sous tension et sont utilisés pour raccorder les soupapes d'irrigation. Reliez chaque fil de soupape sous tension à une borne dans le panneau du contrôleur : soupape 1 à la borne 1, soupape 2 à la borne 2, et ainsi de suite **(photo 5)**. Assurez-vous que vous câblez seulement une soupape à chaque borne et que tous les contacts sont bien faits. Pour empêcher la corrosion, utilisez des connecteurs étanches. Épissez ensemble les fils communs des soupapes et tressez-les à la borne COM du panneau du contrôleur **(photo 6)**. Pour les contrôleurs d'irrigation qui doivent contrôler une soupape principale ou un démarreur de pompe, reliez le fil de couleur codé de la soupape ou de la pompe à la borne marquée MV et tressez le fil commun à la borne COM avec les autres fils communs. Pour prévenir l'endommagement de la pompe, utilisez un conducteur de liaison qui reliera une borne inutilisée à une autre qui est en activité.

CONSEIL PRATIQUE
Raccordements d'irrigation

Plutôt que d'employer un seul câble multibrins, utilisez-en deux. Reliez-en un à la zone d'irrigation de la cour avant et l'autre à la zone d'irrigation de la cour arrière.

9 Domotique résidentielle

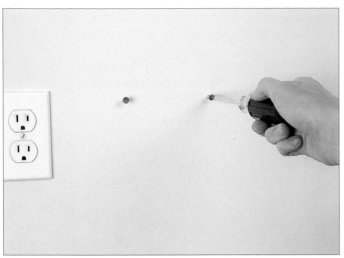

1 Choisissez un endroit à l'intérieur pour votre contrôleur automatique d'irrigation, sec et hors de la lumière directe du soleil.

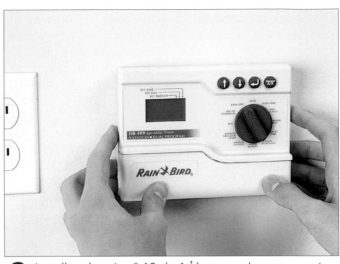

2 Installez des vis n° 10 de 1 ¼ po ou de maçonnerie sur le mur, montez le contrôleur sur les vis et serrez.

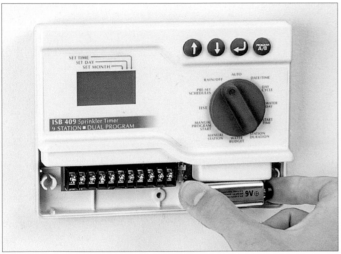

3 Une pile alcaline de 9 volts alimente une mémoire de soutien et vous permet de programmer la minuterie.

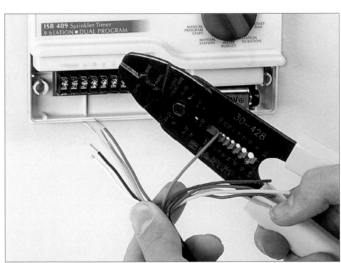

4 Employez un câble multibrins codé par couleurs et à enfouissement direct pour le raccordement des soupapes — un conducteur pour chacune, plus un fil commun.

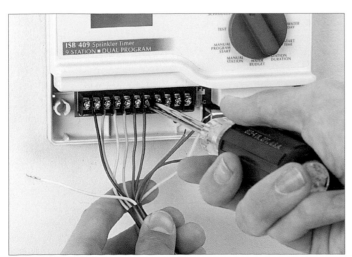

5 Raccordez un fil à code de couleur provenant de chaque soupape d'irrigation à une borne dans le panneau du contrôleur.

6 Tressez les fils communs de chacune des soupapes à la borne COM.

Raccorder le transformateur. Tournez le cadran du contrôleur à la position « RAIN/OFF ». Cette position permet au système d'être arrêté sans perdre la programmation des séquences. Ne pas brancher le transformateur à cette étape. Attachez le connecteur tressé de l'extrémité du fil de transformateur à la borne CA 24 volts dans le panneau du contrôleur. L'écran devrait afficher « OFF ». Sinon, vérifiez l'état de la pile. Vérifiez tous les raccordements de câblage et branchez le transformateur à la prise située près de la boîte **(photo 7)**. Tournez le cadran à la position « AUTO/RUN » **(photo 8)**. (Si vous installez un système ayant plus d'un contrôleur, chacun doit être relié à son propre transformateur.) Replacez le couvercle du panneau sur la boîte du contrôleur. Suivant les instructions du fabricant, choisissez un programme d'irrigation préréglé ou programmez-en un selon vos besoins.

Interface facultative de ligne électrique. Vous pouvez choisir d'ajouter une interface bidirectionnelle de ligne électrique à votre système pour convertir les signaux X-10 du contrôleur d'irrigation sur la ligne électrique ou transmettre par relais les communications X-10 au dispositif. S'il y en a une fournie à cette fin, branchez ce dispositif à une prise du contrôleur d'irrigation en utilisant un connecteur et un câble standard de téléphone de type RJ11. Cela vous permettra d'actionner le système à distance.

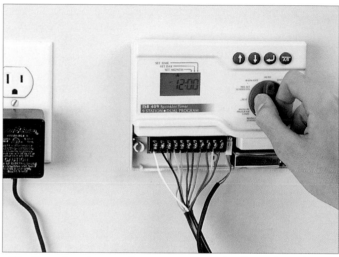

7 Tournez le cadran du contrôleur à la position « RAIN/OFF ». Raccordez la tresse du transformateur au contrôleur.

8 Branchez le transformateur et réglez le cadran du contrôleur à la position « AUTO/RUN ».

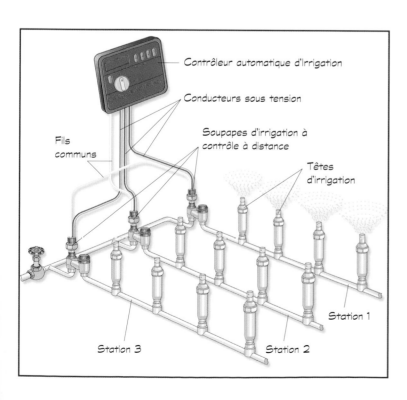

- Contrôleur automatique d'irrigation
- Conducteurs sous tension
- Fils communs
- Soupapes d'irrigation à contrôle à distance
- Têtes d'irrigation
- Station 1
- Station 2
- Station 3

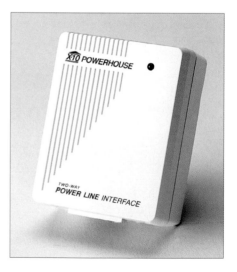

Une interface bidirectionnelle de ligne électrique peut être ajoutée à votre système d'irrigation automatisé pour transmettre des messages entre le système et votre télécommande.

Chaque station d'irrigation doit être reliée à sa propre borne dans le contrôleur automatique d'irrigation. Une soupape s'ouvre quand elle reçoit un signal du contrôleur, actionnant la tête d'irrigation. Après que la période prédéterminée est terminée, le contrôleur ferme la soupape et ouvre la prochaine selon la séquence préétablie.

Système de sécurité résidentiel à voix et signalisation

Un système simple de sécurité résidentiel à voix et signalisation composera automatiquement jusqu'à quatre numéros de secours préprogrammés et transmettra un enregistrement numérique sur les lignes reliées quand il est déclenché par un dispositif relié tel un détecteur de mouvement ou un contact magnétique de porte. Une fois actionné, il enverra des commandes de clignotement de lumières et fera entendre une sonnerie ou une sirène.

COMMENT installer un système de sécurité résidentiel à voix et signalisation

Niveau de difficulté : 🦅🦅🦅

Outils et matériel

- Panneau de contrôle principal avec console
- Télécommande principale
- Modules de lampe
- Tournevis isolés
- Ancrages en plastique
- Outil multifonctions
- Connecteur de téléphone de type RJ11

- Contacts magnétiques
- Détecteurs de mouvement
- Télécommande sur porte-clefs
- Avertisseurs (sirènes)
- Équerre de montage et vis
- Câblage à basse tension de catégorie 5
- Piles alcalines

Installer le contrôleur principal. Votre console de commande principale de sécurité devrait être montée dans un endroit central de votre maison près d'une prise modulaire de téléphone et d'une prise CA standard **(photo1)**. La console peut reposer librement sur une surface plate ou être montée sur un mur. Pour monter la console sur un mur, utilisez les vis de support et l'équerre fournies par le fabricant. Au besoin, utilisez des chevilles en plastique pour fixer les vis à la cloison sèche. Laissez les vis ressortir du mur de 1/8 à 1/4 pouce, alignez les trous de montage sur le dos de l'unité au-dessus des vis, puis serrez. Enlevez le couvercle sur le compartiment de la pile, installez une pile de 9 volts et replacez le couvercle. Branchez le cordon de la console à la prise et le connecteur de téléphone RJ11 dans la prise de téléphone. Pour une sécurité accrue, reliez le système à sa propre ligne téléphonique.

Programmer la télécommande à distance principale et celle du porte-clefs. Réglez le cadran de code sur la télécommande principale au même code de maison que sur la console **(photo 2)**. Installez les piles dans le compartiment de piles et commutez la console au point « INSTALL ». Appuyez sur le bouton « ARM » pour actionner la télécommande principale ; commutez alors la console au mode « RUN ». Si la télécommande principale ne s'enregistre pas à la console, appuyez sur le bouton de code pour déterminer un nouveau code aléatoire et réarmez le système. Installez les piles dans la télécommande sur porte-clefs et armez-le comme vous avez fait pour la télécommande. Testez les deux télécommandes **(photo 3)**.

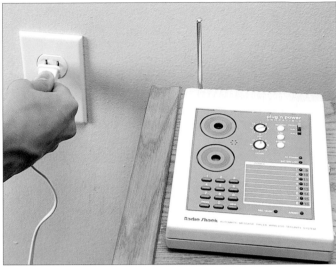

1 Installez la console de commande où il y aura peu d'obstructions à la transmission de signaux.

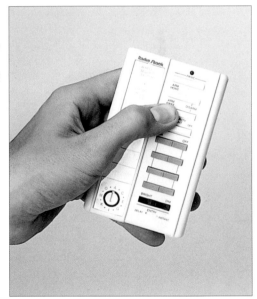

2 Réglez le cadran de code sur la télécommande de sécurité principale au même code de maison que sur la console maîtresse.

3 Appuyez sur les boutons ARM sur vos télécommandes principale et de porte-clefs pour vous assurer qu'elles fonctionnent.

Installer les contacts de portes et de fenêtres.

Installez les contacts magnétiques de sorte que des signaux de radio-fréquence (RF) ne soient pas bloqués par de grands objets ou appareils en métal. Les signaux devraient passer à travers le moins de murs possible. Avec les vis de support fournies, installez les contacts aussi près que possible du dessus de la porte ou de la fenêtre **(photo 4)**. Dans la mesure du possible, cachez les contacts derrière des rideaux ou des tentures. Assurez-vous que les flèches sur chaque moitié d'un contact magnétique pointent mutuellement l'une vers l'autre et que les contacts se libèrent proprement quand la porte ou la fenêtre est en mouvement. La plupart des systèmes offrent des programmes qui permettent aux alarmes de se déclencher immédiatement pour l'ouverture des fenêtres ou après un délai prédéterminé pour l'ouverture des portes **(photo 5)**. Placez les piles requises dans le compartiment prévu de chaque appareil et réglez le délai. Suivant les instructions du fabricant, programmez les dispositifs à la console et testez le système.

Installer les détecteurs de mouvement.

Installez vos détecteurs de mouvement entre 5 et 6 pieds au-dessus du plancher, à l'aide des supports et des vis fournis par le fabricant **(photo 6)**. Les détecteurs de mouvement sont conçus pour balayer automatiquement de haut en bas et n'ont pas besoin d'être dirigés à un angle vers le bas. Installez les piles requises, réglez le délai de déclenchement, programmez la console et testez les détecteurs.

Installer les modules de lampe.

Pour contrôler une lumière de sécurité, réglez les cadrans de codes de maison et d'unité sur un module de lampe selon la programmation de la console principale **(photo 7)**. Vous pourrez ainsi actionner les lumières en utilisant vos télécommandes. Branchez le module de lampe dans une prise près de la lampe que vous souhaitez contrôler; branchez alors la lampe au module. Assurez-vous que la prise que vous employez n'est pas contrôlée par un commutateur, ainsi le module ne pourra pas être fermé par distraction. Pour installer des modules pour d'autres lampes, réglez le cadran de code de maison sur chacun selon le code sur la console principale, mais réglez les cadrans de code d'unité à n'importe quel code inutilisé pouvant être contrôlé par la télécommande. Branchez les lampes à leur module. Encore une fois, soyez sûr d'utiliser des prises non contrôlées.

Installer les avertisseurs (sirènes).

Réglez le cadran de code de maison sur chaque avertisseur selon le code sur la console principale **(photo 8)**. Réglez chaque cadran individuel à un code inutilisé. Branchez alors les avertisseurs à des prises non contrôlées. Pour tester un avertisseur, appuyez sur le bouton « ON » de la console principale ou de la télécommande assortie aux codes de maison et d'unité de l'avertisseur. Celui-ci devrait retentir pour une durée préréglée ou jusqu'à ce que le système soit désarmé. Pour faire manuellement retentir l'avertisseur, appuyez sur le bouton de panique.

Programmer le composeur automatique.

Suivant les directives du fabricant, programmez la console principale pour composer le numéro de téléphone d'un ami, d'un voisin ou d'un parent qui pourra vous aider en cas d'urgence **(photo 9)**. Cette personne pourra alors composer le numéro d'un service de secours si requis. Pour réduire au minimum les fausses alertes, il n'est pas recommandé de programmer votre composeur automatique au numéro direct d'une centrale de surveillance. (Vous pouvez améliorer votre système de sécurité, si désiré, en l'adjoignant à un système surveillé à distance par une centrale.) Enregistrez un bref message dans votre console principale et faites-le jouer de nouveau pour savoir à quoi il ressemblera quand quelqu'un l'entendra à l'autre bout du fil.

Une fois que vous avez maîtrisé l'installation de quelques projets X-10 comme ceux-ci, vous aurez la confiance et les qualifications exigées pour installer un système complet de domotique résidentielle. Ajoutez simplement les composantes dans n'importe quelle configuration que vous désirez pour concevoir le système de vos rêves.

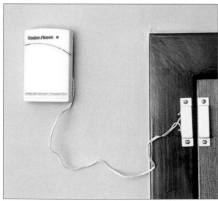

4 Les détecteurs à distance sont une partie importante de n'importe quel système de sécurité. Installez-les sur des portes et des fenêtres.

5 Des contacts magnétiques se séparent chaque fois qu'une porte ou une fenêtre est ouverte, déclenchant une alarme.

6 Des détecteurs de mouvement devraient être placés dans certains secteurs de la maison pour détecter la présence d'un intrus.

7 Au moins une lumière devrait être configurée pour fonctionner à partir d'un bouton de sécurité situé sur votre télécommande.

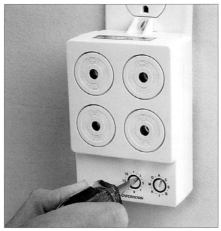

8 Un moyen de dissuasion efficace pour un intrus est le bruit. Incluez des avertisseurs dans votre système de sécurité.

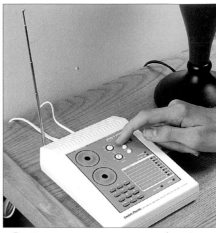

9 Programmez votre console principale pour transmettre un message de secours à des numéros de téléphone prédéterminés.

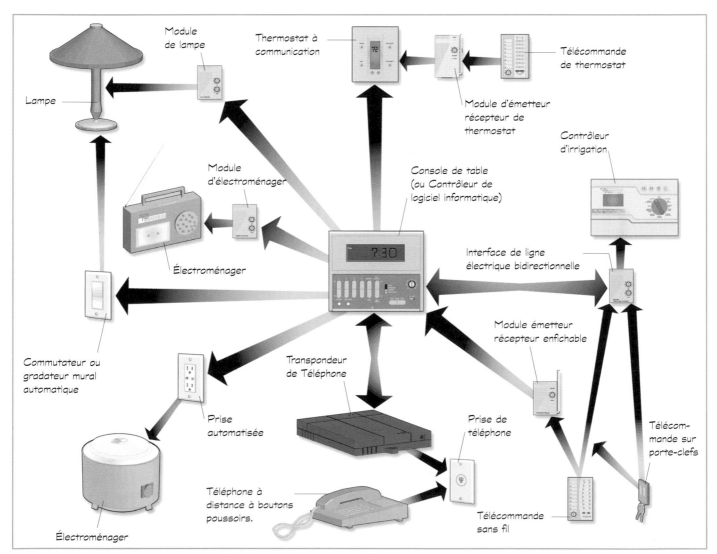

Module de lampe

Lampe

Thermostat à communication

Télécommande de thermostat

Module d'émetteur récepteur de thermostat

Contrôleur d'irrigation

Module d'électroménager

Console de table (ou Contrôleur de logiciel informatique)

Électroménager

Interface de ligne électrique bidirectionnelle

Module émetteur récepteur enfichable

Commutateur ou gradateur mural automatique

Transpondeur de Téléphone

Prise automatisée

Prise de téléphone

Télécommande sur porte-clefs

Téléphone à distance à boutons poussoirs.

Électroménager

Télécommande sans fil

Un système de domotique résidentielle type inclurait très probablement une combinaison de dispositifs tels des commutateurs muraux, des gradateurs, des modules de lampe, des minuteries, des émetteurs récepteurs, des télécommandes, des détecteurs de mouvement, des contacts magnétiques, des commandes de thermostat et d'autres. Ce sont seulement quelques-unes des nombreuses applications possibles d'un système d'automatisation.

Réseautique résidentielle

Dans le passé, l'expression réseautique résidentielle signifiait différentes choses à différentes personnes. Pour plusieurs, c'était une manière de lier deux ordinateurs ou plus pour partager les dossiers, le courriel, l'accès à Internet et d'autres équipements, telles des imprimantes. Pour d'autres, ces termes décrivaient comment la vidéo et le son pourraient être diffusés à travers la maison.

Aujourd'hui, la réseautique résidentielle s'appelle câblage structuré, et elle inclut tout cc qui précède ct plus. Chaque système est différent et dépend des besoins de l'utilisateur. Certains veulent le câblage structuré dans chaque pièce de la maison. C'est un bon choix pour une nouvelle construction, mais la plupart de ces systèmes doivent être installés par des professionnels qualifiés. Pour des applications de rénovation, il peut sembler plus raisonnable de câbler seulement certaines pièces. Cette section vous montrera comment faire des raccordements de base pour obtenir un système de câblage structuré.

Câblage structuré

Le câblage structuré apporte efficacité et organisation aux lignes de communication dans votre maison. Chaque système est différent et dépend de la disposition de la maison et des besoins de ceux qui y vivent.

La meilleure manière de comprendre le câblage structuré est de le comparer à votre système électrique résidentiel. La compagnie d'électricité achemine l'électricité dans votre boîte à fusibles ou au panneau de service principal. À partir de ce point, elle est distribuée aux prises par différents circuits. Plus ou moins la même chose se produit dans un système de câblage structuré. Le fournisseur, qui dans ce cas-ci pourrait être la compagnie de câble ou de téléphone, fournit le service à une station ou relais central dans votre maison. De ce point, il est distribué à travers la maison.

Les différences principales. À la différence du câblage à tension de ligne, qui se compose de prises raccordées en séquence, le câblage structuré emploie une topologie d'étoile ou de ligne ; voir page 196. Chaque prise, qu'elle

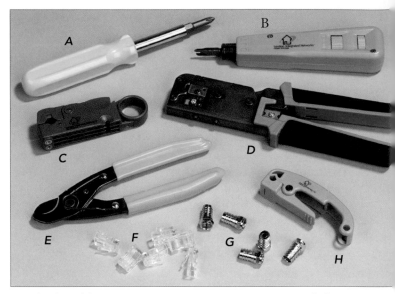

*Outils de câblage structuré : **A** tournevis, **B** poinçon, **C** dénudeur à câble coaxial, **D** outil de sertissage RJ45, **E** coupe-fil, **F** prises de catégorie 5, **G** connecteurs type F, **H** outil de sertissage pour câble*

serve à la voix, aux données numériques, au réseau informatique, à la vidéo ou à une combinaison de ces services, est généralement raccordée directement à la boîte de jonction ou de distribution principale.

À la différence de votre panneau principal ou de votre boîte à fusibles, qui contrôlent seulement l'électricité de tension de ligne, un panneau de distribution de câblage structuré sert de moyeu à une variété de services résidentiels. Il contient des modules pour tous les services mentionnés ci-dessus, créant un véritable réseau domestique.

Faire des connexions

Les systèmes de câblage structuré se fondent sur deux types de câbles. Le câble non protégé à paires toronnées (UTP) se compose de quatre paires de fils toronnés. Les câbles UTP de catégorie 5 et de catégorie 5e sont les types les plus communément utilisés dans les maisons Le câble RG-6 coaxial est l'autre type de câble utilisé. Les câbles coaxiaux portent des signaux de vidéo et de données.

Prises et connecteurs. Dans la plupart des cas, vous tirerez le câble de réseau en utilisant les mêmes techniques que pour les câbles électriques, bien qu'il y ait des différences (voir « Sorties de câblage structuré », page 272). Mais à la différence du câblage électrique, où l'installateur attache des fils à des bornes, les installateurs font des connexions en attachant des prises modulaires aux extrémités des câbles. Vous utiliserez des prises RJ45 pour câble de catégorie 5. Celles-ci ressemblent aux prises standards de téléphone, mais elles sont plus grosses. Vous utiliserez des connecteurs de type F pour câble coaxial. Pour faire ces connexions correctement, vous aurez besoin d'outils spéciaux (voir ci-dessus).

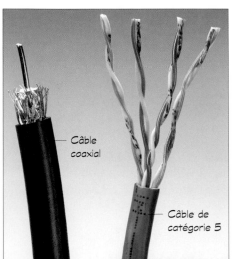

Les systèmes de câblage structurés se fondent sur deux types de câble. Le câble coaxial transporte des signaux de vidéo et de données à travers toute la maison. Le câble de catégorie 5 transmet des signaux de voix et de données.

Câble coaxial

Câble de catégorie 5

COMMENT *fixer une prise à un câble de catégorie 5*

Niveau de difficulté :

Outils et matériel

+ Dénudeur de fil
+ Câble de catégorie 5 ou 5e
+ Outil de sentissage RJ45
+ Prises modulaires

Dénuder les fils. Employez le dénudeur de fil pour enlever environ ³/₄ à 1 pouce de gaine du câble. Le câble contient quatre paires de fils ; chaque paire est toronnée. Notez que chaque fil individuel a une couleur distinctive ou des bandes de couleur pour le distinguer des autres. Étayez les fils de sorte que chaque conducteur soit séparé.

Insérez les différents fils dans la prise RJ45 tel qu'indiqué par le diagramme fourni avec la prise **(photo 1)**. L'isolant du câble devrait être à l'intérieur de la prise.

Utiliser l'outil de sertissage. Insérez la prise dans l'outil de sertissage. Quelques outils peuvent sertir les prises RJ45 et les plus petites prises utilisées sur les lignes téléphoniques, ainsi assurez-vous que vous insérez la prise dans le bon espace. Tirez les poignées de l'outil pour sertir la prise au câble **(photo 2)**.

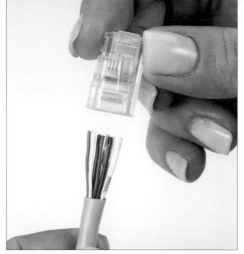

1 Enlevez l'isolant externe et étayez les paires toronnées. Suivez le guide qui vient avec la prise pour insérer chaque fil dans le bon canal.

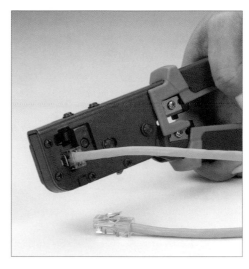

2 Il ne devrait y avoir aucun fil exposé. Placez la prise dans l'outil de sertissage et serrez les poignées pour attacher la prise au câble. Quelques outils ont une lame pour couper les fils.

COMMENT *fixer un connecteur de type F à un câble coaxial*

Niveau de difficulté :

Outils et matériel

+ Dénudeur et coupeur de câble coaxial
+ Connecteurs de type F
+ Outil de sertissage
+ Couteau universel (facultatif)
+ Câble coaxial

Dénuder le câble. Travailler avec un câble coaxial est différent que de travailler avec d'autres types de câbles. Le but est de faire en sorte que le conducteur du centre ressorte du collier fileté en métal.

Employez le dénudeur de câble pour enlever la gaine extérieure et exposer le feuillet métallique et le conducteur central **(photo 1)**. Si vous utilisez un couteau, coupez à travers l'isolant externe seulement. Repoussez alors l'enveloppe du fil soigneusement, en laissant environ ¼ de pouce de feuillet métallique et ³/₈ de pouce de conducteur exposé.

Sertir le connecteur de type F. Placez le connecteur sur l'extrémité du câble. Le conducteur central devrait dépasser d'environ ¹/₁₆ de pouce de l'extrémité du connecteur. Utilisez un outil de sertissage pour fixer le connecteur **(photo 2)**.

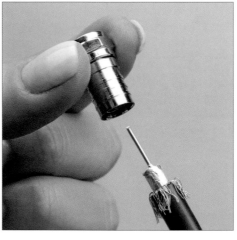

1 Utilisez un dénudeur de câble coaxial pour préparer le câble. Le connecteur est fileté de sorte qu'il puisse être fixé à la borne filetée des équipement vidéo et aux modems d'ordinateur.

2 Le conducteur central devrait se prolonger d'environ ¹/₁₆ de pouce au-delà de l'extrémité du connecteur de type F. Utilisez l'outil de sertissage pour assurer une connexion permanente.

COMMENT *installer des prises de câble*

Niveau de difficulté :

Outils et matériel

- Scie à gypse
- Tournevis
- Poinçon
- Outil de sertissage
- Boîtes évidées
- Câble UTP
- Câble coaxial
- Plaques murales
- Prises modulaires et capuchons

Sorties de câblage structuré

Vous devez faire passer le câble, soit de catégorie 5, soit coaxial, soit tous les deux, du panneau de répartition du câblage structuré à travers les différentes pièces de votre maison (voir « Passer un câble à travers l'armature », page 81 et « Passer du câblage structuré », ci-dessous.)

Évaluer les besoins. Planifiez votre installation soigneusement. Il peut être avantageux de simplement amener le câble de catégorie 5 et le câble coaxial du panneau de répartition à chaque pièce dans la maison. Le câblage structuré peut s'adapter aux lignes téléphoniques pour la voix, au télécopieur et au réseautage informatique. Les sorties de câblage structuré relient votre équipement au panneau de répartition. Une sortie peut contenir des raccordements multiples. Par exemple, une seule sortie peut avoir des raccordements pour le service téléphonique, un réseau informatique et la vidéo.

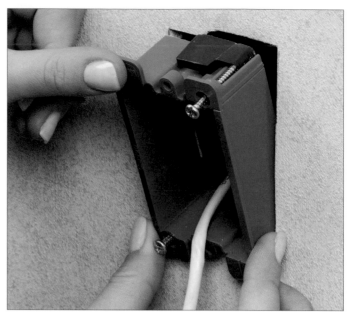

1 *Installez la boîte comme n'importe quelle boîte électrique. Utilisez des boîtes évidées pour des installations multiples de câbles.*

4 *Fixez la prise modulaire dans la plaque murale. Ces plaques à raccordement rapide facilitent les modifications ultérieures.*

Installer la boîte. Les boîtes évidées ont un espace ouvert à l'arrière de la boîte pour qu'il soit facile de tirer un certain nombre de câbles dans la même boîte. Si vous travaillez sur un mur fini, utilisez une scie à gypse pour découper une ouverture pour la boîte **(photo 1)**.

Faire des connexions. Lors de l'installation d'un câble UTP, retirez la gaine du câble et étayez les fils **(photo 2)**. La technologie courante recommande d'installer du câble UTP de catégorie 5 ou de catégorie 5e, mais dans certains cas, les câbles de catégorie 3 sont acceptables. Attachez les

---

CONSEIL PRATIQUE

Passer du câblage structuré

L'installation du câblage structuré est semblable à l'installation de câbles et de fils électriques. Mais il y a quelques différences.

◎ Ne pas plier ni entailler la gaine protectrice.

◎ Ne pas tirer le câblage structuré en parallèle avec le câblage électrique. Si les câbles structurés et les câbles électriques doivent se croiser, ils devraient le faire à un angle de 90 degrés.

◎ Les prises murales de câblage structuré ne devraient pas partager les mêmes montants que les prises électriques.

◎ Le câblage structuré ne devrait pas partager les trous ou les conduits avec les câbles électriques.

◎ Employez des agrafes en plastique pour fixer les câbles. Les câbles devraient être lâches sous les agrafes.

2 Enlevez l'isolant du câble de catégorie 5 et étayez les différents conducteurs.

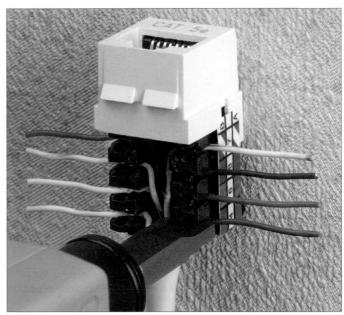

3 Utilisez un poinçon pour relier les conducteurs à la prise modulaire. Notez le code de couleur sur la prise.

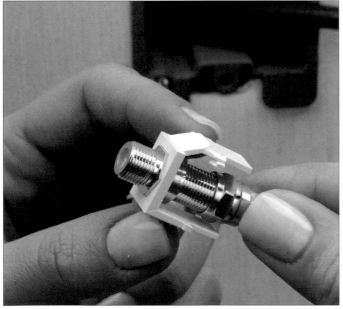

5 Pour le câble coaxial, employez les connecteurs de câble spéciaux. Ceux-ci se fixent directement à la plaque murale.

6 Fixez la plaque murale au mur. Notez la sortie du bas obturée.

fils du câble aux bornes à l'aide d'un poinçon **(photo 3)**. Les bornes sont codées par couleur, ce qui permet de savoir où chaque fil devrait être placé. Le poinçon fait la connexion entre le fil et la borne.

Fixer la prise modulaire à la plaque murale. Les produits peuvent différer. Cette prise modulaire se fixe à la plaque murale par pression **(photo 4)**.

Si vous faites une connexion de câble coaxial, attachez le collier en métal à l'extrémité du câble à l'aide d'un outil de sertissage

de câble (voir «Comment fixer un connecteur de type F à un câble coaxial», page 271). Ensuite, fixez un connecteur de type F à un connecteur mural conçu pour cet usage **(photo 5)**.

Installer la plaque murale. Fixez la plaque murale à la boîte avec les vis fournies **(photo 6)**. Les modèles de plaques murales peuvent varier. Cette plaque peut recevoir deux connexions. Pour fins d'illustration, nous avons fait une connexion. L'espace inférieur est obturé, mais vous pouvez l'ouvrir pour faire une connexion additionnelle à un autre moment.

1 *Les boîtiers des panneaux de répartition sont conçus pour une installation en surface ou encastrée. Fixez avec des vis.*

COMMENT *Installer un boîtier de répartition*

Niveau de difficulté :

Outils et matériel

- Dénudeur de câble
- Outil de sertissage de câble
- Outil de sertissage de câble coaxial
- Perceuse électrique
- Vis
- Poinçon
- Modules de répartition
- Boîtier de répartition pour médias

Panneau de répartition pour médias

Le panneau de répartition de médias ou le panneau de distribution principal est le centre névralgique du réseau résidentiel. Il sert de point de distribution au système.

Types de modules. Les modules sont les organes internes du panneau de répartition. Ils sont offerts dans des douzaines de configurations. Par exemple, le panneau montré ici contient un module prémonté qui a la capacité de répartir jusqu'à quatre lignes téléphoniques à six endroits différents à travers la maison. Il y a également un raccordement de système de sécurité et un auget de répartition vidéo permettant une alimentation de câble jusqu'à six endroits.

Installer la boîte. Les boîtiers des panneaux de répartition sont conçus pour une installation en surface ou encastrée. Fixez la boîte avec les vis fournies **(photo 1)**.

2 *Les modules individuels se fixent à l'intérieur de la boîte. Ce module peut gérer la téléphonie, la câblodistribution et la sécurité.*

Installer les modules. Les boîtes ont une configuration à chevilles, vous permettant simplement de fixer un module à l'endroit désiré **(photo 2)**. Cette installation est relativement simple parce qu'il n'y a qu'un module à installer. L'installation de modules multiples requiert une certaine planification.

Amener les câbles dans la boîte. Identifiez les câbles au fur et à mesure que vous les tirez de la boîte vers leur destination. Vous devrez savoir où chaque câble aboutira afin de déterminer les connexions correctes dans le panneau de répartition.

Dans ce panneau **(photo 3)**, la ligne téléphonique extérieure est reliée au-dessus du panneau (fil gris venant du dessus de la boîte). Cela actionne le côté droit du module, qui est décomposé en diverses combinaisons de lignes téléphoniques. Par exemple, un raccordement peut gérer chacune des quatre lignes, mais d'autres peuvent seulement gérer deux des lignes. Cela vous permet de distribuer les services à travers votre maison comme vous le souhaitez.

Les six fentes sur la gauche permettent d'acheminer les services jusqu'à six endroits dans la maison. Attachez les câbles provenant des pièces aux prises de ce côté du module.

Raccorder les câbles de liaison. Ce module est muni de câbles de liaison courts pour relier le côté du module avec la ligne de téléphone au côté de répartition qui mènera aux diverses pièces de la maison. Vous aurez aussi la flexibilité de configurer le système selon vos besoins **(photo 4)**.

3 Employez un poinçon pour raccorder les câbles provenant des pièces au module de répartition.

4 Les câbles de liaison lient le service téléphonique entrant à des secteurs spécifiques de la maison.

Réseaux informatiques

L'établissement d'un réseau informatique dans votre maison permettra à deux ordinateurs ou plus de partager des imprimantes, des dossiers, des numériseurs et un raccordement à Internet. Il y a quatre manières d'établir un réseau : le câble Ethernet, qui est le système présenté dans la section de réseautique résidentielle ; les lignes téléphoniques qui sont déjà dans votre maison ; le système électrique déjà dans votre maison ; et les systèmes sans fil. Ils exigent tous une carte d'interface de réseau (NIC), qui est le matériel qui vous permet de relier un ordinateur aux autres ; les logiciels qui permettent aux ordinateurs de parler entre eux ; et, dans certains cas, un répartiteur ou un routeur pour lier des ordinateurs multiples en réseau.

Le plus rapide. Ethernet est de loin l'option de réseautique la plus rapide, échangeant des données à un taux jusqu'à 100 mégabits par seconde (Mbps). Un mégabit est égal à un million d'impulsions par seconde. Les réseaux existants de lignes téléphoniques et électriques fonctionnent à des vitesses au-dessous de 10 Mbit. Il y a plusieurs types de systèmes sans fil. Les plus rapides fonctionnent à environ 25 à 50 Mbit, mais un certain nombre de facteurs peut affecter la qualité de la réception.

Un système sans fil *se compose d'un routeur (la boîte argentée) qui envoie les données à partir de l'ordinateur principal ou un signal à partir d'un raccordement Internet à haute vitesse à un autre ordinateur, tel cet ordinateur portable.*

Glossaire

A/V Audio/vidéo.

Accouplement Jonction de deux ou plusieurs boîtes de dispositifs ensemble.

Ampère, A Mesure du flux du courant électrique requis pour transporter 1 volt d'électricité à travers une résistance de 1 ohm.

Anneau de prolongement Dispositif ajouté à une boîte électrique existante pour accroître sa dimension afin d'englober plus de fils. Voir Prolongement de boîte.

Attache ou connecteur LB Connecteur à 90 degrés utilisé pour acheminer un câble à travers un mur extérieur.

Avertisseur de puissance Alarme de sécurité; sirène.

AWG Calibre américain des fils; système de dimension des fils électriques.

Bague de sertissage Manchon à compression utilisé pour raccorder deux fils dénudés.

Baisse de tension Perte partielle de puissance électrique.

Ballast Dispositif contrôlant le courant dans un tube fluorescent.

Ballast à allumage instantané Applique une haute tension pour amorcer le flux des électrons à travers une lampe fluorescente sans préchauffer les électrodes.

Ballast à bobine d'arrêt Ballast sans transformateur utilisé uniquement dans les petits dispositifs à fluorescents.

Ballast à protection thermique Ballast protégé contre la surchauffe résultant d'une surcharge ou d'une panne au démarrage.

Barre de suspension Support placé entre les poutrelles ou les chevrons pour supporter la boîte d'un dispositif.

Barre omnibus Conducteur électrique commun pour des circuits multiples.

Barre omnibus de mise à la terre Barre omnibus électrique à laquelle sont reliées les mises à la terre d'équipements et qui est elle-même reliée à la terre.

Barre omnibus de neutre Barre omnibus qui relie le fil d'usage général du neutre au fil du neutre d'une maison.

Barre omnibus sous tension Barre métallique dans un panneau électrique qui sert de connexion commune entre les disjoncteurs et les conducteurs des lignes sous tension.

Basse tension Tension électrique abaissée de 120 volts à 30 volts ou moins.

Bloc 66 Bloc de connexion pour un circuit téléphonique. Aussi appelé bloc M.

Bloc de raccord Appareillage de jonction de distribution centrale pour un circuit téléphonique.

Boîte à encoches Boîte électrique conçue pour être installée facilement dans une construction existante.

Boîte à prises multiples Dispositif attaché à une boîte électrique pour en augmenter la capacité.

Boîte d'interrupteur Boîte électrique utilisée pour contenir un interrupteur ou une prise.

Boîte de jonction Boîte dans laquelle toute les jonctions et les connexions standards de fils doivent se faire.

Boîte de jonction de fils Boîte de jonction de fils carrée ou octogonale; boîte accessible, recouverte par un couvercle, qui peut être encastrée dans un mur ou un plafond.

Boîte électrique Boîtier métallique ou non métallique utilisé pour protéger des jonctions de fils.

Boîte plate Boîte électrique à profil bas qui peut être encastrée derrière ou à même un dispositif d'éclairage.

Borne Position d'un circuit ou d'un dispositif à laquelle une connexion est normalement établie ou brisée.

Boucle d'interrupteur Installation dans laquelle l'alimentation est dérivée à travers un interrupteur et retournée directement à un appareil.

Boucle de dilatation Bout détendu d'un câble permettant l'expansion ou la contraction.

Broche Contact à l'extrémité d'un tube fluorescent.

Câblage en ruban Cordon constitué de conducteurs à basse tension, chacun possédant une gaine de plastique de couleur différente.

Câblage structuré Système de câblage composé d'un fût central, de câblage haute performance et de prises haute qualité; les services peuvent être redirigés selon les besoins.

Câblé Directement relié par des fils électriques ou des câbles.

Câble Un ou plusieurs fils protégés par une gaine de métal ou de plastique.

Câble à blindage quadruple Câble coaxial possédant deux couches de blindage en aluminium, chacune recouverte par une couche de blindage tressé.

Câble à blindage quadruple RG-6 Câble coaxial avec un fil central isolé et quatre couches de blindage; peut supporter des centaines de canaux et les données numériques. Utilisé pour la câblodistribution, les systèmes satellites numériques, les modems câble et les serveurs interactifs à haute vitesse. Hautement immunisé contre les interférences.

Câble à gaine métallique (MC) Câble de cuivre THHN/THWN possédant deux ou plusieurs conducteurs et un fil isolé de mise à la terre. Les conducteurs sont enveloppés dans du ruban liant et l'assemblage est ensuite gainé par une armure d'aluminium ou d'acier.

Câble armé Câble enrobé dans du métal flexible.

Câble coaxial Fil conducteur primaire enrobé d'un isolant concentrique de mousse plastique. Il est recouvert d'un fil tressé agissant comme conducteur secondaire et comme blindage contre les interférences.

Câble conducteur   Gaine non métallique enveloppant deux conducteurs ou plus.

Câble d'alimentation   Conducteurs d'un circuit entre l'équipement de service et le dispositif de dérivation en cas de surcharge de courant.

Câble d'alimentation souterrain   Câble extérieur approuvé pour l'enfouissement.

Câble d'applications   Câble électrique ou en fibre optique pour les communications de données, de voix et de vidéo.

Câble de communications   Câble destiné aux communications de voix, de vidéo et de données.

Câble de service public   Câble d'alimentation fourni par et propriété d'une compagnie de service public.

Câble non métallique   Deux ou plusieurs fils électriques enrobés d'une gaine non métallique (plastique) résistante à la moisissure et ignifuge.

Câble téléphonique   Câble de quatre ou huit fils utilisé pour brancher des prises de téléphone. Aussi appelé fil de station.

Capacité de circuit   Courant maximum que peut transporter un circuit.

Capteur ultrasonore   Capteur permettant de détecter un objet fixe ou en mouvement par l'émission-détection d'ultrasons.

Cellule photoélectrique   Dispositif possédant une sortie électrique qui varie en fonction de sa réponse à la lumière invisible; aussi appelé œil électrique.

CFM   Pieds cubes par minute; généralement une mesure du mouvement d'un volume d'air.

Charge   Appareil ou équipement vers lequel la puissance est acheminée.

Charge continue   Charge où le courant maximum est continu pendant trois heures ou plus.

Chemin de câbles de surface   Système pour installer des câbles, des interrupteurs, des prises et des dispositifs sans nécessité de démolition.

Circuit terminal   Câblage d'un fusible final ou d'un disjoncteur vers les prises.

CO/ALR   Étiquette désignant l'approbation pour l'utilisation d'un fil en alminium.

Code maison   Un des 16 groupes d'adresses utilisés dans un système de contrôle d'automatisation de type X-10.

Code national de l'électricité (CNE)   Normes régulant la sécurité minimale lors de l'installation des systèmes électriques et de leurs composants.

Code unité   Une des 16 adresses individuelles utilisée pour le contrôle d'automatisation de type X-10.

COM   Terminal commun.

Commande d'intensité d'éclairage   Interrupteur d'intensité variable pour l'éclairage.

Community antenna television (CATV)   Source pour les signaux de câblodistribution transmis à de multiples récepteurs.

Commutateur de transfert   Dispositif qui achemine une charge de son alimentation principale vers une alimentation d'appoint.

Conducteur   Fil ou matériel offrant une résistance minimale au flux de l'électricité.

Conducteur de mise à la terre d'un équipement   Conducteur reliant les parties métalliques non conductrices de courant d'un équipement à un conducteur de mise à la terre et/ou à une électrode de mise à la terre.

Conducteur de terre   Fil de mise à la terre qui achemine le courant de façon sécuritaire vers la terre lorsque se produit un court-circuit.

Conducteur neutre   Conducteur gris ou blanc, mis à la terre, utilisé pour compléter un circuit et retourner le courant à sa source.

Conducteur neutre mis à la terre   Fil de mise à la terre qui complète un circuit et retourne le courant à la source d'alimentation.

Conducteur sous tension   Fil non mis à la terre transportant un courant électrique.

Configuration de fiche   Nombre et motif des dents sur une fiche.

Connecteur   Connexion assurant une conductivité continue entre des parties métalliques devant être reliées électriquement.

Connecteur de déplacement d'isolant (IDC)   Bloc de fils de jonction d'un circuit téléphonique possédant un joint étanche pour prévenir la corrosion bimétallique.

Consumer Electronic Bus (CEBus)   Norme de conception établie par l'Association de l'industrie électronique.

Contact isolant   Boîtier encastré de dispositif d'éclairage approuvé pour contact direct avec l'isolant; aussi avec un plafond isolé.

Contrôle par courant porteur sur ligne (PLC)   Système de contrôle domotique qui utilise le câble CA dans une maison pour transmettre le signal aux récepteurs utilisés pour contrôler à distance les interrupteurs et les appareils électriques.

Contrôleur   Appareil, qui, de façon prédéterminée, contrôle la puissance électrique acheminée à un autre appareil auquel il est relié directement ou à distance.

Cordon de raccordement   Cordon plat à quatre conducteurs utilisé pour brancher un téléphone ou un autre accessoire à une prise téléphonique.

Cordon de type zip   Cordon à deux fils conçu pour qu'ils se séparent lorsqu'on les tire par le milieu.

Cordon électrique   Câble flexible utilisé pour les appareils domestiques enfichables; ce câblage n'est pas considéré comme un câblage électrique permanent.

Cornet d'alimentation   Dispositif au point central d'une antenne satellite qui reçoit les signaux réfléchis par l'antenne.

Courant   Flux des électrons à travers un conducteur.

Courant alternatif (CA)   Courant électrique qui inverse sa direction de façon régulière, généralement à une fréquence de 60 cycles par seconde.

Courant continu (CC)   Courant électrique dont le flux est dans une seule direction.

Court-circuit Contact indésirable entre un fil d'alimentation ou un fil non mis à la terre et un fil de mise à la terre.

CU/AL Étiquette désignant l'approbation pour l'utilisation d'un fil de cuivre, d'aluminium ou d'aluminium plaqué de cuivre.

Début de parcours Prise ou boîte d'interrupteur placée en début de circuit.

Détecteur Appareil qui détecte les changements dans les conditions ambiantes dus à la température, au mouvement, à la fumée, aux gaz, aux flammes, etc.

Détecteur à ionisation Capteur qui ionise l'air entre deux électrodes, provoquant le flux d'un courant. Des particules de fumée interférant avec ce flux déclenchent une alarme.

Détecteur d'occupation Dispositif réagissant à la chaleur ou au mouvement pour détecter la présence de personnes.

Détecteur de changement de température Dispositif qui détecte et réagit à un changement rapide de la température de l'air ambiant tel celui provoqué par un incendie.

Détecteur de flammes Détecteur infrarouge (IR) ou ultraviolet (UV) qui détecte et réagit aux rayons IR ou UV émis par les flammes.

Détecteur de fumée Dispositif à ionisation ou photoélectrique qui déclenche une alarme lorsqu'il détecte les produits de la combustion; il ne détecte pas la présence de la chaleur, des flammes ou du gaz.

Détecteur de mouvement Détecteur passif infrarouge (PIR) qui détecte un mouvement à travers un espace donné.

Détecteur infrarouge Dispositif qui détecte et répond aux oscillations de l'énergie infrarouge radiante, comme celles émises par des flammes.

Détecteur passif infrarouge (PIR) Dispositif n'émettant aucun signal mais qui détecte la chaleur corporelle d'une personne bougeant près de celui-ci.

Détecteur photoélectrique Capteur qui répond aux changements de niveau de lumière causés, par exemple, par des particules de fumée

Détecteur PIR Voir Détecteur passif infrarouge.

Détecteur thermostatique Détecteur de chaleur qui utilise le point de fusion bas d'une soudure ou de métaux prenant de l'expansion lorsqu'ils sont exposés à la chaleur, pour détecter un incendie.

Digital versatile disc (DVD) Anciennement appelé vidéodisque; format de disque pour les films numériques composé de plusieurs couches.

Disjoncteur Dispositif de protection qui ouvre un circuit lors d'une surcharge de courant.

Disjoncteur GFCI Combinaison d'un disjoncteur et d'une protection GFCI installés dans un panneau de service à la place d'un disjoncteur conventionnel. Il surveille le flux de courant dans les fils de tension et le fil du neutre. Lorsque le disjoncteur détecte un flux inégal de courant dans les fils, il coupe immédiatement l'alimentation et protège le circuit entier.

Disjoncteur principal Disjoncteur à travers lequel passe la puissance totale entrant dans le panneau principal et branché sur la barre omnibus d'alimentation.

Dispositif d'interface réseau Dispositif de téléphonie qui relie le câblage d'une maison à un réseau téléphonique.

Dispositif de contact sans isolant Boîtier encastré de dispositif d'éclairage non approuvé pour contact direct avec l'isolant; requiert un minimum de 3 pouces de jeu; aussi avec un plafond non isolé.

Disque optique (DO) Disque à haute résolution sur lequel des programmes peuvent être enregistrés pour être reproduits sur un téléviseur.

Domotique Système pour contrôler à distance les opérations de dispositifs électriques dans une demeure.

Double broche Tube fluorescent possédant deux broches à chaque extrémité.

Éclairage accentué Éclairage local qui met l'accent sur des caractéristiques décoratives ou architecturales.

Éclairage ambiant Éclairage indirect, en arrière-plan.

Enregistrement Transmission et enregistrement de l'information codifiée d'un appareil contrôlé vers un contrôleur central.

Enregistreur de cassette vidéo Dispositif pour enregistrer et jouer des bandes vidéo.

Enroulement primaire Enroulements des bobines à l'entrée d'un transformateur.

Enroulement secondaire Enroulements des bobines à la sortie d'un transformateur.

Enroulements Bobines d'enroulement d'une génératrice, d'un moteur électrique ou d'un transformateur.

Étanche à l'eau Conçu pour une immersion ou une exposition temporaire à l'eau; scellé avec des joints étanches à l'eau.

Étanche à la pluie Capable de prévenir l'infiltration d'eau lors d'une forte averse.

Étiquette UL Marque de Underwriters Laboratories pour l'évaluation et le listage.

Federal Communications Commission Agence de réglementation pour la diffusion des communications aux États-Unis.

Ferrure de maintien Ferrure ajustable à laquelle une boîte ou un dispositif plafonnier est suspendu entre des poutrelles de plafond.

Fiche Attache, avec des dents métalliques, pour insérer dans un support fixe, utilisée pour brancher un appareil à une source d'alimentation.

Fil Conducteur métallique, de longueur et de diamètre variable, souvent isolé électriquement, utilisé pour acheminer l'électricité.

Fil amorce Conducteur flexible qui relie un appareil électrique ou un composant à un circuit électrique.

Fil cavalier Fil qui transfère l'électricité d'un interrupteur à trois voies vers un autre.

Fil de catégorie 5 (CAT 5) Quatre paires torsadées de fil de cuivre de haute qualité enrobées d'une gaine; utilisé pour le téléphone, le fax, le modem et la transmission à haute vitesse par ordinateur. Possède une grande immunité aux interférences.

Fil de liaison Petite longueur d'un conducteur simple utilisée pour compléter une connexion d'un circuit.

Fil de sonnerie Fil mince utilisé pour faire les connexions d'une sonnette de porte.

Fil dénudé Fil conducteur non isolé de mise à la terre dans un câble.

Fil toronné Fils enroulés ensemble pour former un conducteur unique.

Fin de parcours Prise ou boîte d'interrupteur située en fin de circuit.

Flux magnétique Nombre total de lignes magnétiques de force passant à travers une surface bornée dans un champ magnétique.

Fusible Dispositif de sécurité qui fond pour briser un circuit, protégeant ainsi les conducteurs contre la surchauffe et le feu.

Fusible à action lente Fusible capable, pendant un temps limité, de supporter une charge électrique importante sans brûler.

Fusible de type S Fusible qui peut seulement être inséré dans un réceptacle ou adaptateur possédant le même ampérage nominal.

Gainage de câble Enveloppe extérieure en métal ou en plastique protégeant les fils d'un câble.

Gaine passe-fil Garde métallique cloué à l'armature pour protéger un fil contre la pénétration d'un clou ou d'une vis.

Génératrice Appareil qui convertit l'énergie mécanique en énergie électrique.

Génératrice d'appoint Génératrice portative domestique conçue pour alimenter certains appareils ou lampes durant une panne temporaire d'alimentation.

GFCI (protection par disjoncteur de mise à la terre) Dispositif de sécurité qui brise un circuit lorsqu'il perçoit une différence dans le flux entre le courant de ligne et le courant de mise à la terre.

Griffe de clouage Attache de clouage attachée à une boîte électrique.

Hertz Unité de fréquence mesurant un cycle par seconde.

HSTV Télévision domestique par satellite.

Impédance Opposition au flux de courant dans un circuit à courant alternatif.

Impulsion Changement bref et soudain dans un courant normalement constant.

Indice d'équivalence de la sonnerie Nombre, généralement 1.0 ou moins, qui représente la puissance requise pour faire sonner un téléphone.

Intempérisé Construit pour fonctionner sans interférence des intempéries.

Intensité admissible Capacité admissible de transport de courant d'un fil électrique, en ampères.

Interrupteur Contrôle électrique pour acheminer ou couper l'alimentation à un appareil.

Interrupteur à bascule Interrupteur à rupture brusque marche-arrêt actionné par un levier.

Interrupteur à lueur Voir Starter à lueur.

Interrupteur à rupture brusque Voir Interrupteur à bascule.

Interrupteur à trois voies Interrupteur électrique destiné à contrôler l'éclairage de deux endroits différents lorsqu'il est utilisé avec d'autres interrupteurs.

Interrupteur bipolaire Interrupteur possédant deux lames et deux contacts pour, de façon simultanée, ouvrir ou fermer l'alimentation à une charge à partir de deux endroits.

Interrupteur de démarrage Interrupteur qui fonctionne avec un ballast pour démarrer un tube fluorescent seulement lorsque l'alimentation nécessaire est disponible.

Interrupteur programmable Interrupteur pouvant ouvrir ou fermer l'éclairage selon un horaire préréglé.

Interrupteur quadruple Interrupteur utilisé avec deux interrupteurs triples qui permet à un circuit d'être ouvert ou fermé à partir de trois emplacements.

Interrupteur unipolaire Interrupteur électrique possédant un contact mobile et un contact fixe.

IR Infrarouge.

Isolateur Non-conducteur d'électricité.

Jonction Point où survient une jonction de fils, un joint de câbles ou un joint de passages de câbles.

Jonction de fils Connexion mécanique entre des fils.

Kilowatt (kW) 1 000 watts.

Kilowattheure (kWh) Somme de l'énergie consommée en une heure par un kilowatt (1 000 watts) d'électricité.

Lampe Appareil qui génère de la lumière.

Lampe à réflecteur Lampe incandescente avec un réflecteur intégré à l'intérieur de l'ampoule.

Lampe à réflecteur parabolique aluminisé Ampoule possédant un réflecteur interne en aluminium.

Lampe articulée Éclairage directionnel au point d'utilisation.

Langage commun d'applications (LCA) Langage qui permet à divers systèmes domestiques d'être intégrés sous un seul système de contrôle.

Liaison électrique Action de brancher des parties métalliques dans le but de créer un chemin électrique.

Loi d'Ohm Le courant dans un circuit est directement proportionnel à la tension et inversement proportionnel à la résistance.

LonWorks Technologie de réseautique pour les contrôles d'automatisation.

Lumen Débit de lumière par unité de temps, définissant ainsi la quantité de lumière visible.

Lumière ultraviolette (UV) Région de la lumière invisible située juste après le violet dans le spectre lumineux.

Luminaire Dispositif d'éclairage.

Luminaire pour niche sèche Bâti de lumière de piscine qui n'est pas à l'épreuve de l'eau; le niveau de l'eau doit être diminué pour changer une ampoule.

Glossaire

Luminosité   Luminescence relative.

Macro   Instruction singulière et sur mesure de programmation qui résulte en une série d'actions ou de réponses.

Maison intelligente   Norme de contrôle pour les applications de domotique, comme le divertissement, l'éclairage, la sécurité et le contrôle de la température.

Marrette   Connecteur servant à enrouler ensemble deux ou plusieurs fils.

Mesureur   Appareil conçu pour mesurer le flux d'un courant électrique.

Milieu de parcours   Prise ou boîte d'interrupteur située entre la source d'alimentation et une autre boîte.

Modulation à spectre étalé   Ligne de transmission de l'alimentation qui commence à une fréquence donnée et dont la fréquence est changée durant un cycle.

Niche immergée   Niche aménagée dans la paroi d'une piscine et reliée par câble à l'épreuve de l'eau à une boîte de jonction située à l'extérieur d'une piscine.

Nœud de type Underwriter   Nœud qui assure que les connexions du câblage électrique d'un dispositif vont résister aux contraintes mécaniques si le cordon électrique subit un mouvement saccadé.

Non polarisé   Qui possède deux positions ou pôles qui ne sont pas exclusivement positifs ou négatifs.

Ohm   Unité de résistance électrique dans un conducteur.

Outil emporte-pièce   Outil spécial pour perforer les blocs IDC.

Paire torsadée   Ensemble de deux fils isolés, qui sont enroulés l'un sur l'autre pour réduire l'interférence avec d'autres paires de fils.

Panneau d'entrée de service   Endroit où l'alimentation du réseau vient rejoindre le câblage d'une maison.

Parasurtenseur   Dispositif qui dévie les surtensions électriques vers un système de mise à la terre.

Paratonnerre   Tige métallique mise à la terre placée sur une structure pour prévenir les dommages en acheminant la foudre vers le sol.

Passerelle résidentielle   Dispositif qui permet à de multiples ordinateurs personnels de partager une connexion Internet à haute vitesse et des périphériques, comme des imprimantes; permet d'établir un réseau à domicile sans câblage supplémentaire.

Piquet de prise à la terre   Voir Conducteur de terre.

Plaque écusson   Plaque protectrice en plastique ou en métal.

Point d'accès   Lignes en suspension d'un service public qui acheminent l'électricité du réseau à une maison.

Point de démarcation   Interface entre le câblage à usage général de téléphonie et le câblage de téléphonie dans une maison.

Pointe   Augmentation soudaine et prononcée de la puissance.

Polarisé   Qui possède deux positions, comme un pôle positif et un pôle négatif.

Polychlorure de vinyle (PVC)   Résine thermoplastique utilisée pour fabriquer des objets non métalliques comme des tubes protecteurs et autres composants électriques.

Prise   Point de contact à une prise de courant pour le branchement d'une fiche.

Prise avec mise à la terre isolée   Prise de couleur orange vif reliée à un système séparé de mise à la terre et qui protège l'équipement informatique contre les surcharges de tension.

Prise double   Deux prises de 120 volts reliées à l'interne et encastrées dans une seule boîte.

Prise téléphonique   Prise (organe femelle) d'une ligne téléphonique dans laquelle on insère la fiche (organe mâle) du cordon de raccordement d'un terminal.

Protection au point d'utilisation   Appareil de suppression des surcharges utilisé pour filtrer le bruit de ligne au point de branchement d'un électroménager.

Protection multipièce   Dispositif d'absorption des surtensions comprenant le panneau principal et les dispositifs de suppression des surtensions au point d'utilisation.

Protocole de conception   Norme de conception pour les appareils de domotique.

Puissance nominale   Puissance électrique de sortie que peut fournir une génératrice en fonctionnement continu.

Raccord fileté   Attache filetée utilisée pour brancher un dispositif d'éclairage à une boîte de plafond.

Réalimentation   Électricité retournée dans un système pendant le fonctionnement d'une génératrice d'appoint. Un interrupteur de transfert bipolaire, à contact à deux directions, est requis pour prévenir ce phénomène, pour protéger la génératrice, le câblage et les appareils contre des bris pouvant survenir lorsque l'alimentation est rétablie.

Réseau   Connexion entre des ordinateurs, de l'équipement périphérique et des appareils de communications qui permet le partage de fichiers, de programmes et d'équipements.

Réseau étendu   Grand réseau de communication entre ordinateurs ou de transmission de données déployé géographiquement sur une plus longue distance qu'un réseau local.

Réseau local (LAN)   Système reliant de l'équipement électronique, tels des ordinateurs ou des télécopieurs, pour former un réseau partagé dans un espace limité.

Réseautique domestique   Connectivité domestique complète. Partage de l'accès Internet, des imprimantes et des fichiers par tous les ordinateurs d'une demeure.

Résistance   Opposition au flux du courant dans un conducteur ou un dispositif, ou charge, mesurée en ohms.

RF   Voir Radiofréquence.

Ruban de tirage   Tige flexible métallique ou non métallique utilisée pour tirer des câbles à travers des murs et des conduits.

Rupteur   Voir Disjoncteur.

Sans tension   Niveau de tension des fils de mise à la terre reliés à la terre.

Socle   Enveloppe métallique dans laquelle une ampoule ou un fusible est inséré.

Starter à démarrage rapide Dispositif qui utilise un enroulement à basse tension pour le préchauffage des électrodes d'une lampe fluorescente en vue de l'apparition d'un arc.

Starter à préchauffage Dispositif qui préchauffe les électrodes d'un tube fluorescent jusqu'à l'allumage par un arc.

Surcharge Demande excessive de puissance faite à un circuit électrique.

Surintensité Courant qui excède le courant nominal d'un équipement ou le courant admissible d'un conducteur.

Surpuissance transitoire Puissance requise pour le démarrage d'un appareil. Lors de son démarrage, l'appareil nécessite une surtension initiale. Une génératrice doit être capable de fournir la surpuissance transitoire. Si elle n'est pas assez puissante, la génératrice ou les moteurs des appareils qui y sont reliés peuvent brûler.

Système satellite numérique (SSN) Système qui distribue les signaux vidéo via un satellite jusqu'à une antenne parabolique de réception.

Taux de rendement énergétique (EER) Mesure de la consommation relative d'énergie.

Technologie X-10 Système qui permet de contrôler à distance les lumières et les appareils électriques en utilisant le câblage existant d'une maison.

Télévision interactive (ITV) Télévision permettant l'interaction avec l'usager, comme un jeu télévisé ou voter, et qui renvoie une rétroaction immédiate.

Tension Différence de potentiel entre deux points dans un courant électrique.

Terre Connexion entre un circuit électrique ou un équipement électrique et la terre.

Thermoplastique Susceptible d'être ramolli par chauffage et durci par refroidissement.

Thermostat Instrument à commande électrique, qui règle automatiquement le fonctionnement d'un appareil de chauffage ou de refroidissement en réagissant aux changements de température.

Thermostat communiquant Thermostat interactif pouvant être contrôlé à distance.

Tige conductrice Courte section d'un conducteur utilisée pour relier une boîte de jonction intérieure à une prise extérieure ou à un connecteur de type LB.

Tige de mise à la terre Conducteur métallique enchâssé dans la terre qui maintient un potentiel de mise à la terre des autres conducteurs qui y sont reliés.

Transformateur Dispositif électrique qui élève ou abaisse la puissance.

Transformateur à distance L'utilisation de transformateurs à distance élimine les interférences électriques causées par les gradateurs et permet une installation plus facile du câblage.

Transformateur abaisseur Transformateur qui réduit la puissance électrique présente au premier enroulement à une tension plus faible au deuxième enroulement.

Transformateur basse tension Appareil électrique possédant deux ou plusieurs enroulements couplés qui abaisse la tension électrique standard de 120 volts à 30 volts ou moins.

Transformateur intégré Transformateur à basse tension intégré à un appareil tel un dispositif d'éclairage.

Transmission infrarouge Transmission de signal le long d'un faisceau de lumière infrarouge (IR).

Transpondeur Appareil émetteur-récepteur qui émet automatiquement un signal en réponse au signal d'interrogation qu'il reçoit.

Tube électrique métallique (TEM) Tube en acier à parois minces (tube protecteur); non fileté.

Tube électrique non métallique Tube protecteur en polychlorure de vinyle (PVC) qui doit être dissimulé à l'arrière de surfaces de finition.

Tube fluorescent Tube de verre possédant une couche interne de phosphore qui, exposée à une décharge électrique, transforme la lumière ultraviolette en lumière visible.

Tube protecteur Tube protecteur en métal ou en plastique enveloppant des fils électriques.

Tube protecteur métallique intermédiaire (IMC) Tube protecteur métallique rigide et fileté, mais avec des parois plus minces.

Tuyautage Tube protecteur électrique à parois minces.

TVRO Terminal récepteur télévisuel.

Underwriters Laboratories Organisation qui détermine les normes de fabrication, de test et d'évaluation des produits électriques.

Vérificateur de continuité Appareil utilisé, lorsque l'alimentation est coupée, pour détecter un chemin électrique entre deux points.

Verrou rotatif Prise ou fiche qui peut être verrouillée en place pour prévenir un retrait accidentel.

Vis de borne Vis sur un dispositif où une connexion de fil est établie.

Vis de mise à la terre Borne à laquelle un fil nu ou un fil vert de mise à la terre est branché.

Volt Unité de force électromotrice; pression requise pour déplacer un ampère à travers une résistance de 1 ohm.

Watt Unité d'utilisation de la puissance électrique.

Wattage permanent Puissance requise pour maintenir un appareil en fonction après la surtension transitoire du démarrage.

Index

Équivalents métriques

Toutes les mesures dans ce livre sont données en unités américaines conventionnelles. Si vous désirez trouver les équivalents métriques, utilisez la table suivante et les facteurs de conversion.

Longueur

1 pouce	25,4 mm
1 pied	0,3048 m
1 verge	0,9144 m
1 mille	1,61 km

Surface

1 pouce carré	645 mm^2
1 pied carré	0,0929 m^2
1 verge carrée	0,8361 m^2
1 acre	4046,86 m^2
1 mille carré	2,59 km^2

Volume

1 pouce cube	16,3870 cm^3
1 pied cube	0,03 m^3
1 verge cube	0,77 m^3

Capacité

1 once liquide	29,57 ml
1 chopine	473,18 ml
1 pinte	1,14 l
1 gallon	3,79 l

Poids

1 once	28,35 g
1 livre	0,45 kg

Température

Fahrenheit = Celsius x 1,8 + 32
Celsius = Fahrenheit - 32 x ⅝

Dimension de clous et longueur

Dimension	Longueur du clou
2d	1 po
3d	1¼ po
4d	1½ po
5d	1¾ po
6d	2 po
7d	2¼ po
8d	2½ po
9d	2¾ po
10d	3 po
12d	3¼ po
16d	3½ po

Index/Équivalents métriques

Autres titres de la collection
L'encyclopédie du bricolage

Format : 21,5 x 28 cm.
ISBN 2-89000-729-4.
272 pages.

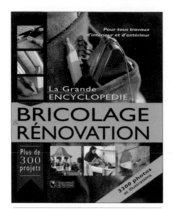

Format : 23 X 28 cm.
ISBN 2-89000-702-2.
608 pages.

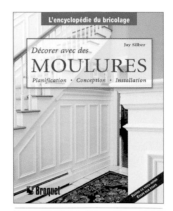

Format : 21,5 X 27,75 cm.
ISBN 2-89000-707-3.
208 pages.

Format : 21 x 27,5 cm.
ISBN 2-89000-570-4.
128 pages.

Format : 21 x 27,5 cm.
ISBN 2-89000-559-3.
128 pages.

Format : 21 x 27,5 cm.
ISBN 2-89000-543-7.
128 pages.

Format : 21 x 27,5 cm.
ISBN 2-89000-569-0.
128 pages.

Format : 21 x 27,5 cm.
ISBN 2-89000-558-5.
128 pages.

Format : 21 x 27,5 cm.
ISBN 2-89000-542-9.
128 pages.

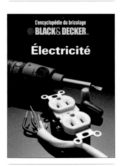

Format : 21 x 27,5 cm.
ISBN 2-89000-519-4.
128 pages.

Format : 21 x 27,5 cm.
ISBN 2-89000-520-8.
128 pages.

Format : 21 x 27,5 cm.
ISBN 2-89000-521-6.
128 pages.

Format : 21 x 27,5 cm.
ISBN 2-89000-540-2.
128 pages.

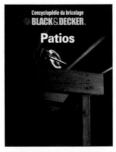

Format : 21 x 27,5 cm.
ISBN 2-89000-522-4.
128 pages.

Format : 21 x 27,5 cm.
ISBN 2-89000-541-0.
128 pages.

97-B, Montée des Bouleaux, St-Constant, Québec, Canada, J5A 1A9, Tél. (450) 638-3338
Télécopieur (450) 638-4338, Web www.broquet.qc.ca, Email info@broquet.qc.ca